Das große Praxisbuch Kindererziehung

Annegret Weikert

DAS GROSSE PRAXISBUCH

KINDER ERZIEHUNG

Bewährte Ratschläge und
Lösungen für jedes Alter

GONDROM

Vorwort

Dieses Buch wäre sicherlich nicht zustande gekommen, wäre ich nicht selbst Mutter. Ich hätte mich kaum getraut, Eltern Ratschläge zu Erziehungsfragen zu geben, wenn ich nicht aus eigener, manchmal auch leidvoller Erfahrung etwas dazu sagen könnte.

Ich habe allerdings auch eine pädagogische und therapeutische Ausbildung, die mir dabei hilft, vieles besser zu verstehen. Es macht aber einen großen Unterschied, ob ich etwas verstandesmäßig begreife oder ob ich in ganz alltäglichen Situationen richtig handle. Als Mutter von drei Kindern (zwei eigenen und einem Pflegekind) habe ich mich oft genug hilflos und überfordert gefühlt. Fast allen in diesem Buch beschriebenen Problemen bin ich persönlich begegnet und habe eigentlich heute erst, nachdem meine Kinder fast erwachsen sind, das Gefühl, eine erfahrene Mutter zu sein.

Das Schreiben dieses Buches konfrontierte mich noch einmal mit meiner familiären Vergangenheit. Vieles fiel mir wieder ein, was ich schon längst vergessen glaubte. Ich erlebte viele glückliche Momente noch einmal, aber auch die schwierigen Phasen während der Schwangerschaft, der Geburt, der aufregenden Zeit danach und dem Aufwachsen der Kinder über die Jahre hinweg. Ich stellte fest, dass wir in unserer Familie einen langen Weg gemeinsam gegangen sind und heute stolz auf das sein können, was wir geschaffen haben. Mir wurde klar, welche Entwicklung sich vollzogen hat und dass wir noch nicht am Ende angekommen sind. Immer wieder warten neue, spannende Aufgaben auf uns.

Erziehung ist eine spannende, lebenslange Entwicklungsaufgabe. Vielleicht denken Sie jetzt, dass Sie auf manche Spannungen gerne verzichten könnten. Wo Aufregung und Spannung herrschen, gibt es natürlich auch Unruhe und Unsicherheit. Doch letztlich kommt es auf die Sichtweise an: Wenn es Ihnen gelingt, Probleme und Schwierigkeiten als Herausforderung zu betrachten, fällt es Ihnen auch leichter, sie zu bewältigen.

Erziehung wird nie langweilig

Was zu einer erfolgreichen Erziehung gehört, können Sie nirgendwo lernen. Während es für nahezu alle Berufe langjährige Ausbildungen gibt, müssen Sie sich alle Kenntnisse in Ihrem Beruf als Eltern selbst verschaffen. Sie haben lediglich das Vorbild Ihrer Eltern. Manches davon werden Sie für gut befinden und selbst ausprobieren. Anderes halten Sie nicht für sinnvoll und wollen es anders machen. Elternsein lernen Sie durch Versuch und Irrtum. Oft gehen Ihre Strategien auf, und Ihre Erziehungsmethoden funktionieren hervorragend. Im Umgang mit Kindern, die sich selbst entwickeln, hat manchmal jedoch das, was erfolgreich erprobt wurde, ein halbes Jahr später schon keine Gültigkeit mehr. So sind Sie immer wieder gezwungen, Ihre Methoden den jeweiligen Erfordernissen anzupassen, sie zu verändern oder etwas gänzlich Neues zu versuchen.

Das Buch begleitet Sie auch beim Übergang von der Partner- zur Elternschaft: Wie Sie Eltern werden können, welche Motive Sie dabei bewegen, welche Überlegungen Sie treffen sollten und welche Veränderungen Sie nach der Geburt eines Babys erwarten.

Mit Rat und Tat zur Seite stehen

In welcher Phase des Elternwerdens oder -seins Sie sich auch befinden, ob Sie noch kein Kind, ein kleines oder schon fünf große Kinder haben – das vorliegende Buch soll Ihnen dabei helfen, Ihre Aufgaben als Eltern zu bewältigen und Ihr Kind zu einem selbstbewussten, verantwortungsvollen und beziehungsfähigen Menschen zu erziehen.

Im ersten Teil werden Sie behutsam auf die bevorstehende Elternschaft vorbereitet, während es im zweiten Teil in erster Linie um die verantwortungsvollen Aufgaben des Elternseins geht. Die wichtigsten Prinzipien einer positiven Kindererziehung werden anhand von praktischen Beispielen und Erläuterungen dargestellt. Im dritten Teil stehen Ihr Kind und die Bewältigung von konkreten Alltagsproblemen im Mittelpunkt. Dort finden Sie zahlreiche und vielfältige Ratschläge zum Umgang mit Ihren Kindern. Dieser Teil soll Sie auch dazu anleiten und ermuntern, immer wieder bei sich selbst zu bleiben, die eigenen Gedanken, Gefühle, Einstellungen und Verhaltensweisen wahrzunehmen und zu reflektieren. Im vierten Teil finden Sie Hilfen zum Verstehen und zur Bewältigung von Verhaltensauffälligkeiten und Verhaltensstörungen im Kindesalter. Je nach Ausprägung ist an dieser Stelle Selbsthilfe nur begrenzt möglich und professionelle Hilfe manchmal erforderlich.

Das Buch ist so gestaltet, dass Sie es nicht durchgängig lesen müssen, sondern die Stichworte, die Sie interessieren, nachschlagen können. Mir ist bewusst, dass es einen Unterschied zwischen Theorie und Praxis gibt. Es ist nicht immer leicht, Vorschläge und Ratschläge in konkretes, erfolgreiches Handeln umzusetzen. Wenn das Buch jedoch dazu beitragen kann, einige Dinge einmal aus einer anderen Perspektive zu betrachten und Ihnen eine Idee davon zu vermitteln, welche Möglichkeiten und Chancen Sie haben, ist schon viel gewonnen. Haben Sie Mut, probieren Sie aus und geben Sie nicht so schnell auf, wenn etwas nicht sofort funktioniert. Sie wissen doch: Elternsein ist eine lebenslange Entwicklungsaufgabe.

Eltern werden

Was bedeutet Elternschaft?

Der Prozess des Elternwerdens beginnt in dem Moment, in dem Sie sich mit Ihrem Partner entscheiden, ein Kind zu bekommen. Sie wachsen allmählich hinein in eine neue Rolle, die Ihnen bisher unvertraut war, begleitet von allen Unsicherheiten und Ängsten, die dazugehören, wenn eine gravierende Veränderung in Ihr Leben tritt.

Vor dem Hintergrund Ihrer eigenen Sozialisationserfahrungen entwickeln Sie praktikable Lösungen, indem Sie darüber nachdenken, miteinander sprechen und in konkreten Situationen handeln.

Elternsein will gelernt sein

Niemand kommt als Mutter oder als Vater auf die Welt. Wenn Sie erfahren, dass Sie ein Kind bekommen, werden Sie nicht genau wissen, worauf Sie sich einlassen. Es gibt keine Schule, kein Fach an der Universität, durch das Sie praktisch auf die einschneidenden Veränderungen vorbereitet werden, die Ihnen durch die Geburt eines Babys bevorstehen.

Das »Elternsein« müssen Sie erst mühsam erlernen und dabei auf das zurückgreifen, was Ihre Eltern Ihnen über das Elternsein vermittelt haben. Sie wissen, wie Sie selbst erzogen wurden und wie Ihre Eltern mit Ihnen umgegangen sind. Sie haben das Familienleben möglicherweise auch während der Besuche bei Verwandten, Nachbarn oder Freunden erlebt – und dennoch hat niemand Sie gelehrt, was es bedeutet, Eltern zu sein.

Natürlich werden überall Kurse zur Schwangerschaftsgymnastik, zum Babywickeln und zur Babypflege angeboten. Aber wer sagt Ihnen, was Sie ganz konkret tun können, wenn Ihr Baby stundenlang schreit, wenn Sie sich erschöpft und überlastet fühlen, wenn Ihr Partner sich vielleicht zurückzieht oder eifersüchtig auf den Neuankömmling reagiert? Wer bereitet Sie darauf vor, was es bedeutet, plötzlich mit einem Kind alleine zu Hause zu sein, die beruflichen Kontakte zu vermissen und sich vielleicht auch einmal einsam zu fühlen?

Ihre Eltern lernten von Ihren Großeltern; diese hatten die meist harte Aufgabe, ihre Kinder während der Kriegsjahre großzuziehen, sie »durchzubringen«. In dieser schwierigen Situation trafen sie dann ihre Entscheidungen für die Zukunft. Ihre Eltern wiederum erzogen Sie, wie sie es von ihren Eltern gelernt hatten, und versuchten zu verbessern, wo diese ihrer Meinung nach versagt hatten.

> ***Positive Prägung***
> Wenn Sie trotz schwieriger sozialer oder ökonomischer Bedingungen in der Familie Liebe, Wertschätzung und Vertrauen erfahren haben, werden Sie auch eine positive Grundeinstellung zu Kindern haben, sich leichter für Kinder entscheiden, bewusster zugunsten von Kindern verzichten und sich eher auf sie einlassen können.

Entwicklungsbedingungen des Kindes gestalten

Es liegt weitgehend in Ihrer Hand, wie Sie die Entwicklungs- und Lebensbedingungen Ihres Kindes gestalten, welchen Erziehungsstil Sie anwenden und ob Sie in der Lage sind, schädliche Einflüsse von Ihrem Kind fernzuhalten oder angemessen zu verarbeiten. Dabei gibt es Bedingungen, auf die Sie als Eltern viel, wenig oder gar keinen Einfluss haben. Wie viel Liebe und Zuwendung Sie Ihrem Kind geben und wie viel Einsatz Sie bei einer konstruktiven Bewältigung von Problemen zeigen, haben Sie jedoch ausschließlich selbst in der Hand.

> Nutzen Sie das reichhaltige Angebot der Buchhandlungen oder Bibliotheken zu den Themen »Schwangerschaft« und »Geburt«!

Gedanken, Gefühle, Sorgen

Egal, ob Ihr Kind sich außerplanmäßig anmeldet, Sie eine Schwangerschaft gezielt und »kopfgesteuert« angestrebt haben oder Ihr Kind heiß ersehnt und erwünscht ist – mit der Entscheidung, ein Kind auszutragen, verändert sich alles gravierend.

Wahrscheinlich machen Sie sich Sorgen, ob Ihr Baby gesund sein wird – und möglicherweise auch berechtigt, weil z. B. in Ihrer Familie schon erbliche Krankheiten aufgetreten sind. Vielleicht wollen Sie aber auch das Risiko einer Behinderung ausschließen; in diesen Fällen können Sie eine humangenetische Beratung in Anspruch nehmen. Adressen vermittelt Ihnen Ihr Gynäkologe bzw. Ihre Gynäkologin. Informieren Sie sich über Vorteile, Risiken und mögliche Konsequenzen einer solchen Untersuchung.

Ebenso wird Sie der Gedanke begleiten, ob es ein Junge oder ein Mädchen wird. Vielleicht nehmen Sie auch die Möglichkeit der Geschlechtsbestimmung während der Schwangerschaft wahr. Sicherlich haben Sie diesbezüglich Präferenzen, vielleicht ist es aber auch egal, ob Junge oder Mädchen – Hauptsache gesund.

Sicherlich machen Sie sich auch Gedanken, ob und wie es beruflich weitergehen soll, ob Sie oder Ihr Partner Erziehungsurlaub in Anspruch nehmen und von wem Ihr Baby nach dem Mutterschaftsurlaub betreut werden soll, falls Sie weiterhin berufstätig sein wollen.

Kindheitserinnerungen

Viele Eltern schauen zu diesem Zeitpunkt noch einmal in die eigene Kindheit zurück. Vielleicht erinnern Sie sich plötzlich an glückliche oder schmerzliche Kindheitserlebnisse oder träumen davon. Denn rund 90 Prozent dessen, was wir erleben, bleibt nicht in unserem Bewusstsein, sondern wird im Unterbewusstsein aufbewahrt. Wenn Sie sich also an Ihre eigene Kindheit erinnern, wenn Sie selbst ein Kind erwarten, ist das ein Zeichen für eine tiefgehende, unbewusste Auseinandersetzung mit Ihrer augenblicklichen Situation. Das kann Ihnen helfen, sich selbst besser zu verstehen und die Flut zwiespältiger Gefühle zu ordnen. Vielleicht helfen Ihnen auch Gespräche mit Ihren Eltern. Fragen Sie sie, wie sie damals Schwangerschaft und Geburt erlebt haben.

Wenn Sie die Möglichkeit haben, sollten Sie mit Ihren Eltern über die Wünsche und Hoffnungen sprechen, die sie zur Zeit Ihrer Geburt hatten. Dies kann Ihnen helfen, Ihre eigenen Gefühle besser zu ordnen.

Das Glück zu dritt – auch Väter sind gefragt

Die Entscheidung für ein Kind ist eine fürs Leben. Sie kann nicht rückgängig gemacht, ein Kind kann nicht gewechselt werden wie ein Auto oder ein Wohnort. Und sie betrifft Sie beide als Partner. Leider ist es auch heute noch oft so, dass Männer sich dieser lebenslangen Verantwortung entziehen und sie den Frauen überlassen.

Juristische Verpflichtungen

Rein rechtlich sind Eltern dazu verpflichtet, die folgenden Aufgaben für Ihre Kinder zu erfüllen:

- Aufkommen für Unterhalt, Kleidung und Essen
- Beaufsichtigung des Kindes
- Sicherstellen einer angemessenen Schul- und Berufsausbildung
- Hilfe bei der Gründung eines eigenen Haushalts
- Erteilung des Anspruchs auf das Erbe
- Verwaltung eines eventuellen Vermögens

Gehören Sie auch dazu? Ist Ihnen die berufliche Karriere wichtiger als Ihre Familie oder dient sie als Legitimation, sich der familiären Verantwortung zu entziehen? Vielleicht erinnern Sie sich noch daran, als Ihre Partnerin Ihnen mitteilte, dass sie schwanger ist. Wie reagierten Sie? Möglicherweise eher verhalten, weil Sie die neue Situation erst einmal ängstigte – und dann kann es schnell dazu kommen, dass ein Kind von einem Elternteil gewollt und vom anderen abgelehnt wird. Letzterer wird auch die Schwangerschaft, die Geburt und später das Großwerden des Kindes distanzierter betrachten – und der große Traum vom »Glück zu dritt« zerplatzt wie eine Seifenblase.

> Zwischen Mutter und Kind besteht eine besonders enge, wenn nicht gar symbiotische Beziehung. Die Mutter trägt das Kind aus, bringt es zur Welt und stillt es – all dies kann der Vater nicht. Dennoch kann auch er aktiv an dieser Entwicklungsphase teilnehmen.

Anforderungen, Fragen, Zweifel

Aber auch im Idealfall, in dem Sie beide sich sehnlichst ein Kind wünschen, können mit der Geburt des Kindes tiefgreifende Veränderungen in Ihr Leben treten, die zu Auseinandersetzungen und Streit in der Partnerschaft führen können.

Das Zusammenleben mit einem Kind stellt an Sie beide als Mutter und als Vater hohe Anforderungen, und der Alltag kann Ihren Wünschen, Hoffnungen und Träumen ein schnelles Ende bereiten. Selbstzweifel stellen sich ein: Bin ich den Anforderungen gewachsen? Was ist, wenn ich es nicht schaffe? Habe ich die Unterstützung meines Partners oder bleibe ich mit den Verpflichtungen alleine? Selbstzweifel auch im Hinblick auf die Gefühle dem Baby gegenüber. Plötzlich merken Sie, dass sich über das Glücksgefühl auf einmal eine Wolke des Ärgers, der Wut oder gar des Hasses legt. Zu wenig Schlaf und Überforderung tun ihr Übriges.

Wenn Sie stillen, können Sie diese Aufgabe natürlich nicht an den Partner delegieren. Durch die enge Bindung zum Kind, die durch das Stillen gefördert wird, fühlen Sie sich für die Versorgung des Kindes alleine verantwortlich – Ihr Partner bleibt nicht selten außen vor.

Versorgung und Zuwendung

Ein Kind braucht Bezugspersonen, auf die es sich verlassen kann. Eine unregelmäßige Versorgung und wechselnde Zuwendung können der Entwicklung von Vertrauen und der Entstehung dauerhafter Bindungsfähigkeit entgegenwirken.

Entscheidende erste Lebensjahre
Ein Kind ist in jeder Hinsicht abhängig von Personen, die die Befriedigung von physischen und psychischen Bedürfnissen gewährleisten. Die Erfahrungen, die es dabei macht, und das emotionale Klima, welches ein Kind in den ersten Lebensjahren umgibt, haben für sein späteres Leben und seine Persönlichkeitsentwicklung eine große Bedeutung. Verhaltensweisen, Einstellungen und Gefühle der Eltern dem Kind gegenüber beeinflussen seine Entwicklung.

Für Ihre Kinder ist nichts so wichtig, als dass Sie Zeit für sie haben, ihnen Aufmerksamkeit geben, für sie da sind. Ob Sie noch arbeiten gehen, die Wohnung unordentlich ist, noch eingekauft oder der Rasen gemäht werden muss: Ihren Kindern ist das völlig egal, Hauptsache, sie spüren den Kontakt zu Ihnen, Ihre Zuneigung und Wärme, werden von Ihnen ernst genommen mit ihren Gefühlen, Wünschen und Bedürfnissen.

Elternsein bedeutet, sich das eigene Verhalten und den Erziehungs- und Umgangsstil mit Ihrem Kind immer wieder bewusst zu machen und zu hinterfragen.

Erziehungsverhalten – Erziehungsstile

Untersuchungen zum Erziehungsverhalten von Eltern zeigen, dass Kinder, die Akzeptierung, Wärme und Zuwendung, gepaart mit verständisvollem Leiten und Lenken ohne ein Übermaß an Kontrolle, erfahren haben, zu aktiven, unabhängigen, sozial aufgeschlossenen, kreativen Menschen werden, die fähig sind, sich in eine Rolle zu finden, sich damit wohl zu fühlen und ihre Aggressionen erfolgreich bewältigen zu können.

Man kann natürlich infrage stellen, ob Eltern ihren Erziehungsstil bewusst und absichtlich verändern können, geht man davon aus, dass auch sie vom Erziehungsverhalten der eigenen Eltern eine jahrzehntelange Prägung erfahren haben. Unbestritten ist, dass Eltern besonders in den ersten Lebensjahren einen ausgesprochen großen Einfluss haben. Jedoch muss dieser nicht zwangsläufig ein Leben lang vorhalten, sondern kann durch andere Erfahrungen mit anderen wichtigen Bezugspersonen ergänzt und verändert werden.

Als Eltern sollten Sie sich Ihre Erfahrungen, Einstellungen, Verhaltensweisen und Gefühle bewusst machen und die Auswirkungen von äußeren Lebensveränderungen (z. B. Berufs-, Wohnort- oder Partnerwechsel) auffangen. Und zwar als Vater und Mutter gemeinsam – und nicht mit unterschiedlichen Erziehungsstilen. Wenn Sie sich aufeinander abstimmen und gegenseitig bei der Erziehung unterstützen, werden Sie auch eher in der Lage sein, Verwirrungen und Unsicherheiten, die durch einen Wandel in den Lebensgewohnheiten, Umweltbedingungen, Anschauungen und Erziehungsvorstellungen entstanden sind, aufzufangen, damit Ihre Kinder nicht das Gefühl bekommen, dass sie sich auf nichts mehr richtig verlassen können. Welche Regeln es in Ihrer Familie geben soll, welche Grenzen gewahrt werden sollen, was erlaubt, was verboten wird und wer welche Aufgaben hat, sollten Sie gemeinsam mit Ihrem Partner besprechen und sich, auch wenn Sie unterschiedlicher Meinung sind, auf eine gemeinsam zu vertretende Linie einigen.

Eltern sollten stets miteinander und nicht gegeneinander erziehen. Das bedeutet, dass sie sich zunächst einmal auf eine gemeinsame Linie einigen und diese dann konsequent vertreten.

Ihr Kind schaut von Ihnen ab

Ob Sie sich als Eltern gut verstehen oder nicht hat für Ihr Kind eine große Bedeutung. Wie ein Seismograf reagiert es auf kleinste Spannungen. Es bekommt genau mit, wie Sie miteinander umgehen, ob Sie sich rücksichtsvoll oder verletzend behandeln, ob Sie liebevoll oder aggressiv sind, wie Sie Probleme lösen oder ob Sie unfähig sind, diese konstruktiv zu bewältigen. Ihr Kind registriert, ob und wie Sie miteinander sprechen, worüber gesprochen wird und welche Tabus es gibt. Es schaut genau hin, ob und wie Sie miteinander zärtlich sind oder ob Sie sich kaum berühren. Es registriert, wer die Verantwortung wofür hat oder wer keine übernimmt.

Kinder spüren so ziemlich alles. Da sie jedoch meist noch nicht über ausreichende kognitive Fähigkeiten verfügen, kommen sie erst mit zunehmendem Alter in die Lage, die Dinge, die sie spüren oder sehen, auch richtig einzuordnen. Dabei sollten Sie helfen. Das setzt allerdings voraus, dass Sie in der Lage sind, die Paarbeziehung von der Elternrolle zu trennen. Sie können Ihrem Kind z. B. sagen: »Wir haben im Moment Streit miteinander, so wie du dich manchmal mit deiner Freundin streitest. Wir versuchen, das Problem zu lösen, aber manchmal dauert das etwas länger. Und du musst wissen, dass wir dich trotzdem beide lieb haben.« Wenn Ihr Kind dann tatsächlich erfährt, dass Mama und Papa sich wieder vertragen, stärkt das sein Vertrauen und reduziert die Ängste bei einem weiteren Konflikt. Es lernt außerdem, dass es nicht schuld an den Konflikten ist.

Ein Kind – ja oder nein?

Was für viele Paare selbstverständlich ist, wird für andere zu einem schwer zu lösenden Konflikt: Manchmal können ökonomische oder gesellschaftliche Probleme ein Paar davon abhalten, sich für ein Kind zu entscheiden. Viele fragen sich auch, ob es angesichts von Umweltverschmutzung und Überbevölkerung überhaupt noch sinnvoll ist, ein Kind in die Welt zu setzen. Für wieder andere sind Arbeitslosigkeit oder die Verringerung des Einkommens durch eine immer teurer werdende Lebenshaltung weitere Faktoren, die Entscheidung für ein Kind infrage zu stellen.

In der Tat ist es heute kaum mehr möglich, mit einem mittleren Einkommen eine vierköpfige Familie zu ernähren. Wenn die Arbeitsplätze nicht mehr sicher sind, Arbeitslosigkeit eintritt und der technische Fortschritt lieblose soziale Bedingungen fördert, wirkt sich das selbstverständlich auch auf das geistige und emotionale Klima in den Familien aus. Die

Der Verlust des Arbeitsplatzes und die damit verbundenen radikalen materiellen Einschränkungen sind für viele junge Paare der Auslöser dafür, sich gegen ein Kind zu entscheiden.

Eltern werden ist nicht schwer ...

... Eltern sein dagegen sehr! Die Beantwortung der folgenden Fragen hilft Ihnen dabei, die Bedeutung Ihrer Elternschaft zu erkunden. Schwierigkeiten und Probleme werden Sie zwar nicht ganz vermeiden können, aber Sie können selbstsicherer werden und Ihr Leben mit Kindern besser genießen.

- Was bedeutet es für mich, bald Vater oder Mutter zu werden?
- Welche Gefühle löst das in mir aus?
- Welche Erfahrungen habe ich mit meinem eigenen Kindsein gemacht?
- Welche Hoffnungen, Wünsche und Erwartungen verbinde ich mit dem Elternsein?
- Welche Pflichten sind damit verbunden?
- Wer übernimmt welche Aufgaben?
- Von wem kann ich Unterstützung erwarten, wenn es vielleicht einmal schwierig wird?
- Wie kann ich mir Entlastung verschaffen?
- Was bedeutet es für mich, meinen Beruf zeitweise oder vielleicht sogar ganz aufgeben zu müssen?

Die Entscheidung, ein Kind zu bekommen, bleibt trotz aller rationalen Argumente letztendlich eine Gefühlsentscheidung – denn wenn Sie etwas wirklich wollen, werden Sie auch Schwierigkeiten leichter bewältigen können.

Folge sind extrem hohe Scheidungsraten. Heute wird durchschnittlich ein Drittel aller Ehen in der Bundesrepublik Deutschland wieder geschieden. Das bleibt natürlich nicht ohne Folgen für die Kinder. Es schürt aber auch Ängste und Zweifel, ob denn eine Beziehung ewig hält und was wird, wenn sie zerbricht.

Manche Paare scheuen auch vor der lebenslangen Verantwortung und der Belastung zurück, sich immer um jemanden kümmern zu müssen. Es kann eine ganz neue Art von Bindungsangst entstehen – die Angst davor, einen anderen Menschen von sich abhängig zu machen und dabei selbst an Unabhängigkeit einzubüßen.

Und nicht zuletzt gehören auch finanzielle Einbußen durch die zumindest zeitweise Aufgabe des Berufes und die Kosten, die ein Kind im Laufe seines Lebens verursacht, ebenso dazu wie der Verlust von Unabhängigkeit. Viele Paare wollen auf all das nicht verzichten.

Diese Argumente sind sehr ernst zu nehmen und sollten bei der Entscheidung für oder gegen ein Kind bedacht werden. Und dennoch soll an dieser Stelle gesagt werden: Es besteht auch die Chance, an der Bewältigung von Schwierigkeiten zu wachsen und zu reifen. Und vielleicht bietet gerade ein Kind die Möglichkeit, sich das Leben schöner, besser, lebendiger und freudiger zu gestalten. Es kommt immer darauf an, was Sie als Eltern daraus machen.

Finanzielle Belastung

Natürlich kostet ein Kind auch Geld. Jedes Paar, das sich für ein Kind entscheidet, sollte sich der finanziellen Verantwortung bewusst sein, die auf Mutter und Vater zukommt – und das nicht nur in den ersten Jahren. Im Laufe der Zeit wird Ihr Kind immer höhere Ansprüche stellen, sei es hinsichtlich der Spielsachen, der Kleidung oder der eigenen finanziellen Freiheit in Form von Taschengeld.

Und dennoch sollte dies alles in einem angemessenen Rahmen in Erwägung gezogen werden – denn schließlich wissen auch Sie nicht, wo Sie in einigen Jahren finanziell stehen. Die Entscheidung für oder gegen ein Kind sollte verantwortungsvoll getroffen werden – aber sie erfordert auch ein gewisses Maß an Mut.

Wunschkinder

Vielleicht entstand Ihr Wunsch nach einem Kind scheinbar unvermittelt. Es erschien Ihnen völlig selbstverständlich, dass sich einige Zeit, nachdem Sie sich mit Ihrem Partner zusammengetan oder geheiratet hatten, ein Kind anmeldet. Weniger selbstverständlich erschien Ihnen möglicherweise, dass ein Paar keine Kinder bekommt.

Wenn Sie zu den Paaren gehören, die sich keine Kinder wünschen oder keine bekommen können, sehen Sie sich vielleicht mit der Frage konfrontiert, warum Sie immer noch keine Kinder haben. Sehen Sie sich manchmal genötigt, sich dafür rechtfertigen zu müssen? Wenn Sie sich beispielsweise als Frau bewusst gegen Kinder entscheiden, vielleicht äußern, dass Sie mit ihnen nichts anfangen können, dass Sie beruflich weiterkommen und Karriere machen wollen, werden Sie schnell als egoistisch und »nicht normal« angesehen. Und in Erklärungsnot kommen Sie erst recht, wenn Sie ein Kind ablehnen oder sich gar für einen Schwangerschaftsabbruch entscheiden.

Bei vielen Völkern der Erde sind Kinder auch heute noch die Altersvorsorge der Eltern. Je mehr Kinder man hat, desto abgesicherter ist man, wenn man selbst kein Geld mehr verdienen kann. Auch bei uns war diese Praxis früher gang und gäbe.

Früher kamen Kinder einfach

Kinder haben zu wollen scheint die selbstverständlichste Sache der Welt zu sein. In früheren Zeiten waren Kinder nicht in erster Linie gewollt oder ungewollt, sie waren schlichtweg unvermeidbar. Angesichts einer hohen Kindersterblichkeit noch vor dem achten Lebensjahr, ganz zu schweigen von den Kindern, die bei oder kurz nach der Geburt starben, musste man einfach viele Kinder haben, um alle anfallenden Arbeiten im Haus und auf dem Hof der vorindustriellen Zeit erledigen zu können.

Darüber hinaus gewährleisteten Kinder in direkter Form die Alterssicherung der Eltern und Großeltern und waren bedeutsam für die Vererbung von Besitz und den Erwerb von Mitgift. Kinder wurden gebraucht; Gefühle spielten dabei kaum eine Rolle, sie waren eher hinderlich. Angesichts der hohen Kindersterblichkeit wäre das Eingehen einer tiefen Bindung zwischen Eltern und Kindern Anlass zu kaum zu bewältigenden Konflikten in der Familie gewesen, die die Arbeitsfähigkeit außer Kraft gesetzt hätten. Und das konnte sich niemand leisten.

Erst als in der industriellen Zeit aus Großfamilien Kleinfamilien wurden, änderte sich das allmählich bis hin zur Wirtschaftswunderfamilie der 1950er Jahre. Auch wenn es hinter den Kulissen häufig anders aussah, wurde das Idealbild der heilen, harmonischen Familie vermittelt, in der die Mutter nette, pflegeleichte, ordnungsliebende und folgsame Kinder aufopfernd liebte und großzog, während der Vater für das materielle Wohl der Musterfamilie verantwortlich war.

Wir lernen durch das, was wir selbst erlebt haben. So ist es nicht verwunderlich, dass wir Verhaltensmuster unserer Eltern wiederholen – auch wenn wir sie nicht für gut befinden.

Mit der Entwicklung der Antibabypille und den zunehmenden Gleichberechtigungsforderungen der Frauen traten auch bewusste Entscheidungen für oder gegen Kinder mehr in den Vordergrund.

Was ein Kind für Ihr Leben bedeutet

Warum wünschen Sie sich ein Kind? Möchten Sie, dass Kinder Ihrem Leben einen Sinn geben? Wünschen Sie sich, gebraucht und geliebt zu werden – und zwar bedingungslos? Kinder befriedigen Bedürfnisse nach Zuwendung, Zärtlichkeit und Nähe. Sie vermitteln Ihnen das Gefühl, dass ein Teil von Ihnen in Ihren Kindern weiterlebt. Sie geben Ihre Erfahrungen an sie weiter und erfahren dadurch selbst, dass es sich gelohnt hat, durch die Höhen und Tiefen Ihres Lebens zu gehen. Kinder bestätigen Sie in Ihrem Wert und ermöglichen es Ihnen, Ihr eigenes Kindsein noch einmal zu reflektieren und bestehende kindliche Anteile durch Spielen, Toben, Lachen und Fröhlichsein auszuleben.

Konfrontation mit dem eigenen Kindsein

Kinder können Sie jedoch auch an vergessen geglaubte schmerzliche Kindheitserfahrungen erinnern. Sie konfrontieren Sie mit den Dingen, die Sie in Ihrer eigenen Kindheit vermisst haben, und ermöglichen dadurch eine Abnabelung von oder eine Aussöhnung mit Ihren Eltern. Vielleicht stellen Sie fest, dass Sie Dinge wiederholen, die Sie an Ihren Eltern nicht gemocht haben – und lernen dadurch im Nachhinein, sie besser zu verstehen.

Festigung der Partnerschaft

Wenn Sie sich ein Kind wünschen, haben Sie vielleicht auch die Vorstellung oder den Wunsch, dadurch Ihre Partnerschaft zu festigen. Eine Schwangerschaft bietet Ihnen die Chance, Ihre Partnerschaft ganz neu und

Hoffnungen, Wünsche, Erwartungen

Ein Kinderwunsch kann sich bei Ihnen auch aus einem Gefühl des Unbefriedigtseins mit sich selbst oder den äußeren Lebensbedingungen entwickeln.

Wenn Sie sich aufgrund mangelnder beruflicher Möglichkeiten oder Chancen für Kinder entscheiden, werden Sie wahrscheinlich Ihre Aufgabe als Mutter darin sehen, Ihren Kindern das zu geben, was Ihnen selbst versagt war oder Sie sich selbst versagt haben.

Problematisch wird es dann, wenn Ihre Kinder die Erwartungen, Träume und Hoffnungen, die Sie in sie gesetzt haben, nicht erfüllen können oder wollen und es Ihnen nicht gelingt, Ihre Erwartungen der Realität anzupassen.

ausgesprochen intensiv zu erleben; eine gemeinsam erlebte Geburt beispielsweise kann einen Höhepunkt von Intimität und Nähe in Ihrer Partnerschaft darstellen.

Ein weiteres Motiv für einen Kinderwunsch kann sein, Ihre Partnerschaft verbindlicher zu machen. Vielleicht möchten Sie auf diesem Wege eine Heirat erzwingen oder Ihren Partner an sich binden, weil eine Trennung droht. Doch auch wenn Sie zusammenbleiben, kann eine Situation entstehen, in der ein Kind von dem einen gewollt, und vom anderen abgelehnt wird – keine gute Voraussetzung, um Ihr Kind zu einem selbstbewussten Menschen zu erziehen. Kinder sind keine Prestigobjekte, sondern eigenständige Wesen, die um ihrer selbst willen geliebt werden wollen.

Ihren Partner in eine Verantwortung hineinzuzwingen, die dieser nicht bereitwillig tragen will, und das Kind als Projektionsfläche eigener unerfüllter Wünsche und Bedürfnisse zu betrachten, ist meist ein »Schuss, der nach hinten losgeht«.

Zusammenspiel der Motive

Was auch immer Ihre Motive für einen Kinderwunsch sind, wie auch immer man sie bewerten mag, wahrscheinlich ist es bei Ihnen so wie bei den meisten Eltern: Es gibt viele unterschiedliche Motive, die zusammenspielen. Es lohnt sich für Sie, darüber nachzudenken, warum Sie ein Kind möchten und welche Hoffnungen, Wünsche und Erwartungen Sie damit verbinden. Werden Sie sich Ihrer eigenen Motive bewusst und stehen Sie dazu! Wenn Ihnen das gelingt, haben Sie gute Voraussetzungen für eine befriedigende Gestaltung der Eltern-Kind-Beziehung.

Ungeplante Schwangerschaft

Etwa zwei Drittel aller Schwangerschaften »passieren« einfach. Sie sind nicht geplant und werden nicht bewusst herbeigeführt. Frauen, die auf diese Weise schwanger wurden, berichten, dass entweder in einer spontanen Situation keine Verhütungsmittel zur Verfügung standen, diese nicht benutzt wurden oder versagt haben oder dass die Verhütungsmethode nicht zuverlässig bzw. unvollständig war.

Bei einer ungeplanten Schwangerschaft fühlen Sie sich meist unsicher und verwirrt oder Sie haben Angst. Und das ist auch kein Wunder, denn Sie befinden sich in einer schwierigen Situation, die möglicherweise noch von problematischen Lebensumständen begleitet wird: Vielleicht fühlen Sie sich noch zu jung oder nicht reif genug, um die Verantwortung für ein Kind zu tragen. Vielleicht absolvieren Sie noch eine Schul- oder Berufsausbildung, haben noch keine dauerhafte Partnerschaft oder können sich nicht vorstellen, mit dem augenblicklichen Partner eine dauerhafte Bindung einzugehen. Vielleicht haben Sie aber auch schon ein oder mehrere Kinder und ein weiteres wäre eine große Belastung, weil es Ihre Lebensplanung erheblich verändern würde.

Bei einer ungeplanten Schwangerschaft sollten Sie mit Ihrem Partner unbedingt über Ihre Lebenssituation und die mit der Schwangerschaft verbundenen Gefühle sprechen.

Eine mögliche Unzufriedenheit in der Partnerschaft oder Ehe, eine zu kleine Wohnung, nicht kalkulierbare finanzielle Belastungen oder der Wunsch nach einem beruflichen Wiedereinstieg wären weitere Argumente für Sie, sich in den ersten drei Monaten Ihrer Schwangerschaft gründlich zu überlegen, ob Sie ein ungeplantes Kind austragen wollen oder sich für einen Schwangerschaftsabbruch entscheiden.

Doch gleichgültig, wie Ihre Entscheidung auch ausfallen mag: Beides ist mit erheblichen Konsequenzen verbunden. Wenn Sie Ihr Kind austragen wollen, wird das mit Sicherheit Ihre Lebensplanung verändern, und Sie müssen umdisponieren.

Schwangerschaftsabbruch – eine Alternative?

10 von 1000 Frauen im Alter zwischen 15 und 55 Jahren entscheiden sich für einen Schwangerschaftsabbruch. Keine Frau trifft eine solche Entscheidung leichtfertig. Die meisten Frauen haben hinterher mit ihrem schlech-

ten Gewissen zu kämpfen. Hinzu kommt noch die Angst, dass durch einen Schwangerschaftsabbruch eine erneute Schwangerschaft verhindert werden könnte.

Alle Frauen, die ungeplant schwanger werden, sind seelischen Konflikten ausgesetzt und haben Angst vor körperlichen Folgeschäden, die durch einen Schwangerschaftsabbruch verursacht werden könnten.

Erstaunliche Statistik: Nur 25 bis 40 Prozent aller Schwangerschaften sind geplant. Meist sind die Eltern ungeplanter Kinder jedoch bereit, die unerwarteten Umstände zu akzeptieren.

Das Beste daraus machen

Dennoch werden die meisten der ungeplanten Schwangerschaften, die immerhin 60 bis 75 Prozent aller Schwangerschaften ausmachen, ausgetragen. Das bedeutet, dass die Frauen sich nach einiger Zeit entweder mit der neuen Situation abfinden und sich »in ihr Schicksal fügen« oder sich damit anfreunden und die Situation meistern.

Wenn Sie in dieser Situation sind und dabei von Ihrem Partner Unterstützung erfahren, werden Sie erleben, wie durch die allmählich entstehende Bindung zu Ihrem Kind aus einem zunächst ungewollten und ungeplanten Kind ein wirkliches Wunschkind wird, welches Sie keinesfalls mehr missen möchten.

Entscheidungshilfen

Falls Sie ungeplant schwanger geworden sind und nicht wissen, ob Sie sich für oder gegen das Kind entscheiden sollen, können Ihnen die folgenden Fragen vielleicht bei Ihren Überlegungen helfen:

- Schaffe ich das überhaupt?
- Was sagt mein Partner dazu?
- Was bedeutet das für unsere Familie und was bedeutet es für mich?
- Kann und will ich mich darauf einlassen und vertraue ich darauf, dass ich das »schon hinkriege«?
- Wie kann ich das Kind in meine Lebensplanung einbauen, inwieweit wird es diese beeinträchtigen?
- Wie viel Unterstützung habe ich von meinem Partner, wie kann ich mich seiner Unterstützung vergewissern?
- Was ist, wenn ich plötzlich alleine bin? Können mir andere bei der Bewältigung von Problemen helfen?

Ungewollte Kinder

Eine gänzlich unerwünschte Schwangerschaft stürzt Sie in ebensolche Verwirrung und Angst wie eine von Ambivalenzgefühlen begleitete. Hier lehnen Sie das Kind ab, ohne dass ein Anfreunden oder Arrangieren mit der Situation möglich ist, und weil ein Schwangerschaftsabbruch aus unterschiedlichen Motiven heraus abgelehnt wurde oder zu spät war.

Sie befinden sich in einer als verzweifelt erlebten Lebenssituation. Sie haben möglicherweise eine unglückliche Partnerschaft, unsichere Arbeits- und beengte Wohnverhältnisse oder finanzielle und gesundheitliche Probleme. Vielleicht fühlen Sie sich emotional instabil, oder das familiäre Klima ist mehr als angespannt.

Ihr Kind spürt instinktiv, wenn es abgelehnt wird. Gewalt gegen Kinder muss nicht immer eine handgreifliche Form annehmen – auch der Liebesentzug kann für die Entwicklung Ihres Kindes schlimme Folgen haben.

Weil Ihnen wenige Strategien zur konstruktiven Bewältigung dieser Art von Problemen zur Verfügung stehen, finden Sie sich damit ab, ergeben sich in Ihr Schicksal oder haben zu wenig Kraft, um etwas dagegen zu unternehmen. Das in diese Situation hineingeborene Kind nehmen Sie hin – aber Sie lieben es nicht. Vielleicht machen Sie es sogar für eine eventuelle Verschlimmerung der ohnehin schwierigen Lebenssituation verantwortlich, nach dem Motto: »Wenn du nicht wärst ...«. Eine solche Situation ist für Sie selbst, Ihren Partner und insbesondere Ihr Kind extrem schwierig.

Ablehnungsgefühle sind tabuisiert

Es ist zum einen stark tabuisiert, Gefühle von Ablehnung, Wut oder Hass einem Kind gegenüber zu empfinden oder gar zu zeigen. Sie haben Ihr Kind lieb zu haben. Alles andere wird als »nicht normal« angesehen. Wenn Sie Ihr Kind ablehnen, in Pflege geben oder zur Adoption freigeben, können Sie sich der gesellschaftlichen Ächtung sicher sein.

Zum anderen ruft gezeigter Hass bei Ihrem Kind das Gefühl hervor, zutiefst unliebenswert zu sein, was in der Regel zu Verhaltensauffälligkeiten und erneuten familiären Problemen führt.

Aber auch wenn Sie selbst die vielleicht sehr schmerzhafte Erkenntnis spüren, dass Sie Ihr Kind ablehnen, kommen Sie schlecht damit zurecht. Sie können es sich kaum eingestehen und lassen diese Gefühle ins Unbewusste abgleiten. Vielleicht versuchen Sie, es wieder gutzumachen, indem

Traurige Bilanz

Untersuchungen zeigen, dass 66 Prozent aller misshandelten Kinder ungewollt zur Welt kamen. Misshandlungen führen bei Kindern früher oder später zu Verhaltensauffälligkeiten:

- Übergroße Angst und Misstrauen
- Niedergeschlagenheit und Apathie
- Bettnässen
- Schulleistungs- und Konzentrationsstörungen
- Aggressionen und Gewalttätigkeiten

Alle Formen von Gewalt gegen Kinder – und dazu gehören auch die »stummen« Formen wie der Liebesentzug – haben Folgen:

- Sie hinterlassen tiefe Spuren.
- Sie verletzen die Psyche und ihre Integrität.
- Sie kränken das Selbstwertgefühl.
- Sie verhindern die Entstehung einer gesunden Beziehungs- und Bindungsfähigkeit.

Sie Ihr Kind zwar äußerlich gut versorgen. Es wird jedoch kein wirklicher Kontakt zwischen Ihnen und Ihrem Kind entstehen, und Ihr Kind wird sich von Herzen ungeliebt fühlen.

Es gibt noch eine Chance

Das Eingestehen von Ablehnungsgefühlen, in welcher Ausprägung auch immer, und die Übernahme von Verantwortung für diese Gefühle beinhaltet wohl die einzige Chance, die Basis für eine Veränderung zu schaffen und dadurch Ihrem Kind die Möglichkeit zu eigenen Bewältigungsversuchen zu geben.

Ihr Kind kann mit klar geäußerten und eindeutig gelebten Emotionen besser zurechtkommen als mit doppelten Botschaften. Eine doppelte Botschaft ist z. B. die folgende: Sie sagen »Ich liebe dich«, denken jedoch »Ich wünschte, du wärst nicht da«. Dann wird die verbal geäußerte Zuneigung für Ihr Kind nicht spür- und erlebbar. Es weiß nicht, worauf es sich verlassen kann – auf das, was es hört, oder das, was es fühlt. Weil Ihr Kind noch kaum in der Lage dazu ist, dies kognitiv zu erfassen und zu verarbeiten,

Rund die Hälfte aller Eltern setzt Gewalt – und sei es nur eine »harmlose« Ohrfeige – als Erziehungsmittel ein. Meist haben diese Eltern in ihrer Kindheit selbst Gewalt erfahren.

bleibt bei ihm nur das Gefühl zurück, dass vielleicht irgendetwas nicht stimmt. Auf diesem Wege lernt es, seinen Gefühlen zu misstrauen – bis hin zu einem gänzlichen Nicht-mehr-wahrnehmen-Wollen der eigenen Gefühle. Ihr Kind läuft Gefahr, später psychosomatisch zu erkranken oder süchtig zu werden. Und Sie selbst sind aufgrund eigener innerer Spannungen und Konflikte völlig hilflos, überfordert und überlastet – und schlagen Ihr Kind dann vielleicht sogar. Möglicherweise waren Sie selbst als Kind Opfer von Misshandlung und Vernachlässigung und geben an Ihr Kind nur weiter, was Sie selbst erlebt haben.

Sie können sich nur dann von gravierenden Konflikten befreien und ein neues Leben beginnen, wenn Sie kontinuierliche Hilfe in Anspruch nehmen.

Professionelle Hilfe

Wenn es Ihnen nicht gelingt, zu Ihrem Kind eine positive Beziehung aufzubauen und es gewaltfrei zu erziehen, brauchen Sie professionelle Hilfe. Sie ermöglicht, dass Sie sich der eigenen Gefühle bewusster werden, dazu stehen können und akzeptable Entscheidungen für die Zukunft treffen.

Das hört sich gut an. Nur leider sieht die Realität oft anders aus. Wahrscheinlich lassen Sie (meist Mütter) sich erst dann beraten, wenn Ihr Kind massiv verhaltensauffällig ist oder Sie über Behörden und Institutionen (Schule, Kindergarten, Jugendamt, Polizei etc.) dazu gezwungen werden, etwas zu unternehmen. Vielleicht sind Sie auch schon einmal in einer Beratungsstelle gewesen und haben die Beratung wieder abgebrochen, als der offizielle Druck nachgelassen hat.

Die Entscheidung, Ihr Kind einer Pflegefamilie zu übergeben oder es zur Adoption freizugeben, könnte ein mögliches Ergebnis einer Beratung sein, wenn es in Ihrem Sinne ist und dem Wohle des Kindes dient. Es erfordert viel Mut, Ihre Möglichkeiten und Grenzen als Eltern zu sehen und entsprechend zu handeln.

Folgen unerwünschter Schwangerschaft

Unerwünschte und ungeliebte Kinder leiden an einem Mangel an Zuwendung, Liebe und Geborgenheit. Oft werden sie auch nicht ausreichend mit Essen, Trinken, Kleidung oder körperlicher Pflege versorgt. Sie werden häufiger alleine gelassen, zu streng behandelt, schwer bestraft, häufiger geschlagen und seelisch gequält.

Geschwisterkinder

Einzelkindern wird häufig zugeschrieben, dass sie sich durch elterliche Überbehütung zu unselbstständigen, egoistischen Menschen entwickeln, die nicht gelernt haben, Probleme selbst zu lösen und mit anderen zu teilen. Dieses Vorurteil spukt leider auch heute noch in vielen Köpfen herum. In wissenschaftlichen Studien konnte nicht belegt werden, dass es typische Einzelkinder gibt.

Für die meisten Eltern ist es wichtig, dass ihr Kind nach einiger Zeit ein Geschwisterchen bekommt. Sie möchten einen Spielkameraden für ihr Erstgeborenes, damit es lernt, zu teilen und selbstständiger und sozialer zu werden.

Wieder verändert sich alles

Mit der Entscheidung für ein zweites Kind erhoffen Sie sich ein Stück Entlastung von der ungeteilten Zuwendung, die Ihr erstgeborenes Kind bekommt oder fordert. Daraus wird jedoch nur dann etwas, wenn Ihre Kinder nicht zu weit auseinander liegen und nach zwei bis drei Jahren in der Lage sind, miteinander zu spielen.

Für Sie als Eltern bedeutet die Geburt eines zweiten Kindes zunächst eine Erhöhung der Belastung. Sie haben sich von den Anstrengungen nach der Geburt des ersten Kindes erholt und sich etwas Zeit für Gemeinsamkeit zurückerobert. Ihr Leben mit einem Kind hat sich gerade eingespielt und reguliert. Es ist ein Tagesrhythmus vorhanden.

Sind Sie beide noch berufstätig, müssen Sie morgens zwei Kinder zur Betreuung wegbringen und wieder abholen. Zwei oder noch mehr Kinder bedeuten also einen höheren Organisationsaufwand mit entsprechenden Belastungen, die Kraft und Energie kosten. Finanziell wird die Belastung ebenfalls größer. Vielleicht wird Ihre Wohnung allmählich zu klein oder Sie müssen sich ein größeres Auto kaufen, in dem Kindersitze und Kinderwagen ausreichend Platz haben.

Sie werden erst einmal wieder weniger Zeit für sich haben, was Ihre Nähe und Intimität zueinander verändert. Abends sinken Sie beide erschöpft ins Bett und wollen nur noch schlafen, um am nächsten Tag wieder einigermaßen fit zu sein. Die Gestaltung der Freizeit wird eingeschränkter, weil garantiert gerade dann, wenn Sie sich etwas Entspannendes vorgenommen haben, eins der Kinder schreit, nicht schlafen will oder Bauchschmerzen hat.

Vorteile des Einzelkinds

- Es kann sich – vorausgesetzt, es wird geliebt und akzeptiert – Ihrer ungeteilten Aufmerksamkeit sicher sein.
- Es bekommt mehr Beachtung und kann deshalb auch besser gefördert werden.
- Sie haben mehr Zeit und Geduld, Fragen zu beantworten und das Interesse und die Aufmerksamkeit Ihres Kindes auf bestimmte Gebiete zu lenken. Mit dieser Tatsache hängt vermutlich zusammen, dass Einzelkinder durchschnittlich einen höheren Bildungsabschluss erreichen. Frühe Lernerfolge verschaffen jedoch nicht zwangsläufig einen Dauervorsprung. In der Regel holen Geschwisterkinder einen Vorsprung innerhalb der ersten Schuljahre wieder auf.

Einzelkinder seien egoistisch und könnten nicht teilen, heißt es. Dieses Vorurteil ist durch wissenschaftliche Studien allerdings schon längst in den Bereich der Mythen verwiesen worden.

Und auch Ihre Beziehung zum erstgeborenen Kind verändert sich. Es hat nicht mehr die ungeteilte Aufmerksamkeit der Eltern, sondern muss öfter warten, »bis es dran ist«. Eifersucht und Neid auf die Zuwendung, die das Geschwisterchen bekommt, können die Folge sein. Von Ihnen wird viel Behutsamkeit verlangt, deutlich zu machen, dass sich durch die Geburt des Geschwisters die Positionen in der Familie zwar verschieben, aber nicht grundsätzlich gefährdet sind.

Die Geburt eines Geschwisterkindes kann allerdings auch eine Entlastung für die Eltern darstellen. Sie wissen nun bereits, was auf sie zukommt und sind mit den Vorgängen und alltäglichen Verrichtungen – vom Stillen bis zum Wickeln – vertraut. Möglicherweise haben sie auch keine so große Angst mehr, etwas falsch zu machen, und haben gelernt, mit den auftretenden Problemen fertig zu werden. Das kommt nicht nur den Kindern zugute, sondern steigert auch das Selbstbewusstsein der Eltern.

Der richtige Zeitpunkt

Wann der richtige Zeitpunkt für ein Geschwisterkind gekommen ist, können Sie nur für sich selbst entscheiden. Fragen Sie sich, welche Intentionen Sie mit einem zweiten Kind verfolgen. Liegt Ihnen eine intensive Geschwisterbindung am Herzen, ist es vorteilhaft, wenn Sie so früh wie möglich ein zweites Baby bekommen.

Ein Abstand von ein bis zwei Jahren hat folgende Vorteile:

- Die Geschwister gehen meist eine lebenslange enge Bindung ein.
- Sie haben gleiche Erfahrungswelten.
- Sie geben sich in Zeiten, in denen Sie gar nicht oder nur eingeschränkt verfügbar sind, gegenseitig Sicherheit, Wärme und Geborgenheit.
- Sie können sich leichter gegen Sie solidarisieren und sich in der Gemeinsamkeit stark fühlen.
- Sie gehen in denselben Kindergarten und in dieselbe Schule. Das ist vorteilhaft für Sie, falls Sie wieder arbeiten gehen wollen.

Und die Nachteile?

- Sie sind doppelt belastet.
- Beide Kinder können ziemlich gleichzeitig in schwierige Entwicklungsphasen (z. B. die Pubertät) geraten.
- Nahezu Gleichaltrige sind oft egoistisch und haben Schwierigkeiten, sich aufeinander einzustellen. Es kommt häufiger zu Streit.
- Der Anreiz für Imitation, der bei älteren Geschwistern gegeben ist, fällt geringer aus.

Sind die Geschwister etwa zwei Jahre auseinander, erleben sie einerseits ihre Umwelt ähnlich und können sich gut darüber verständigen, kommen andererseits aber auch gleichzeitig in Entwicklungskrisen, die für alle Beteiligten recht anstrengend werden können.

Ein Abstand von zwei bis vier Jahren hat folgende Vorteile:

- In der Regel ist die Möglichkeit einer intensiven Geschwisterbindung noch gegeben, fällt jedoch etwas geringer aus.
- Als berufstätige Eltern erleben Sie diesen Abstand noch als positiv, da die Kinder relativ kurz hintereinander Kindergarten und Schule durchlaufen.
- Die Doppelbelastung fällt geringer aus, weil Sie nicht mehr zwei Kinder im Windelalter haben.
- Die Geschwister sind sehr solidarisch, insbesondere dann, wenn es gemeinsam gegen die Eltern geht.

Und die Nachteile?

- Die Konkurrenz unter den Geschwistern um Ihre Zuwendung ist größer.
- Bei erlebter Ungleichbehandlung ist ein Kind besonders eifersüchtig.

Ein Abstand von vier bis sechs Jahren hat folgende Vorteile:

- Er ermöglicht älteren Geschwistern das Einüben von Toleranz.
- Das ältere Kind lernt, sich in den anderen hineinzuversetzen, Verantwortung zu übernehmen und Sorge zu tragen.

Und die Nachteile?

- Er erschwert eine Bindung unter den Geschwistern. Sie entsteht oft erst im Erwachsenenalter.
- Sie müssen eine lange Belastungszeit durchstehen, falls Sie wieder arbeiten wollen. Ist ein Kind »aus dem Gröbsten raus«, kommt das nächste.
- Von Ihnen wird viel Aufmerksamkeit gefordert, um den verschiedenen Bedürfnissen und dem unterschiedlichen Entwicklungsstand Ihrer Kinder gerecht zu werden.
- Unterschiedliche Erfahrungswelten verhindern das Entstehen von Solidarität zwischen den Geschwistern.
- Je länger Ihr Erstgeborenes alleine aufwächst, desto größer kann der Schock sein, »entthront« zu werden. Das kann starke Eifersuchtsgefühle zur Folge haben.
- Ältere Geschwister können kleinere herumkommandieren und zu Streichen anstiften, deren Folgen die jüngeren noch nicht absehen können.

Bei einem Altersunterschied der Geschwister von ca. drei Jahren ist die Bindung zueinander noch gut möglich, die Doppelbelastung für die Eltern relativ gering, und die Nachteile halten sich in Grenzen.

Liegen Geschwister mehr als sieben Jahre auseinander, ist das die schlechteste Voraussetzung für eine intensive Geschwisterbindung.

- Die Geschwister werden über einen längeren Zeitraum hinweg eher nebeneinander herleben, kaum einen Zugang zueinander finden und sich gegenseitig nicht brauchen.
- Sie werden später aufgrund völlig unterschiedlicher Erfahrungswelten kein Gefühl für gemeinsam Erlebtes haben.
- Krisen und Probleme müssen die Geschwister jeder für sich alleine durchstehen. Der große zeitliche Abstand erschwert das gegenseitige Verständnis.
- Sie als Eltern haben eine sehr lange Belastungszeit, bis alle Kinder »aus dem Gröbsten raus« sind, was die eigene Berufs- und Freizeitgestaltung erheblich behindert.

Die Vorteile liegen allerdings darin, dass das ältere Kind lernt, Verantwortung zu übernehmen. Es erlebt durch Anerkennung und Wertschätzung eine Aufwertung seines Selbstwertgefühls. Das setzt aber voraus, dass Sie Ihre Elternfunktion wahrnehmen und diese nicht an das ältere Kind delegieren. Das jüngere Kind hat eine weitere Bezugsperson, bei der es Schutz und Sicherheit suchen und an der es sich orientieren kann.

Geschwisterstreit ist wichtig

Geschwister zu haben, ist etwas Schönes, und auch für Sie ist es schön zu sehen, wenn Ihre Kinder sich gut verstehen und einander nah sind. Sie werden es aber auch als Belastung erleben, wenn sie sich streiten, anschreien oder eifersüchtig sind.

Die Vorstellung von immer liebevoll miteinander umgehenden Geschwistern ist Wunschdenken. Es ist auch nicht ständig Ihre Aufgabe, etwas zu unternehmen, um Auseinandersetzungen und Streit zu schlichten oder den Geschwistern zu helfen, diesen zu bewältigen, damit sie zu einer vernünftigen Lösung kommen. In einer Geschwisterbeziehung sind es gerade die Konflikte, der Streit, die Auseinandersetzungen, die Ihre Kinder erleben lässt, dass jeder anders und die Welt nicht immer gerecht ist, dass man siegen und besiegt werden oder zu kurz kommen kann. Dieses Wissen bereitet auf spätere Beziehungen und Partnerschaften vor. Nicht selten suchen sich Kinder als spätere Erwachsene einen Partner aus, welcher der erlebten Geschwisterkonstellation in der Familie entspricht.

> Obwohl es für Eltern manchmal unerträglich ist, lernen Geschwister durch ihre Streitigkeiten viel über Grenzen und Kompromisse, über Bündnisse, über die eigene Identität und über stabile Beziehungen, auch wenn diese nicht immer harmonisch sind.

Der Mythos von der Gleichbehandlung

Es macht einen Unterschied, ob Ihr Kind das Erstgeborene, das mittlere oder das jüngste Kind ist und welches Geschlecht es hat. Es wächst in eine bestimmte Rolle hinein, die es von Ihnen gefördert sieht, und versucht, sich durch ein bestimmtes Verhalten Ihrer Liebe zu vergewissern. Vielleicht sind Sie erstaunt darüber, wie unterschiedlich Ihre Kinder sind – sind Sie doch meist der Meinung, diese gleich zu behandeln.

Dass man Geschwister gleich lieben und gleich behandeln muss, ist ein Mythos, der immer noch in vielen Köpfen herumspukt. Geschwister teilen sich das Genpotenzial zu je 50 Prozent und entwickeln sich selbstverständlich nicht gleich: durch unterschiedliche Behandlung, eine andere Umgebung, verschiedene Erfahrungswelten sowie andere Quantitäten und Qualitäten der Beziehungen. Wenn Sie Ihren Kindern wenig Akzeptanz als eigenständige Individuen zukommen lassen und sie beispielsweise in ihren Fähigkeiten, Eigenschaften, Stärken und Schwächen nicht differenziert betrachten, fördern Sie Rivalitäten unter den Geschwistern, die dann vielleicht auf eine destruktive Weise ausgetragen werden (siehe Seite 189ff., »Geschwisterrivalität«).

Scheidungskinder

Eine Scheidung ist für das betroffene Kind eine große Katastrophe. Seine kleine Welt galt bisher als sicher. Es erlebte seine Eltern als eine untrennbare Einheit – auch, wenn sie sich einmal stritten. Einer war vom anderen nicht wegzudenken. Jetzt zerbricht seine kleine Welt. Ihm wird der Boden unter den Füßen weggezogen. Die Schwierigkeiten und Probleme – das Erleben von großer Angst, Wut, Trauer und Enttäuschung – übersteigen alles, was es bisher erfahren hat.

Egal, wie alt Ihr Kind ist – Scheidungen werden immer als traumatisch erlebt und üben einen großen Einfluss auf die Entwicklung des Kindes aus.

Wissenschaftliche Untersuchungen belegen, dass selbst Kinder, die vor einer Trennung ein großes Ausmaß an Streit und Auseinandersetzung sowie verbaler oder auch tatsächlicher Gewalttätigkeit in der Familie erleben mussten, eine Scheidung als noch bedrohlicher erleben als alles andere, was vor der Scheidung stattgefunden hat.

Das Spüren von Liebe, Wärme, Zuneigung und Geborgenheit ist für Ihr Kind untrennbar mit der Anwesenheit beider Eltern verbunden. Nur dann fühlt es sich sicher. Ihr Kind kann sich nicht vorstellen, dass der, der weggeht, weiterhin für es da sein kann. Es spürt nur, dass es verlassen wird, und fühlt sich traurig und alleine. Seine Angst wächst, dass der verbleibende Elternteil es ebenfalls verlässt. Sein Vertrauen in bewährte Bindungen wird extrem erschüttert.

Scheidungsstatistik

- Rund ein Drittel aller Ehen wird wieder geschieden.
- Seit 1960 hat sich die Scheidungsrate mehr als verdoppelt.
- Doppelt so viele Frauen wie Männer stellen den Antrag auf Scheidung. Die Trennungen unverheirateter Paare sind nicht mitgerechnet und werden statistisch auch nicht erfasst.
- Die Beziehungen brechen am häufigsten nach ca. vier bis fünf Jahren auseinander.
- Mehr als die Hälfte der Ehen werden in den ersten acht Jahren nach der Heirat geschieden.
- Scheidungen nach 16 bis 25 Jahren zeigen eine steigende Tendenz.

Ihr Kind macht die bittere Erfahrung, dass Beziehungen nicht ewig dauern und dass Sie als Eltern nicht immer stark sind. Es kann es nicht ertragen, Sie verzweifelt, wütend oder traurig zu sehen, und macht sich große Sorgen. Es sehnt sich nach dem Elternteil, der es verlassen hat, und fürchtet, der Vater oder die Mutter könnte nie wieder zurückkommen. Selbst wenn die Scheidung schon Jahre zurückliegt und vielleicht schon ein neuer Partner da ist, hat das Kind noch die geheime Hoffnung, dass die Eltern wieder zueinander finden.

Viele Kinder verbergen ihre Wut auf die Eltern viele Jahre, manche ein Leben lang. Sie haben Angst, die Eltern zu verärgern und auch noch den verbleibenden Elternteil zu verlieren.

Wie Kinder Scheidungen erleben

Ihr Kind fasst eine Scheidung als Ablehnung seiner Person auf und fragt sich, ob es vielleicht an der Trennung schuld ist, weil es nicht brav war, seine Hausaufgaben nicht gemacht oder schlechte Noten bekommen hat. Vielleicht haben Sie Beziehungsschwierigkeiten auch über Erziehungsfragen ausgetragen, und Ihr Kind erlebt sich als »Zankapfel«.

Ihr Kind bekommt das Gefühl, vom verlassenden Elternteil nicht mehr geliebt zu werden. Es wird wütend auf Sie, weil Sie das ungeschriebene Gesetz der Elternschaft verletzt haben, nach dem Eltern Opfer für ihre Kinder bringen müssen und nicht umgekehrt. Sie können sich glücklich schätzen, wenn Ihr Kind ein Ventil für seine Wut findet. Es fühlt sich in dieser Zeit sehr einsam, weil Sie mit sich selbst beschäftigt sind. Außerdem erfährt es, dass auch in den Beziehungen zu Großeltern, Nachbarn und Freunden Veränderungen eintreten können: Wer wen für was verantwortlich macht oder wer für wen Partei ergreift, bekommt Ihr Kind sehr genau mit.

Vielleicht hat es niemanden, mit dem es darüber reden kann, vorausgesetzt, es will überhaupt darüber reden. Es ist hin- und hergerissen zwischen Ihnen beiden und wechselt mehrmals die Seite. Wenn es Partei ergreift, hat es gleichzeitig das Gefühl, den anderen zu verraten. Tut es das nicht, fühlt es sich alleine. Ihr Kind befindet sich in einem scheinbar unlösbaren Dilemma.

Wenn eine Trennung unumgänglich ist

Eine langjährige Ehe nach vielen Enttäuschungen, Frustrationen, Wut und Ärger gelassen und sachlich zu beenden wäre zwar wünschenswert, ist aber wohl nur dann realistisch, wenn Sie beide eine einvernehmliche Entscheidung treffen, dass Sie sich nicht mehr lieben und nicht mehr zusammenleben wollen. In den meisten Fällen gibt es jedoch einen, der verlässt, und einen, der verlassen wird. Das entstehende Gefühlschaos behindert die Bewältigung des Alltags und führt bei Ihrem Kind dazu, dass es sich nicht mehr richtig wahrgenommen fühlt.

Den Gürtel enger schnallen?

90 Prozent der Kinder aus geschiedenen Ehen bleiben bei der Mutter. Es gibt zwar schon einige allein erziehende Väter, sie sind jedoch deutlich in der Minderheit. Sowohl die Rechte und Pflichten der geschiedenen Eltern als auch der Unterhalt des Kindes werden vor Gericht geklärt, erstritten oder erkämpft, und in den seltensten Fällen wird der Prozess zur Zufriedenheit aller beendet.

Wahrscheinlich reicht die Unterhaltszahlung nur dann zum Leben, wenn Ihr Ex-Mann zu den Spitzenverdienern zählt. Wenn Sie nicht schon vorher gearbeitet haben, bleibt Ihnen jetzt nichts anderes übrig, als wieder berufstätig zu werden und etwas dazuzuverdienen. Viele allein erziehende Mütter sind auf staatliche Hilfen vom Wohngeld bis zur Sozialhilfe oder Unterhaltsvorschuss angewiesen, denn nicht alle Männer gehen mit ihrer Unterhaltsverpflichtung verantwortungsvoll um. Jeder sechste Mann bleibt die monatliche Überweisung schuldig.

Wie schmerzhaft sie auch erlebt werden: Krisen sind auch immer Herausforderungen. Sie entscheiden selbst, ob Sie sich ihnen stellen oder ob Sie vor ihnen davonlaufen wollen.

Vielleicht ist Ihre Scheidung mit einem Wohnungswechsel verbunden, weil Sie die Miete oder die Belastungen für das Eigenheim nicht mehr aufbringen können. Doch wie auch immer die Begleitumstände geartet sein mögen: Eine Scheidung bedeutet im Regelfall, dass alle Beteiligten erhebliche Einbußen des Lebensstandards in Kauf nehmen müssen, und viele Wünsche auf der Strecke bleiben.

Krise als Chance

Jeder Mensch macht im Leben mehrere Krisen durch. Schwere Enttäuschungen, menschliche und existenzielle Verluste, chronische oder lebensgefährliche Krankheiten bedrohen Ihr psychisches und physisches Wohlergehen. Wie Sie jedoch darauf reagieren, trägt entscheidend dazu bei, wie Sie Ihre Krise bewältigen und ob Sie die Chance zur emotionalen Weiterentwicklung nutzen können.

Das Wohl des Kindes muss im Mittelpunkt stehen

- Tragen Sie Ihre Verletzungen und Kränkungen nicht auf dem Rücken des Kindes aus.
- Kümmern Sie sich um Ihr Kind und sorgen Sie dafür, dass es nicht zwischen die Fronten gerät.
- Tragen Sie Auseinandersetzungen alleine und nicht im Beisein Ihres Kindes aus.
- Vermeiden Sie, sich mit Ihrem Partner um das Kind zu streiten.
- Machen Sie im Beisein Ihres Kindes keine abfälligen Bemerkungen über Ihren Partner, damit Ihr Kind sich nicht gezwungen sieht, Partei zu ergreifen.
- Ermutigen Sie Ihr Kind, seine Gefühle zu äußern und beide Elternteile auch weiterhin lieben zu dürfen.
- Sorgen Sie für einen geregelten Tagesrhythmus oder Routine im Tagesablauf. Das gibt dem Kind ein bisschen Sicherheit, wenn es das Gefühl hat, den Boden unter den Füßen zu verlieren.
- Halten Sie als nicht sorgeberechtigter Partner einen regelmäßigen und verlässlichen Kontakt zu Ihrem Kind.
- Fördern Sie den Kontakt Ihres Kindes zum nicht sorgeberechtigten Partner.
- Versuchen Sie nicht, sich die Zuneigung Ihres Kindes durch Geschenke zu erkaufen oder ihm immer etwas Besonderes bieten zu wollen, wenn Besuchstag ist. Sicher freut es sich über Geschenke oder kindgerechte Ausflüge. Wenn das aber zur Routine wird, wird es zum einen langweilig und zum anderen fördert es die Konkurrenz zwischen den Elternteilen.

Ein gemeinsames Sorgerecht kann ein Versuch sein, die Verluste für Ihr Kind so gering wie möglich zu halten. Ihr Kind bekommt die notwendige Gewissheit, trotz des Scheiterns der Paarbeziehung zwei engagierte Elternteile zu haben.

Wenn Sie eine solche Lebenskrise erfolgreich bewältigt haben, haben Sie in aller Regel eine angemessene Zeit unter einem bestimmten Zustand gelitten und einen Verlust betrauert. Anschließend haben Sie es sich zur Aufgabe gemacht, das, was zerstört wurde, wieder aufzubauen oder einen entsprechenden Ersatz zu schaffen. Sie sind insgesamt stärker und reifer aus der Krise hervorgegangen und können stolz auf das sein, was Sie bei der Bewältigung der schwierigen Situation geleistet haben.

Scheidung als Entwicklungsprozess

Wie Sie die Scheidung verkraften und was in den Jahren nach einer Scheidung an Entwicklungen möglich ist, hängt entscheidend davon ab, wie Sie Ihre Ehe beenden. Je gelassener und sachlicher Sie die Scheidung betreiben und je verantwortungsvoller Sie sich als Eltern Ihrem Kind gegenüber verhalten, desto eher können sich Ihre Lebensumstände verbessern und desto eher können Sie auch Ihrem Kind dabei helfen, die Probleme angemessen zu bewältigen.

Es ist auch für Ihr Kind eine Erleichterung und Notwendigkeit zu sehen, dass Sie sich wieder ins Leben hinauswagen und Freude daran finden. Wichtig ist allerdings, dass Sie Ihr Kind über alle Veränderungen rechtzeitig informieren und es nicht vor vollendete Tatsachen stellen. Wenn es Ihnen gelingt, diese Entwicklungsaufgaben zu leisten, kann Ihre Scheidung eine große Chance zu mehr Wachstum und Reife sein.

Trauerarbeit leisten

Die Auseinandersetzung mit Ihrer Vergangenheit und mit sich selbst ist erste Voraussetzung für einen erfolgreichen Neubeginn. Sie sollten eine angemessene Zeit um das Verlorene trauern und lernen, den Verlust zu akzeptieren. Es ist sicherlich bitter für Sie, dass sich Träume, Wünsche, Hoffnungen und Erwartungen nicht erfüllt haben. Dabei hat alles einmal so schön begonnen. Ihre Gedanken an die schönen Zeiten werfen immer wieder die Frage nach dem Warum auf, und es bedarf eine Zeit vieler Tränen und Gedanken, um sehen zu können, was wirklich geschehen ist und wo Sie die Chance verpasst haben, einen anderen Weg einzuschlagen. Wenn es Ihnen gelingt, irgendwann ohne Groll und mit einer gewissen gelassenen Distanz an das Geschehene zu denken, können Sie davon ausgehen, Ihre Scheidung bewältigt zu haben.

Sich selbst wiederfinden

Oft berichten Frauen nach einer Scheidung davon, dass sie in den langen Jahren der Ehe nicht sie selbst gewesen sind und dass ihre Gedanken, ihre Gefühle und ihr Verhalten eng an den Partner gebunden waren.

Wenn Sie die eigenen Interessen zugunsten Ihres Partners und Ihrer Kinder vernachlässigt haben, sind Sie jetzt wahrscheinlich verbittert, weil Sie zu viel von sich selbst aufgegeben haben und sich nun mit der »Undankbarkeit« Ihres Partners, der Sie verlassen hat, konfrontiert sehen. Dann ist es an der Zeit, die eigene Identität wiederzufinden und auf vergangene Erfahrungen zurückzugreifen. Besinnen Sie sich auf sich selbst, überwinden Sie Ihre Angst und probieren Sie einmal etwas Neues aus – das kommt auch Ihrem Kind zugute.

Stiefkinder

Das Eingehen einer neuen Ehe nach Jahren der Enttäuschung, Frustration und Unruhe ist für Sie mit viel Zuversicht und Hoffnung verbunden. Sie sehen die Chance, in einer neuen Partnerschaft nun endlich richtig glücklich zu werden.

Ihr Kind freut sich, wieder eine vollständige Familie zu haben, wenn es Ihren neuen Partner mag und akzeptiert, wenn fest steht, wer wofür zuständig und verantwortlich ist und wenn geklärt ist, wer wem was zu sagen hat. Dieser Idealzustand ist jedoch eher selten bzw. die Erreichung dieses Zustands ist mit erheblichen Anstrengungen verbunden. In der Regel hat Ihr Kind die Trennung seiner Eltern nur schwer verkraftet und steht Ihrem neuen Partner ausgesprochen skeptisch gegenüber.

In Deutschland stellen »Stieffamilien« inzwischen die zweithäufigste Familienform dar. Meist ist diese Situation für alle Beteiligten belastend – Kind und neuer Partner bzw. neue Partnerin müssen sich erst aneinander gewöhnen.

Vertrauen muss erst wachsen

Ihr neuer Partner muss erst diverse Anstrengungen unternehmen, um von Ihrem Kind akzeptiert zu werden, und auch Sie stehen zwischen allen Stühlen. Jeder der Beteiligten muss erst einen neuen Platz finden. Kinder bleiben auch heute noch nach einer Scheidung meist bei der Mutter, sodass sie sich, wenn diese eine neue Beziehung eingeht, mit einem Stiefvater »anfreunden« müssen.

Wenn Sie eine neue Partnerschaft eingehen, ist Ihr Kind eifersüchtig auf die Zärtlichkeiten, die Sie mit Ihrem neuen Partner tauschen und es ist auch eifersüchtig auf die Zeit, die Sie miteinander verbringen. In der Regel hat Ihr Kind Angst, ausgeschlossen zu sein und den verbleibenden Elternteil vielleicht auch noch zu verlieren. Meist unternehmen Kinder, die mit dieser Situation konfrontiert sind, vielfache Versuche, Ihr neues Glück zu stören, um Sie wieder für sich alleine zu beanspruchen.

Neubeginn mit Anhang

Viele geschiedene Eltern mit Kindern gehen eine neue Partnerschaft bzw. Ehe ein. Gegenwärtig leben in der Bundesrepublik rund eine Million Kinder in so genannten Stieffamilien.

Wenn eine neue Familie entsteht

- Vermitteln Sie Ihrem Kind, dass Sie seine Gefühle verstehen und ernst nehmen, jedoch froh sind, jemanden gefunden zu haben, der Ihre Sorgen und Nöte teilt.
- Sagen Sie Ihrem Kind, dass es die Chance hat, eine Bezugsperson dazuzugewinnen, und die Angst, den zweiten Elternteil auch noch zu verlieren, keine realistische Grundlage hat.
- Ihr Partner muss sich sensibel in die neue Situation einfühlen und versuchen, einen allmählichen Kontakt zum Kind aufzubauen.
- Erzwingen Sie nichts, sondern respektieren Sie, dass Ihr neuer Partner für Ihr Kind kein richtiger Vater sein, sondern ihm mehr als Freund begegnen kann.
- Respektieren Sie, dass Ihr Kind dazu neigt, den getrennt lebenden Elternteil zu idealisieren. Das Kind braucht das, um die Situation zu bewältigen.
- Helfen Sie Ihrem neuen Partner, nicht mit dem leiblichen Vater zu konkurrieren.
- Bedenken Sie, dass er niemals die emotionale Bindung herstellen kann, die Ihr Kind zu seinen leiblichen Eltern hat. Das tut oft weh, wenn es Ihnen jedoch gelingt, dies zu respektieren, entlasten Sie sich selbst von hochgeschraubten Erwartungen und Idealbildern. Elternsein kann man sich nicht anziehen wie eine Jacke; man wächst allmählich in diese Rolle hinein.

Natürlich möchten Sie, dass es Ihrem neuen Partner in Ihrer Familie gut geht und dass er akzeptiert wird. In Ihren Bemühungen, allen gerecht zu werden, sind Sie vielleicht überfordert. Unter Umständen führt das zu scheinbar unlösbaren Konflikten, die die neue Partnerschaft ernsthaft gefährden können.

Viele Mütter berichten, dass ihre Kinder in extremer Weise klammerten, als ein neuer Partner in ihr Leben trat. Oft hielten sie sich nur in unmittelbarer Nähe der Mutter auf, hingen ihr sozusagen »am Rockzipfel«. Sie versuchten, sich stets in Gespräche und Telefonate einzumischen, wollten nur noch im Bett der Mutter schlafen oder standen nach dem Zu-Bett-Bringen ständig wieder auf. Manchmal geht es sogar so weit, dass Kinder beispielsweise plötzliche Bauchschmerzen vortäuschen, um Ausgehversuche zu torpedieren. Wenn Ihr neuer Partner zu Ihnen zieht, kommen Veränderungen im Tagesablauf und Tagesrhythmus dazu. Auseinandersetzungen darüber, wer wann das Bad benutzen und wo der »Neue« seine Sachen platzieren darf, sind anstrengend, jedoch auch notwendig, um sich mit der neuen Situation zu arrangieren. Nachlassende Schulleistungen, Weinerlichkeit oder Aggressivität sind Signale, dass Ihr Kind die Veränderung nur schwer verkraftet. Für Sie ist diese Zeit eine Gratwanderung. Sie sollten Verständnis für Ihr Kind aufbringen, seine Gefühle ernst nehmen, ihm gleichzeitig jedoch deutliche Grenzen setzen, um sich Ihr Glück nicht zunichte machen zu lassen.

Nehmen Sie als werdende Stiefmutter Ärger, Wut und Ablehnungsgefühle bewusst wahr und gestatten Sie sich, diese zu haben. Sie zu übergehen kann fatale Folgen haben. Kinder spüren das und nutzen jede Gelegenheit, deutlich zu machen, dass Sie als »Neue« die Mutter nicht ersetzen können.

Die »Neue« in Papas Leben

Wenn Sie die neue Partnerin eines allein erziehenden Vaters werden, haben Sie es als Stiefmutter auch nicht leicht. Wir sind alle mit Märchen von bösen Stiefmüttern, die unschuldige Kinder malträtieren, aufgewachsen. Die Vorurteile und Ängste sitzen tief. Sie sehen sich mit der Erwartung konfrontiert, sich nahtlos in eine neue Rolle einzufügen und Muttergefühle selbstverständlich parat zu haben. Doch es dauert seine Zeit, die veränderte Situation zu akzeptieren, mit ihr umgehen zu lernen und tragfähige Bindungen zu den Kindern aufzubauen.

Mit den folgenden Tipps können Sie sich die neue, ungewohnte Situation erheblich erleichtern:

- ☐ Versuchen Sie nicht, besser sein zu wollen als die leibliche Mutter.
- ☐ Erwarten Sie nicht, dass die Kinder Sie lieb haben.
- ☐ Glauben Sie nicht, die Kinder automatisch lieben zu müssen.
- ☐ Machen Sie sich bewusst, dass Sie ein Scheitern nicht verhindern können.
- ☐ Versuchen Sie nicht, es allen recht zu machen.
- ☐ Sprechen Sie auch über heikle Themen.
- ☐ Respektieren Sie Rechte der getrennt lebenden leiblichen Mutter und die Gefühle der Kinder für sie.

Tipps für werdende Stiefmütter

- ▸ Geben Sie sich ausreichend Chancen, in die neue Situation allmählich hineinzuwachsen.
- ▸ Setzen Sie nicht einfach voraus, dass Sie es schon schaffen, wenn Sie sich nur genügend anstrengen. Bei zu hohen Erwartungen ist ein Scheitern oft vorprogrammiert.

Adoptivkinder

Wenn Sie zu denjenigen Paaren gehören, die bisher ungewollt kinderlos geblieben sind, haben Sie schon erhebliche Mühen auf sich genommen, um ein Kind zu bekommen. Möglicherweise ist der endgültige Bescheid, dass Sie keine Kinder bekommen können, für Sie eine Katastrophe, deren Bewältigung Sie viel Kraft kostet. Sie sind niedergeschlagen, traurig und enttäuscht. Vielleicht droht Ihre Partnerschaft an dem Konflikt zu zerbrechen. Eventuell gelingt es Ihnen aber auch, sich mit der unabänderlichen Tatsache anzufreunden und sich auf ein Leben ohne Kinder einzustellen. Vielleicht überlegen Sie auch, ein Kind in Pflege zu nehmen oder ein Kind zu adoptieren.

Adoptiveltern sind oft ganz besonders gefordert. Die wenigsten Adoptivkinder können bereits im Säuglingsalter aufgenommen werden und haben deshalb meist schon einige belastende Erfahrungen hinter sich. Sie brauchen viel Zeit und Geduld, um neues Vertrauen zu fassen.

Adoptionsmotive

Die Motive für eine Adoption sind sehr unterschiedlich. Neben den Paaren, deren Wunsch nach einem eigenen Kind unerfüllt blieb, möchten Sie vielleicht aus sozialen Beweggründen heraus ein Kind adoptieren. Doch welche Gründe Sie auch haben: Sie sollten sich über Ihre offenen und verdeckten Motive absolut klar werden und sich vergewissern, wofür Ihr Kinderwunsch steht (siehe auch Seite 19).

Die Sehnsucht nach einem Kind

- Für rund drei Millionen Paare bleibt der Wunsch nach einem leiblichen Kind unerfüllt.
- Etwa 7 Prozent der ungewollt kinderlos gebliebenen Paare bemühen sich um eine Adoption.
- Pro Jahr werden in der Bundesrepublik knapp 8000 Kinder adoptiert, die Hälfte davon von Verwandten oder Stiefeltern.
- Die Nachfrage nach adoptierten Kindern ist erheblich größer als die zur Adoption freigegebenen Kinder. Auf ein Kind kommen 30 Bewerberpaare.
- Lediglich 12 Prozent der zur Adoption freigegebenen Kinder sind jünger als 1 Jahr.

Bei Paaren, die bereits eine sehr konkrete Vorstellung von »ihrem« Adoptivkind haben, sind Enttäuschungen oft vorprogrammiert. Gute Voraussetzungen dagegen haben Sie, wenn Sie ein Kind aus Liebe annehmen möchten und Sie ein Leben mit Kindern für sehr bereichernd und spannend halten.

Der Weg zur Adoption

Ein Adoptionsverfahren ist ein mühsames Unterfangen. Insbesondere wenn Sie schon eine jahrelange missglückte Kinderwunsch-Behandlung über sich ergehen lassen mussten, brauchen Sie auch jetzt viel Geduld. Ein Adoptionsverfahren sieht in der Regel folgendermaßen aus:

- Es beginnt mit dem Gang zum für Ihren Wohnort zuständigen Jugendamt. Hier wird die Bürokratie ins Rollen gebracht.
- Sie füllen Fragebögen aus.
- Gesundheits- und Führungszeugnisse sind erforderlich.
- Ihre soziale, berufliche und finanzielle Situation muss detailliert offengelegt werden.
- Die Adoptionsvoraussetzungen werden geprüft. Rein rechtlich muss eine Frau 21, ein Mann 25 Jahre alt sein und der Altersunterschied zwischen Eltern und Kind sollte dem normalen Altersunterschied zwischen Eltern und leiblichen Kindern entsprechen.
- Die Umgebung, in der das Kind aufwachsen soll, wird überprüft, und mit Ihnen werden Gespräche über Ihre Motive, Vorstellungen und Erwartungen geführt.

Einige Paare kommen in die Adoptionsvermittlung und äußern Vorstellungen, wie das Kind nach Alter, Größe, Haarfarbe, Herkunft etc. beschaffen sein soll. Das hinterlässt den Eindruck, als wollten sie ein Auto oder ein Haus kaufen – eine Sache eben, bei der man sich aussuchen kann, wie sie aussehen soll.

Ankunft des Kindes

Mit dem Anruf des Jugendamtes: »Wir haben ein Kind für Sie« beginnt anschließend eine aufregende Zeit. Wenn es dann tatsächlich so weit ist und das passiert, worauf Sie so lange gewartet und wovon Sie so lange geträumt haben, stellen sich neben der Freude auch Ängste ein. Sie fragen sich, wie das Kind ist, welche Erfahrungen es bereits gemacht hat und welche Probleme daraus resultieren könnten. Sie fragen sich, ob Sie den Anforderungen auch gewachsen sind und ob Sie sich nicht zu viel vorgenommen haben. Die aus den Ängsten resultierenden Fragen sind ganz natürlich, und Sie sollten sich ihnen offen stellen.

Was Adoption für ein Kind bedeutet

Viele adoptierte Kinder kommen aus sozial schwachen Familien oder wurden von ledigen Müttern geboren. Sie haben in der Regel vorher einige Zeit in Heimen oder Pflegefamilien verbracht. Die Angst, wieder enttäuscht zu werden, ist groß, das Selbstwertgefühl sehr gering.

Sie müssen bedenken, dass Ihnen die Zeit der Vorbereitung auf Ihr Baby während der Schwangerschaft fehlt. Sie vermissen die Erfahrungen der Geburt und der ersten Kontakte mit dem Baby. Auch in eine Adoptivelternrolle müssen Sie erst langsam hineinwachsen, bis Sie von Herzen sagen können: »Das ist mein Kind.«

Viele Heimkinder sind verschlossen, andere egoistisch und vertreten ohne Rücksicht auf Verluste ihre Interessen. Das ist eine notwendige Überlebensstrategie. Sie haben Angst, zu kurz zu kommen, und schauen neidvoll auf die, die es scheinbar oder tatsächlich besser haben. Dennoch verbinden die meisten Kinder mit einer Adoption die Hoffnung auf eine Familie, die für sie da ist, sich um sie kümmert und sie liebt. Die Hoffnung scheint durchaus berechtigt, wenn Sie sich als Adoptiveltern sehnlichst ein Kind gewünscht haben. Manche Adoptivkinder können das kaum glauben; sie sind misstrauisch und fühlen sich oft nicht liebenswert. Sie glauben dann, dass ihre Adoptiveltern das nur zum Trost sagen und dass nicht wirklich sie gemeint sind.

In den ersten Monaten in der neuen Familie wird sich Ihr Adoptivkind vermutlich sehr anpassen. Es ist freundlich, zuvorkommend und bemüht, alles richtig zu machen. Es tut, was Sie verlangen, ohne zu murren, gibt aber seine wirklichen Gefühle nicht preis. Es hat Berührungsängste und lässt sich nicht gerne anfassen oder gar streicheln. Je nach Alter des Kindes dauert diese Phase der Anpassung bis zu zwei Jahren. Früher oder später kommt die Bewährungsprobe, mit der Ihr Adoptivkind austestet, ob Sie es wirklich lieb haben und behalten wollen, auch wenn es sich einmal nicht gut benimmt. Hier zeigt sich dann, ob Sie den Herausforderungen einer Adoption gewachsen sind.

Wer sind meine leiblichen Eltern?

Diese Frage begegnet allen Adoptiveltern früher oder später. Sie sollten sie so offen wie möglich beantworten. Ihr Adoptivkind hat einen Anspruch darauf, alles über seine Herkunft zu erfahren. Er ist zudem gesetzlich geregelt. Ein Jugendlicher kann ab dem 16. Lebensjahr mit Zustimmung der Adoptiveltern beim Standesamt Einsicht in seine Abstammungsurkunde verlangen. Ab dem 18. Lebensjahr hat er ein Recht auf Einsicht in seine Akte beim Vormundschaftsgericht.

Wenn Ihr Adoptivkind Fragen nach seinen leiblichen Eltern stellt, kann das bei Ihnen Ängste auslösen, die einen offenen Umgang mit der Problematik oft verhindern. Die in Deutschland überwiegend praktizierte anonyme Adoption tut ihr Übriges. Seien Sie unbesorgt: In den seltensten Fällen möchte ein Kind zu seinen leiblichen Eltern zurück, und nur wenige Eltern, die ihr Kind zur Adoption freigegeben haben, strengen aussichtslose Rückgabeverfahren an – und wenn, dann geschieht das meist aus übergroßen Schuldgefühlen heraus, das Kind in einer verzweifelten Notsituation weggegeben zu haben.

Wenn Sie als Adoptiveltern mit den leiblichen Eltern einen ungezwungenen Umgang pflegen können, z. B. über Besuchsregelungen oder Telefonate, würde das Ihrem Adoptivkind helfen, seine eigene Identität zu finden und die Vergangenheit besser zu verarbeiten.

Grundregeln für Adoptiveltern

- Werden Sie sich Ihrer Motive bewusst. Ein Kind um jeden Preis zu wollen, ist sehr anstrengend und kann für Ihre Partnerschaft von Nachteil sein.
- Nehmen Sie das Kind, wie es ist, und stellen Sie keine Erwartungen, die das Kind gar nicht oder noch nicht erfüllen kann.
- Lassen Sie dem Kind Zeit, sich allmählich an die neue Situation zu gewöhnen und Vertrauen zu fassen.
- Fassen Sie schlimmes Benehmen oder andere Auffälligkeiten als Prüfung auf, ob Sie es wirklich lieb haben. Das bedeutet aber nicht, dass Sie sich alles bieten lassen und keine Grenzen setzen müssen.
- Geben Sie sich selbst Zeit, sich an die neue Situation zu gewöhnen.
- Bleiben Sie mit Ihrem Partner über alles im Gespräch – insbesondere darüber, wie Sie sich fühlen.
- Geben Sie sich die Erlaubnis, Fehler zu machen.
- Holen Sie sich Hilfe und Unterstützung, wenn Sie nicht mehr weiter wissen. Aber auch sonst können Gespräche mit anderen Betroffenen helfen, die eigene Position zu stärken.
- Treten Sie möglichen Vorurteilen der Umgebung selbstbewusst gegenüber und schützen Sie das Kind vor Übergriffen.
- Beantworten Sie die Fragen des Kindes nach seiner Herkunft offen und mit Einfühlungsvermögen.
- Ermöglichen Sie den Kontakt zu den leiblichen Eltern und helfen Sie dem Kind, missliche Erfahrungen zu verarbeiten.

Mutter- und Vaterrolle

Muttergefühle

Unmittelbar nach der Geburt Ihres Babys machen Sie eine Reihe von Veränderungen und Umstellungen durch, anhand derer Sie sich mit Ihrer neuen Aufgabe als Mutter vertraut machen. Sie müssen sich erst daran gewöhnen, dass Sie keinen runden Bauch mehr haben, sondern Ihr Baby in den Armen halten, welches Ihrer gänzlichen Fürsorge bedarf, ohne die es nicht lebensfähig wäre.

Das große Glück

Vielleicht ist der Moment, in dem Sie zum ersten Mal Ihr Baby im Arm halten, für Sie mit kolossalem Staunen, dass Sie so etwas Schönes hervorgebracht haben, und mit einer Innigkeit und Zärtlichkeit verbunden, die durch nichts anderes überboten werden kann. Sie können sich nicht satt sehen an dem kleinen Wesen, betrachten jede Einzelheit, reagieren auf jede Regung und fühlen eine unbändige, bedingungslose Liebe zu Ihrem Kind. Wenn die Geburt gut verlaufen und Ihr Baby gesund und alles an ihm dran ist, werden Sie sehr erleichtert sein. Sie sind stolz, dass Sie es geschafft haben, und teilen Ihre Gefühle mit den Menschen, die Ihnen nahe stehen. Sie sind völlig aufgewühlt, können nicht schlafen und auch nicht aufhören, über das Ereignis zu sprechen, nimmt es doch so viel Raum in Ihren Gedanken und Gefühlen ein.

> Nach dem beeindruckenden Erlebnis der Geburt, das meist von nie gekannten Hochgefühlen begleitet wird, fordert der vollkommen erschöpfte Körper sein Recht. Die Mutter fühlt sich ausgelaugt, niedergeschlagen und ängstlich.

Die erste schwierige Phase

Möglicherweise stellt sich noch während der ersten Tage nach der Geburt bereits eine Veränderung ein. Sie fühlen plötzlich die Erschöpfung nach der körperlichen Anstrengung. Sie haben vielleicht Schmerzen, weil der Dammschnitt noch weh tut, und befinden sich plötzlich in einem seelischen Tief, in dem Sie alles infrage stellen. Gedanken wie: »Worauf habe ich mich da eingelassen?«, »Wie soll ich das bloß alles schaffen?« oder »Ich kann diese Verantwortung nicht tragen« lösen die euphorische Stimmung ab. Ihnen ist zum Heulen zumute, Sie träumen schreckliche Sachen und haben düstere Fantasien. Gleichzeitig sind Sie deswegen beunruhigt und glauben vielleicht, einen mangelnden »Mutterinstinkt« zu haben.

Mutterinstinkt – gibt es das?

Die Erwartung der Umwelt, dass eine Frau sich selbstverständlich über ihr Baby freut und sich in ihre »gottgegebene Rolle« fügt, ist groß. Dass Sie als Frau diese Rolle übernehmen, wird gerne als naturgegeben betrachtet und zu einer Sache des Instinkts erklärt; Fälle von psychischer oder physischer Vernachlässigung oder Misshandlung werden mit Unverständnis und einem Kopfschütteln quittiert.

Der bekannte Entwicklungspsychologe Rudolph Schaffer erklärt dazu: »Doch bei näherem Hinsehen erkennen wir, dass mütterliche Fürsorge alles andere ist als eine einfache oder geradlinige Naturgegebenheit. Wir brauchen uns nur zu vergegenwärtigen, was eine Mutter im Lauf eines Tages für ihr Kind alles tut (vom Näschen putzen bis zum Wiegen, vom Stillen bis zum Schelten), und wir kommen aus dem Staunen nicht heraus. Nun greife man irgendeine dieser Handlungen heraus und betrachte daraufhin, wie verschieden sie von den einzelnen Müttern verrichtet wird – da sind Unterschiede in Ausdruck und Erscheinungsform, in der Gefühlsintensität, in der Häufigkeit des Auftretens und weitere, ähnliche Merkmale, die von der Kultur, der sozialen Klasse, dem individuellen Rahmen und der Einzelpersönlichkeit beeinflusst werden mögen.«

Muttergefühle sind nicht bei allen Müttern gleich. Jede Mutter lebt in ihrem eigenen sozialen Kontext und geht anders mit ihrem Baby um. Dementsprechend individuell ist auch der emotionale Zugang zum Kind.

Körperliche Veränderungen

Es gibt sicherlich biologisch begründete Regelmäßigkeiten, jedoch unterscheidet uns von den Tieren, dass unser Verhalten nicht stereotyp ist, sondern wir es entsprechend unseren Erfahrungen anpassen können. Seelische Hochs und Tiefs in den ersten Tagen und Wochen nach der Geburt sind normal. Sie sind eine Folge der hormonellen Umstellung des Körpers und der plötzlichen Konfrontation mit der Realität.

In den sechs bis acht Wochen des »Wochenbetts« bildet sich Ihre Gebärmutter zurück, der Muttermund schließt sich und die Wunden verheilen. Während der Schwangerschaft hat Ihr Körper Östrogen und Progesteron gebildet und während der Geburt Endorphine ausgeschüttet. Diese Hormone fehlen jetzt plötzlich, und Ihr Körper muss erst ein neues Gleichgewicht finden. Schwellende Brüste schmerzen, wenn die Milch einschießt, und die Erschöpfung kann durch regelmäßigen Schlaf nicht aufgefangen werden, weil Ihr Baby sich alle zwei bis drei Stunden meldet.

Setzen Sie sich nicht unter Druck

Sie haben eine bestimmte Vorstellung von der Mutterrolle, die Sie unbedingt erfüllen wollen. Diese Vorstellung ist beeinflusst von den Erfahrungen mit Ihrer eigenen Mutter und/oder durch die Fantasievorstellung einer idealen Mutter. Wenn zwischen Ihrer Vorstellung vom Muttersein und Ihren tatsächlichen Gefühlen Diskrepanzen entstehen, macht Ihnen das Angst.

Die Anwesenheit des Babys wird auch Ihre Partnerbeziehung verändern. Hier ist ebenfalls ein wenig Mühe erforderlich, um Ihren Partner in die enge Beziehung zwischen Ihnen und Ihrem Kind hineinzulassen. Außerdem ist Muttersein ohne Frage mit einigen Verlusten verbunden – insbesondere mit dem Verlust der Unabhängigkeit. Da ist es dann kein Wunder, wenn sich bei aller Liebe, Wärme und Zuneigung für Ihr Baby auch Zweifel, Ärger und Wut breit machen. Vielleicht möchten Sie sich solche Gefühle nicht eingestehen oder erschrecken davor. Sie entwickeln noch zusätzlich Schuldgefühle, weil Ihr Empfinden nicht zu dem Bild der perfekten Mutter passt, die alle Bedürfnisse ihres Baby freudig und ohne etwas zu erwarten erfüllt.

Niemand, auch nicht die beste Mutter, ist jederzeit gut gelaunt und freundlich. Jeder braucht einmal Abstand zu den Menschen, die er liebt, um sich um die eigenen Bedürfnisse zu kümmern.

Ein Recht auf alle Gefühle

Alles, was Sie jetzt empfinden, ist völlig normal – mögen die Gefühle zunächst auch noch so bedrohlich erscheinen. Ein von Frauen meist verdrängtes Gefühl ist Wut. Vielleicht brechen auch Sie eher in Tränen aus, als einen Teller durch die Küche zu werfen. Sie haben gelernt, dass Wut nicht erwünscht ist und als unweiblich gilt. Weil Sie aber auch gelernt haben, den Erwartungen der Umwelt zu entsprechen, behalten Sie Ihre Wut für sich, schlucken sie hinunter und schweigen.

Auch Ihr bewusster oder unbewusster Wunsch, sich von Ihrem Kind zeitweise zu distanzieren, ist Ihr gutes Recht. Sie erleben sich abhängig vom Kind, bestimmt es doch den gesamten Tag- und Nachtrhythmus. Sie brauchen eine zeitweilige Distanz, in der Sie sich um sich selbst und Ihre Bedürfnisse kümmern können, damit es Ihnen gelingt, sich Ihrem Kind wieder mit Liebe zuzuwenden.

Wenn Ihnen alles zu viel wird

- Erlauben Sie es sich, auch einmal ärgerlich, wütend oder zornig zu sein!
- Reduzieren Sie Ihren Perfektionsanspruch.
- Gönnen Sie sich einen Abend in der Woche für sich alleine.
- Trauen Sie sich, über Ihre Gedanken und Gefühle zu sprechen.
- Bitten Sie Ihren Partner um Unterstützung bzw. fordern Sie sie ein!

Alle Gedanken kreisen um das Baby, und es ist nicht so, dass Sie als Mutter instinktiv wissen, wie Sie mit Ihrem Kind umgehen sollen. Das müssen Sie erst durch den alltäglichen Umgang lernen. Schließlich haben Sie es mit einem Wesen zu tun, das Sie erst kennen lernen müssen. Wenn es dem Baby nicht gut geht, wenn es schreit und weint, sind Sie besorgt, unsicher und haben Zweifel, ob Sie alles richtig machen. Das Schreien eines Babys ist nervenaufreibend und zermürbend. Es macht hilflos und schließlich wütend, wenn Sie nicht wissen, was es hat. Ob es aus Hunger schreit oder Schmerzen hat, ob es Zuwendung braucht oder Ruhe, müssen Sie erst langsam herausfinden. Sie müssen lernen, die Signale des Babys zu entschlüsseln. Babys sind sehr verschieden, und wenn Sie ein ruhiges, strahlendes Kind haben, mag Ihnen dies vielleicht übertrieben erscheinen. Wenn Ihr Kind jedoch sehr unruhig ist, sind Sie gezwungen, mit den enormen Anforderungen zurechtzukommen.

Nicht nur Ihr Baby muss die Sprache erst erlernen, auch Sie werden mit Signalen Ihres Kindes konfrontiert, die Sie zunächst nicht verstehen. Will es Ruhe oder Zuwendung, hat es Hunger oder Schmerzen – all das müssen Sie mühsam entschlüsseln.

Negative Gefühle zulassen

Es kann eine große Erleichterung sein, sich Gefühle von Angst, Unsicherheit, Wut und Zorn zuzugestehen und sie nicht wegzuschieben. Wegschieben heißt, sie in den Untergrund zu verbannen, wo sie vielleicht eine Weile nicht spürbar sind, aber trotzdem ihr Unwesen treiben. Seinen Gefühlen Luft zu machen, ihnen Platz zu geben, sie dem Partner oder anderen Müttern mitzuteilen, hilft, aus Ohnmacht wieder Klarheit, aus Hass wieder Liebe und aus Angst Sicherheit zu machen. Frauen tun sich auch oft schwer, um Hilfe zu bitten oder vom Partner Unterstützung einzufordern. Sie fühlen sich dann mit den Problemen alleine gelassen und werden immer unzufriedener und erschöpfter.

Das muss nicht sein. Ihr Partner hat als Vater auch eine Verantwortung übernommen, und es sollte in einer Partnerschaft selbstverständlich sein, dass Sie getröstet werden, wenn Sie traurig sind, und er Ihnen Arbeit abnimmt, wenn Sie erschöpft sind. In den Stunden des Tages, in denen Ihr Baby schläft, sollten Sie ebenfalls die Zeit zum Ruhen nutzen, anstatt unbedingt noch die Küche zu putzen oder die Wäsche zu bügeln.

Weiterarbeiten – ja oder nein?

Mit der Entscheidung, Eltern zu werden, stellen Sie sich zwangsläufig die Frage, wie sich Familie und Beruf zukünftig gestalten oder miteinander vereinbaren lassen. Auch in der heutigen Zeit, wo die Erwerbsarbeit von Frauen selbstverständlicher ist als noch vor 40 Jahren, sind es meist die Frauen, die beruflich zurückstecken und ganz selbstverständlich zu Hause bleiben, wenn das Kind da ist.

Vielleicht machen Sie auch zugunsten Ihres Partners und der Kinder Abstriche in der eigenen Bedürfnisbefriedigung und handeln im Sinne einer gesellschaftlichen Norm, die besagt, dass Ihr Kind zu kurz kommt, wenn Sie als Mutter arbeiten gehen. Viele sehen in der berufsbedingten Abwesenheit der Mutter die Quelle für kindliche Entwicklungs- und Persönlichkeitsstörungen oder Verhaltensauffälligkeiten.

Der Vater scheint in diesem Zusammenhang keine Rolle zu spielen. Er kommt in diesen Überlegungen gar nicht vor. Kaum jemand käme auf die Idee, die Berufstätigkeit des Vaters als Quelle von Störungen zu sehen. Und außerdem: Wer sagt Ihnen denn, dass Sie Auffälligkeiten bei Ihrem Kind alleine dadurch verhindern, dass Sie sich 24 Stunden am Tag ausschließlich um Ihr Kind kümmern?

Wenn Sie Ihren Beruf zugunsten Ihres Kindes aufgeben, spüren Sie vielleicht nach einiger Zeit, dass Ihnen etwas fehlt. Auch wenn Kind und Haushalt genügend Arbeit machen, füllt diese Rolle Sie insbesondere dann nicht aus, wenn sie Ihren Beruf sehr gerne ausgeübt haben. Sie fühlen sich isoliert, geistig unterfordert und werden mit der Zeit unausgeglichen und frustriert. Das Selbstwertgefühl leidet, und Sie bekommen für das, was Sie tun – Hausfrau und Mutter zu sein –, keine gesellschaftliche Anerkennung. Es wird einfach als selbstverständlich angesehen. Das Muttersein hat in unserer Gesellschaft leider keinen allzu großen Stellenwert.

Vermeiden Sie es, die Abwertung Ihrer Rolle als Hausfrau und Mutter einfach hinzunehmen oder Ihre Wünsche nach mehr Beteiligung Ihres Partners zurückzustellen, ganz nach dem Motto: »Er hat ja einen anstrengenden Job, da will ich ihn nicht noch zusätzlich belasten.«

Die Unterstützung und Teilnahme Ihres Partner an der Kindererziehung fällt in der Regel geringer aus, wenn Sie nicht berufstätig sind. Er kann sich stets darauf berufen, den ganzen Tag schwer für die Familie zu schuften, während Sie ja nur das »bisschen Haushalt« machen müssen.

Der Vorteil, ganz zu Hause zu sein, liegt sicherlich darin, dass Sie Ihr Kind aufwachsen sehen, es ohne Zeitdruck betreuen und fördern können. Es ist mehr Zeit und Raum vorhanden, den Bedürfnissen Ihres Kindes gerecht zu werden. Andererseits besteht auch die Gefahr, die Entwicklung Ihres Kindes durch Überfürsorglichkeit und Überbetreuung zu behindern, oder den Dingen einfach ihren Lauf zu lassen, weil Sie sich unzufrieden und überfordert fühlen.

Wenn es Ihnen gelingt, Ihre eigenen Bedürfnisse zu befriedigen, Sie z. B. über ausreichend anregende Kontakte verfügen, die Ihnen auch über kritische Phasen hinweghelfen oder Sie fordern, profitiert Ihre ganze Familie davon.

Ein Drahtseilakt

Eventuell steht für Sie von vornherein fest, dass Sie nach Beendigung des Mutterschutzes auf jeden Fall wieder arbeiten wollen. Dann gehören Sie zu den Frauen, die klar sagen: »Ich will ein Kind, aber ich will meine hart umkämpfte berufliche Position nicht aufgeben.« Sie haben eine lange, qualifizierte Ausbildung durchlaufen und es durch Fleiß, Zähigkeit und Durchhaltevermögen zu etwas gebracht. Sie schätzen die Anerkennung im Beruf und die finanzielle Unabhängigkeit. Allerdings wissen Sie auch, dass es im Leben noch etwas anderes gibt als Karriere und wünschen sich deshalb ein Kind. Mit der gleichen Zielstrebigkeit, mit der es Ihnen gelungen ist, beruflich erfolgreich zu sein, versuchen Sie nun, Beruf und Kind unter einen Hut zu bringen: ein ständiger Drahtseilakt.

Es gelingt Ihnen, die Kinderbetreuung optimal zu organisieren, zumal auch die finanziellen Voraussetzungen gegeben sind. Zwischen Beruf, Kind, Haushalt und Partner jonglieren Sie dann eine Weile geschickt hin und her, merken oft aber auch sehr schnell, dass Sie sich zu viel vorgenommen und zugemutet haben – wenn z. B. Ihr Kind krank wird und seine Mutter braucht; wenn Ihr Partner verärgert registriert, dass Sie abends vor Erschöpfung auf dem Sofa einschlafen; wenn die Kinderbetreuung kündigt oder Ihr Chef Ihre mangelnde Kreativität in der letzten Zeit kritisiert. Wenn Sie versuchen, in allen Bereichen gleichermaßen perfekt zu sein, werden Sie in einen krank machenden Stress geraten, bei dem Sie selbst auf der Strecke bleiben.

Zwischenlösungen

Zwischen den beiden Extremen – zu Hause zu bleiben oder arbeiten zu gehen – gibt es eine Reihe möglicher zufrieden stellender Zwischenlösungen. Das Beste wäre sicherlich eine Aufteilung des Erziehungsurlaubs mit anschließender Teilzeitarbeit für beide Elternteile.

Die Realität ist davon jedoch noch weit entfernt. Nur wenige Männer sind bereit, für ihr Baby Erziehungsurlaub zu nehmen und anschließend ihre Wochenarbeitszeit zu reduzieren. Sie fürchten, sich durch die Äuße-

Wenn Sie berufstätig sind, lernt Ihr Kind, sich verantwortlich und kompetent zu fühlen; selbstständiger zu werden, indem es altersgerecht bestimmte Aufgaben übernimmt; auch einmal zurückzustecken und mit Frustrationen umzugehen sowie sich mit Problemen auseinanderzusetzen und eine Lösung zu suchen.

Tipps für berufstätige Mütter

- Erkundigen Sie sich nach privaten und öffentlichen Betreuungsmöglichkeiten.
- Informieren Sie sich über Ihre Rechte als berufstätige Mutter.
- Organisieren Sie Ihren Haushalt; vielleicht können Sie sich eine Hilfe leisten.
- Versuchen Sie, nicht alles perfekt zu machen. Lassen Sie auch mal »Fünfe grade sein«!
- Beziehen Sie Ihren Mann mit ein und lassen Sie nicht locker, seine Mithilfe einzufordern.
- Nehmen Sie sich Zeit für Ihr Kind. Es hat mehr davon, wenn Sie sich eine Stunde am Tag intensiv kümmern, als wenn es lediglich immer nebenher läuft.
- Vermitteln Sie Ihrem Kind auf keinen Fall, es sei benachteiligt, weil Sie berufstätig sind. Es könnte diese Einstellung übernehmen und sich tatsächlich so vorkommen.
- Geben Sie den Anliegen Ihres Kindes Vorrang und halten Sie gemachte Versprechen über gemeinsame Unternehmungen ein.
- Nehmen Sie sich einmal pro Woche Zeit für Ihre Partnerschaft. Besorgen Sie sich einen Babysitter und gehen Sie aus.
- Schaffen Sie sich Freiraum für Ihre Interessen und um nachzudenken, wie es Ihnen augenblicklich geht. Das zu spüren, ist Voraussetzung, um bei all den Anforderungen nicht krank zu werden.
- Seien Sie bereit, einmal getroffene Entscheidungen zu revidieren, wenn sie sich als nicht gut erweisen.

rung eines solchen Anliegens vor ihrem Chef lächerlich zu machen und sich berufliche Chancen zu verbauen. Eine recht große Diskrepanz zwischen Reden und Handeln ist auch da festzustellen, wo Männer nach der Bedeutung der einzelnen Lebensbereiche befragt wurden. Die Mehrheit der Männer hielt die Partnerschaft für den wichtigsten Lebensbereich, gefolgt von den Kindern, dem Beruf und den Freunden an letzter Stelle. Dennoch zeigten sie wenig Einsatz für Partnerschaft und Familie – nur einer von hundert nahm Erziehungsurlaub in Anspruch, und die meisten Männer engagierten sich nicht sonderlich bei der täglich anfallenden Hausarbeit. Es scheint also leider oft so zu sein, dass Frauen sich nicht auf die Worte der Männer verlassen können und bei wichtigen Entscheidungen wie z.B. der Frage, wie die Zukunft mit Kindern aussehen soll, von den Männern im Stich gelassen werden.

Obwohl laut einer 1992 erschienenen Umfrage des Bundesministeriums für Frauen und Jugend die Hausarbeit genauso hoch zu bewerten ist wie die Berufsarbeit (90 Prozent der befragten Männer waren dieser Meinung), bleiben viele Männer nach der Geburt eines Kindes trotzdem nicht zu Hause.

Finanzielle Einbußen

Dass meist die Frauen nach der Geburt eines Babys zu Hause bleiben und die Männer weiter arbeiten gehen, hat natürlich auch damit zu tun, dass das Erziehungsgeld im Vergleich zum Gehalt sehr gering ist und Frauen gesamtgesellschaftlich gesehen wesentlich weniger verdienen als Männer. So kann eine Familie es oft leichter verkraften, wenn die Frau aufhört zu arbeiten oder Teilzeit arbeitet.

Die durch eine Familie entstehende Arbeit gleichmäßig auf beide Elternteile zu verteilen, hat eine Menge Vorteile, die vielleicht finanzielle Einbußen aufwiegen. Es sorgt für Gleichberechtigung in der Partnerschaft und führt zu mehr Zufriedenheit, weil man nicht neidvoll auf den jeweils anderen schielt. Zufriedenheit im Beruf und in der Familie stabilisiert das Selbstwertgefühl und wirkt sich positiv auf den Umgang mit Kindern aus. Diese können davon nur profitieren.

Wenn Sie als zukünftige Mutter vor der Entscheidung stehen, wie es beruflich weitergehen soll, fragen Sie sich, wo Ihre Bedürfnisse liegen und was Sie zufrieden macht. Und versuchen Sie dann, Ihre Vorstellungen in die Tat umzusetzen. Wenn Sie dabei an Grenzen stoßen, ist das nicht wirklich schlimm – es fordert Sie heraus, erneut darüber nachzudenken, was Sie möchten und welche Richtung Sie einschlagen wollen. Handeln Sie ganz nach dem Motto »zufriedene Mutter – zufriedenes Kind«!

Kinderbetreuung

Kindergarten

Vielleicht gaben Sie Ihre Berufstätigkeit mit der Geburt Ihres Kindes zunächst auf. Jetzt ist Ihr Kind drei Jahre alt und kann, falls Platz vorhanden ist, in einen Kindergarten aufgenommen werden. Vielleicht möchten Sie an Ihren Arbeitsplatz zurückkehren oder haben inzwischen schon ein zweites Kind bekommen. In beiden Fällen kann die Tatsache, dass Ihr Kind nun »kindergartenreif« ist, eine große Entlastung für Sie sein.

Sie haben lange darauf gewartet, Ihr Kind auch einmal abgeben und sich um sich selbst kümmern zu können. Auch wenn Sie zu Hause und nicht berufstätig sind, sehen Sie in der Betreuung des Kindes im Kindergarten einen wichtigen Beitrag zu einer positiven Entwicklung.

Gerade für Einzelkinder ist der Kindergartenbesuch eine wertvolle Erfahrung. Sie lernen, sich mit anderen Kindern auseinander zu setzen, und können geschwisterähnliche Beziehungen aufbauen.

Wertvolle Impulse für die Entwicklung

Kindergärten sind schon längst zu pädagogisch akzeptierten Einrichtungen geworden. Entsprechend betreut und gelenkt, lernt Ihr Kind hier, sich in eine Gemeinschaft einzugliedern und sozial zu verhalten. Im Kontakt mit anderen Kindern bekommt es Anregungen, durch die es sich bereichert fühlt. Es lernt, sich zu behaupten und durchzusetzen.

Die Spielmöglichkeiten sind in einem Kindergarten größer, was insbesondere dann wichtig ist, wenn Sie in einer Stadtwohnung leben. Kindergarten bedeutet für Ihr Kind eine Erweiterung der Bezugspersonen über die Kleinfamilie hinaus mit ganz unterschiedlichen Charakteren und Persönlichkeiten mit ihren Stärken und Schwächen.

Möglicherweise sehen Sie genau darin eine Gefahr. Sie können sich nur schwer von Ihrem Kind trennen. Sie sind verunsichert und haben Angst, dass Ihr Kind sich Ihnen entfremdet, von Ihnen entfernt, und dass Ihre Einflussnahme schwindet. Sie versuchen, diese Einflussnahme zu kontrollieren, meist mit gegenteiligem Effekt. Je mehr Sie versuchen, Ihr Kind festzuhalten, an sich zu binden und zu kontrollieren, desto mehr wird es versuchen, auszubrechen und sich Ihrer Kontrolle zu entziehen. Dann werden Sie Hilfe brauchen, um zu lernen, Ihr Kind loszulassen.

Die Wahl der Einrichtung

Sicher möchten Sie eine Einrichtung finden, die gut geführt wird und der Sie Ihr Kind bedenkenlos anvertrauen können. Leider müssen Sie sich der Qual der Wahl um einen Kindergartenplatz in den seltensten Fällen aussetzen: Es gibt zu wenige. In den alten Bundesländern fehlen annähernd 600 000 Plätze. Meist müssen die Kinder lange warten und sind manchmal schon vier oder fünf Jahre alt, bis sie einen Platz bekommen. Kleinere Orte verfügen auch nicht über mehrere Kindergärten, und Sie müssen nehmen, was Ihnen geboten wird. Wenn Sie allerdings weitere Anfahrtswege in Kauf nehmen wollen, haben Sie mehr Möglichkeiten.

Bei einer altersgemischten Gruppe lernen die älteren Kinder, die jüngeren in das Spielen miteinzubeziehen; so können sie Rücksichtnahme üben, ohne sich überfordert zu fühlen.

Die Einrichtungen schließen in der Regel um 12 Uhr und öffnen erst wieder nachmittags. Für Sie als Berufstätige bedeutet das, dass Sie noch eine Person bitten müssen, Ihr Kind zum Kindergarten zu bringen und wieder abzuholen. Es fehlt also an flexiblen Öffnungszeiten und an der Möglichkeit einer Ganztagsbetreuung. In manchen Kindergärten, oft in den

Der richtige Kindergarten

- Haben die Kinder genügend Bewegungsfreiheit, einen Platz, wo sie ungehindert toben, laufen und spielen können?
- Gibt es Ruhebereiche, in die die Kinder sich zurückziehen, alleine spielen oder sich ausruhen können?
- Wie ist die Atmosphäre, das Klima in der Einrichtung? Freundlich und aufgeschlossen oder bedrückend?
- Welche Vorstellungen von Erziehung haben die Erzieherinnen?
- Haben die Kinder genügend Raum, ihre eigenen Vorstellungen verwirklichen zu können?
- Wie stark oder wie gering wird der Alltag reglementiert?
- Gibt es gleichaltrige oder altersgemischte Gruppen?
- Wie passen die Öffnungszeiten in die Alltagsorganisation?
- Zu welchen Zeiten im Jahr ist der Kindergarten ganz geschlossen, sodass andere Betreuungsmöglichkeiten gesucht werden müssen?
- Inwieweit bezieht der Kindergarten die Eltern in das pädagogische Geschehen mit ein, sodass regelmäßige Gespräche zwischen Erzieherinnen und Eltern im Interesse des Kindes geführt werden?

staatlichen, ist es möglich, das Kind auch über Mittag dort unterzubringen, wenn sich eine Erzieherin für einen zusätzlichen Mittagsdienst bereit erklärt. Für diese Art der Betreuung wird auf den Kindergartenbeitrag ein Zuschlag erhoben.

Kinderkrippe

Als Kinderkrippen werden die Einrichtungen bezeichnet, die Kinder auch schon vor dem Eintritt in das dritte Lebensjahr aufnehmen. Ein Kind schon im Babyalter oder mit ein bis zwei Jahren »in fremde Hände« zu geben, ist auch heute noch umstritten. Gegner mokieren, dass Kinder, die von den Eltern so früh abgegeben werden, von diesen vernachlässigt, schneller krank und von ihnen entfremdet werden, sodass irreparable Entwicklungsschäden entstehen. Bei näherem Hinsehen entpuppt sich das jedoch als Vorurteil. Kinderkrippen sind heute keine Verwahranstalten mehr, wo Ihr Kind mit 30 anderen ohne Anregung sich selbst überlassen bleibt.

Seit in den 1970er Jahren Elterninitiativen an diesem negativen Image rüttelten, hat sich viel getan. Kinderkrippen haben in der Regel eine kindgerechte Atmosphäre und sind mit Räumen und Materialien genauso gut ausgestattet wie Kindergärten.

In altersgemischten Kinderkrippengruppen lernen die Kinder, sich durchzusetzen und ihre Interessen zu vertreten. Zudem lernen die jüngeren Kinder durch Nachahmung von den größeren.

Gleichaltrig oder altersgemischt?

In den »klassischen« Kinderkrippen werden die Kinder in altersgleichen Gruppen zusammengefasst, d. h., eine Erzieherin betreut eine kleine Gruppe von Säuglingen, Krabbelkindern oder Zwei- bis Dreijährigen.

Hintergrund dafür ist, dass es einfacher zu sein scheint, auf einzelne Entwicklungsschritte zu reagieren, wenn die Bedürfnislagen der Kinder in etwa gleich sind. Dass dies aber auch äußerst problematisch sein kann, können Sie sich vorstellen, wenn alle Kinder auf einmal schreien oder Hunger haben. Das kann eine Erzieherin leicht überfordern, und ihr wird nichts anderes als eine »Fließbandabfertigung« übrig bleiben.

Da scheint es schon besser, wenn Kinder in so genannten Familiengruppen zusammengefasst werden. Die Gruppen sind altersgemischt, und auch Drei- bis Sechsjährige sind dabei. Da können die Größeren schon einmal auf die Kleineren aufpassen und sich mit ihnen beschäftigen. Die Familiengruppen umfassen meist 12 bis 15 Kinder, die von mindestens drei

Erzieherinnen betreut werden sollten. Nur wenn der Personalschlüssel stimmt, können die Erzieherinnen den unterschiedlichen Bedürfnissen der Kinder gerecht werden.

Die Personaldecke muss dick genug sein

Entscheidend für eine gut geführte Kinderkrippe ist, ob genügend ausgebildetes Personal vorhanden ist, das den Bedürfnissen der Kleinen gerecht wird. Je kleiner Ihr Kind ist, desto mehr Betreuung braucht es noch. Es muss gefüttert und gewickelt werden und fordert auch ein größeres Maß an Beschäftigung. Außerdem braucht es sein Ruhe- bzw. Schlafphasen, damit es nicht überfordert wird.

Zu den Vorteilen der Elterninitiative gehört, dass Sie Ihr Engagement einbringen, sich die Betreuerinnen selbst aussuchen und sich an der Betreuung der Kinder beteiligen können. Sie können gemeinsam ein pädagogisches Konzept erarbeiten, und Öffnungszeiten sowie Ausstattung können jeweils den Bedürfnissen der Eltern angepasst werden.

Jede Erzieherin sollte sich nicht um mehr als drei bis fünf Kinder kümmern müssen und für diese als ständige Bezugsperson verfügbar sein. Der dauernde Kontakt und Austausch mit Ihnen als Eltern ist notwendig, um Rückmeldungen über Entwicklungsschritte und -probleme zu besprechen. Jeder sollte wissen, was auf der jeweils anderen Seite los ist.

In der Regel bieten die Kinderkrippen Ihnen eine Eingewöhnungszeit an, in der Sie – Vater oder Mutter – zunächst mit in der Krippe bleiben und sich dann stundenweise entfernen, wenn Sie das Gefühl haben, dass Ihr Kind die Trennung verkraftet. Diese Zeit kann allmählich aufgestockt werden, wenn Ihr Kind die Erzieherin als Bezugsperson akzeptiert hat und den Eindruck macht, sich gut aufgehoben zu fühlen.

Elterninitiativen

Die Initiative von Eltern führte gegen Ende der 1960er Jahre zur Gründung der so genannten Kinderläden. Im Zuge der antiautoritären Erziehung schlossen sich hier engagierte, meist studentische Eltern zusammen, die herkömmliche Kindergartenkonzepte ablehnten und einen antiautoritären Erziehungsstil propagierten.

Mittel und Aufwand, die sie investieren mussten, waren erheblich. Die Eltern wechselten sich bei der Betreuung der Kinder ab, übernahmen das Kochen und Putzen, mussten Reparaturen selbst ausführen und auch alle erforderlichen Verwaltungsaufgaben übernehmen. Da es kein Geld von öffentlichen Trägern gab, mussten sie sich selbst finanzieren, was höhere Beiträge zur Folge hatte.

Die richtige Kinderkrippe

- Wie viel gut geschultes Personal ist für wie viele Kinder zuständig?
- Wie ist die Atmosphäre, das Klima in der Einrichtung?
- Wie viel Platz und Bewegungsfreiheit haben die Kinder sowohl drinnen als auch draußen?
- Welche Rückzugsmöglichkeiten haben die Kinder, sodass sie auch ihr Ruhebedürfnis befriedigen können?
- Inwieweit sorgt eine richtige Raumaufteilung für unterschiedliche Spielbereiche, sodass größere und kleinere Kinder sich nicht ins Gehege kommen, wenn sie es nicht wünschen?
- Wie altersgemischt ist die Gruppe? Es wäre für zwei »Große« sehr langweilig, wenn sonst nur Krabbelkinder in der Gruppe wären.
- Bietet die Krippe eine Eingewöhnungszeit an?
- Passen die Öffnungszeiten in die Arbeitsorganisation?
- Ist der Monatsbeitrag akzeptabel für Sie?

Die Vielfältigkeit der Aufgaben führte zu erheblichen Belastungen und schließlich auch Konflikten, und viele Elterninitiativen gaben schließlich auf und schlossen die Einrichtung. Die Elterninitiativen, die die Jahrzehnte überdauerten, veränderten ihre pädagogische Konzeption, professionalisierten sich und bekamen schließlich eine Anerkennung als »Träger der Jugendhilfe«. Wenn sie sich dann noch als Mitglied eines freien Wohlfahrtsverbandes eintragen ließen, konnten sie auch Fördermittel und Zuschüsse von Kommunen oder vom Land bekommen.

Die Nachteile der Elterninitiativen: Sie kosten mehr Geld, und sowohl Zeit- als auch Energieaufwand sind größer, um die Beteiligung an der Elterninitiative neben eigenem Haushalt und Beruf zu organisieren. Zwangsläufig auftretende Interessenkonflikte erfordern zahlreiche konstruktive Bewältigungsmechanismen, was wiederum viel Energie kostet.

Tagesmütter

Die Betreuung Ihres Kindes durch eine Tagesmutter kann für Sie eine gute Alternative zu Kindergarten oder Kinderkrippe sein. Die Tagesmutter bietet Ihrem Sprössling einen häuslichen Rahmen, in dem sie sich intensiv mit Ihrem Kind beschäftigen kann.

Manchmal hat eine Tagesmutter auch noch eigene Kinder, sodass Ihr Kind gewissermaßen unter Geschwistern betreut wird. Davon profitiert es insbesondere dann, wenn es ein Einzelkind ist; viele Sozialisationsprozesse laufen dann schneller und reibungsloser ab.

Eine Tagesmutter hat keine festen Öffnungszeiten, sondern kann individuell auf Ihre Bedürfnisse als Eltern eingehen, sofern diese nicht mit ihren eigenen Bedürfnissen kollidieren. Aber das ist natürlich immer eine Frage der Absprache. Tagesmütter sind meist auch bereit, zwischendurch einmal einzuspringen oder Ihr Kind bei sich übernachten zu lassen, wenn wirklich einmal »Not am Mann« ist.

Leider übersteigen die Kosten für eine Tagesmutter häufig das Budget einer durchschnittlichen Arbeitnehmerfamilie. Die meisten Eltern können es sich einfach nicht leisten, einige hundert Euro im Monat für eine Tagesmutter auszugeben. Wenn Sie ein geringes Einkommen haben, können Sie sich nach einer Möglichkeit der Unterstützung durch das Jugendamt erkundigen. Anerkannte Tagesmütter werden von einigen Gemeinden auch subventioniert. Eine Tagesmutter, die nicht einem Verband angehört, finden Sie meist über private Zeitungsanzeigen oder über Empfehlungen anderer Eltern, also über so genannte Mund-zu-Mund-Propaganda. Es gibt auch viele Frauen, die gerne noch ein Kind dazu betreuen, weil sie nicht berufstätig sind oder sein wollen und sich freuen, wenn sie etwas dazuverdienen können.

In Deutschland gibt es den »Bundesverband für Eltern, Pflegeeltern und Tagesmütter e. V.« mit Sitz in Meerbusch, in dem sich ausgebildete Tagesmütter zusammengefunden haben und ihre Betreuungsdienste anbieten.

Die richtige Tagesmutter

- Führen Sie einige intensive Gespräche mit der Kandidatin über ihre Motive der Betreuung, ihre Vorstellungen von Erziehung und dem Umgang mit dem Kind.
- Lassen Sie Ihr Kind dabei sein und schauen Sie, wie dieses auf die Tagesmutter reagiert und wie diese mit ihm umgeht.
- Vereinbaren Sie eine Eingewöhnungszeit und beobachten Sie, ob Ihr Kind gerne dort ist.
- Schließen Sie einen Vertrag ab, der die Zeiten, die Kosten, den Urlaubsanspruch, die Regelungen im Krankheitsfall sowie die Kündigungsmodalitäten beinhaltet.
- Bleiben Sie mit der Tagesmutter im Gespräch über die Entwicklung Ihres Kindes und wie es mit den eventuellen »Ersatzgeschwistern« zurechtkommt.
- Wenn Ihnen etwas missfällt, sprechen Sie es an!

Welche Schwierigkeiten können auftreten?

Vielleicht haben Sie Schuldgefühle, Ihr Kind einer zweiten engen Bezugsperson zu überlassen. Wenn Ihr Kind einen Großteil des Tages bei der Tagesmutter verbringt und diese sich liebevoll kümmert, entsteht eine enge Bindung zwischen den beiden, die von Ihnen eventuell misstrauisch oder eifersüchtig beobachtet wird. Sie können in eine Konkurrenzsituation geraten, wer die »bessere Mutter« ist. Ihr Kind spürt das und fühlt sich in seinem Verhältnis zu beiden gestört und beunruhigt.

Wenn die Tagesmutter noch eigene Kinder hat, muss sie zwischen den unterschiedlichen Bedürfnissen hin und her jonglieren, weil diese vielleicht eifersüchtig auf besondere Zuwendung reagieren. Es ist aber auch möglich, dass die Tagesmutter ihre eigenen Kinder so vorzieht, dass Ihr Kind das zu spüren bekommt.

Großeltern können für Kinder eine große Bereicherung sein. Sie haben meist viel zeit zum Spielen und Spazierengehen und können ihren Enkeln viele spannende Geschichten erzählen.

Großeltern, Nachbarn, Freunde

Keine Großelterngeneration vor uns hat so viele Möglichkeiten gehabt, so viel Zeit mit den Enkeln zu verbringen, wie das heute der Fall ist. Die Menschen in der heutigen Zeit werden älter und bleiben länger gesund als das früher der Fall war.

Das Bild einer gänzlich grauhaarigen Frau mit einem Knoten im Nacken, die Socken strickend auf dem Sofa sitzt, und dem Pfeife rauchenden, von tiefen Furchen im Gesicht gezeichneten Mann im Ohrensessel daneben entspricht eher dem von Urgroßeltern als von Großeltern. Großeltern heute sind früher aus dem Arbeitsleben ausgeschieden, wesentlich vitaler sowie unternehmens- und lebenslustiger.

Aus Erfahrung lernen

Wenn Ihre Eltern oder Schwiegereltern in der Nähe wohnen und Sie sich mit ihnen gut verstehen, wissen Sie, welchen unschätzbaren Wert sie bei der Betreuung Ihrer Kinder darstellen. Sind sie noch fit und üben ihre Rolle als Großeltern gerne aus, freuen sie sich, wenn sie Pflichten in der Kinderbetreuung übernehmen können, springen im Haushalt ein und helfen, wo immer sie können. Sie bringen viel Lebenserfahrung mit und sehen sich durch ihre Hilfe in ihrem Selbstwert bestätigt. Sie sehen vieles gelassener und können inzwischen – vorausgesetzt, sie sind zur Selbstreflexion in der Lage – gemachte Fehler in der Erziehung der eigenen Kinder bei den Enkelkindern vermeiden. Dadurch werden sie für die Enkelkinder zu wichtigen Bezugspersonen, die für die Beantwortung von Fragen immer Geduld aufbringen und interessante Geschichten über das Leben erzählen können. Kinder lieben es, wenn die Großeltern ihnen etwas über die eigenen Eltern erzählen, als diese noch klein waren, und ihnen Dinge erlauben, die zu Hause verboten sind: ein Thema, das vielleicht auch in Ihrer Familie für Konfliktstoff sorgt.

Natürlich sollten die Personen, denen Sie die Betreuung Ihres Kindes anvertrauen, auch im Großen und Ganzen die gleichen Vorstellungen von Erziehung haben wie Sie – seien es professionelles Personal in Kindergarten oder Kinderkrippe, Tagesmütter oder die eigenen Eltern.

Dass die Mithilfe der Großeltern bei der Erziehung ohne Konflikte vonstatten geht, setzt voraus, dass Sie sich gegenseitig in Ihrer Rolle, den Einstellungen und Vorstellungen von Erziehung respektieren und gewisse Grenzen gewahrt bleiben. Sie bleiben als Eltern die Hauptverantwortlichen und sollten auch die Regeln bestimmen. Wenn Großeltern versuchen, mehr Einfluss zu nehmen, als Ihnen lieb ist, hilft nur eins: miteinander sprechen und Grenzen stecken.

Wenn Sie als Eltern in ein stabiles Netz sozialer Beziehungen eingefügt sind, können auch Freunde und Nachbarn wertvolle Dienste in der Kinderbetreuung übernehmen oder einspringen, wenn Sie Hilfe brauchen. Das setzt allerdings voraus, dass Sie um Hilfe bitten können und auch bereit sind, das Gleiche oder dafür etwas anderes für die anderen zu tun. Gegenseitige Hilfe sichert, dass Freunde auch Freunde bleiben, ohne dass ein Gefühl des Ausgenutztseins oder der Schuld entsteht, dem anderen zu viel zugemutet zu haben.

So wählen Sie die richtige Kinderbetreuung

- Wenn Sie Eltern werden, überdenken Sie sorgfältig alle Möglichkeiten der Kinderbetreuung, die Sie in Ihrer Umgebung haben.
- Wägen Sie die Vor- und Nachteile einer jeden Möglichkeit ganz genau ab, besprechen Sie sie miteinander und treffen Sie erst dann eine Entscheidung.
- Überprüfen Sie nach einiger Zeit, ob Sie immer noch dazu stehen können und damit zufrieden sind.
- Wenn nicht, seien Sie mutig genug, eine neue Wahl zu treffen!

Umgang mit Schuldgefühlen

Schuldgefühle gegenüber Ihrem Kind entstehen dann, wenn Sie die Vorstellungen und Erwartungen, die Sie an das Elternsein knüpfen, aus den unterschiedlichsten Gründen und in den unterschiedlichsten Situationen nicht erfüllen können. Dazu gehören z. B. die folgenden Vorstellungen:

- Sie haben die Gefühle nicht, die Sie haben zu müssen glauben.
- Sie können Ihren Kindern nicht das bieten, was Sie ihnen bieten zu müssen glauben.
- Sie haben die Zeit nicht, die Sie aufbringen zu müssen glauben.
- Sie legen nicht die nötige Gelassenheit an den Tag, wenn Ihre Kinder Ihnen Stress verursachen.
- Sie glauben, einmal nicht für Ihr Kind dagewesen zu sein, als es Sie gebraucht hat.
- Sie glauben, bei der Erziehung etwas falsch gemacht zu haben, wenn Ihr Kind auffällig geworden ist.

Schuldgefühle haben auch ihre guten Seiten. Sie regen dazu an, den eigenen Erziehungsstil zu hinterfragen und bei Bedarf auch zu verändern. Achten Sie jedoch darauf, dass Sie in Ihren Ansprüchen an sich selbst realistisch bleiben.

Was ist eine »gute Mutter«?

Schuldgefühle lauern überall, und insbesondere als Mutter sind Sie äußerst anfällig dafür. Sie haben den Kopf voller Sätze wie »Ich sollte ...« und »Ich müsste ...« – Dinge, von denen Sie glauben, sie seien gut für Ihr Kind. Dabei erreichen Sie die Ziele meist nicht, die Sie sich selbst so hoch gesteckt haben.

Die Vorstellungen von einer guten Mutter haben sich in den letzten 50 Jahren nicht sehr verändert: Eine Mutter hat für ihre Kinder zu sorgen, muss ihre Bedürfnisse stets befriedigen, muss Zeit haben, immer gut gelaunt, ruhig und beherrscht sein, mit den Kindern spielen und dabei brillante pädagogische Fähigkeiten haben. Das Essen muss pünktlich auf dem Tisch stehen und die Wohnung so blitzblank sein, dass stets unvorhergesehener Besuch kommen kann. Eine Mutter darf nicht schreien, nicht schlagen oder hysterisch werden. Sie liest den Kleinen die Bedürfnisse von den Augen ab und stellt ihre eigenen Bedürfnisse immer zurück. Wenn sie das nicht kann oder will, sollte sie sich vorher überlegen, ob sie überhaupt ein Kind in die Welt setzen darf.

Nehmen Sie sich von Zeit zu Zeit auch einmal »Urlaub von Ihrem Kind«. Übertragen Sie Ihrem Partner einige Pflichten und kümmern Sie sich einmal nur um sich selbst.

Verheerende Folgen

Frauen mit einem hohen Mutter- und Hausfrauenideal werden nicht selten depressiv und richten ihre Aggressionen nach innen, erkranken psychosomatisch, fangen an zu trinken oder begehen eine Verzweiflungstat, nach der sich die Umgebung meist fragt, wie das bloß passieren konnte.

Am Verhalten des Kindes wird gemessen, ob es eine gute Kinderstube hat oder nicht. Stimmt mit dem Kind etwas nicht, kann man selbstverständlich vermuten, dass in der Familie etwas nicht stimmt. Sie finden das übertrieben? Dann sind Sie vielleicht schon ein bisschen weiter und lehnen es ab, sich für alles verantwortlich und schuldig zu fühlen und nehmen sich das Recht heraus, auch Fehler machen zu dürfen.

Vielleicht stecken Sie aber noch in einem unglückseligen Kreislauf von Perfektionismus und Schuldgefühlen fest. Wenn Sie dann auch noch niemanden haben, mit dem Sie darüber reden können, oder glauben, nicht darüber reden zu dürfen, dafür jedoch jede Menge Leute kennen, die bei allem ein Wörtchen mitreden wollen, geraten Sie in einen Strudel von Überforderung, Zweifeln und Unsicherheit.

Jede Mutter kennt das und muss im Laufe der Zeit und des Großwerdens des Kindes lernen, damit umzugehen. Schuldgefühle sind gut, um sich Gedanken zu machen, ob man alles richtig macht. Auch Sie tun gut daran, sich das von Zeit zu Zeit zu fragen und Ihr eigenes Elternverhalten zu reflektieren. Das bedeutet aber nicht, dass Sie sich von Ihrem schlechten Gewissen auffressen lassen müssen oder dass Sie sich ständig überfordern, weil Sie glauben, alles perfekt machen zu müssen.

Ungute Mechanismen

Haben Sie auch einen bestimmten Schuldknopf, den Ihr Kind drücken kann, um zu bekommen, was es will? Wenn Sie sowieso schon ein schlechtes Gewissen haben, weil Sie vielleicht arbeiten müssen oder arbeiten wollen und zu wenig Zeit für Ihr Kind haben, sind Sie äußerst anfällig dafür, das schlechte Gewissen irgendwie beruhigen zu wollen. Kinder haben ihre Methoden, die Eltern zu manipulieren. Das fängt schon im Kleinkindalter an und setzt sich fort, bis es älter ist. Lediglich die Methoden verändern sich – und auch die Art, wie Sie darauf reagieren. Wenn Sie Schuldgefühle haben, versprechen Sie z. B. schneller, am Samstag in die Stadt zu fahren, um neue Klamotten oder ein neues Spielzeug zu kaufen, oder am Wochenende einen tollen Ausflug zu machen. Sie haben dann Ihr Gewissen ein wenig beruhigt, und Ihr Kind hat, was es haben wollte.

Wenn Ihr Kind weint, wenn Sie es in den Kindergarten verabschieden, machen Sie sich Vorwürfe, sich nicht ausreichend kümmern zu können. Sie müssen zur Arbeit, fahren mit schlechtem Gewissen los und denken den ganzen Tag an nichts anderes – während Ihr Kind schon längst zufrieden in einer Ecke mit Bauklötzen spielt. Wahrscheinlich hat es gleich aufgehört zu weinen, sobald Sie die Kindergartentür hinter sich geschlossen haben. Ihr Kind spürt ganz genau, womit es bei Ihnen Schuldgefühle auslösen kann, und es ist darüber hinaus auch in der Lage, dieses Wissen manipulativ einzusetzen.

Sie können nicht immer automatisch die liebe- und verständnisvolle Mutter sein. Sie sind auch nur ein Mensch und sollten Gefühle wie Ärger oder Wut nicht leugnen. Nur so bleiben Sie im emotionalen Gleichgewicht.

So wirken Sie Schuldgefühlen entgegen

- Machen Sie sich klar, dass niemand immer freundlich und ausgeglichen ist und dass Sie ein Recht auf Ihren Ärger, Ihre Wut und Ihren Zorn haben. Ihr Kind kann besser mit offenen als mit verdeckten Gefühlen umgehen.
- Erlauben Sie es sich, auch Fehler machen zu dürfen. Sie dienen der Selbsterkenntnis. Niemand ist perfekt, und wenn Sie dadurch Ihr Kind verletzt haben, erklären Sie ihm, was mit Ihnen los war. Es wird mehr Verständnis haben, als Sie glauben.
- Machen Sie sich eine Liste aller »Ich sollte …« und »Ich müsste …«. Überlegen Sie, ob diese Dinge nicht Relikte Ihrer Kindheit und dessen sind, was Ihre Eltern Ihnen vermittelt haben. Übernehmen Sie nur das, was Ihnen ein wirkliches, eigenes Anliegen ist – und überantworten Sie den Rest getrost dem Papierkorb!
- Seien Sie auch einmal egoistisch und denken Sie an sich selbst und Ihre Bedürfnisse.
- Setzen Sie Ihrem Kind deutliche Grenzen, wenn es versucht, Ihr schlechtes Gewissen für seine Zwecke zu nutzen.

Vatergefühle

Was noch vor 30 Jahren undenkbar war, ist heute fast selbstverständlich: Die meisten Väter sind heute bei der Geburt dabei. Es gilt inzwischen auch nicht mehr als unmännlich oder lächerlich, sich von Anfang an für das Baby zu interessieren und Pflichten zu übernehmen, die früher in der Regel den Müttern vorbehalten waren: z. B. das Baby zu wickeln und zu füttern oder den Kinderwagen durch die Gegend zu schieben.

Väter von heute haben es nicht leicht. Die meisten gehören einer Generation an, deren eigene Väter lediglich die Rolle des Familienoberhaupts und Ernährers verkörperten – und nicht die des liebevollen Erziehers, der Anteil an der Entwicklung seiner Kinder nimmt.

Wenn Sie als Mann dazu in der Lage sind, sich auf das Erlebnis »Kinder haben« einzulassen, werden Sie dies vermutlich mit Genuss tun. Sie platzen vor Stolz und lassen auch nicht die kleinste Gelegenheit aus, Ihrem Baby Streicheleinheiten zukommen zu lassen. Dass zärtliche, gefühlsbetonte Väter für Kinder einen sicheren Hafen bedeuten, in dem es sich jederzeit Geborgenheit und Trost holen kann, war in den letzten 20 Jahre zunehmend Thema der Frauenbewegung und wurde inzwischen auch in wissenschaftlichen Studien unter Beweis gestellt.

Dennoch können alte Rollenverteilungen äußerst zählebig sein, und vielleicht fällt es Ihnen schwer, die anfängliche Begeisterung und Beteiligung an Schwangerschaft und Geburt monate- oder jahrelang durchzuhalten. Wenn Ihr Kind da ist und der Alltag zu dritt beginnt, ist nicht immer alles eitel Sonnenschein. Als Vater haben Sie in der ersten Zeit eine Reihe von Verlusten zu beklagen. Während Ihre Partnerin bereits in der Schwangerschaft eng mit dem Kind verbunden war, erleben Sie dies gewissermaßen nur aus zweiter Hand. Es erfordert viel Sensibilität, mitgeteilte Empfindungen nachvollziehen zu können.

Das Baby steht im Mittelpunkt

In der ersten Zeit nach der Geburt sind die Nächte schlaflos, die Wohnung vielleicht ein Chaos und alles dreht sich um die Bedürfnisse des Neuankömmlings. Das Stillen fördert die enge Bindung zwischen Mutter und Kind noch, und es ist nicht leicht für Sie, sich den beiden zugehörig zu fühlen. Das Baby scheint alles an Wärme, Zärtlichkeit und emotionaler Zuwendung zu absorbieren, zu dem Ihre Partnerin fähig ist, und für Sie scheint kaum noch etwas übrig zu bleiben.

Vatersein – keine leichte Rolle

In der ersten Zeit nach der Geburt Ihres Babys wird es Dinge geben, die Sie besonders frustrieren:

- Ihre Partnerin hat nur noch Augen für das Kind, und Sie als Mann sind vorübergehend abgemeldet.
- Für Ihr Baby sind Sie zunächst uninteressant, weil Sie es nicht mit Nahrung versorgen können.
- Möglicherweise hat Ihre Partnerin zur Zeit keine Lust auf Sex; das könnte Ihr Selbstwertgefühl verletzen.
- Von Ihnen wird zwar Hilfe erwartet, Sie werden aber kritisiert, weil Sie es in den Augen Ihrer Partnerin nicht gut genug machen.
- Sie haben sich eine große Verantwortung aufgeladen und wissen nicht, ob Sie der Sache gewachsen sind.

Auch für Freunde und Familie, die zu Besuch kommen, um das Baby zu sehen, stehen Mutter und Kind im Mittelpunkt. Da kann sich bei Ihnen schon einmal der Gedanke breit machen, warum Sie eigentlich keiner fragt, wie es Ihnen geht. Von Ihnen wird erwartet, dass Sie sich freuen und alles im Griff haben – aber nicht, dass Sie eifersüchtig auf das Baby reagieren oder gekränkt sind, weil Ihre Partnerin dem Baby mehr Aufmerksamkeit schenkt als Ihnen.

Manchmal ist dies der Zeitpunkt, an dem sich Ihr Vorhaben, ein guter Vater zu sein, in Luft auflöst. Es würde zwar helfen, wenn Sie über Ihre Gefühle, Ihre Unsicherheit und Ihr Verletztsein sprechen könnten, doch die meisten Männer haben dies nun einmal nicht gelernt und behalten ihre innersten Gedanken lieber für sich. Vielleicht nehmen sie diese aber auch gar nicht bewusst wahr oder wissen sie nicht richtig zu deuten.

Kinder finden den »Halbfremden«, der nichts mit den lästigen Pflichten des Alltags zu tun hat und für Spiel und Spaß zuständig ist, zwar ganz attraktiv, doch letztlich ist ein kontinuierliches Interesse an ihren Fortschritten wesentlich tragfähiger für eine emotionale Bindung.

Ihr Kind braucht Sie

Auch in die Vaterrolle müssen Sie erst langsam hineinwachsen. Sie müssen Kompetenzen erlernen, die Ihnen bis dahin unvertraut waren oder nur den Frauen zugesprochen wurden. Ihr Kind braucht Sie. Es braucht Sie nicht nur, um für das finanzielle Wohl der Familie zu sorgen, sondern als Vater, der eine enge Bindung, intensive Nähe und starke Gefühle nicht scheut. Dadurch entwickelt Ihr Kind ein »inneres Bild« von seinem Vater als emotional und körperlich erreichbare Bezugsperson, und durch dieses innere Bild wiederum wird der Grundstein für ein neues Verständnis von Geschlechtsidentität gelegt.

Ein Baby zu bekommen, bietet Ihnen eine einmalige Chance, an verloren geglaubte Gefühle heranzukommen. Je größer Ihre Bereitschaft ist, sich auf Ihr Kind einzulassen, desto intensiver werden Sie auch Ihre Vaterschaft erleben.

Haben Sie Geduld – auch Vater sein will gelernt sein! Spätestens wenn Ihr Baby Sie zum ersten Mal anlächelt, werden Sie für alle Entsagungen belohnt.

So fühlen Sie sich nicht als »fünftes Rad am Wagen«

- Werden Sie sich über Ihre Gefühle klar! Ob Sie sich gekränkt fühlen, eifersüchtig oder neidisch sind oder in eine Konkurrenzsituation geraten – teilen Sie Ihrer Partnerin mit, was in Ihnen vorgeht.
- Äußern Sie, dass Sie Nähe vermissen, und überlegen Sie, ob und wann Sie sich Zeit füreinander nehmen können.
- Teilen Sie mit, wenn Sie Sex vermissen, aber drängen Sie Ihre Partnerin nicht dazu. Es ist auch schön, einfach miteinander zu schmusen.
- Ziehen Sie sich nicht beleidigt zurück, wenn Mutter und Kind einander sehr nahe sind, sondern nehmen Sie Anteil und unterstützen Sie sie, wo immer Sie können.
- Nehmen Sie eventuelle Kritik Ihrer Partnerin auf; vielleicht ist sie ja berechtigt und Sie können etwas ändern. Einer permanenten Nörgelei sollten Sie allerdings deutliche Grenzen setzen.
- Wenn Sie sich sorgen, ob Sie der Verantwortung gewachsen sind, besprechen Sie das mit Ihrer Partnerin. Ihr wird es des Öfteren auch so gehen, und Sie können gemeinsam überlegen, wie Sie sich gegenseitig entlasten können.
- Bleiben Sie mit dem Baby öfter einmal alleine. Das stärkt Ihre Bindung zum Kind.
- Auch Männer können putzen, waschen, kochen, bügeln und dergleichen mehr. Wenn Sie Ihre Partnerin bei der Hausarbeit entlasten, leisten Sie einen entscheidenden Beitrag zum Erhalt der Partnerschaft.
- Engagieren Sie öfter einmal einen Babysitter oder lassen Sie Oma und Opa auf das Kind aufpassen und machen Sie sich mit Ihrer Partnerin einen schönen babyfreien Abend.

Veränderte Partnerschaft

Intimität – Nähe – Sexualität

Wenn aus Paaren Eltern werden, ist nichts mehr, wie es vorher war. Trotz aller Freude, Innigkeit und Zusammengehörigkeit, die Sie durch die gemeinsam erlebte Schwangerschaft und Geburt erfahren, drängt sich das kleine Wesen in Ihre Zweierbeziehung hinein und sorgt einfach durch seine Anwesenheit für viele Veränderungen und Missverständnisse.

Als Ihr Baby sich anmeldete, haben Sie in der Regel schon eine Weile zusammengelebt und sich zusammengerauft. Die Regeln des Zusammenlebens waren ausgehandelt und der Alltag eingespielt. Meist haben Sie die Woche über gearbeitet, den Abend gemeinsam gestaltet und jeder konnte auch seinen Interessen nachgehen. Die Zuständigkeiten im Haushalt waren verteilt, die Wochenenden standen zur freien Verfügung und der Urlaub konnte beliebig geplant werden. Es gab genügend Platz für Zärtlichkeit und Sexualität. Sie konnten Ihrem Bedürfnis nach partnerschaftlicher Intimität spontan nachgeben, ohne dass eine Störung zu erwarten war.

> Viele Paare machen in den ersten zwei Jahren nach der Geburt eines Kindes eine Krise durch, in der sie sich voneinander entfernen.

Ihr Kind diktiert den Rhythmus

Jetzt ist das Baby da, und der eingespielte partnerschaftliche Alltag veränderte sich schlagartig. Ihr Kind fragt nicht danach, ob Sie gerade etwas anderes zu tun haben, sondern besteht vehement auf der sofortigen Befriedigung seiner Bedürfnisse. Das stellt Ihre Partnerschaft auf eine harte Probe. Sie sind jetzt beide mehr an das Haus gebunden, die gemeinsamen Gespräche drehen sich hauptsächlich um Ihr Kind.

Die hormonelle Umstellung, das Stillen, der veränderte Schlaf-Wach-Rhythmus und die gesamte veränderte Situation mit allen psychischen und physischen Auswirkungen für Sie beide führt zu einer Belastung, die in der Regel das Bedürfnis nach Sexualität reduziert oder verhindert. Wenn Sie Ihr Baby stillen, geschieht das meist in inniger Zweisamkeit. Stillen schafft Lust und Befriedigung und eine vertrauensvolle Nähe, die in dieser Form in den wenigsten Partnerschaften existiert. Ihr Partner sieht sich häufig außen vor, fühlt sich zurückgesetzt und ausgeschlossen.

Schreien als Lustkiller

Auch Erschöpfung kann Sie daran hindern, sexuelle Bedürfnisse zu spüren und auszuleben. Wer sich den ganzen Tag um den Winzling kümmern muss und noch nicht einmal nachts seine Ruhe hat, wird froh sein, wenn der Partner nicht auch noch Bedürfnisse anmeldet.

Wenn Sie trotz alledem noch Lust aufeinander haben und geneigt sind, dem auch spontan nachzugeben, machen Sie häufig die Erfahrung, dass Ihr Kind gerade dann schreit, wenn es schön wird. Das Schreien wird zum Lustkiller, und wer bringt schon die nötige Gelassenheit auf, nach einer Störung durch das Kind da weiterzumachen, wo man aufgehört hat? Schließlich ist es nicht so einfach, das Kind aus dem Kopf zu verbannen und sich losgelöst hinzugeben.

Ihr Baby mobilisiert bei Ihnen beiden unbewusst eigene Bedürfnisse nach Gehalten- und Getragenwerden. Defizite aus der Kindheit tauchen auf, und an dieser Stelle entsteht nicht selten Streit, wer in der Beziehung weniger oder mehr gibt, wer zu viel oder zu wenig bekommt.

Ein weiterer Aspekt, der verändernd in die Sexualität eingreift, ist die Einstellung zur Sexualität, wenn Sie Vater oder Mutter sind. Vielleicht stellen Sie sich Ihre Eltern als sexlose Wesen vor, die nur zum Zweck des Kinderzeugens miteinander geschlafen haben. Dass Vater und Mutter neben

Was Sie tun können

- Vergessen Sie nicht, dass Sie ein Paar und nicht nur Eltern sind!
- Sicher ist es wichtig, sich um Ihr Kind zu kümmern, aber aus Ihrer Partnerschaft schöpfen Sie die Kraft für Ihre Rolle als Eltern.
- Bescheiden Sie sich nicht mit dem, was Ihr Kind Ihnen übrig lässt! Je älter Ihr Kind wird, desto leichter geht das.
- Nutzen Sie die Stillzeiten für eine Gemeinsamkeit zu dritt!
- Nutzen Sie die Schlafzeiten des Babys zur gemeinsamen Entspannung auf dem Sofa oder im Bett! Manchmal reicht es schon aus, nur ein bisschen nebeneinander zu liegen.
- Lassen Sie die Wohnung auch ruhig einmal im »Chaos« liegen. Es ist wichtiger, dass Sie etwas für sich tun, als dass es aufgeräumt ist.
- Ordnen Sie nicht Ihr Eheleben den Kinderwünschen unter!
- Besprechen Sie miteinander, was Sie sich wünschen und was der Partner erfüllen kann!
- Geben Sie sich gegenseitig Gelegenheit, auch mal alleine zu sein oder alleine etwas zu unternehmen!

ihrer Rolle als Eltern auch noch ein Paar sind, das miteinander schmust und zärtlich und lustvoll Sex miteinander hat, haben nur wenige der heutigen Generation erlebt. So fehlt Ihnen das Vorbild, wie man beides miteinander vereinbaren kann.

Wenn Sie miteinander zärtlich sind, schließen Sie immer einen Dritten aus. Das wirft Fragen auf wie: »Dürfen wir zwei zusammensein, während unser Baby alleine im Kinderzimmer schläft?«, »Dürfen wir als Eltern miteinander schlafen?«, »Sollte nicht all unsere Liebe dem Kind gelten?«, »Wie kann ich meine Liebe so verteilen, dass keiner zu kurz kommt?«

Überlassen Sie Ihr Baby ruhig auch einmal stundenweise den Großeltern, Freunden oder einem Babysitter und unternehmen Sie gemeinsam etwas, das Ihnen beiden gut tut!

Geben und nehmen

In Ihrer ersten Zeit als Mutter brauchen Sie besonders viel Zuwendung, Wärme und Geborgenheit. Irgendwie muss ja das, was Sie dem Baby geben, auch wieder »reinkommen«, d. h., das emotionale Gleichgewicht muss stimmen. Die Anforderungen des Elternseins erschöpfen Sie, und Sie brauchen eine Quelle, aus der Sie selbst wieder schöpfen können. Diese Rolle kommt Ihrem Partner zu. Wenn es ihm gelingt, sich nicht gekränkt zurückzuziehen, Sie zu unterstützen und zu dem Baby eine eigenständige Beziehung aufzubauen, werden Sie ihm beide später tausendfach zurückgeben, was er anfangs »vorgeschossen« hat.

Neuverteilung der Rollen

Die traditionellen Rollen von Mann und Frau sehen vor, dass sie sich um das Baby und den Haushalt kümmert, während er hinausgeht in das »feindliche Leben« und für die finanzielle Sicherheit der Familie sorgt. Doch wenn Tradition bedeutet, dass die Sorge um die Kinder und der Haushalt reine Frauensache sind, werden die meisten Frauen sich gegen die traditionelle Rollenverteilung stellen – und das ist auch gut so.

Doppel- und Dreifachbelastung

Mittlerweile haben sich Frauen mehr Unabhängigkeit in Familie und Beruf verschafft. Sie haben eine Berufsausbildung und üben ihren Beruf auch aus. Für viele Frauen ist es nicht mehr selbstverständlich, mit der Geburt eines Kindes den Beruf aufzugeben. Die meisten fragen sich eher, für welchen Zeitraum sie ihre berufliche Karriere unterbrechen wollen.

Der Preis, den sie dafür zahlen, ist allerdings eine doppelte Belastung durch die Berufs- und Familienarbeit. Denn trotz einer allmählichen Bewusstseinsveränderung bleibt im Alltag die Hausarbeit sowie die Pflege und Erziehung der Kinder in den meisten Fällen noch den Frauen überlassen. Auch wenn sie unter der Doppel- oder Dreifachbelastung leiden, übernehmen sie die althergebrachte Rolle klaglos oder trauen sich zu wenig, den Anteil des Partners einzufordern.

Zur Neuverteilung der partnerschaftlichen Rollen nach der Geburt eines Babys gehört manchmal auch Streit. Wenn bei einem Streit allerdings die Wogen so hochschlagen, dass ein vernünftiges Gespräch nicht mehr möglich ist, sollten Sie die Auseinandersetzung abbrechen. Setzen Sie sich erst wieder zusammen, wenn sich die Emotionen gelegt haben.

Traditionen sind nicht leicht zu brechen

Als Mann tun Sie sich mit Veränderungen der traditionellen Männerrolle noch schwerer. Sie haben zu viel zu verlieren. Die erfolgreiche Arbeit im Beruf gibt Ihnen Anerkennung, Sicherheit und Macht – eine Macht, die Sie auch zu Hause ausüben können, wenn Sie sich auf Ihre Alleinverdienerposition berufen.

Wie leicht können Sie sagen: »Ich arbeite zwölf Stunden am Tag, um euch das Leben zu bieten, das ihr führt.«? Das ist eine Falle, in die immer noch viele Frauen tappen. Berücksichtigen Sie dabei, dass die meisten Männer das für sich selbst und nicht für die Familie tun. Wenn sie etwas für die Familie tun wollten, müssten sie sich mehr um die Belange kümmern, sich mehr Zeit nehmen und familiäre Aufgaben übernehmen. Dann wäre die Äußerung »Ich tue alles nur für euch« wesentlich glaubwürdiger.

Prioritäten setzen

Nach der Geburt Ihres Babys kann sich in Ihrer Partnerschaft ein tiefer Konflikt manifestieren, wenn die familiären und beruflichen Rollen nicht klar abgesteckt sind. Sie müssen erst neue Formen des Zusammenlebens finden und die Aufgaben neu verteilen. Das erfordert ein großes Maß an Konfliktfähigkeit. Sie müssen beide lernen, auf konstruktive Weise miteinander zu streiten und für Ihre Interessen einzutreten, um zu einem zufriedenstellenden Kompromiss zu gelangen.

Verantwortung für Ihr Kind und das Zuhause tragen Sie beide gleichermaßen. Das bedeutet aber auch, dass Sie durch eine vernünftige Verteilung der Aufgaben dieser Verantwortung gerecht werden müssen. Auch wenn Sie als Vater berufstätig sind, können Sie noch mit Ihrem Kind spielen, zum Arzt oder einkaufen fahren, Wäsche waschen oder putzen. Schließlich tun das die Frauen seit Jahrzehnten auch – trotz Berufstätigkeit. Es ist also nicht eine Frage des Könnens, sondern des Wollens und wo Sie Ihre Prioritäten setzen.

Wenn Sie sich als Vater entscheiden, Ihren Beruf an die erste Stelle zu setzen, werden Sie irgendwann den familiären Anschluss verlieren und einen Schaden verursachen, der nicht wieder gutzumachen ist. Wenn Sie als Mutter klaglos eine Doppel- und Dreifachbelastung hinnehmen, werden Sie sich alleine gelassen fühlen, immer frustrierter werden und sich schließlich von Ihrem Partner abwenden.

So wie Frauen gelernt haben, sich berufliches Terrain zurückzuerobern, können auch Männer lernen, ihrer Rolle in der Familie gerecht zu werden. Ihre Zufriedenheit in der Partnerschaft und die Anerkennung Ihres Kindes als emotional erreichbarer Vater ist ein Gewinn, der nicht mit Gold aufzuwiegen ist. Unterschätzen Sie das nicht.

Lassen Sie einen Streit nie unbeendet im Raum stehen. Viele Paare streiten miteinander, brechen irgendwann ab, reden dann eine Weile gar nicht mehr und versöhnen sich schließlich, ohne dass über die Sache noch einmal gesprochen wurde. Wenn das häufig passiert, schwelt das Problem im Untergrund und wird im Laufe der Zeit zu einem größeren Konflikt.

Gerechte Aufgabenverteilung

- Besprechen Sie miteinander, wie Sie sich eine Verteilung der Aufgaben vorstellen. Erstellen Sie dazu eine Liste, was alles zu tun ist. Jeder kann anstreichen, was er freiwillig übernehmen möchte. Die Dinge, die übrig bleiben, teilen Sie gleichermaßen untereinander auf.
- Achten Sie darauf, dass die freie Zeit ausgewogen verteilt ist, und nutzen Sie sie für sich.
- Trauen Sie sich, miteinander zu streiten. Ihr Partner wird Ihnen nicht gleich davonlaufen.
- Sprechen Sie bei einem Streit in der Ich-Form über Ihre Gefühle (»ich brauche …«, »ich fühle mich …«) und vermeiden Sie Schuldzuweisungen in Form von Vorwürfen oder gar Verletzungen. Schuldzuweisungen beginnen immer mit »du tust …« oder »du hast …«. Vorwürfe provozieren eine Verteidigungshaltung oder führen zum Rückzug. Verletzungen und Kränkungen hinterlassen Narben.
- Hören Sie Ihrem Gegenüber gut zu, unterbrechen Sie nicht und versuchen Sie, die andere Sichtweise zu verstehen. Gehen Sie auf Argumente ein, teilen Sie mit, was Sie verstanden haben, und äußern Sie Ihre Sichtweise.

Eltern sein – Prinzipien einer positiven Erziehung

Liebe geben

Dass Kinder Liebe brauchen, ist eine Binsenweisheit. Und dass Eltern dazu da sind, ihren Kindern Liebe zu geben, ist ebenfalls selbstverständliches Allgemeingut. Kinder brauchen Bezugspersonen, die sich neben der physischen Versorgung um ihre emotionalen Bedürfnisse kümmern.

In den ersten Wochen und Monaten entsteht eine enge Bindung zwischen Eltern und Kind. Sein Urvertrauen wächst, dass Sie es gut mit ihm meinen. In dieser ersten Zeit stellen Sie wichtige Weichen, ob Ihr Kind später einmal vertrauensvoll oder misstrauisch, optimistisch oder pessimistisch, warm oder distanziert wird. Im weiteren Leben wird Ihr Kind seine neuen Erfahrungen in dieses Grundmuster einbauen.

Sie werden sich allerdings auch oft hilflos fühlen, wenn Ihr Baby z. B. schreit und Sie nicht identifizieren können, warum. Hat es Hunger oder tut ihm etwas weh? Kann es nicht einschlafen oder will es auf den Arm? Die Sprache Ihres Babys ist nicht immer leicht zu verstehen und will erst gelernt werden.

Entscheidend für den Umgang mit Ihrem Kind ist die emotionale Aufrichtigkeit. Stehen Sie zu Ihren Gefühlen, auch wenn Sie manchmal wütend oder gestresst sind – niemand kann pausenlos immer vor Liebe zerfließen. Es wird Ihnen dann auch leichter fallen, die Gefühle Ihres Kindes zu akzeptieren. Und damit vermitteln Sie ihm, dass Sie es mögen – so, wie es ist. Sie bringen ihm neben Liebe auch Achtung und Respekt entgegen.

Damit Ihr Baby sich umsorgt, gehalten, sicher und geborgen fühlen kann, braucht es Sie als Bezugsperson, die auf seine Bedürfnisse feinfühlig reagiert. Das ist oft leichter gesagt als getan.

So fühlt Ihr Kind sich geborgen

- Seien Sie emotional aufrichtig.
- Nehmen Sie sich Zeit zum Schmusen.
- Trösten Sie Ihr Kind, wenn es weint, und versuchen Sie, herauszufinden, welches Bedürfnis es hat.
- Seien Sie da, wenn es Sie braucht.
- Lernen Sie, seine Signale zu verstehen.
- Bringen Sie ihm Achtung und Respekt entgegen.
- Seien Sie sich selbst nicht böse, wenn Sie Fehler machen.

Die Geburt Ihres Kindes hat Ihr Leben wahrscheinlich ziemlich auf den Kopf gestellt. Der Freiraum für persönliche Bedürfnisse und Wünsche ist wahrscheinlich knapp geworden. Doch nur wenn Sie lernen, auf Ihre Bedürfnisse Rüksicht zu nehmen und Ihre Interessen konsequent zu vertreten, werden Sie sich auf Dauer Ihren Kindern liebevoll zuwenden können.

Tipps für gestresste Eltern

- Seien Sie offen.
- Sagen Sie Ihrem Kind, wenn Sie Zeit für sich allein brauchen. Es möchte ja schließlich auch manchmal ganz ungestört spielen.
- Lassen Sie nicht alles stehen und liegen, wenn Ihr Kind Sie ruft. Machen Sie deutlich, dass Sie gerade beschäftigt sind, und kommen Sie, wenn Sie diese Arbeit erledigt haben.
- Lernen Sie, nein zu sagen. Wenn Sie Ihre Bedürfnisse klar artikulieren und Wünsche anderer zurückweisen, weil Sie sich momentan nicht in der Lage fühlen, sie zu erfüllen, hat man Sie nicht weniger lieb. Im Gegenteil: Sie werden geachtet und respektiert.
- Pflegen Sie Ihre Hobbys und Freundschaften. Ein abwechslungsreicher Alltag überträgt sich auch auf das Lebensgefühl Ihres Kindes. Vereinbaren Sie z. B. mit Ihrem Partner, dass Sie an einem oder zwei Abenden in der Woche weggehen können, während er auf die Kinder aufpasst. Geben Sie nicht so schnell auf, falls er von diesem Vorschlag zunächst nicht begeistert ist – er wird sicherlich auch Interessen haben, denen er nachgehen möchte.
- Reservieren Sie einen Abend in der Woche für Zweisamkeit. Vielleicht sind die Großeltern bereit zu kommen, oder Sie engagieren einen Babysitter. Es gibt viele Jugendliche, die sich gerne um Kinder kümmern und sich freuen, wenn sie ein bisschen was dazu verdienen können.
- Wenn Ihr Kind noch mittags schläft, können Sie die Zeit nutzen, um sich ein Entspannungsbad einzulassen oder ein Buch zu lesen, anstatt die Fenster zu putzen!
- Verlangen Sie nicht zu viel von sich. Niemand ist perfekt.
- Hören Sie auf Ihren Körper. Er signalisiert Ihnen im Allgemeinen genau, wann Sie Ruhe brauchen.
- Vertrauen Sie sich anderen an. Es kann sehr befreiend sein, mit einer Person Ihres Vertrauens über Ihre Gefühle, Probleme und Schwierigkeiten zu sprechen.
- Machen Sie es sich leichter und regen Sie sich nicht über Dinge auf, die sich nicht mehr ändern lassen.

Körperkontakt zulassen

In den ersten Wochen nach der Geburt legen Sie den Grundstein für eine enge Beziehung zu Ihrem Kind. Es liegt in Ihren Armen oder auf der Brust und spürt die Wärme Ihres Körpers. Das Stillen verschafft ihm nicht nur die Befreiung von Hungergefühlen, sondern höchste Lust und Befriedigung. Es darf saugen und Ihre Nähe, Wärme und Zuwendung spüren.

Eine so vertrauensvolle Nähe gibt es im Erwachsenenalltag kaum. Was Ihr Baby an Vertrauen, Bindungs- und Kontaktfähigkeit entwickelt, nimmt durch den engen Körperkontakt beim Stillen seinen Anfang.

Durch Mimik, Gestik und Schreien macht Ihr Baby Sie darauf aufmerksam, dass es etwas braucht. Es weint nicht nur, wenn es Hunger hat, sondern auch, wenn es Körperkontakt, Zärtlichkeit und Wärme braucht. Denn Ihr Baby ist nicht gern allein. Es möchte Ihre Nähe spüren, Sie hören, riechen und schmecken. Durch das Füttern, Wickeln, Baden, Schmusen und Tragen bekommt es das Gefühl, gut versorgt zu werden, und entwickelt das nötige Vertrauen, um sich später von Ihnen lösen zu können.

Die Befriedigung der Bedürfnisse in den ersten Wochen und Monaten ermöglicht Ihrem Kind die Entwicklung einer entspannten, ausgeglichenen und harmonischen Beziehung zu seinem eigenen Körper und der Sexualität.

Auch Kinder haben eine Sexualität

Ihr Kind ist von Anfang an ein sexuelles Wesen. Es lebt seine Sinnlichkeit lustvoll aus, vorausgesetzt, Sie hindern es nicht daran. Das Saugen an Ihrer Brust, das Spüren Ihrer Haut, das Wippen und Wiegen hat viel mit sexuellen Gefühlen zu tun. Es ist mit Glücksgefühlen, Sinnlichkeit und Befriedigung verbunden. Es bedeutet eine Bejahung des Körpers.

Schon Säuglinge spielen an ihren Genitalien und verschaffen sich damit wohlige Gefühle. Wird Ihr Kind älter, tobt es und balgt es sich und befriedigt dadurch Bedürfnisse nach Körperkontakt. Es entdeckt die Lust am eigenen und fremden Körper, erforscht seinen Körper und ist neugierig, wie Ihr Körper beschaffen ist. Es entdeckt, dass es Unterschiede zwischen Männern und Frauen, Jungen und Mädchen gibt. Bei Doktorspielen mit anderen Kindern lernt es, was ihm Freude bereitet und was nicht.

Wenn Sie die Entwicklung Ihrer eigenen Körperlichkeit eher unkompliziert und harmonisch erlebt haben, wird es Ihnen vermutlich keine Schwierigkeiten bereiten, Ihren Kindern eine natürliche Einstellung zu

Körper und Sexualität zu vermitteln. Das ist jedoch nicht immer der Fall. Vielleicht schämen Sie sich, sich vor Ihren Kindern nackt zu zeigen, in die Badewanne zu steigen oder sich gar neugierig berühren zu lassen.

Sexualität war viele Jahrzehnte lang ein stark tabuisiertes Thema. Das bedeutete, dass das, was Sie für sich an Körperlichkeit entdeckten, hinter verschlossenen Türen stattfinden musste und durch Vorwürfe, Ermahnungen und Strafen von Ihren Eltern reglementiert wurde. Vielleicht haben Sie es geschafft, sich daraus zu befreien, und möchten, dass Ihr Kind eine natürliche, gesunde Einstellung zu seinem Körper entwickelt.

Der Preis für die Tabuisierung der Sexualität in den vergangenen Jahrzehnten war hoch. Viele Menschen, die in dieser Zeit aufgewachsen sind, bezahlten mit einer verkrampften und verklemmten Einstellung zum eigenen Körper.

Ein gesundes Körpergefühl fördern

- Nehmen Sie Ihr Baby auf den Arm und schmusen Sie mit ihm, so viel Sie wollen und so oft Ihr Baby signalisiert, dass es Sie braucht. Ein Zuviel an Körperkontakt, Nähe und Zuwendung in den ersten Lebensmonaten gibt es nicht.
- Das gilt auch für das Stillen. Der Magen Ihres Babys ist noch sehr klein und kann jeweils nur geringe Mengen verdauen. Mit dem Stillen befriedigen Sie sein Bedürfnis nach Nahrung und Nähe.
- Tragen Sie es ruhig mit sich herum, solange Ihre Kräfte das erlauben. Das Tragen auf dem Arm stillt das Bedürfnis Ihres Kindes nach Geborgenheit.
- Lassen Sie es teilhaben am Familienleben. Ihr Baby schaut Ihnen gerne zu, wenn Sie in der Küche hantieren.
- Begleiten und fördern Sie die Entdeckung der Sinne Ihres Kindes und geben Sie ihm Bestätigung, wenn es seinen Körper erforscht. Die Impulse dazu sollten jedoch von Ihrem Kind ausgehen.
- Drängen Sie Ihr Kind nicht zur Entdeckung seiner eigenen Sexualität, sondern respektieren Sie seine Grenzen.
- Beantworten Sie alle Fragen offen und gerade heraus.
- Gehen Sie noch einmal in Gedanken in Ihre Kindheit zurück. Überlegen Sie, welche Erfahrungen Sie mit Körperkontakt und der Entwicklung Ihrer Sexualität gemacht haben.
- Respektieren Sie auch Ihre Grenzen und Möglichkeiten. Ihr Kind darf mit seiner Neugierde nur so weit gehen, wie Sie das erlauben.

Konstruktiv ermutigen

Ermutigung ist eine der wichtigsten Erziehungsmethoden, um das Selbstvertrauen Ihres Kindes zu stärken. Durch Ermutigung wird es wachsen, sich weiterentwickeln, Selbstachtung erlangen und leistungsfähig werden. Ermutigung löst Vertrauen und Zusammengehörigkeitsgefühle aus.

Ihr Kind muss sehr viel Mut aufbringen, um zu lernen, sich in Ihrer Welt zu behaupten und durchzusetzen. Dazu muss es Selbstvertrauen und Überlebensstrategien entwickeln – und ist damit wiederum auf Ihre Zuwendung, Anerkennung und Wertschätzung angewiesen. Es ist abhängig von Ihnen. Und Sie haben die nicht immer leichte Aufgabe übernommen, es zu einem lebensbejahenden Menschen zu erziehen.

Ihr Kind ist von Natur aus lern- und wissbegierig. Es will alles ausprobieren und begreifen. Schon als Baby zeigt es Reaktionen auf die Wahrnehmung seiner Umgebung. Es lächelt, wenn es Sie sieht, es hört Ihre Stimme und folgt Ihnen mit den Augen. Später erforscht es Ihr Gesicht mit seinen Händen und versucht, Sie im wahrsten Sinne des Wortes zu begreifen. Es lernt laufen, indem Sie es an die Hand nehmen, und es lernt sprechen durch den Kontakt, den Sie ihm anbieten. Später erweitert und erforscht es seine Umgebung auf eigene Faust – allerdings nur, solange es Ihre schützende Hand spürt.

> In den Augen Ihres Kindes erscheinen Sie unendlich groß und mächtig. Sie haben auf jede Frage eine Antwort, Sie wissen immer Rat und können alles. Dadurch ist Ihr Kind stets mit dem Gefühl der eigenen Kleinheit und Unzulänglichkeit konfrontiert.

Entmutigung lauert überall

Im Laufe seines Lebens macht Ihr Kind auch viele entmutigende Erfahrungen. Zum einen dort, wo es an die natürlichen Grenzen seiner altersentsprechenden Leistungsfähigkeit stößt, und zum anderen dort, wo Sie es bremsen und ihm zu wenig zutrauen.

Sie haben Angst um Ihr Kind und meinen es gut, wenn Sie es von etwas abhalten, was Sie als gefährlich erachten. Es ist Ihre Aufgabe, Ihr Kind vor Gefahren zu schützen. Aber sollte Ihr Kind nicht selbst erfahren, wann es in Gefahr ist? Nur dann lernt es seine eigenen Fähigkeiten und Grenzen kennen und richtig einschätzen. Wenn Sie ihm vermitteln, dass Sie schon wissen, was gut für Ihr Kind ist, vertraut es möglicherweise zwar Ihnen, aber nicht sich selbst.

Viele von Ihnen werden in den unzähligen Situationen im Leben mit Ihren Kindern intuitiv das Richtige tun. Sie werden Ihr Kind stützen, anerkennen, wertschätzen und ermutigen.

Oft halten Sie aber Ihre Ängste, Stress und Ärger, der aus anderen Lebensbereichen in die Familie getragen wird, davon ab. Dann sind Sie möglicherweise ungeduldig und intolerant, lassen das an Ihrem Kind aus und merken oft gar nicht, wie weh Sie ihm damit tun. Achten Sie einmal darauf, ob Sie in solchen Situationen Sätze wie die folgenden verwenden – sie sind extrem entmutigend:

- »Pass bloß auf, du machst das noch kaputt!«
- »Komm, lass mich das machen, du bist so langsam!«
- »Das kannst du sowieso nicht.«
- »Dafür bist du noch viel zu klein.«
- »Pass doch auf, immer stehst du im Weg herum!«
- »Das hast du jetzt davon! Ich habe es dir ja gleich gesagt!«
- »Als ich so alt war wie du, ging es uns längst nicht so gut.«

Es ist eine wichtige Erfahrung für Kinder, dass sie beim Ausprobieren von Neuem an ihre Grenzen stoßen können. Sie sollten aber auch lernen, dass es Menschen gibt, mit deren Hilfe sie rechnen können.

Mit solchen Sätzen signalisieren Sie Ihrem Kind, dass Sie an seinen Fähigkeiten zweifeln, und zeigen ihm, wie klein oder ungeschickt es ist. Wenn ein Kind auf diese Art entmutigt wird, wird es meist auffällig. Es gehorcht nicht und hört nicht zu. Es bekommt schlechte Noten, wird aggressiv oder depressiv, wird vielleicht zum Bettnässer oder kaut an den Nägeln. Auffällig gewordene Kinder sind immer entmutigte Kinder.

Vergewissern Sie sich dagegen, dass Sie mit Sätzen wie den folgenden Ihr Kind von Zeit zu Zeit ermutigen; auf diese Weise wird Ihr Kind lebensfroh, es geht in dem Bewusstsein durch die Welt, etwas wert zu sein. Es ist selbstständiger und hat Vertrauen in seine Fähigkeit, Probleme und Schwierigkeiten bewältigen zu können:

- »Probiere es aus, du kannst es schaffen!«
- »Binde deine Schnürsenkel ruhig alleine. Ich habe Zeit und warte.«
- »Wenn du meine Hilfe brauchst, melde dich.«
- »Schön, dass du mir hilfst, den Tisch zu decken!«
- »Es kann ja mal passieren, dass etwas herunterfällt und kaputt geht. Mach dir keine Sorgen. Es ist ja nur ein Glas!«
- »Versuche es noch einmal, vielleicht klappt es dann!«
- »Mach weiter so; ich freue mich, dass du Spaß am Lernen hast.«

So glaubt Ihr Kind an sich selbst

- Nehmen Sie Ihr Kind an, so wie es ist.
- Bemessen Sie den Wert Ihres Kindes nicht an seinen Leistungen. Erkennen Sie die Anstrengungen an.
- Vertrauen Sie ihm und trauen Sie ihm etwas zu. So befähigen Sie es, Vertrauen in sich selbst zu entwickeln.
- Benutzen Sie die Interessen Ihres Kindes, um es anzuspornen!
- Helfen Sie ihm bei der Entwicklung von Geschicklichkeiten.
- Nehmen Sie seine Vorzüge und Stärken wahr.

Verständnis zeigen

Verständnis zeigen bedeutet, dass Sie das, was Ihnen Ihr Kind zeigt, nicht nur sehen, sondern auch verstehen und entsprechend darauf reagieren. Sie treten in die Welt Ihres Kindes ein, erforschen seine Beweggründe und stellen Vermutungen über mögliche Ursachen an. Sie versetzen sich in die Lage Ihres Kindes und versuchen, seine Gefühle zu verstehen. Dazu ist viel Einfühlungsvermögen erforderlich. Mit Empathie schaffen Sie es, einen »Draht« zu Ihrem Kind zu bekommen, der Sie miteinander verbindet und Nähe zwischen Ihnen herstellt.

In der Regel haben Erwachsene, die Kindern gegenüber andauernd ihre Überlegenheit demonstrieren müssen, Angst, bei eigenen Fehlern und Schwächen ertappt zu werden. Sie sind unsicher und fürchten, die Zuneigung des Kindes zu verlieren.

Die innere Haltung ist entscheidend

Vielleicht sind Sie überzeugt davon, dass Sie alles weit besser beurteilen können als Ihr Kind, und halten es für ausreichend, dass es sich auf Ihr Urteil verlässt.

Natürlich sind Sie erwachsen und verfügen somit über die Fähigkeit, Möglichkeiten, Grenzen und Konsequenzen eher zu überblicken. Sie setzen dabei Ihren Verstand ein, der Ihnen sagt, was gut und richtig und was andererseits schlecht und falsch ist. Mit Ihrem Verstand können Sie nach Lösungen suchen und Vorschläge machen. Sie dringen allein dadurch jedoch nicht zu Ihrem Kind durch, wenn Sie nicht gleichzeitig versuchen herauszufinden, wie Ihr Kind sich fühlt und was in ihm vorgeht. Wenn dies mit der inneren Haltung des Lernenwollens geschieht, spürt Ihr Kind das und wird sich leichter öffnen.

Nehmen Sie Ihr Kind ernst

Ihr Kind nimmt Ihre innere und äußere Haltung wahr. Es sieht Ihre Gestik, Ihre Mimik und Ihre Körperhaltung. Es hört Ihre Stimme und spürt sehr genau, ob Sie wohlwollend oder missbilligend sind. Es fürchtet Ihre Missbilligung, Ihr Unverständnis und den Verlust Ihrer Zuneigung. Ihr Kind hat ein tiefes Bedürfnis nach Einverständnis mit Ihnen. Es verschließt sich, wenn es spürt, dass Sie ständig etwas an ihm auszusetzen haben, es für unfähig oder gar böse halten.

Wenn Ihr Kind in seinen Gefühlen ernst genommen wird und Sie ihm mit Verständnis und Mitgefühl begegnen, wird es Sie belohnen, indem es Sie an seiner inneren Welt teilhaben lässt. Sie können viel dabei lernen!

So entwickeln Sie Verständnis für Ihr Kind

- Nehmen Sie eine innere Haltung des Lernenwollens ein, wenn Sie mit Ihrem Kind sprechen, anstatt sich in die überlegene Rolle zu flüchten.
- Lernen Sie Ihr Kind kennen. Wenn Sie beispielsweise eine neue Freundschaft schließen, erzählen Sie ja auch von sich und interessieren sich für den anderen.
- Wenn Sie verzweifelt über eine Verhaltensweise Ihres Kindes sind, versuchen Sie, die Motive für dieses Verhaltens herauszufinden: »Warum hast du dich so verhalten? Was hat dich dazu veranlasst, so zu reagieren?«
- Lassen Sie sich nicht durch das offen zutage getretene Verhalten Ihres Kindes zu falschen Reaktionen hinreißen.
- Lesen Sie zwischen den Zeilen! Kinder können das, was in ihnen vorgeht, nicht immer in Worte fassen.
- Hören Sie zu und akzeptieren Sie die Gefühle Ihres Kindes, anstatt sie abzuwerten (»Heul doch nicht gleich«), sich darüber lustig zu machen oder sie wegzureden.
- Trösten Sie, wann immer Ihnen Ihr Kind traurig oder bedrückt vorkommt. Fragen Sie, ob es darüber sprechen möchte und ob Sie helfen können.
- Bestürmen Sie Ihr Kind nicht mit Fragen, wenn es signalisiert, dass es nicht reden will. Respektieren Sie seinen Wunsch!
- Bieten Sie Lösungen an, machen Sie Vorschläge oder Angebote, aber lassen Sie Ihr Kind wählen und ausprobieren.

Selbstvertrauen stärken

Sie haben als Eltern einen großen Einfluss darauf, ob Ihr Kind später einmal als selbstbewusster Mensch durchs Leben geht, der weiß, was er will und was er kann. Ihre Einstellungen und Ihr Verhalten prägen Ihr Kind. Es zieht seine Schlüsse daraus und bekommt entweder das Gefühl, erfolgreich zu sein oder zu versagen.

Ihr Kind entwickelt Selbstbewusstsein und Selbstvertrauen, wenn Sie ihm vertrauen, dass es seinen Weg mit Ihrer liebevollen Begleitung und Hilfe schon finden wird, wenn Sie an seine Fähigkeiten glauben und wenn Sie es mitreden und an der Gestaltung des Familienlebens teilhaben lassen. Es lernt, seine Wünsche und Bedürfnisse zu äußern, wenn Sie es beispielsweise danach fragen, wohin es gerne in Urlaub fahren möchte oder was es am Wochenende zu essen geben soll. Im Gegensatz dazu hat Ihr Kind das Gefühl zu versagen, wenn Sie ihm vermitteln, dass es nicht gut genug ist und anders werden muss.

Wenn Ihr Kind selbstbewusst ist, kommt es im Leben besser zurecht. Es ist erfolgreicher in seiner schulischen und beruflichen Entwicklung, hat mehr soziale Kontakte und freundschaftliche Beziehungen und kann für andere Menschen eine große Stütze werden.

Was bedeutet Selbstbewusstsein?

- Das Recht, mit Respekt behandelt zu werden, und die Pflicht, andere mit Respekt zu behandeln
- Seine Gefühle zu äußern und dazu zu stehen
- Seine Meinung offen und klar zu vertreten, auch wenn andere eine gegenteilige Meinung haben
- Die Meinung anderer zu respektieren
- Den Mitmenschen frei und offen zu begegnen
- Kritik fair zu äußern und Kritik an sich selbst vertragen zu können
- Um Fehler und Schwächen zu wissen, zu ihnen zu stehen und sie nicht zu vertuschen
- Bedürfnisse und Wünsche zu äußern
- Nein sagen zu können

Vielleicht haben Sie als Kind unter den Ansprüchen und Anforderungen, den Bestrafungen und Abwertungen Ihrer Eltern gelitten; doch gerade diese Erfahrung kann Ihnen helfen, sich in Ihr Kind hineinzuversetzen und zu verstehen, was in ihm vorgeht.

So stärken Sie das Selbstvertrauen Ihres Kindes

- Stärken Sie Ihr eigenes Selbstvertrauen! Werden Sie sich Ihrer Fähigkeiten und Fertigkeiten bewusst. Wenn Sie selbstsicher sind und auftreten, schaut Ihr Kind das von Ihnen ab.
- Bedenken Sie, dass Ihr Kind ein einzigartiges Wesen ist, und versuchen Sie nicht, es Ihren Vorstellungen anzupassen.
- Zeigen Sie Ihrem Kind, dass Sie es lieb haben, auch wenn Ihnen sein Verhalten nicht gefällt. Ihr Kind lernt dabei, auch einmal Fehler machen zu dürfen: »Was ich getan habe, war falsch, aber das bedeutet nicht, dass ich ein schlechter Mensch bin.«
- Stellen Sie nicht zu hohe Ansprüche an Ihr Kind bzw. überprüfen Sie, ob es in seinem Alter und bei seinem Entwicklungsstand überhaupt in der Lage ist zu erfüllen, was Sie möchten.
- Stellen Sie keine Vergleiche mit Geschwistern oder Freunden an. Damit fördern Sie lediglich Konkurrenz und Misserfolgserlebnisse.
- Wenn Ihr Kind Fehler macht, sollten Sie ihm zeigen, wie es etwas besser machen kann: »Schau mal, willst du es mal so probieren?«
- Nehmen Sie Ihr Kind so ernst, wie Sie selbst auch ernst genommen werden möchten. Hören Sie aufmerksam zu, wenn es Ihnen etwas mitteilt, und machen Sie deutlich, dass Sie es verstehen.
- Respektieren Sie die Meinung Ihres Kindes, auch wenn Sie selbst eine andere haben: »Ich weiß, dass du anders denkst. Glaubst du, wir könnten uns trotzdem einig werden, wann du abends zu Hause sein sollst?«
- Trösten Sie es bei Misserfolgen (»Jetzt bist du vermutlich ganz enttäuscht«) und ermutigen Sie es, trotzdem weiterzumachen: »Willst du es noch mal probieren? Vielleicht klappt es dann besser.«
- Lachen Sie es nicht aus und verspotten Sie es nicht. Sie könnten die Kränkbarkeit Ihres Kindes unterschätzen.
- Machen Sie deutlich, dass das Wichtigste ist, mit sich selbst zufrieden zu sein, unabhängig von Lob und Bestätigung anderer.
- Schaffen Sie ein Forum, bei dem regelmäßig die Schwierigkeiten und Probleme in der Familie besprochen werden. Hier kann jeder seine Meinung äußern und sagen, was er anders haben möchte.

Ihr Kind verzeiht Ihnen auch, wenn Sie es einmal gekränkt haben sollten. Grundsätzlich muss es jedoch spüren, dass Sie bereit sind, sich auf seine Art der Wahrnehmung einzulassen und sie nicht abwerten.

Miteinander reden

Wissen Sie auch noch, wie unglücklich Sie waren, wenn Sie einen Fehler gemacht haben und Ihre Eltern böse auf Sie waren? Wie haben Ihre Eltern sich verhalten und wie wurde schließlich »alles wieder gut«? Wie machen Sie es heute, da Sie selbst Eltern sind und auf der »anderen Seite« stehen? In den meisten Partnerschaften und Familien verraucht nach einiger Zeit die Wut. Eine Seite signalisiert, dass man den Vorfall vergessen will, und die andere Seite ist froh darüber. Streitigkeiten in Partnerschaften enden häufig in einem stillschweigenden, allerdings nur scheinbaren Übereinkommen. Konflikte mit Kindern enden häufig so, dass diese zermürbt vom vorwurfsvollen Blick der Eltern schuldbewusst äußern: »Ich bin wieder lieb.« Das Muster ist das gleiche. Derjenige, der das schlechte Gewissen hat oder einen Konflikt nur schwer aushalten kann, gibt klein bei. Meist wird nicht mehr darüber gesprochen, was vorgefallen ist, warum man sich so verhalten hat und welche Gefühle im Spiel waren.

Bitte bedenken Sie: Mit Schimpfen und Vorwürfen erreichen Sie meist das Gegenteil dessen, was Sie eigentlich beabsichtigen. Fragen Sie Ihr Kind stattdessen, warum es sich auf eine bestimmte Weise verhalten hat, und hören Sie genau zu, was Ihr Kind Ihnen sagen möchte.

Von sich selbst sprechen

Sie haben als Eltern legitime Wünsche und Anforderungen an Ihr Kind. Aber wie wecken Sie bei ihm Verständnis und Interesse dafür? Weiß Ihr Kind, warum es Ihnen wichtig ist, dass es zu einer bestimmten Zeit zu Hause sein soll? Weiß es, wie Sie sich fühlen, wenn es eine Stunde überfällig ist, welche Ängste Sie dabei ausstehen? Wahrscheinlich nicht – wenn Sie es ihm nicht sagen.

Gründe mitteilen

Anstatt ihm sein Verhalten vorzuwerfen, sollten Sie Ihrem Kind sagen, warum Sie sich in einer bestimmten Situation große Sorgen machen: »Wenn du nicht pünktlich nach Hause kommst, habe ich Angst, dass dir etwas passiert sein könnte.« Die Psychologen nennen das Ich-Botschaften. Ich-Botschaften geben dem Gesprächspartner das Gefühl, dass das Gesagte sich nicht gegen ihn richtet. Er befindet sich dann nicht automatisch in einer Verteidigungshaltung.

Wünsche und Bedürfnisse äußern

Sowohl Sie als auch Ihr Kind haben Wünsche, die Sie aneinander richten. Sie möchten, dass Sie als Eltern respektiert werden und dass Ihr Kind Ihnen folgt. Ein verständlicher Wunsch. Ihr Kind wird Ihnen den umso bereitwilliger erfüllen, je eher es das Gefühl hat, in seinen Belangen ebenfalls ernst genommen zu werden. Das bedeutet, dass Sie ihm auch Gelegenheit geben sollten zu erzählen, warum es sich in einer bestimmten Situation auf eine bestimmte Weise verhalten hat. Es wird dann sicher auch bereit sein, Ihre Wünsche anzuhören und sich danach zu richten.

Bieten Sie Ihrem Kind in Konfliktsituationen konstruktive Lösungen an. Äußern Sie, was Sie anders haben möchten, und schlagen Sie ihm vor, wie das erreicht werden kann. Sagen Sie z. B.: »Wenn du das nächste Mal länger bleiben möchtest, ruf doch einfach an und frage mich!«

Der Ton macht die Musik

Sie sprechen nicht nur mit Worten, sondern unterstreichen das Gesagte auch mit Ihrer Stimmlage, Ihrer Mimik, Gestik und Körperhaltung. Viele der Schwierigkeiten in Gesprächen entstehen dadurch, dass Worte und Körperhaltung einander widersprechen.

Wenn Sie Ihrem Kind sagen, dass Sie sehr wütend sind und es gleichzeitig umarmt halten, kann es damit ebenso wenig umgehen, als wenn Sie sagen »Ich habe dich lieb« und dabei Ihre Stimme erheben oder abwesend zum Fernseher schauen. Denn worauf soll es dann reagieren? Auf das, was es hört, oder das, was es sieht?

Kommunikation vermeidet Konflikte

- Geben Sie Ihrem Kind Gelegenheit, sich zu erklären, d. h. sich zu einem bestimmten Vorfall zu äußern und die Gründe für sein Verhalten darzulegen.
- Hören Sie Ihrem Kind gut zu und versuchen Sie nachzuvollziehen, was passiert ist.
- Teilen Sie Ihrem Kind Ihre Gefühle mit, damit es Ihre Reaktion nachvollziehen kann. Senden Sie dabei Ich-Botschaften.
- Äußern Sie Ihren Wunsch und vergewissern Sie sich der Bereitschaft Ihres Kindes, ihn beim nächsten Mal zu berücksichtigen.
- Achten Sie in Konfliktsituationen darauf, dass die Worte, die Sie äußern, auch Ihrem inneren Gefühlszustand entsprechen. Nur dann sind Ihre Worte mit Ihrer Körpersprache identisch.

Sich Zeit nehmen

Sicher sind Sie sich im Klaren darüber, dass Sie Ihrem Kind manchmal zu wenig Zeit schenken. Sie wimmeln es ab und verweisen auf den nächsten Tag. Selbstverständlich haben Sie dazu ein Recht. Keine Mutter und kein Vater kann immer Zeit haben und geduldig sein. Viele Dinge müssen erledigt werden, und ein Kind muss selbstverständlich auch warten lernen. Trotzdem: Wie gestresst und genervt Sie auch sind, Ihr Kind braucht immer wieder Ihre ungeteilte Aufmerksamkeit.

Wenn Sie zu wenig Zeit für Ihr Kind haben, ist das ein Ergebnis Ihrer äußeren Lebenssituation und der Art und Weise, wie Sie mit ihr umgehen. Sie haben die Möglichkeit, Ihre Lebenssituation zu managen und Ihre Einstellung zu ändern, damit Sie mehr Zeit für Ihr Kind erübrigen können.

Sie können dem Stress kaum aus dem Weg gehen. Er ist überall dort, wo Neuorientierung, Umgestaltung oder Veränderung ist. Er ist auch dort vorhanden, wo Sie vielfältige Aufgaben und Pflichten zu erledigen oder unter einen Hut zu bringen haben. Kaum jemand kann seinen Tag frei nach seinen Bedürfnissen gestalten.

Tipps für einen konstruktiven Umgang mit der Zeit

- Setzen Sie Prioritäten. Teilen Sie die Aufgaben ein in solche, die unbedingt sofort erledigt werden müssen, und solche, die noch warten können.
- Überprüfen Sie Ihren Anspruch. Wollen Sie immer alles 150-prozentig erledigen und setzen Sie sich damit vielleicht selbst unter Druck?
- Leben Sie im Heute! Genießen Sie den Tag und nehmen Sie sich Zeit für sich und Ihr Kind.
- Lassen Sie den Abwasch ruhig einmal stehen! Meist kommt es nicht darauf an, ob die Wäsche einen Tag später gebügelt wird oder das Essen eine Stunde später fertig ist.
- Überlegen Sie, wer Ihnen helfen kann. Vielleicht können Sie sich eine Haushaltshilfe leisten und in der eingesparten Zeit mit Ihrem Kind ins Schwimmbad fahren.
- Versetzen Sie sich in Ihr Kind: Was sieht es, wofür interessiert es sich? Staunen und bewundern Sie! Haben Sie Spaß und lachen Sie miteinander!
- Schaffen Sie familiäre Rituale (siehe Seite 84f.). Damit sichern Sie Ihrem Kind Ihre Zuwendung.
- Sorgen Sie dafür, dass Sie sich in zehn Jahren an diese Zeit positiv erinnern. Erinnerungen an eine Zeit voller Stress und Hektik hinterlassen das Gefühl, etwas verpasst zu haben.

So viel Zeit muss sein

- Hören Sie geduldig zu, wenn Ihr Kind Ihnen etwas mitteilen will.
- Lassen Sie sich auch auf ungeplante Situationen ein.
- Brechen Sie andere Tätigkeiten spontan ab, wenn Sie etwas gemeinsam mit Ihrem Kind tun können.
- Spielen Sie jeden Tag mit Ihrem Kind, balgen Sie sich mit ihm, kuscheln Sie mit ihm.

Rituale einführen

Rituale sind liebevolle Gewohnheiten, die einen Tagesablauf regeln, einen Tag beginnen oder enden lassen. Sie schleichen sich entweder von selbst ein oder werden je nach Bedürfnislage hergestellt.

- ☐ Sie regeln den Tagesablauf.
- ☐ Sie geben Ihrem Kind Sicherheit und Geborgenheit.
- ☐ Sie helfen, Ängste zu reduzieren.
- ☐ Sie stärken familiäre Bindungen.
- ☐ Sie schaffen Freiräume für Muße und Kreativität.
- ☐ Sie führen Ihr Kind spielerisch an die Erledigung von Aufgaben heran.
- ☐ Sie helfen, mit sich verändernden Lebensbedingungen besser zurechtzukommen.

Rituale ermöglichen es, sich der wechselseitigen Zuneigung zu versichern, ohne andauernd nach neuen Formen dafür zu suchen oder sich irgendwelcher Klischees bedienen zu müssen.

Rituale sind besondere dann hilfreich, wenn Sie vor lauter Terminen nicht zu sich selbst kommen oder wenn aufgrund Ihrer beruflichen und familiären Situation jeder Tag anders verläuft. Gerade in diesem Fall braucht Ihr Kind Rituale, an die es sich halten kann. Es weiß dann: »Auch wenn Mama den ganzen Tag viel zu erledigen hat, hektisch und gestresst ist, kommt sie noch zu mir ans Bett und liest mir etwas vor. Dann habe ich sie ganz für mich alleine.« Das reduziert die Angst Ihres Kindes, auch einmal alleine zu sein, wenn Sie tagsüber nicht immer für Ihr Kind da sein können, und gibt ihm trotzdem das Gefühl, bei Ihnen sicher, geborgen und gut aufgehoben zu sein.

Wenn Sie in Ihrem Alltag in Krisen geraten oder große Veränderungen wie Umzüge, Trennungen, Kindergarten- oder Schulwechsel stattfinden, helfen Rituale Ihrem Kind, leichter damit fertig zu werden.

Rituale stellen einen verlässlichen Fixpunkt dar, an den Ihr Kind sich halten kann. Zu den Ritualen, die sich im Alltag besonders bewährt haben, gehören z. B. die folgenden:

- Sie wecken Ihr Kind mit seiner Lieblingspuppe.
- Sie singen jeden Abend zum Einschlafen das gleiche Lied.
- Sie beten vor dem Einschlafen mit Ihrem Kind.
- Sie fassen sich vor den gemeinsamen Mahlzeiten an den Händen und wünschen sich »Guten Appetit«.
- Sie halten sich einen oder zwei Tage in der Woche fernsehfrei. Statt dessen spielen Sie eine Stunde nach dem Abendessen Gesellschaftsspiele.
- Jeden herausgefallenen Milchzahn legt Ihr Kind abends auf die Fensterbank. Nachts kommt die »Zahnfee«, holt den Zahn ab und legt eine kleine Belohnung an die gleiche Stelle.
- Sie putzen sich vor dem Zubettgehen gemeinsam die Zähne.
- Ihr Kind darf am Sonntag morgens zu Ihnen ins Elternbett zum Kuscheln, Toben oder Geschichtenerzählen.
- Nach dem Essen räumt die Familie gemeinsam den Tisch ab.
- Für das Tischdecken sind die Kinder zuständig.
- Nach dem Essen bestehen Sie auf eine halbe Stunde Ruhezeit. Sie stellen Ihrem Kind einen Wecker. Wenn er klingelt, darf es Sie wecken.
- Wenn Ihr Kind sich weh getan hat, nehmen Sie es tröstend in die Arme und pusten ihm die Schmerzen weg.
- Hat Ihr Kind Geburtstag, bekommt es einen Kuchen mit Kerzen, deren Anzahl der Anzahl seiner Lebensjahre entspricht.

> Gleichförmigkeiten im Tagesablauf vermitteln Kindern Sicherheit und Halt in einer Welt, die ihnen fremd und oftmals bedrohlich erscheint. Das tägliche Gutenachtlied oder das sonntägliche Toben im Elternbett ermöglicht ihnen zuverlässig Kontakt mit den Eltern.

Fragen beantworten

Kinder sind sehr neugierig. Sie sehen viel, bekommen alles mit und machen sich Gedanken um Dinge, die Ihnen völlig selbstverständlich erscheinen. Kinder sind wissbegierig und wollen alles begreifen und verstehen. Sie sind fantasievoll und erleben ihre Umgebung voller Magie. Sie lieben Geheimnisvolles und Zauberhaftes. Sie können in ihrer Fantasiewelt aufgehen und sind enttäuscht, wenn man ihnen mit Logik begegnet oder ihre Fantasiewelt von anderen zerstört wird.

Staunen, Wundern und Verlegensein erlaubt!

- Sie haben als Erwachsene vielleicht das Staunen verlernt. Die wundervollsten Dinge des Lebens sind zu Banalitäten geworden, über die Sie sich schon lange keine Gedanken mehr machen. Sagen Sie zu Ihrem Kind: »Da staune ich aber, worüber du dir Gedanken machst!«
- Ihr Kind macht Ihnen mit seinen Fragen deutlich, dass es seine Umgebung wahrnimmt. Dazu gehören auch Wahrnehmungen von Vorgängen, die außerhalb Ihrer Familie liegen. Wenn Ihr fünfjähriger Sohn aus dem Kindergarten nach Hause kommt und Sie fragt: »Mama, lasst ihr euch scheiden?«, ist das Anlass, sich zu wundern, wie er auf so eine Frage kommt, anstatt zu sagen: »Dummerchen, natürlich nicht«. Daraus kann sich ein Gespräch ergeben, bei dem Sie teilhaben an seinen Gedanken und Gefühlen.
- Ihr Kind kann Sie in die peinlichsten Situationen bringen. Es macht ihm nichts aus, in der Fußgängerzone mit dem Finger auf einen Menschen im Rollstuhl zu zeigen und zu sagen: »Guck mal, Mama, der Mann wackelt so komisch.« Sie können Ihre Verlegenheit dazu nutzen, Ihr Kind beiseite zu nehmen und ihm zu erklären, dass der Mann im Rollstuhl sehr krank ist. Gleichzeitig können sie ihm deutlich machen, dass Sie bereit sind, alle Fragen zu beantworten, dass es aber Fragen gibt, die man besser in den eigenen vier Wänden und nicht in der Öffentlichkeit stellt.

Dazu gehören z. B. auch Fragen zur Sexualität. Die Kasse eines Einkaufszentrums ist sicher nicht der geeignete Ort, um die Frage, wie das Baby in den Bauch der »dicken« Frau gekommen ist, zu beantworten. Doch wenn Sie es ihm zu Hause in aller Ruhe erklären, bekommt Ihr Kind zwar mit, dass es Sie mit Fragen am falschen Ort in Verlegenheit bringen kann, spürt aber gleichzeitig Ihre grundsätzliche Bereitschaft, auf jede seiner Fragen einzugehen.

> Wenn Ihr Kind Sie mit Fragen am falschen Ort verlegen macht, können Sie ihm z. B. Folgendes sagen: »Das will ich dir hier nicht beantworten. Es ist nicht der geeignete Ort, und wir haben jetzt auch zu wenig Zeit. Lass uns gleich nach Hause gehen, und dort erkläre ich dir alles.«

Das Alter ist entscheidend

Wie weit Sie in der Beantwortung der Fragen gehen, hängt im Wesentlichen von Alter und Entwicklungsstand Ihres Kindes ab. Ein zwei- oder dreijähriges Kind darf ruhig wissen, dass im Bauch der Mutter ein Baby heranwächst. Es ist aber damit überfordert, wenn Sie ihm dann schon die Zusammenhänge von Schwangerschaft und Geburt erklären wollen. Es erfordert etwas Fingerspitzengefühl, Ihr Kind in seinem Bedürfnis nach Antwort ernst zu nehmen, ihm eine kindgerechte Antwort zu geben und zu spüren, wann es befriedigt ist.

Nichtwissen ist keine Schwäche

Oft genug werden Sie in die Situation kommen, dass Sie die Antwort auf eine Frage nicht wissen. Manche Eltern versuchen, das zu überspielen. Sie sagen dann »Ich habe jetzt keine Zeit« oder »Lass mich jetzt die Zeitung lesen« und verweisen auf später. Das tun sie im Allgemeinen aus den folgenden Gründen:

- Sie erhoffen sich einen Zeitgewinn, um die Frage beantworten zu können.
- Sie wissen die Antwort nicht oder sind unsicher, wie sie die Frage beantworten sollen.
- Sie wollen nicht zugeben, dass sie nicht allwissend sind und das für eine Schwäche halten.

Wenn Sie die Antwort auf eine Frage einmal nicht wissen, können Sie, anstatt gereizt zu reagieren, die Gelegenheit dazu nutzen, Ihr Wissen gemeinsam mit Ihrem Sprössling auffrischen.

Für Ihr Kind ist es wichtig zu erfahren, dass Sie als Eltern fehlbar sind und nicht alles wissen. Niemand ist allwissend, und niemand kann einem anderen Menschen in allen Lebenslagen alles geben, was er braucht. Je eher Ihr Kind das mitbekommt, desto besser.

Wenn Sie also Fragen nicht beantworten können, weil Sie die Antwort nicht wissen oder nicht wissen, wie Sie es Ihrem Kind sagen sollen, können Sie ihm genau das mitteilen. Wenn Sie auf diese Weise mit den Fragen Ihres Kindes umgehen, wird es die Erfahrung machen, dass es in seinem Anliegen ernst genommen wird und dass Sie zwar nicht allwissend, jedoch bereit sind, Neues zu lernen.

Sich den Fragen stellen

- Finden Sie heraus, was Ihr Kind denkt und wirklich wissen will. Kinder sind sehr verschieden und beginnen zu den unterschiedlichsten Zeitpunkten über die verschiedensten Dinge nachzudenken.
- Geben Sie keine langatmigen Erklärungen ab, die Ihr Kind nur überfordern würden.
- Entziehen Sie sich niemals einer für Sie peinlichen Situation mit einem abwertenden »Dafür bist du noch zu klein«.

Gefühle wahrnehmen

Die folgenden Sätze können Ihr Kind verletzen und kränken: »Du stellst dich vielleicht an!«, »Das ist doch wohl kein Grund zum Heulen.«, »Mach dich doch nicht lächerlich!«, »Zieh nicht so ein Gesicht!«, »Jetzt reiß dich gefälligst mal zusammen!«.

Wenn Ihr Kind weint, vermuten Sie, dass es traurig ist, und wenn es auf seinem Spielzeug herumtrampelt, nehmen Sie an, dass es wütend ist. Und wenn es einfach nur dasitzt und gar nichts äußert? Sie stellen Vermutungen an, was in Ihrem Kind vorgehen mag. Aber was ist, wenn Sie mit Ihren Vermutungen falsch liegen oder das, was Ihr Kind Ihnen zeigt, falsch verstehen?

Es ist nicht immer leicht, Gefühle richtig wahrzunehmen, zu akzeptieren und auszudrücken. Nicht für Ihr Kind und auch nicht für Sie selbst. Jeder Mensch kommt mit einer Grundausstattung an Gefühlen auf die Welt.

Die Sprache des Kindes lernen

- Nehmen Sie sich Zeit für Ihr Kind – das ist die Voraussetzung dafür, dass Sie Veränderungen wahrnehmen.
- Besprechen Sie sich regelmäßig mit Ihrem Partner, wie Sie die Entwicklung und das Klima in der Familie sehen.
- Reflektieren Sie immer wieder Ihr eigenes Verhalten und Ihren Umgang mit Ihren eigenen Gefühlen. Vielleicht brauchen Sie auch einmal etwas?
- Wenn Ihr Kind Angst hat, können Sie nach den Ursachen forschen, ihm Verständnis entgegenbringen und vermitteln, dass Sie da sind.
- Trösten Sie es, wenn es weint, und sprechen Sie mit ihm über die Hintergründe (z. B. Krankheit, Tod, Orts- oder Wohnungswechsel).
- Wenn Ihr Kind wütend ist, äußern Sie Verständnis und überlegen Sie gemeinsam, ob etwas zu tun ist. Setzen Sie jedoch bei wütenden Machtkämpfen deutliche Grenzen.
- Teilen Sie die Freude Ihres Kindes und lassen Sie sich auch einmal von seiner Spontaneität mitreißen!
- Respektieren Sie, wenn es »dicht« macht und nicht reden will. Das ist z. B. häufig bei Teenagern der Fall. Wenn Sie insistieren, zerstören Sie mehr als Sie erreichen. Zeigen Sie aber, dass Sie für Ihr Kind da sind, wenn es Sie braucht.

Diese besteht aus Freude, Liebe, Trauer, Wut und Angst. Je nachdem, welches Gefühl Sie gezeigt haben, haben Ihre Eltern darauf bestätigend oder abweisend reagiert. Wenn Sie traurig waren und Sie wurden getröstet, haben Sie gelernt, dass es in Ordnung ist, traurig zu sein. Wenn Ihre Eltern jedoch Ihre Trauer ignorierten oder abwerteten (»Du wirst doch wohl nicht gleich heulen«), haben Sie gelernt, dass es nicht gut ist, in dieser Familie seine Traurigkeit zu zeigen. Die Konsequenz war vielleicht, dass Sie erst nur heimlich und später gar nicht mehr weinten. Genauso, wie Sie gespürt haben, welche Gefühle von Ihren Eltern erwünscht und welche verpönt waren, spürt Ihr Kind, welche Gefühle es zeigen darf und welche nicht.

Aufgrund Ihrer eigenen Erfahrungen sind Sie vielleicht sehr unsicher. Sie wissen mit den Gefühlen Ihres Kindes nicht richtig umzugehen. Wenn Ihnen die Temperaments- oder Gefühlsäußerungen Ihres Kindes unbequem sind, versuchen Sie vielleicht, es abzuwimmeln, oder fallen in alte Verhaltensmuster zurück. Mit klischeehaften Sätzen wie »Du brauchst doch keine Angst zu haben« nehmen Sie Ihr Kind in seinen Gefühlen nicht ernst und verletzen seine zarte Seele.

Mit diesen Sätzen zeigen Sie Ihrem Kind, dass Sie es ernst nehmen: »Das ist ganz schön schwer für dich, nicht wahr?«, »Weine ruhig, das erleichtert!«, »Komm, ich nehme dich in den Arm!«, »Manche Sachen können einem wirklich Angst einjagen.«, »Magst du mir erzählen, was dich bedrückt?«, »Kann ich dir irgendwie helfen?«.

Gefühle nicht verbergen müssen

Gefühle frei äußern zu können, hat viele Vorteile:

- ☐ Es stärkt Ihr Selbstbewusstsein.
- ☐ Sie können sich besser konzentrieren.
- ☐ Sie sind leistungsfähiger und belastbarer.
- ☐ Sie halten Stress besser aus.
- ☐ Sie leben gesünder.
- ☐ Sie werden seltener krank.

Wenn Sie gelernt haben, Gefühle zu unterdrücken, sind Sie zwar sehr diszipliniert, zahlen jedoch auch einen hohen Preis. Gefühle verschwinden nicht einfach. Sie suchen sich ein anderes Ventil mit weitaus schlimmeren Folgen. Konzentrations-, Lern- und Leistungsstörungen, depressive oder aggressive Stimmungen und andere Verhaltensauffälligkeiten können Folgen langfristig unverarbeiteter Gefühlszustände sein. Ebenso ist es wichtig für Ihr Kind, seine Gefühle angstfrei äußern zu dürfen. Unterstützen Sie es darin, indem Sie ihm zuhören, ohne ihm gleich etwas entgegenzusetzen. Zeigen Sie ihm, dass Sie sich dafür interessieren, was es fühlt.

Signale verstehen

In jedem Lebensalter sendet Ihr Kind Signale aus, mit denen es Sie auf seine Schwierigkeiten aufmerksam macht. Es macht deutlich, dass es etwas braucht oder ablehnt. Ihm stehen dazu seine Gestik, seine Mimik und seine Stimme zur Verfügung.

Ein Säugling beispielsweise schreit und bewegt dabei seine Ärmchen und Beinchen. Er verzieht sein Gesicht und vermittelt: Ich habe Hunger, Durst oder Schmerzen; ich brauche Ruhe oder Beschäftigung, ich möchte liebkost, gehalten oder getragen werden.

Ihre Aufgabe als Eltern ist es, die Signale Ihres Kindes verstehen zu lernen. Sie müssen herausfinden, ob es Hunger, Durst oder Schmerzen hat, ob es Ruhe oder Beschäftigung braucht. Und das ist bestimmt nicht immer leicht. Aber wenn Sie viel mit Ihrem Baby zusammen sind, sich viel mit ihm beschäftigen und es beobachten, lernen Sie es allmählich immer besser kennen. Sie finden nach einer Weile heraus, welche Bedürfnisse es durch sein Schreien artikuliert.

Die Signale eines Säuglings haben unterschiedlichen Aufforderungscharakter. Säuglingen stehen zunächst nur das Schreien und ihre Körpersprache als Mittel der Kommunikation zur Verfügung. Später kommt die Sprache hinzu.

Sprache und Körpersprache

Wenn Ihr Kind älter wird, kommt die Sprache als weiteres Mittel der Kommunikation hinzu. Es hat dann folgende Möglichkeiten, Ihnen mitzuteilen, was es braucht oder ablehnt:

- Die Sprache (dazu gehören nicht nur die Worte, sondern auch die Tonlage und ob es schnell oder langsam, hoch oder tief spricht)
- Der Gesichtsausdruck (Mimik)
- Die Körperbewegungen (Gestik)
- Die Körperhaltung

Was will mein Kind mir sagen?

Es ist nicht immer leicht, die verschiedenen Signale Ihres Kindes zu entschlüsseln: die Bedeutung herauszufinden und entsprechend zu reagieren. Ob es Albträume hat, nur im Hellen schlafen will, seinem Geschwisterchen das Spielzeug zerstört, auf den Nägeln herumkaut oder lange am Daumen lutscht – sein Verhalten ist immer zielgerichtet. Es möchte damit etwas erreichen. Wenn Ihr Kind sich mit seinen Signalen häufig und über längere Zeiträume hinweg nicht berücksichtigt fühlt, ist es gezwungen, sie zu verschärfen, um die geforderte Aufmerksamkeit und Beachtung seiner Schwierigkeiten zu bekommen. Oft überhörte Signale werden langfristig zu Verhaltensstörungen im Kindesalter, denen Sie dann wahrscheinlich doppelt so viel Aufmerksamkeit widmen müssen. Versuchen Sie, vorher zu registrieren, was Ihrem Kind fehlt.

Ungewöhnliches Verhalten ist manchmal auch ein Hinweis auf einen neuen Schritt in der Entwicklung Ihres Kindes (z. B. bei Eintritt in die Pubertät). Gehen Sie dann besonders behutsam vor.

Soziale Seismografen

Ihr Kind verleiht aber mittels seiner Signale nicht nur seinen eigenen Bedürfnissen Ausdruck, sondern es reagiert auch auf Störungen in der Eltern-Kind-Beziehung, in der Beziehung zu seinen Geschwistern und in der Beziehung zwischen Ihnen und Ihrem Partner. Wie ein sozialer Seismograf erfasst es blitzschnell atmosphärische Störungen in der Familie und reagiert darauf mit den ihm zur Verfügung stehenden Mitteln.

Aufmerksamkeit schenken

- Nehmen Sie sich Zeit für Ihr Kind.
- Hören Sie zu, was Ihr Kind Ihnen sagt, und lesen Sie »zwischen den Zeilen«.
- Wenn Sie unsicher sind, fragen Sie Ihr Kind: »Was möchtest du denn? Magst du mir sagen, was dich bewegt, bedrückt, traurig oder wütend macht ...?«
- Vergessen Sie sich selbst dabei nicht!
- Nehmen Sie sich die Zeit, über sich selbst nachdenken und Ihr Verhalten zu reflektieren.
- Reflektieren Sie Ihre Lebenssituation: Sind Sie ausgeglichen, glücklich und zufrieden? Fehlt Ihnen etwas? Können und wollen Sie etwas ändern?
- Besprechen Sie Ihre Gedanken und Gefühle mit Ihrem Partner.
- Wenn das nicht möglich erscheint oder ist, besprechen Sie sich mit einer Freundin. Fragen Sie, welche Erfahrungen sie gemacht hat.
- Wenn das nicht hilft, trauen Sie sich, professionelle Hilfe in einer Familienberatungsstelle in Anspruch zu nehmen.

Vorbild sein

Ihr Kind lernt von Ihnen, indem Sie es ihm vorleben. Es lernt am besten, was es selbst beobachtet, und nicht, was Sie ihm »eintrichtern«. Es sieht Ihre Verhaltensweisen und Reaktionen und ahmt sie nach. Es beobachtet Sie genau und zieht seine Schlüsse daraus. Es nimmt ernst, was Sie tun.

Ihr Kind bildet sich von Anfang an eine Vorstellung davon, wer Sie sind, wie die Menschen in der Umgebung sind und was wichtig ist, um sich im Leben zurechtzufinden und dazuzugehören. Ihr Kind ist dabei auf Ihre Hilfe angewiesen. Sie haben mit der Entscheidung für ein Kind die Verantwortung übernommen, es zu einem lebenstüchtigen und lebenslustigen Menschen zu erziehen. Am besten erreichen Sie dies, wenn Sie selbst mit gutem Beispiel vorangehen. Reflektieren Sie Ihre Verhaltensmuster und handeln Sie entsprechend – nur so nimmt Ihr Kind Sie ernst.

Vielleicht wundern Sie sich, wenn sich Ihr Sprössling keine zehn Minuten mit einer Sache beschäftigen kann. Überlegen Sie, ob Sie selbst dazu neigen, gerade angefangene Dinge liegen zu lassen und schnell etwas Neues zu beginnen.

Fähigkeiten mit Vorbildcharakter

1. Verantwortungsbewusstsein. Dazu gehört:
- Regeln respektieren
- Aufgaben in Familie und Beruf bewältigen
- Konsequenzen des Handelns überdenken und dafür gerade stehen
- Beim Handeln niemandem schaden

2. Kommunikationsfähigkeit. Dazu gehört:
- Auf Menschen zugehen, ihnen zuhören, sie respektvoll behandeln
- Gedanken und Gefühle mitteilen
- Interesse zeigen
- Mit anderen zusammenarbeiten

3. Urteils- und Entscheidungsfähigkeit. Dazu gehört:
- Sich eine eigene Meinung bilden
- Die Meinung anderer respektieren
- Vor- und Nachteile abwägen
- Entscheidungen treffen

4. Konfliktfähigkeit. Dazu gehört:
- Meinungsverschiedenheiten und Streit auf faire Weise austragen
- Gemeinsam nach Lösungen suchen

Sich einig werden

Sie haben als Eltern selbstverständlich unterschiedliche Erfahrungen und Einstellungen, die auch in unterschiedlichen Erziehungsmethoden zum Ausdruck kommen: Vater gibt nach, während Mutter drängt, oder Mutter erlaubt, was Vater verboten hat. Es gibt in Ihrem Familienalltag viele Situationen, in denen Sie als Eltern unterschiedliche Regeln und Grenzen bevorzugen.

Das hat Vor- und Nachteile. Der Vorteil liegt darin, dass Ihr Kind früh lernt, dass es Unterschiede gibt und Gebote und Normen relativ sind. Es erfährt unterschiedliche Einstellungen und Meinungen und lernt daraus, sich selbst welche zu bilden. Der Nachteil liegt darin, dass Ihr Kind auch lernt, Sie gegeneinander auszuspielen und Ihre Unterschiede zu seinem Vorteil zu nutzen. Vorausgesetzt, Sie lassen das zu.

Wenn jeder in Ihrer Familie seine Interessen ohne Rücksichtnahme und Bereitschaft zu einem Kompromiss vertritt, führt das zu häufigen Auseinandersetzungen, die viel Kraft und Energie kosten. Sie gewinnen nichts. Auch wenn Sie als zwei Individuen unterschiedlicher Meinung sind, können Sie als Eltern einen ausgehandelten Kompromiss gemeinsam vertreten. Ihr Kind lernt dabei Folgendes:

- Es kann die Eltern nicht gegeneinander ausspielen.
- Es gibt verschiedene Meinungen und Einstellungen.
- Man kann verschiedene Meinungen und Einstellungen tolerieren.
- Richtig streiten ist etwas Konstruktives.
- Ein konstruktiver Streit kann mit einem guten Ergebnis enden.

Die klassische Situation kennen wahrscheinlich alle Eltern: Erst bittet das Kind ein Elternteil um Erlaubnis für etwas, erhält es sie nicht, wendet es sich an den anderen Elternteil. Tauschen Sie sich als Eltern möglichst oft aus, damit solche Situationen keine Chance haben!

Gemeinsame Strategie

Auch wenn Sie als Eltern unterschiedliche Ansichten haben, ist es bei der Erziehung Ihres Kindes sehr wichtig, dass Sie als Einheit wahrgenommen werden und dass Mutter und Vater eine gemeinsame Linie vertreten. Sie dürfen also ruhig unterschiedliche Meinungen und Einstellungen haben; bevor Sie handeln, sollten Sie sich allerdings auf einen Kompromiss einigen und beide dazu stehen.

Regeln aufstellen

Kinder brauchen feste Regeln. Sie benötigten Leitlinien, anhand derer sie ihr Leben ausrichten lernen. In jeder Familie gibt es Regeln. Sie bilden die Fixpunkte des Alltags. Zu diesen Regeln gehören z. B.:

- Wann wer morgens zu welcher Zeit aufstehen muss
- Wie das morgendliche Badezimmer- und Frühstücksritual aussieht
- Ob und welche Essenszeiten existieren
- Wer wann wie lange wegbleiben darf
- Wie viel Mithilfe es wann im Haushalt geben soll
- Wie oft die Zimmer von wem gereinigt werden
- Wie Geburts- oder Festtage verlaufen sollen

In solchen Regeln kommen viele unterschiedliche Dinge zum Ausdruck, die etwas über Sie selbst, Ihre Einstellungen und auch Ihre Erziehungsziele und -methoden aussagen:

- Was wird in Ihrer Familie als richtig oder falsch angesehen?
- Was erwarten Sie von Ihren Kindern?
- Welche Normen und Werte haben Sie?
- Was darf Ihr Kind und was darf es nicht?
- Wie ist Ihre häusliche Gemeinschaft organisiert?

Wenn Regeln gemeinsam gefunden und aufgestellt werden, sich im Alltagsleben aber als nicht brauchbar erweisen, müssen sie hinterfragt und möglicherweise geändert werden. Sie als Eltern verlieren dadurch nicht an Autorität, im Gegenteil: Sie vermitteln, dass es Stärke erfordert, seine Meinung zu ändern.

Warum Regeln wichtig sind

In vielen Familien kommt es zu Problemen, wenn die Eltern keine Regeln aufstellen oder sie nicht konsequent durchsetzen. Es scheint dann so, als wolle niemals Ruhe einkehren. Auseinandersetzungen, Streitigkeiten und Machtkämpfe sind an der Tagesordnung.

Wenn Sie ein ausgeglichenes Familienklima wünschen, brauchen Sie klare Vorstellungen davon, wie Ihr Familienleben aussehen soll, was Sie erlauben und was nicht. Sie benötigen ebenfalls eine konsequente Hand. Denn was bedeuten schon Regeln, die nicht eingehalten werden oder deren Einhaltung nicht überprüfbar ist? Das Nichtvorhandensein von Regeln schafft Chaos. Ihr Kind spürt Ihre Unentschlossenheit. Es kann Sie einerseits ausnutzen, wird aber andererseits auch unter mangelnden Geborgenheitsgefühlen leiden.

Regeln müssen vernünftig sein

- Klare Regeln fügen sich in den Alltag problemlos ein, erschweren ihn aber nicht.
- Gestalten Sie die Regeln je nach Alter und Persönlichkeit Ihres Kindes flexibel.

Feste Regeln erleichtern nicht nur das familiäre Zusammenleben; sie vermitteln Ihrem Kind auch zahlreiche positive Werte:

- Sie schaffen eine Atmosphäre der Sicherheit und Geborgenheit.
- Sie ermöglichen eine gute, klare Beziehung zwischen Ihnen und Ihrem Kind.
- Sie verleihen Ihnen Autorität, ohne autoritär zu sein.
- Sie definieren die Beziehungen untereinander.
- Sie bieten eine Basis für Entscheidungen.
- Sie bilden einen Rahmen, innerhalb dessen sich jeder individuell entwickeln und verändern kann.

Um Ihr Kind kennen zu lernen, müssen Sie ihm in erster Linie zuhören. Versuchen Sie, sich in seine Welt hineinzuversetzen; dann wird das eine oder andere Argument vielleicht besser nachvollziehbar – und zwar auf beiden Seiten.

»Selbstläufer« vermeiden

Regeln sind zwar wichtig und können enorm hilfreich sein, sie sollten allerdings nicht zum Selbstzweck werden. Sie sind und bleiben ein Hilfsmittel, das nicht im Zentrum des Familiengeschehens steht. Wenn Ihre Regeln sich nach einer angemessenen Zeit nicht problemlos in den Alltag einfügen, sondern ihn sogar noch erschweren, sollten Sie die Regeln überdenken und gegebenenfalls verändern.

Lernen Sie Ihr Kind kennen

Um sinnvolle und hilfreiche Regeln in Ihrer Familie installieren zu können, müssen Sie Ihr Kind kennen. Nur dann können Sie dem Alter und der Persönlichkeit Ihres Kindes entsprechend flexibel reagieren.

Viele Eltern sehen ihre Kinder so, wie sie sie gerne haben möchten. Und die Kinder lernen sehr schnell , sich so zu verhalten, wie sie meinen, sich der Zuneigung und Liebe der Eltern vergewissern zu können. Vielleicht staunen Sie auch manchmal, was Ihnen Ihre Freundin über Ihr Kind berichtet, wenn es mal bei ihr schläft?

Vielleicht kennen Sie Ihr Kind nicht wirklich und sehen nur Teilaspekte seiner Persönlichkeit. Das ist nicht weiter verwunderlich. Das Verhalten Ihres Kindes wird selbstverständlich durch Ihre Gegenwart beeinflusst.

Wie Ihr Kind wirklich ist, was es denkt, fühlt, träumt, hofft oder erwartet, äußert oder zeigt es nur dann, wenn es vielfach die Erfahrung gemacht hat, dass es so sein darf. Sie lernen Ihr Kind wirklich kennen, wenn Sie ihm für seine Gefühle häufig Bestätigung geben.

Eltern greifen oft unnötig regulierend ein. Wenn Ihr Kind beispielsweise fröhlich singend durch Haus und Garten tobt und Sie sich gleich Ruhe ausbitten, anstatt zu sagen: »Du bist ja heute fröhlich!«, wird es diesen fröhlichen, lauten Teil seiner Persönlichkeit im Laufe der Zeit vor Ihnen verbergen. Es wird ihn allmählich nur noch dort zeigen, wo es das Gefühl hat, dass es das auch darf. Die Regel, dass im Haus nicht herumgetobt wird, sondern Ruhe herrschen soll, wird also in diesem Fall die freie Entwicklung der Persönlichkeit Ihres Kindes beeinträchtigen und ist somit nicht (mehr) sinnvoll.

Wenn Sie als Kind Regeln als starres Korsett empfunden haben, das Spontaneität abtötet und Sie unterwirft, möchten Sie Ihrem Kind das natürlich nicht antun. Verwechseln Sie sinnvolle Regeln jedoch nicht mit starr-autoritären Erziehungsmethoden.

Der erfolgreiche Umgang mit Regeln

- Überlegen Sie, welche Regeln Sie in Ihrer Familie aufstellen wollen.
- Besprechen Sie diese mit Ihrem Partner und einigen Sie sich auf eine gemeinsame Linie. Wenn Sie sich einig sind, verhindern Sie, dass Ihr Kind Sie manipulieren kann.
- Berücksichtigen Sie Alter und Persönlichkeit Ihres Kindes. Ihr Kind sollte in der Lage sein, die Anforderungen auch zu erfüllen.
- Treffen Sie Absprachen darüber, was passieren soll, wenn Ihr Kind die Regel nicht einhält.
- Informieren Sie Ihr Kind über die Regeln. Sagen Sie ihm auch, warum Ihnen das wichtig ist. Klären Sie es zudem über die möglichen Konsequenzen auf.
- Die Einhaltung von Regeln sollte überprüfbar sein.
- Seien Sie konsequent in der Durchführung der Konsequenzen. Nicht reden, sondern handeln!
- Setzen Sie sich nach einiger Zeit zusammen und überprüfen Sie, ob die Regeln noch sinnvoll sind oder geändert werden sollten.

Hauptsache konsequent

Die Einhaltung von Regeln erfordert konsequentes Handeln. Probleme entstehen meist dann, wenn in Ihrer Familie zu viel oder zu wenig Regeln existieren oder wenn Sie durch inkonsequentes Verhalten Ihre Glaubwürdigkeit verlieren. Überprüfen Sie von Zeit zu Zeit, ob die aufgestellten Regeln noch angemessen sind, aber führen Sie sinnvolle Konsequenzen bei Nichteinhaltung der Regeln auch aus – sonst nützt die vernünftigste Regel nämlich nichts!

> Achtung: Wenn Kinder rebellieren und dabei vielleicht aggressiv werden, könnten sie sich eingeengt fühlen. Reagieren Sie nicht mit Machtdemonstrationen, das hätte nur weitere Provokationen zur Folge. Zeigen Sie Verständnis und versuchen Sie, mit Ihrem Kind zu sprechen.

Wenn Sie sich mit Regeln schwer tun

Hören Sie von Ihrem Kind auch manchmal: »Immer hackt ihr auf mir herum!«, »Nie habt ihr Zeit für mich!«, »Nie kriege ich, was ich haben möchte!«? Versucht Ihr Kind, Regeln zu unterlaufen, indem es schreit, quengelt, weint, schmollt, nervt, bummelt oder klüngelt, sich unfähig zeigt oder Krankheitssymptome aus dem Nichts zaubert (z. B. Bauchschmerzen)? Bekommen Sie dann ein schlechtes Gewissen und fragen sich, ob Sie richtig gehandelt haben?

Das ist genau das, was Ihr Kind bezweckt. Es macht das natürlich nicht immer bewusst. Sein Verhalten führt aber dazu, dass Sie die Regel infrage stellen, nicht mehr dahinter stehen und deshalb auch nicht für eine konsequente Einhaltung sorgen.

Wenn Sie sich mit der konsequenten Einhaltung von Regeln schwer tun, kann das die folgenden Ursachen haben, die Sie überdenken und gegebenenfalls beseitigen sollten:

- ☐ Sie haben zu wenig Vertrauen in das eigene Handeln.
- ☐ Sie fühlen sich unsicher in Ihren Einstellungen.
- ☐ Es existiert Unklarheit darüber, welche Regeln Sie bevorzugen und welche Sie ablehnen.
- ☐ Sie haben Angst, Ihr Kind zu sehr einzuengen und ihm damit auf Dauer weh zu tun.
- ☐ Sie sind müde und erschöpft und möchten sich nicht mehr anstrengen.
- ☐ Sie können Ärger, Ablehnung oder den Widerstand Ihres Kindes nicht aushalten, den unliebsame Regeln hervorrufen würde.
- ☐ Sie werfen Regeln zu schnell um, weil Sie nicht lange genug warten, bis sich ein Erfolg einstellt.

Grenzen setzen

Je kleiner Ihr Kind ist, desto enger ist der Raum, innerhalb dessen es sich zunächst bewegen kann. Am Anfang ist es nur mit Ihnen zusammen. Sie tragen es auf dem Arm und nur mit Ihrer Hilfe kommt es woanders hin. Später fängt es an zu krabbeln und erfährt, dass es durch eigene Bewegung seine Grenzen erweitern kann. Läuft Ihr Kind, fängt es an, sich auch außerhalb der Wohnung zu bewegen. Je älter es wird, desto weiter lassen Sie es laufen. Wenn Gefahr droht, halten Sie es zurück, damit ihm nichts passiert.

Grenzen bewahren vor schlimmen Folgen, geben Sicherheit und Halt und bieten Ihrem Kind eine Orientierungshilfe. Drohungen und Zwänge sind dabei überflüssig, wenn Sie über natürliche Autorität verfügen.

Vor Gefahren schützen

Ihr Kind möchte seine Grenzen ständig erweitern. Es weiß jedoch noch nichts von den Gefahren, die jenseits der Grenze lauern. Ihre Aufgabe ist es, Ihr Kind vor Gefahren, die es noch nicht absehen kann, zu schützen. Schon ganz früh bringen Sie Ihrem Kind z. B. bei, eine Straße nur dann zu überqueren, wenn es nach rechts und links geschaut und festgestellt hat, dass kein Auto kommt. Hier ist die Grenze der Bürgersteig, an dem es stehen bleiben und schauen muss. Überschreitet es diese Grenze, ohne zu schauen, droht akute Gefahr.

Wenn Sie Ihrem Kind beibringen, bestimmte Grenzen zu respektieren, bewahren Sie es vor schlimmen Folgen. Grenzen helfen Ihrem Kind in vielerlei Hinsicht:

- Es lernt, besser mit den Realitäten des Lebens fertig zu werden.
- Es entwickelt Verantwortungsbewusstsein.
- Es lernt, konstruktiv mit Problemen umzugehen.
- Es respektiert die Bedürfnisse der Mitmenschen.
- Es lernt, mit Frustrationen, Wut und Enttäuschung umzugehen.

Mit Grenzen Grenzen überschreiten

Genauso wie das Festlegen von Regeln vermitteln Grenzen einen Rahmen, innerhalb dessen sich Ihr Kind in seiner Gesamtheit erleben, erfahren und bewegen kann. Ihr Kind fühlt sich verlassen, wenn Sie keine Grenzen setzen. Wenn Sie Grenzen setzen, machen Sie deutlich: »Bis hierhin darfst du gehen, aber nicht weiter.« Sie geben Ihrem Kind damit Sicherheit, Orientierung und Halt. Es braucht Sie als Schulter zum Anlehnen, damit es sich mit Fragen und Sorgen an Sie wenden kann und damit Sie ihm zeigen, welchen Weg es gehen soll. So paradox das auch klingen mag: Ihr Kind braucht Grenzen, damit es seine Grenzen erweitern lernt.

Keine leichte Aufgabe

Wenn Ihr Kind seinen Willen durchsetzen will, wenn es brüllt und schreit oder streikt, wenn es nicht schlafen und nicht essen will oder sich nicht an Zeiten oder Abmachungen hält, wenn es im Supermarkt den Einkaufswagen mit Süßigkeiten vollpackt und an der Kasse Theater macht, wenn Sie dann noch zusätzlich von Zuschauern umgeben sind und jeder seine Kommentare abgibt, werden Sie sich vermutlich hilflos, ohnmächtig, unsicher oder wütend fühlen. Sie werden sich fragen, ob Ihr Kind sich das erlauben darf und ob Sie das durchgehen lassen sollen. Und Sie werden sich fragen, wie Sie sich verhalten sollen, um das Richtige zu tun.

> Wissenschaftliche Untersuchungen haben ergeben, dass die schwersten Verhaltensstörungen bei Kindern dort auftreten, wo die Spielräume der Kinder entweder viel zu weit oder viel zu eng gesteckt waren.

Autorität und Partnerschaft – kein Widerspruch

Wenn Sie zu den Eltern gehören, die sich schwer tun, ihren Kindern klare und deutliche Grenzen zu setzen und für eine konsequente Einhaltung dieser Grenzen zu sorgen, gehören Sie wahrscheinlich zu der Generation, die von ihren Eltern noch autoritär erzogen wurden. Gehorsam, Disziplin, Anpassung und Unterordnung waren die Erziehungsideale der damaligen Zeit. Sie haben darunter gelitten und sich vorgenommen, Ihre Kinder freiheitlicher, partnerschaftlicher und selbstbestimmter zu erziehen.

Halten Sie deshalb Hindernisse, Enttäuschungen und Frustrationen von Ihrem Kind fern? Überlassen Sie Ihrem Kind die Führung? Lassen Sie alles mit sich machen? Das muss durchaus nicht die logische Konsequenz der eigenen Erziehung sein.

Denn Partnerschaft und Autorität schließen sich nicht gegenseitig aus, sind kein Widerspruch in sich. Der Begriff »Autorität« ist ein wenig aus der Mode gekommen, bezeichnet aber laut Wörterbuch das Ansehen und den Einfluss einer Person. Es hat also nichts mit diktatorischer Herrschsucht zu tun. Sie können sich Ihrem Kind gegenüber durchaus partnerschaftlich verhalten und trotzdem zeigen, wo es langgeht. Wenn Sie Ihrem

Kind durch Grenzsetzungen keine Orientierung bieten, ihm alle Wünsche erfüllen, es selbst entscheiden lassen, es niemals frustrieren, wird es Sie durch sein Verhalten (oder eine Verhaltensstörung) früher oder später dazu auffordern, etwas zu unternehmen.

Sachbezogene Autorität wird von allen Kindern akzeptiert. Und sachbezogen ist Ihre Autorität insofern, als Sie in der Beurteilung von Situationen geübter sind als Kinder.

Mit umgekehrten Vorzeichen?

Ihr Kind spürt genau, wann Sie etwas wirklich ernst meinen. Es nimmt Ihre Mimik, Gestik, Körperhaltung und die Tonlage Ihrer Stimme wahr und zieht seine Schlüsse daraus. Wenn Sie also mit sich selbst nicht im Reinen sind, wie Sie vorgehen wollen oder was Sie tun sollen, wird Ihr Kind die Lücke zu nutzen wissen.

Es spürt, ob Sie beim Süßigkeitenregal an der Supermarktkasse bei Ihrem »Nein« bleiben wollen oder ob Sie dem Konflikt aus dem Weg gehen, weil so viele Leute zuschauen.

Ihr Kind merkt sich Situationen, in denen es mit seinem Willen oder seiner Laune durchgekommen ist, wird es noch einmal versuchen und auf andere Situationen ausweiten. Wenn Sie dem nichts entgegensetzen, wird Ihr Kind Sie führen, und Sie werden sich bald als Sklave fühlen.

Unsicherheiten vermeiden

- Überdenken Sie Ihre eigenen Erziehungserfahrungen. Wo haben Sie Grenzen erfahren? Was hat Ihnen geholfen, was geschadet?
- Treffen Sie Absprachen über die Regeln, die in Ihrer Familie gelten sollen. Beziehen Sie Ihre Kinder mit ein.
- Werden Sie sich mit Ihrem Partner einig, welche Konsequenzen welche Grenzverletzungen haben.
- Seien Sie konsequent in der Durchführung.
- Bringen Sie Ihrem Kind Achtung für seine wirklichen Bedürfnisse entgegen, lassen Sie sich jedoch nicht von seinen Launen unter Druck setzen.
- Lernen Sie, auch einmal nein zu sagen.
- Verzichten Sie auf Schimpfen, Drohen und langatmige Erklärungen. Ihr Kind nimmt Sie ernst, wenn Sie eine klare innere Haltung haben und handeln, ohne viel zu reden.

Konsequent sein

Ihr Kind versucht, sich zu behaupten, sich durchzusetzen und sich zu wehren. Es stehen ihm jedoch noch nicht die Mittel zur Verfügung, die Sie als Erwachsener haben. Es kann noch nicht mit Bewusstheit überlegen, welche Ziele es hat. Es setzt auch noch nicht den Verstand bei der Bewältigung von Problemen ein oder macht sich weiterführende Gedanken über eventuelle Folgen. Es handelt spontan und nach dem Lustprinzip. Wenn es nach dem Motto »Ich will, was ich will, und zwar sofort« nicht bekommt, was es haben möchte, reagiert es auch mit Trotz. Es testet dabei Grenzen aus, indem es sie einfach übertritt. Und das ist auch notwendig, weil es nur auf diese Weise lernt, seine Grenzen zu erfahren und die seiner Mitmenschen zu respektieren.

Mithilfe seiner Grenzübertretungen und Ihren Reaktionen darauf legen Sie die Spielregeln des Zusammenlebens fest und bringen Ihrem Kind bei, sie einzuhalten. Das wird ihm im späteren Leben den Umgang mit seinen Mitmenschen erleichtern und ihm dabei helfen, befriedigende Beziehungen aufzubauen.

Konsequent sein heißt, folgerichtig und beharrlich auf die Durchführung von Regeln und die Respektierung von Grenzen zu achten. Ein schlechtes Gewissen ist ein schlechter Ratgeber für konsequente Erziehungsmethoden.

Kein Kinderspiel

Es ist nicht immer leicht, konsequent zu sein und auf die Durchführung von aufgestellten Regeln und Grenzen zu achten. Es erfordert von Ihnen persönliche Reife, ein gesundes Selbstwertgefühl, Disziplin und Verantwortungsbewusstsein.

Dabei werden Sie sich oft hilflos, überfordert, genervt und verärgert fühlen, insbesondere wenn Sie spüren, dass Ihr Kind versucht, seine Interessen durchzusetzen oder aufgestellte Regeln zu unterlaufen. Manchmal wissen Sie hinterher sogar ganz genau, dass es besser gewesen wäre, wenn Sie hart geblieben wären.

Machen Sie sich keine Sorgen! Jeder macht Fehler, und niemandem gelingt es, immer und bei jeder Gelegenheit konsequent zu sein. Wenn das jedoch sehr häufig vorkommt, sollten Sie etwas unternehmen. Überlegen Sie, was in solchen Situationen in Ihnen vorgeht und durch welche Verhaltensweisen Ihr Kind es schafft, Sie zu erweichen.

Kinder verfügen über eine Vielzahl von Verhaltensmöglichkeiten, mit denen sie versuchen, ihre Interessen durchzusetzen. Sie schreien, weinen, schmollen, trotzen, quengeln, strafen Sie mit Missachtung (Letzteres vor allem bei Teenagern) oder simulieren körperliche Symptome wie z. B. Bauchschmerzen.

Viele Eltern haben die Gewohnheit, ihr eigenes Verhalten zu rechtfertigen und das Problem auf das Kind zu projizieren. Das ist eine der Hauptbarrieren, die Eltern daran hindert, konsequent mit ihren Kindern umzugehen. Eltern, die nicht bereit sind, bei sich selbst nach möglichen Ursachen eines Problems zu suchen, neigen dazu, anzunehmen, dass ihre Kinder soziale und emotionale Probleme aufweisen.

Inkonsequentes Erziehungsverhalten

Wenn Sie häufig inkonsequent sind und Ihrem Kind etwas erlauben, was Sie eine Stunde zuvor bereits verboten haben, kann das verschiedene Ursachen haben:

- Sie haben kein Vorbild für konsequentes Erziehungsverhalten. Wenn Sie z. B. überbehütet aufwuchsen und Ihre Eltern Ihnen alles abnahmen, haben Sie selbst nicht gelernt, die Verantwortung für Ihr Verhalten zu übernehmen. Wenn Ihre Eltern sich in Bezug auf die Erziehungsmethoden nicht einig waren und Sie z. B. vom Vater alles bekamen, was die Mutter verwehrte, konnten Sie den einen gegen den anderen ausspielen, um Ihre Interessen durchzusetzen. Wenn Ihre Eltern sehr streng und autoritär waren und Sie sich dagegen auflehnten, haben Sie vielleicht die Entscheidung getroffen, es bei Ihren eigenen Kindern einmal ganz anders zu machen.
- Sie fühlen sich mit der Erziehung Ihres Kindes allein gelassen. Wenn Sie zu wenig Unterstützung von Ihrem Partner erfahren, werden Sie oft denken: »Warum soll ich das eigentlich alles machen?«
- Sie sind in Ihrer Lebenssituation unzufrieden und unglücklich.
- Sie sind sich noch nicht im Klaren darüber, welche Erziehungsziele Sie verfolgen.
- Sie sind sich mit Ihrem Partner in Bezug auf die Erziehungsmethoden nicht einig.
- Sie sind auf die Zuneigung und Liebe, die Ihr Kind Ihnen entgegenbringt, angewiesen und haben Angst vor Zurückweisung.

Geben Sie nicht Ihrem Kind die Schuld, wenn es Regeln nicht einhält oder Grenzen überschreitet. Ihr Kind muss das tun, um herauszufinden, was es tun darf und was nicht. Es muss die Spielregeln des mitmenschlichen Zusammenlebens erst lernen. Aber Sie können bei sich selbst bleiben und überlegen, ob sich die Mühe lohnt, konsequentes Erziehungsverhalten zu lernen.

Konsequenz erfordert Disziplin

Um sinnvolle Regeln aufzustellen, Grenzen zu setzen und auf eine konsequente Einhaltung beider zu achten, benötigen Sie vor allem eins: beharrliche Selbstdisziplin:

- Prüfen Sie die Ursache eines Verhaltens, bevor Sie eine Entscheidung treffen, was zu tun ist.
- Teilen Sie sich direkt und deutlich mit.
- Ermutigen Sie auch Ihr Kind zur Selbstdisziplin.
- Seien Sie Ihrem Kind ein Vorbild.

Disziplin ist ohne Zweifel sehr anstrengend. Sie müssen sich ständig »am Riemen reißen«, um die für ein gestecktes Ziel erforderlichen Maßnahmen auch durchzuhalten. Wenn Sie nach dem Lustprinzip verfahren, werden Sie ebenso wenig etwas erreichen wie beim Verschieben der Dinge auf morgen.

So bleiben Sie konsequent

- Achten Sie folgerichtig und beharrlich auf die Durchführung von einmal aufgestellten Regeln.
- Seien Sie freundlich, aber bestimmt.
- Handeln Sie, anstatt zu reden, zu drohen oder zu schimpfen. Wenn Ihr Kind die Zahnpastatube immer offen liegen lässt, nehmen Sie es an die Hand, führen Sie es ins Bad und zeigen Sie auf die Tube. Ihr Kind weiß dann schon Bescheid – ohne dass Sie ein Wort sagen müssen.
- Nehmen Sie es Ihrem Kind nicht übel, wenn es Regeln verletzt.
- Bringen Sie Ihrem Kind stattdessen bei, Regeln einzuhalten. Erklären Sie den Sinn von Regeln und weisen Sie auf mögliche Konsequenzen bei Regelverletzungen hin.
- Verzeihen Sie sich Fehler! Niemand ist perfekt. Denken Sie jedoch darüber nach, was Sie falsch machen und was die möglichen Ursachen sind.
- Wenn Sie sich darüber im Klaren sind, packen Sie das »Übel« an der Wurzel. Vielleicht ist ein klärendes Gespräch mit Ihrem Partner notwendig, oder Sie überlegen, Ihren Alltag anders zu gestalten und bei Überforderung kürzer zu treten.
- Wenn Ihre Kinder Ihnen »auf der Nase herumtanzen« und Sie nicht mehr ein noch aus wissen, kann es hilfreich für Sie sein, sich bei einer der zahlreichen Familienberatungsstellen fachkundige Unterstützung zu holen.

Aus Folgen lernen lassen

Wie oft schimpfen, drohen, predigen Sie, wenn Ihr Kind zum zehnten Mal bei eisiger Kälte draußen seine Mütze absetzt? Wie oft verlangen Sie, dass Ihre Tochter den Abwasch gleich erledigt, anstatt ihn bis zum Abend hinauszuzögern? Und wie oft ärgern Sie sich darüber, wenn die schmutzigen Socken Ihrer Kinder überall im Zimmer verstreut sind? Gehören Sie auch zu den Müttern, die ihren Kindern die Mütze immer wieder aufsetzen, den Abwasch schließlich frustriert selbst erledigen und die Socken einsammeln, um sie waschen zu können?

Sie tun das, während Sie gleichzeitig verärgert die Zähne zusammenbeißen. Sie handeln in dem guten Glauben, Ihrem Kind damit einen Gefallen getan zu haben und eine gute Mutter zu sein. Wenn es dann gänzlich zu viel wird, schreien, schimpfen und drohen Sie. Oder Sie strafen mit Hausarrest, Taschengeldabzug oder vielleicht sogar Liebesentzug. Möglicherweise soll Ihr Partner Ihnen auch noch behilflich sein, wenn er abends nach Hause kommt, indem er ein »Machtwort« spricht?

Solche elterlichen Verhaltensweisen fordern Ihr Kind lediglich zum Widerstand und Machtkampf heraus. Es sieht nicht ein, warum es die Mütze nicht absetzen soll, solange es keine kalten Ohren kriegt. Und warum sollte Ihre Tochter den Abwasch gleich erledigen, wenn sie darauf hoffen

Vielleicht neigen Sie auch dazu, es Ihren Kindern ständig recht machen zu wollen, sie bloß nicht zu frustrieren und die unangenehmen Dinge des Lebens von ihnen fernzuhalten. Und vielleicht möchten Sie, weil Sie Ihr Kind lieben, allen Schaden von ihm fernhalten. Das ist nicht immer richtig.

Die Konsequenzen des Tuns

- ▶ Durch logische Folgen wird Ihrem Kind die Realität bewusst. Ihr Kind begreift, dass Handeln immer Konsequenzen hat – gute bei gutem Handeln, schlechte bei schlechtem Handeln.
- ▶ Logische Folgen stehen in einem unmittelbaren Bezug zum Fehlverhalten. Ihr Kind wird sehr bald merken, dass Sie seine Sachen nicht waschen, wenn sie im Zimmer verstreut liegen.
- ▶ Logische Folgen sollten nicht mit Bestrafen verwechselt werden. Sie handeln freundlich, aber bestimmt, und behalten so den Kontakt zu Ihrem Kind, anstatt den Kontakt durch aggressive Verhaltensweisen zu stören. Es ist kein Vergeltungsaspekt vorhanden.

darf, dass es Ihnen zu »bunt« wird und Sie schon dafür Sorge tragen, dass spätestens zum Abendessen wieder saubere Teller auf dem Tisch stehen? Und warum sollte Ihr Sohn seine schmutzigen Socken in den Wäschekorb legen, wenn er im Schrank ständig saubere vorfindet? Er glaubt nicht, dass es ihm schadet, wenn seine Kleidung verstreut im Zimmer herumliegt. Durch Drohen, Schimpfen, Predigen oder Strafen erreichen Sie nichts. Sie schaffen lediglich ein ungutes Klima in der Familie, bei dem jeder der Beteiligten um den Sieg kämpft und am Ende jeder ein Verlierer ist.

Ihr Kind muss lernen, dass seine Verhaltensweisen Konsequenzen haben und dass Zusammenarbeit keine Einbahnstraße ist. Wenn es bestimmte Dienste erwartet, können Sie ihm klar machen, dass seine Mitarbeit dafür erforderlich ist. Sie können auch vermitteln, dass Sie auch das Recht haben, Dienstleistungen zu verweigern.

Am eigenen Leib erfahren

Eine logische Folge ist, dass Ihr Kind nasse Füße bekommt, wenn es bei Regen in die Pfützen springt, und dass es kalte Ohren kriegt, wenn es keine Mütze aufsetzt. Eine logische Folge ist auch, dass Ihr Kind keine Sachen mehr zum Anziehen hat, wenn es seine Wäsche ständig überall im Zimmer verstreut. Und eine logische Folge ist, dass Ihr Sohn zu spät zur Schule kommt, wenn er zu spät aufsteht.

Wenn Sie es aushalten, Ihr Kind etwas ausprobieren oder tun zu lassen, auch wenn Sie bereits eventuelle unangenehme Folgen absehen können, ermöglichen Sie ihm die optimale Form des Lernens. Es spürt am eigenen Leibe, welches Handeln welche Konsequenzen hervorruft. Sind diese unangenehm, wird es sein Handeln in Zukunft ändern.

Wo sind die Grenzen?

Je kleiner Ihr Kind ist, desto mehr Begleitung braucht es natürlich. Es aus Folgen lernen zu lassen, hat dort eine Grenze, wo ihm Gefahr droht und ihm möglicherweise Schaden zugefügt wird. Selbstverständlich können Sie ein zweijähriges Kind nicht eine Leiter hinaufklettern lassen und denken: »Wenn es herunterfällt, weiß es beim nächsten Mal Bescheid.« Wenn jedoch Ihr zweijähriger Sohn ein Glas umwirft, können Sie ihn einen Wischlappen holen und den Tisch abwischen lassen.

Sie sollten nicht einfach zusehen, wenn bei einem Geschwisterstreit die Wellen so hochschlagen, dass sie sich körperlich weh tun. Dann müssen Sie die »Kampfhähne« natürlich auseinander bringen und ihnen unmissverständlich klar machen, dass Gewaltanwendung (kratzen, beißen, schlagen) nicht erlaubt ist.

Kinder richtig motivieren

- Ermutigen Sie Ihr Kind, Dinge auszuprobieren, die es neugierig angeht: »Probier es ruhig aus! Ich bin sicher, du wirst deine Erfahrung damit machen.«
- Bremsen Sie niemals seine Bereitschaft, Ihnen zu helfen. Noch kleine Kinder decken z. B. gern den Tisch oder wollen abwaschen. Wenn sie dabei entmutigt werden, werden sie später aufhören, ihre Hilfe anzubieten.
- Trösten Sie Ihr Kind, wenn es die unangenehmen Folgen seines Verhaltens tragen muss: »Es tut mir Leid, dass du jetzt so kalte Ohren bekommst« bringt mehr als »Siehst du, ich habe es dir ja gleich gesagt, dass du die Mütze aufsetzen sollst«.
- Handeln Sie freundlich und bestimmt, anstatt zu drohen, zu schimpfen oder zu predigen.
- Entwickeln Sie ein Gespür dafür, wann es zum Machtkampf kommt und stoppen Sie ihn. Sagen Sie: »Mir geht es um eine vernünftige Lösung dieses Problems und nicht darum, mit dir zu streiten.«
- Überprüfen Sie Ihre Vorstellung von einer »guten Mutter«. Vielleicht ist es an der Zeit, dass Sie auch einmal an sich selbst denken.

Ihr Kind sollte lernen, sich auf sein eigenes Urteil zu verlassen und sich über sich selbst und seine Leistungen zu freuen. Wenn es sich geliebt und geachtet fühlt und in der Familie eine warme Atmosphäre herrscht, geschieht das von selbst. Zu häufig ausgesprochenes Lob und materielle Belohnungen lehren Ihr Kind, auf die Bestätigung durch andere zu warten.

Belohnen

Eine Belohnung für Ihr Kind sollte Ihre Anerkennung und Ihren Dank zum Ausdruck bringen. Mit der Belohnung zeigen Sie sich erkenntlich und vermitteln Ihrem Kind, dass Sie seine Leistung schätzen.

Materielle und nicht-materielle Belohnungen

Ihr Kind tut etwas, von dem Sie meinen, dass es eine Belohnung verdient hat, und Sie »bezahlen« es dafür mit konkreten Dingen wie beispielsweise Geld, Spielsachen oder einem Ausflug in einen Freizeitpark. Eine andere Möglichkeit, Ihr Kind zu belohnen, besteht hingegen darin, Ihre Anerkennung und Wertschätzung mit einem strahlenden, stolzen Lächeln sowie mit ermutigenden Sätzen wie z. B. »Ich bin sehr stolz auf dich« zum Ausdruck zu bringen.

Mit ermutigenden, freundlichen Sätzen im Familienalltag schaffen Sie einen Grundton in Ihrer Familie, der von Wärme und Geborgenheit geprägt ist. Wenn Ihr Kind in einem solchen Klima aufwächst, sind materielle Belohnungen ganz angenehm und für Ihr Kind ein Grund zur Freude, als Erziehungsmittel jedoch überflüssig.

Bezahlen für Hilfsdienste?

Ihr Kind sollte erfahren, dass es im Familienleben Dinge gibt, die tagtäglich erledigt werden müssen. Es muss sauber gemacht, abgewaschen, gekocht und gebügelt werden. Im Garten muss Unkraut gejätet werden und das Familienauto hat hin und wieder eine Wäsche nötig. Je älter Ihr Kind wird, desto mehr können Sie es im Rahmen seiner Möglichkeiten beteiligen. Eine Bezahlung ist für Ihr Kind zwar angenehm, muss jedoch nicht sein. Ihr Kind lebt im Haus, hat sein Zimmer und wird versorgt. Dafür kann es auch seinen Teil beitragen. Wenn Sie ihm diese Grundposition vermitteln, spricht selbstverständlich nichts dagegen, Ihrem Kind hin und wieder das Taschengeld aufzubessern oder es zum Eiskaufen zu schicken. Kinder freuen sich über Geldzuwendungen und haben meist auch Wünsche, die sie sich damit erfüllen möchten.

Wenn Ihr Kind ins Teenageralter kommt, wird es auch den Wunsch äußern, sich etwas Geld zu verdienen. Sie können dann die verschiedenen Möglichkeiten mit ihm besprechen und sich als »Arbeitgeber auf Zeit« anbieten.

So belohnen Sie richtig

- Zeigen Sie Ihrem Kind Ihre Anerkennung und Wertschätzung!
- Vermitteln Sie ihm, dass Sie es um seiner selbst willen lieben und nicht dafür, was es leistet.
- Wählen Sie eine Belohnung mit Bedacht im Sinne Ihres Kindes. Es ist auch ein Zeichen von Wertschätzung, wenn Sie ihm ein Spielzeug schenken, von dem Sie wissen, dass es sich das schon lange gewünscht hat.
- Ihr Kind möchte aus sich selbst heraus gut sein. Vermitteln Sie ihm, dass Sie seine Bemühungen schätzen und dass ein schlechtes Ergebnis Ihrer Liebe keinen Abbruch tut.
- Wenn Sie Ausflüge als Belohnung einsetzen, achten Sie darauf, dass Sie Versprechungen in Bezug auf Zeit und Ort auch einhalten. Nicht eingehaltene Versprechungen sind sehr entmutigend.

Bestrafen

Es gab eine Zeit, in der die Erziehungsideale von Disziplin, Ordnung, Sauberkeit und Leistung geprägt waren. Von den Kindern wurde Anpassung und Unterordnung erwartet. Entsprach das Verhalten des Kindes nicht den Vorstellungen der Eltern, gab es drastische Strafen bis hin zur körperlichen Züchtigung.

Zum Glück sind solche Erziehungsideale und Strafen als Erziehungsmittel aus der Mode gekommen. Sie wollen heute ein partnerschaftlicheres Verhältnis zu Ihrem Kind und bevorzugen Erziehungsmethoden, die gegenseitigen Respekt, Achtung, Selbstvertrauen und Verantwortungsbewusstsein Ihres Kindes fördern. Strafen im üblichen Sinn haben eher den gegenteiligen Effekt und sind ohne pädagogischen Wert.

Zu den Strafen ohne pädagogischen Wert gehören u. a. das Schlagen mit der Hand oder mit Gegenständen, das Einschließen ins Zimmer oder gar der völlige Liebesentzug. Wenn Sie zu solchen Maßnahmen greifen, fühlt sich Ihr Kind gedemütigt; es denkt schlecht von sich selbst, wird trotzig und aggressiv und passt sich meist nur vordergründig an.

Der berühmte Pädagoge Bruno Bettelheim hat einmal gesagt, dass Strafen uns zwar davon abhalten können, etwas Unrechtes zu tun, sie veranlassen uns jedoch nicht, das Rechte zu tun.

Wenn Sie Ihr Kind zu Selbstvertrauen und Verantwortungsbewusstsein erziehen möchten, sollten Sie es motivieren, richtig zu handeln, anstatt es zu bestrafen. Ihr Kind sollte lernen, dass es unter Schmerz und Niedergeschlagenheit zu leiden hat, wenn es mit sich selbst nicht zufrieden ist. Wenn es lediglich vermeidet, bestraft zu werden, indem es sich z. B. nur vordergründig anpasst, ist sein Gewissen nicht viel wert.

Konsequenzen statt Strafe

Sie geraten im Alltag ständig in Situationen, in denen Sie über irgendeine Unart Ihres Kindes verärgert oder wütend sind. Vielleicht schreien Sie Ihr Kind dann an oder reden nicht mehr mit ihm, erteilen ihm Hausarrest, Fernsehverbot oder Taschengeldentzug, »verdonnern« es zur Verrichtung von zusätzlicher Hausarbeit oder geben ihm einen Klaps auf den Po.

Wenn Ihr Kind frech oder unordentlich ist, seine Schulaufgaben nicht macht oder viel zu spät nach Hause kommt, sind Sie selbstverständlich aufgefordert zu handeln. Lassen Sie das einfach durchgehen, sieht Ihr

Pädagogisch sinnvolle Konsequenzen

- Bestrafen Sie nicht zu hart. Kinder müssen Fehler machen dürfen, um daraus zu lernen.
- Bestrafen Sie nie mit etwas, von dem Sie möchten, dass Ihr Kind das gerne und freiwillig erledigt (z. B. Hausarbeit).
- Bestrafen Sie niemals doppelt! Wenn Ihr Kind hingefallen ist und sich weh getan, hat es Schmerz genug. Dann ist es überflüssig, es auch noch zu schimpfen.
- Seien Sie konsequent in der Durchführung von Konsequenzen. Wenn Sie erst etwas verbieten und es hinterher wieder erlauben, werden Sie unglaubwürdig.
- Geben Sie es zu, wenn Sie einmal einen Fehler gemacht haben. Sie können das z. B. so formulieren: »In meiner ersten Wut habe ich dich wohl zu hart bestraft. Es tut mir Leid, und ich würde die Strafe gerne in eine mildere umwandeln.«
- Seien Sie ein Vorbild und bestrafen Sie Ihr Kind nicht für etwas, was Sie selbst tun. Wenn Sie Ihr Kind z. B. für eine Lüge bestrafen und es selbst mit der Ehrlichkeit nicht genau nehmen, ist das peinlich.
- Wenn Auseinandersetzungen eskalieren, ist es hilfreich, sich eine Auszeit zu nehmen und zu überlegen, was Sie alles an Ihrem Kind schätzen. Das bringt die Gefühle wieder ins Gleichgewicht, und Sie können sachlicher an das Problem herangehen.

Kind sich nicht genötigt, sein Verhalten zu ändern, und wird es wiederholen. Es ist jedoch wichtig, so zu reagieren und zu handeln, dass die Konsequenz (Strafe) einen Sinn macht und Ihr Kind dazu anregt, das Rechte zu tun, anstatt lediglich Unrechtes zu vermeiden. Dazu müssen Sie das Verhalten Ihres Kindes verstehen, ihm eine Grenze setzen und konsequent in der Durchführung sinnvoller Maßnahmen sein.

Wenn Ihr Kind sich nicht auf seine Schulaufgaben konzentrieren kann, weil der Gameboy neben dem Heft liegt oder der Fernseher nebenbei läuft, sollten Sie natürlich dafür sorgen, dass es durch diese Dinge nicht abgelenkt wird.

Strafen sollten immer in unmittelbarem Zusammenhang mit dem Fehlverhalten stehen. Wenn Ihr Kind seine Schulaufgaben vernachlässigt, ist es wenig sinnvoll, ihm das Taschengeld zu entziehen. Schauen Sie lieber, was Ihr Kind daran hindert, sich konzentriert den Aufgaben zuzuwenden, und setzen Sie dort an.

Kritisieren

Kritik, Ermahnungen und Vorwürfe sind häufig angewandte Erziehungsmittel. Sie resultieren aus Perfektionismus und Angst. Alle Eltern haben eine Vorstellung davon, wie ihr Kind sein und sich verhalten sollte, und sie haben Ängste, dass sich ihr Kind nicht so entwickelt, wie das ihren Vorstellungen entspricht.

Vielleicht haben Sie auch Ängste, dass aus Ihrem Kind später einmal nichts werden könnte, dass es schlechte Gewohnheiten oder fragwürdige Einstellungen entwickelt, dass es miserable Noten bekommen und bei mangelnden Schulleistungen im Beruf versagen könnte. Es könnte schlechten Umgang haben und von Menschen beeinflusst werden, denen nichts Gutes zuzutrauen ist. Solcherart von Ängsten geplagt, ist es kein Wunder, wenn Sie Ihr Kind häufig ermahnen, kritisieren und ihm seine Unfähigkeit vorwerfen.

Kinder brauchen in erster Linie Lob, Ermutigung und Bestätigung, nicht Kritik und Tadel. Eine solche Atmosphäre ist die beste Voraussetzung, um aus Fehlern zu lernen.

Geprägt von eigenen Erfahrungen

Wenn Sie Ihre Aufmerksamkeit eher auf die Fehler als auf die Fähigkeiten Ihres Kindes richten, sind die Erfahrungen Ihrer eigenen Kindheit von Bedeutung. Vielleicht haben Sie als Kind nie die Erfahrung gemacht, von Ihren Eltern gelobt zu werden. Alles, was Sie taten, wurde als selbstverständlich vorausgesetzt – nur, wenn Sie etwas falsch machten, bekamen Sie Aufmerksamkeit. In der Folge trauten Sie sich selbst immer weniger zu, die Angst vor Fehlern dagegen wuchs.

Wenn Sie sich dabei ertappen, Ihr Kind häufig zu kritisieren, sollten Sie in Gedanken in Ihre Kindheit zurückgehen und darüber nachdenken, wie Ihre Eltern mit Ihnen umgegangen sind:

- Wurde von Ihnen erwartet, dass Sie immer alles perfekt und keine Fehler machen?
- Wurden Sie getröstet, wenn Sie etwas falsch machten, ermutigt und begleitet, es besser zu machen?
- Wurden Sie in Ihren Fähigkeiten geschätzt und anerkannt?
- Wie wirkte sich das Erziehungsverhalten Ihrer Eltern auf Ihr Selbstvertrauen und Selbstwertgefühl aus?

Wenn Sie Ihr Kind häufig kritisieren, ermahnen und ihm Vorwürfe machen, kann das ungeahnte Folgen haben:

- ☐ Es bekommt Angst, Fehler zu machen.
- ☐ In dieser Verfassung macht es vermutlich noch mehr Fehler.
- ☐ Es lernt, sich vor Fehlern zu fürchten.
- ☐ Es entwickelt kein gesundes Selbstvertrauen.
- ☐ Sie zeigen ihm, dass Sie wenig Vertrauen zu ihm haben.

Wurden Sie von Ihren Eltern viel kritisiert und wenig gelobt? Dann haben Sie vielleicht Schwierigkeiten, Ihre eigenen Kinder zu motivieren und ihnen den Glauben an sich selbst zu vermitteln.

Der Weg zu konstruktiver Kritik

- ▶ Kritisieren Sie Ihr Kind so wenig wie möglich.
- ▶ Vermeiden Sie das Herummäkeln an Kleidung und Aussehen. Sätze wie »Mit der alten Jacke gehst du mir nicht aus dem Haus« sind völlig überflüssig. Ihr Kind, insbesondere wenn es älter wird, wählt seine Kleidung mit Bedacht. Gönnen Sie ihm einen eigenwilligen Stil. Das stärkt das Selbstbewusstsein.
- ▶ Entwickeln Sie eine positive Einstellung zu Fehlern. Sie sind dazu da, gemacht zu werden und um daraus zu lernen.
- ▶ Unterstützen Sie Ihr Kind, etwas besser zu machen, und zeigen Sie ihm Wege auf, wie es das hinkriegen kann.
- ▶ Halten Sie sich ab und zu den Spiegel vor und betrachten Sie Ihr Verhalten im Umgang mit Ihrem Kind aus der Entfernung. Was sehen Sie, was passiert?
- ▶ Überprüfen Sie Ihre eigenen Motive. Warum kritisieren Sie Ihr Kind? Ist die Kritik gerechtfertigt? Oder sind Sie einfach nur genervt, überlastet und brauchen ein Ventil, um Dampf abzulassen?
- ▶ Wenn Sie Kritik äußern, warten Sie den richtigen Zeitpunkt ab. Besser ist es, sich abends zusammenzusetzen und das Geschehene gemeinsam in Ruhe zu besprechen, als in der Situation zu nörgeln.
- ▶ Wenn Sie Kritik äußern, wählen Sie Ihre Worte mit Bedacht. Trägt Ihre Tochter z. B. eine Jacke, die Sie abscheulich finden und die kaputt ist, können Sie sagen: »Ich weiß, dass du die Jacke gerne trägst. Sie ist schon so aufgetragen. Was meinst du dazu, sie in die Altkleidersammlung zu geben?« Sagen Sie nicht: »Mein Gott, wie du schon wieder herumläufst!«

Konfliktfähigkeit fördern

Die meisten Menschen haben ein sehr großes Harmoniebedürfnis. Fragt man Erwachsene, was in einer Partnerschaft für sie persönlich schlimm sei, erhält man oft zur Antwort: »Wenn wir miteinander Streit haben.« Mit Menschen, die man liebt, möchte man sich gut verstehen und das Gefühl haben, geliebt und respektiert zu werden. Für viele stellt das Austragen eines Konflikts genau das infrage. Konflikte entstehen überall, wo Menschen miteinander zu tun haben. Sie sind ein Ergebnis unterschiedlicher Wünsche, Bedürfnisse und Erwartungen.

Für Ihr Kind ist es von Vorteil, wenn es in einer Familie aufwächst, in der Konflikte nicht ignoriert oder geleugnet, sondern offen ausgetragen werden. Es lernt, dass Beziehungen nicht immer harmonisch sind, dass es offen sagen darf, wie es sich fühlt, dass es Spannungen aushalten kann und dass man nach Lösungen suchen und sie finden kann.

Innere und äußere Konflikte

Sie können mit sich selbst einen Konflikt haben, wenn in Ihnen die widersprüchlichsten Gefühle um Vorherrschaft kämpfen, oder einen Konflikt mit Ihrem Partner oder Ihren Kindern – und zwar Letzteres dann, wenn Ihre Erwartungen und Wünschen mit denen Ihrer Familie kollidieren. Innere und äußere Konflikte lassen sich nur schwer voneinander trennen. Sie leben nicht allein auf einer Insel, sondern sind von Menschen umgeben, die Ihnen etwas bedeuten. Da hat ein innerer Konflikt durchaus Auswirkungen auf Ihre Mitmenschen, und die Gestaltung Ihrer persönlichen Beziehungen kann bei Ihnen andererseits zu inneren Konflikten führen. Konflikte sind unumgänglich und notwendig. Je nachdem, was Sie daraus machen und wie Sie damit umgehen, bereichern sie Ihr Leben und lassen Sie in Ihrer Persönlichkeit stärker und reifer werden.

Konflikte austragen lernen

Es kommt nicht darauf an, ob Konflikte und Streit sein dürfen, die Frage ist vielmehr, wie und nach welchen Methoden Sie einen Konflikt austragen und ob Sie zu einer einvernehmlichen Lösung gelangen. Wenn in Ihrer Partnerschaft aus einem Konflikt ein heftiger Streit wird, der in einer Grundsatzdebatte endet, ist es nicht verwunderlich, wenn Sie schließlich jeglichem Streit aus dem Weg gehen. Das bedeutet aber auch, dass Ihre Methoden der Konfliktbewältigung destruktiv sind. Sie kommen auf diesem Weg nicht zu einer langfristig zufriedenstellenden Lösung.

Mut zu Konflikten fördern

- Haben Sie Mut, Konflikte offen anzusprechen und auszutragen.
- Äußern Sie Ihre Gefühle, Gedanken, Wünsche und Erwartungen offen und ehrlich.
- Verabschieden Sie sich von dem Mythos, dass man Sie nicht mehr liebt, wenn Sie sich streiten.
- Bedenken Sie, dass Sie für Ihr Kind ein Vorbild sind. Es wird höchstwahrscheinlich die Art Ihrer Konfliktbewältigung übernehmen.

Ihr Kind verwirrt es, wenn Sie nicht aufrichtig sind oder bestehende Konflikte leugnen. Es beginnt dann, seinen eigenen Wahrnehmungen zu misstrauen. Daraus können sich langfristig tiefer gehende innere Konflikte entwickeln, die schlimmstenfalls zu psychischen Störungen führen können.

Richtig streiten

Auch in den harmonischsten und liebevollsten Partnerschaften gibt es irgendwann den heftigsten Krach. Ein Funke genügt, der das Fass zum Überlaufen bringt. In den meisten Partnerschaften sind die Streitrollen relativ fest verteilt. Im Laufe des Zusammenlebens hat sich ein Muster entwickelt, und jeder verhält sich seiner Rolle entsprechend.

Offener und verdeckter Streit

Bei einem offenen Streit liegt der Anlass klar auf der Hand. Sie wissen, worum es Ihnen geht, und vertreten Ihre Interessen lautstark. Sie äußern Ihren Ärger und sagen, was Ihnen nicht passt. Sie kritisieren Ihren Partner und sagen, was Sie geändert haben möchten. Bei einem verdeckten Streit wissen Sie zwar, was Ihnen nicht gefällt, äußern aber weder Ihren Ärger, noch vertreten Sie Ihre Interessen. Sie kritisieren Ihren Partner indirekt, indem Sie vielleicht sticheln. Sie sagen nicht, was Sie geändert haben möchten. Die Atmosphäre in der Familie ist angespannt. Es ist spürbar, dass etwas in der Luft liegt. Sie tun jedoch noch so, als sei nichts.

Wie fühlt sich Ihr Kind?

Egal, ob Sie offen oder verdeckt streiten – Ihr Kind bekommt auf jeden Fall mit, dass zwischen Ihnen etwas nicht stimmt. Es hat sehr feine Antennen für Ihre Stimmungen und reagiert mit Unsicherheit. Insbesondere, wenn Sie verdeckt streiten oder leugnen, dass etwas nicht stimmt, entwickelt Ihr Kind Fantasien darüber, was in der Familie los ist, und zieht seine Schlüsse daraus. Kinder neigen auch schnell dazu, die Anspannung auf sich zu beziehen. Sie überlegen, ob Mama und Papa unglücklich darüber sind, weil es nicht lieb war oder eine schlechte Note geschrieben hat.

Da ist es schon besser, wenn Sie einen Streit offen austragen, anstatt ihn vor Ihrem Kind zu verheimlichen. Es lernt dabei, dass es im Leben nicht immer harmonisch zugeht und dass es nun einmal Probleme, Konflikte und Krisen im menschlichen Zusammenleben gibt.

Es gibt Themen, bei denen Sie Ihrem Kind keinen Schaden zufügen, wenn Sie den Streit vor seinen Augen austragen. Alles, was den Familienalltag und seine Bewältigung angeht, ist auch Kinderohren zumutbar, beispielsweise der Streit um die Hausarbeit, um die Erledigung von Pflichten, um die Freizeitgestaltung, das Fernsehen und den Urlaub, um Geld oder um allgemeine Themen wie Sport, Politik oder Mode.

Damit es auch lernt, mit Konflikten konstruktiv umzugehen, ist es wichtig, dass Sie ihm ein Vorbild geben, wie man miteinander streiten und zu einer Einigung kommen kann. Denn schließlich geht es bei einem Streit ja darum, eine Lösung zu finden und die Beziehung zu verbessern.

Wenn Sie nur noch in Form von Vorwürfen und Schuldzuweisungen miteinander umgehen können, sorgen Sie dafür, dass Ihr Kind draußen bleibt. Sie machen damit deutlich: Das ist etwas, was uns beide angeht. Sicher bekommt Ihr Kind alles mit, aber Sie können ihm hinterher erklären, dass Mama und Papa sich zur Zeit einfach nicht verstehen, Sie aber um eine Lösung bemüht sind. Vermitteln Sie Ihrem Kind, dass Ihre partnerschaftlichen Auseinandersetzungen nichts mit ihm zu tun haben und dass Sie es beide lieb haben.

Streit um Erziehungsmethoden

Beim Streit um Erziehungsmethoden übernimmt einer meist den strengeren, der andere den nachgiebigeren Part. Auch hier sollte Ihr Kind draußen bleiben. Kinder haben meist schnell raus, wie sie die Eltern gegeneinander ausspielen können und bei wem sie die besseren Karten haben.

Wenn Sie Ihr Kind als Verstärkung Ihrer eigenen Interessen benutzen, es z. B. während eines Streits mit Ihrem Partner auf den Arm nehmen oder es als Kurier benutzen (»Sag mal deiner Mutter ...«), sieht es sich gezwungen, Partei zu ergreifen und zu entscheiden, wer der Gute und wer der Böse bei diesem Streit ist. Damit ist es überfordert. Zudem bringen Sie Ihren Partner in eine hilflose Situation. Er kann dann nur klein beigeben oder weitermachen – auf die Gefahr hin, dass sein Kind ihn für den »Bösen« hält. Ihr Kind als Druckmittel zu benutzen, führt auch nicht dazu, die Auseinandersetzung einer Lösung näher zu bringen. Sie sind erwachsen und sollten Ihre Interessen alleine vertreten!

So streiten Sie richtig

- Nehmen Sie sich Zeit zum Streiten. Auseinandersetzungen zwischen zwei Terminen können nur fruchtlos enden. Sagen Sie: »Ich möchte mich heute Abend mit dir zusammensetzen. Mir ist daran gelegen, über deine Beteiligung an der Hausarbeit zu sprechen.«
- Beschreiben Sie, was Sie stört und wie Sie sich dabei fühlen.
- Äußern Sie das in Form von Ich-Botschaften: »Ich fühle mich mit der Hausarbeit überfordert und allein gelassen«, anstatt: »Nie hilfst du mir. Ich muss immer alles alleine machen«.
- Benennen Sie, was Sie geändert haben möchten. Seien Sie dabei so konkret wie möglich. Anstatt zu sagen: »Ich möchte, dass du mir hilfst«, sagen Sie: »Ich möchte, dass du einmal pro Woche das Mittagessen kochst«.
- Äußern Sie die positiven Konsequenzen, die ein verändertes Verhalten für Sie haben würde.
- Hören Sie zu, was Ihr Partner Ihnen dazu sagt, und gehen Sie auf das Gesagte ein. Bleiben Sie bei Ihren Gefühlen: »Ich höre, was du sagst, und kann das nachvollziehen. Ich fühle mich jedoch in meinem Bedürfnis noch nicht richtig verstanden.«
- Wenn durch einen Streit keine zufriedenstellende Lösung gefunden werden kann, sollten Sie das Problem auf einen anderen Zeitpunkt vertagen: »Wir kommen heute anscheinend nicht weiter, lass es uns morgen noch einmal bereden.«
- Wenn ein Streit in eine fruchtlose Auseinandersetzung abzugleiten droht, sollten Sie ihn beenden: »Wir kommen immer wieder an den Punkt, wo wir uns anschreien. Ich möchte nicht, dass wir so miteinander umgehen. Lass uns damit aufhören.«
- Erklären Sie Ihrem Kind, dass Mama und Papa eine Meinungsverschiedenheit haben und um eine Lösung bemüht sind.
- Verletzungen und Kränkungen sind bei einem Streit trotz beiderseitigen guten Willens manchmal unvermeidlich. Dann ist schon einmal eine Entschuldigung notwendig und trägt zur Entspannung bei: »Es tut mir sehr Leid, dass ich dich verletzt habe«. Trotzdem können Sie in der Sache hart und bei Ihrer Meinung bleiben.

Themen, die als potenzielle Geheimnisse eines Paares Konfliktstoff bieten, sollten nicht vor den Kindern ausgetragen werden. Dazu gehört z. B. der Streit über sexuelle Probleme und Seitensprünge, über Misstrauen und Unzufriedenheit mit dem Partner, über Schulden und über andere Familienangehörige, zu denen Ihr Kind einen engen Kontakt hat.

Machtkämpfe vermeiden

Sind Sie auch oft verzweifelt und wissen nicht, wie Sie Ihr Kind zu den folgenden Dingen bewegen sollen?

- Nicht mehr in die Hose zu machen
- Das Zimmer aufzuräumen
- Vernünftig und regelmäßig zu essen
- Die Hausaufgaben konzentriert zu erledigen
- Pünktlich zu Hause zu sein
- Seinen Anteil an der Hausarbeit zu erledigen

Meist kommt es in solchen Situationen zu einem Kampf zwischen Ihnen und Ihrem Kind, bei dem Sie versuchen, es zum Gehorsam zu zwingen. Sie machen Ihre Überlegenheit deutlich, indem Sie sagen: »Du musst das jetzt machen, weil ich das so will«. Ihr Kind lässt sich das aber nicht aufzwingen, verweigert sich und zeigt, wer der Stärkere ist. Kinder haben einen langen Atem. Sie können sehr stur und trotzig sein, bis sie bekommen, was sie haben wollen, und sie sind beim Kampf um die Macht geschickter. Kinder spüren genau, mit welchem Verhalten sie die Eltern unter Druck setzen und nerven können.

Sich in einer alltäglichen Krisensituation gegen den Willen des Kindes durchzusetzen, ist nicht schlimm. Das kann man hinterher auch wieder bereinigen. Wer dagegen ohne ständige Machtdemonstrationen nicht mehr auskommt, hat ein wirkliches Problem.

Demonstratives Verhalten

Dass Sie sich mit Ihrem Kind in einem Machtkampf befinden, merken Sie an Ihren Gefühlen und Ihrem Verhalten. Wenn Sie ärgerlich, wütend und enttäuscht sind oder Ihre Autorität verletzt sehen, befinden Sie sich bereits mitten in einer Machtkampfsituation. Dasselbe gilt auch, wenn Sie predigen, schreien, drohen, erpressen oder gar schlagen. Dadurch wollen Sie Ihre Macht und Ihre Stärke demonstrieren. Ihr Kind hat sich dem zu unterwerfen. Es soll tun, was Sie sagen. Sie zwingen es zum Gehorsam.

Bei dieser inneren Haltung bleibt Ihrem Kind nichts anderes übrig, als zu kämpfen. Es will sich nicht zwingen und unterwerfen lassen und macht das deutlich, indem es schreit, brüllt oder sich schlichtweg verweigert. Wenn Sie bei Ihrer Haltung bleiben, entsteht ein Teufelskreis, bei dem die Beteiligten zu immer härteren Mitteln greifen müssen, um ihre Überlegenheit zu demonstrieren.

Wenn Sie in diesen Situationen auf Ihre Stimme achten, werden Sie feststellen, dass sie Ihrer inneren Haltung entspricht. Sie werden laut, aggressiv, befehlend und fordernd. Ihre Körperhaltung wirkt drohend, erhoben und angespannt. Sie gestikulieren, und mit dem erhobenen Zeigefinger demonstrieren Sie, dass Sie das Sagen haben.

Schreien, Schlagen und Strafen bringen ein Kind vielleicht dazu, gehorsam zu sein – es sind aber auch die sichersten Mittel, um ihm sein Selbstvertrauen zu nehmen und es auf Dauer zu verlieren.

Autorität ist nicht gleich autoritär

Autoritäres Erziehungsverhalten entstammt einer Zeit, in der es selbstverständlich war, dass die Kinder zu gehorchen hatten. Vielleicht haben Sie selbst noch eine Erziehung erlebt, in der von Ihnen Gehorsam, Disziplin und Unterordnung verlangt wurden. Vielleicht hätten Sie es niemals gewagt, sich aufmüpfig zu verhalten. Haben Sie Ihre Eltern als autoritär erlebt oder wurden diese von Ihnen als Autoritäten geschätzt?

Bedingt durch politischen und kulturellen Wandel sind heute demokratischere Erziehungsmethoden gefragt. Eine Autorität ist jemand, der persönlich integer verständnisvoll den Weg zeigt. Er braucht keine Machtdemonstration, weil er genügend Einfluss geltend machen kann. Er berät, anstatt zu kritisieren oder zu fordern. Er regt zur Mitarbeit an, anstatt Druck auszuüben. Er ermutigt, nach Lösungen zu suchen.

So vermeiden Sie Machtkämpfe

- Beantworten Sie sich folgende Fragen: Worin liegt Ihr Interesse bei dieser Sache? Handeln Sie im Interesse Ihres Kindes oder haben Sie ein persönliches Interesse? Von welchen Werten und Normen werden Sie dabei geleitet? Was möchten Sie erreichen? Kommen Sie auf dem Weg, den Sie momentan gehen, dort hin?
- Überprüfen Sie Ihre innere Haltung. Sind Sie ruhig und bestimmt oder unruhig, unsicher und nicht eindeutig?
- Beobachten Sie sich in Ihrer Körperhaltung und Stimmlage. Wirken Sie gelassen und entspannt oder fordernd und bedrohlich?
- Überprüfen Sie den Erfolg Ihres Erziehungsverhaltens. Verhält sich Ihr Kind anders als bisher oder macht es weiter? Wenn es weitermacht, können Sie sicher sein, dass der Machtkampf noch nicht beendet ist. Dann beginnen Sie von vorn!

Verzeihen können

Ob Sie sich mit Ihrem Partner, Ihrem Kind oder anderen Menschen streiten – einander zu verzeihen und sich miteinander zu versöhnen ist nicht immer leicht. Bei einem Streit mit Ihrem Kind sollten Sie ihm jedoch ein positives Vorbild sein. Erwarten Sie nicht von Ihrem Kind, dass es auf Sie zukommt und sich versöhnlich zeigt, sondern machen Sie immer den ersten Schritt. Sie sind als Erwachsener eher in der Lage, das Geschehene zu reflektieren und kurz- oder langfristige Folgen abzusehen.

Wenn Sie in Ihrer Partnerschaft heftig miteinander gestritten haben und es sind Vorwürfe und Schuldzuweisungen erfolgt, hat Sie das sehr verärgert, verletzt und gekränkt. Sie leiden unter den verletzten Gefühlen und haben Schuldgefühle, weil Sie vielleicht während des Streits selbst gekränkt und verletzt haben. Es sind Worte gefallen, die besser ungesagt geblieben wären, und Sie haben Vorwürfe gemacht, die vielleicht ungerecht waren. Jetzt möchten Sie das am liebsten ungeschehen machen und dafür sorgen, dass »alles wieder gut wird«.

Lassen Sie Ihr Kind nach einem Streit mit seinem Schmerz nicht allein. Auch wenn Sie allen Grund haben, wütend zu sein, sollten Sie die Sache auch wieder vergessen können und sich um eine Versöhnung bemühen.

Wenn Sie so empfinden, wird es Ihnen ein Leichtes sein, auf Ihren Partner zuzugehen und um Verzeihung zu bitten. Wenn Ihr Partner dann auch noch ähnlich empfindet, wird es zur Versöhnung kommen. Sie äußern jeweils, dass es Ihnen Leid tut, sich so verhalten zu haben, und besiegeln die Versöhnung, indem Sie sich vielleicht in den Arm nehmen. Möglicherweise können Sie jetzt noch einmal über die Streit auslösende Sache in angenehmeren Klima und mit gegenseitigem Verständnis sprechen und zu einer Einigung gelangen.

Von Streitmustern lernen

Ein Kind zieht aus den Streitmustern in der Partnerschaft seiner Eltern seine eigenen Schlüsse. Je nachdem, wie Sie miteinander umgehen, wird das die späteren Beziehungen Ihres Kindes zu seinen Mitmenschen positiv oder negativ beeinflussen.

Wenn Sie durch Ihr eigenes Streitverhalten Ihrem Kind vermitteln, dass man sich streiten darf, sich sachlich auseinander setzen und zu einer Lösung und Versöhnung kommen kann, geben Sie ihm etwas sehr Wertvolles auf dem Weg zum Erwachsenwerden mit. Sich zu verzeihen und zu versöhnen ist in einigen Situationen jedoch besonders schwer:

- Wenn Sie enttäuscht sind
- Wenn Sie zurückgewiesen werden
- Wenn der andere Sie demütigt
- Wenn Sie sich verraten fühlen
- Wenn Sie missbraucht werden
- Wenn Sie verlassen werden

In diesen Situationen sind Sie so tief gekränkt, dass Sie auf keinen Fall den ersten Schritt zur Aussprache und Versöhnung machen möchten. Es kann dann hilfreich sein, den Motiven auf den Grund zu gehen, die einer Versöhnung im Wege stehen könnten:

- Glauben Sie, dass Ihr Leben anders verlaufen wäre, wenn man Sie nicht gekränkt hätte? Dann gehören Sie vielleicht zu den Menschen, die für alles eine Erklärung oder Ausrede parat haben und die Schuld für das Geschehene bei den Mitmenschen suchen. Sie stehlen sich damit aus der Verantwortung für sich selbst und Ihr Leben.
- Fühlen Sie sich als Opfer von Ungerechtigkeiten? Dann können Sie sich der Illusion hingeben, dass die anderen die »Bösen« und Sie selbst gut sind. Das erleichtert zwar kurzfristig, Sie stehlen sich jedoch auch damit aus der Verantwortung für sich selbst.
- Glauben Sie, dass Sie sich durch Nichtverzeihen vor erneuten Verletzungen schützen können? Auch das ist eine Illusion. Sie leben in sozialen Beziehungen; Verletzungen gehören zum menschlichen Miteinander. Wenn Sie den Schmerz nicht wahrhaben und zulassen wollen, werden Sie innerlich hart und schließlich einsam.
- Haben Sie das Gefühl, dass Sie alles im Griff haben, solange Sie nicht verzeihen? Wenn Sie nicht verzeihen, haben Sie die vermeintliche Kontrolle über den anderen. Sie können ihn »zappeln« lassen, solange er das mitmacht. Das gibt Ihnen ein Gefühl von Macht.

Viele Menschen sehen sich bei einem Streit automatisch in der Opferrolle, in der Rolle des Guten, dem Böses angetan wird. Doch niemand ist nur gut oder nur böse. Jeder Mensch trägt gute und böse Anteile in sich.

Überprüfen Sie Ihre Einstellung

Auch Sie haben von Ihren Eltern Streit- und Versöhnungsmuster mitbekommen. Durch sie wurde Ihnen vermittelt, welchen Stellenwert Verzeihen in Ihrem sozialen Verhalten einnimmt:

Wenn es Ihnen gelingt, Ihr eigenes Verhalten immer wieder zu reflektieren und anhand Ihrer Geschichte durchschaubar zu machen, wird es Ihnen mit der Zeit leichter fallen, versöhnlich zu sein.

Schritte zur Versöhnung

- Erkennen Sie an, dass Sie verletzt haben oder verletzt wurden.
- Suchen Sie die Schuld nicht bei den anderen, sondern überprüfen Sie, was Sie getan haben, dass Sie verletzt wurden.
- Versinken Sie nicht in Selbstmitleid und sehen Sie sich nicht als Opfer widriger Umstände.
- Geben Sie sich die Erlaubnis für Ihre Gefühle und treffen Sie eine bewusste Entscheidung, wie Sie damit umgehen wollen.
- Überlegen Sie, wie die Streit- und Versöhnungsmuster Ihrer Kindheit ausgesehen und wie diese Ihr Leben geprägt haben.
- Geben Sie der Vergangenheit den ihr gemäßen Platz. Sie sollten weder daran festhalten noch sie vergessen.

- ☐ Sich versöhnen bedeutet aufzugeben.
- ☐ Sich versöhnungswillig zeigen bedeutet klein beizugeben.
- ☐ Dem anderen zu verzeihen bedeutet zu kapitulieren.
- ☐ Versöhnung schließt Vergessen mit ein.
- ☐ Versöhnung beinhaltet eine nachsichtige Haltung.
- ☐ Sich versöhnen bedeutet, etwas durchgehen zu lassen.

Was bedeutet Verzeihen wirklich?

Verzeihen ist das Ergebnis eines schmerzlichen Prozesses und nicht Sache eines kurzfristigen Entschlusses. Es bedeutet, Gefühle von Ärger, Wut, Enttäuschung, Kränkung und Verletzung wahrzunehmen, zuzulassen und zum Ausdruck zu bringen, um sie am Ende akzeptieren und loslassen zu können. Es bedeutet, ohne Groll auf das Geschehene zurückzublicken und frei zu sein für die Erfahrungen, Erlebnisse, Gedanken und Gefühle der Zukunft.

Ihr Kind wartet darauf, dass Sie »wieder gut sind«. Sie sind erwachsen und das Vorbild, von dem es lernt, dass man in menschlichen Beziehungen streiten und sich auch verletzen kann, ohne dass dieses die Beziehung grundsätzlich gefährdet. Wenn Sie verzeihen, wird Ihr Kind das auch tun. Wenn Sie Schritte zur Versöhnung gehen, wird Ihr Kind auch öfter sagen: »Wollen wir uns wieder vertragen?«

Fehler machen dürfen

Sicher fragen Sie sich auch oft, ob Sie alles richtig machen. Sie sind stets bemüht, gute Eltern zu sein und Ihrem Kind alles zu geben, was es braucht. Trotzdem haben Sie manchmal Zweifel und fühlen sich unsicher. Vielleicht haben Sie einen zu hohen Anspruch, alles perfekt machen zu wollen? Derart mehrfach belastet, ist es dann kein Wunder, wenn Sie überfordert sind, gereizt auf Ihre Kinder reagieren und anschließend noch Schuldgefühle haben, weil Sie glauben, etwas falsch gemacht zu haben. Doch niemand ist allwissend, kann in allen Lebenslagen alles geben und dabei noch stets ein freundliches Gesicht machen.

Wahrscheinlich sind die Anforderungen, die Sie als Eltern an sich selbst stellen, sehr hoch. Sie wollen Ihre Kinder gut versorgen, den Haushalt blitzblank halten, Ihrer Frau bzw. Ihrem Mann ein guter, einfühlsamer Partner sein und selbst immer »wie aus dem Ei gepellt« aussehen. Doch niemand ist immer perfekt. Nicht als Mutter oder Vater und auch nicht als Mensch.

Vollkommenheitsideal aufgeben

Fehler sind unvermeidbar. Um mit ihnen umgehen zu können, sollten Sie Ihre Ansprüche herunterschrauben, Prioritäten setzen und um Hilfe bitten können. Lassen Sie das Bett ruhig einmal ungemacht und entscheiden Sie, was im Moment wichtiger ist – Sie können nicht alles gleichzeitig tun. Achten Sie auch auf Ihre eigenen Bedürfnisse und bitten Sie Ihren Partner, Eltern oder Freunde um Hilfe beim täglichen »Kleinkrieg«. Gestehen Sie es sich zu, Fehler machen zu dürfen – Sie sind trotzdem gute Eltern.

Konstruktiv mit Fehlern umgehen

- Erkennen Sie den Fehler an. Sagen Sie: »Das habe ich wohl falsch gemacht« oder »Ich habe mich nicht richtig verhalten«. Damit übernehmen Sie die Verantwortung ohne eine Schuldzuweisung.
- Machen Sie den Fehler wieder gut. Entschuldigen Sie sich bei Ihrem Partner oder Ihren Kindern, wenn Sie sie gekränkt, verärgert oder verletzt haben.
- Gehen Sie genauso verantwortungs- und liebevoll mit sich selbst um. Verzeihen Sie sich Ihre Fehler und versuchen Sie, das Beste daraus zu machen.
- Suchen Sie im Gespräch mit allen Beteiligten nach einer vernünftigen Lösung des Problems.

Mit Kindern leben – Probleme lösen

Aggressionen

Aggressionen sind Ausdruck von Ärger, Wut und Frustration. Ärger und Wut gehören zu den menschlichen Grundgefühlen – jeder kennt sie. In Ihrem Alltag gibt es viele Situationen, die Sie wütend machen. Sie ärgern sich über Ihre Kinder, Ihren Partner, Ihre Kollegen, den Chef, andere Mitmenschen, banale oder wichtige Dinge. Manchmal wissen Sie mit Ihrer Wut nicht wohin, aber Sie wissen, dass es gut tut, seinem Herzen Luft zu machen oder mit der Faust auf den Tisch zu hauen.

Ihrem Kind ergeht es nicht viel anders als Ihnen. In seinem Alltag gibt es ebenfalls zahlreiche Situationen, die es wütend machen. Dazu gehören beispielsweise die folgenden:

- Es soll etwas tun, was es nicht tun will.
- Es braucht etwas oder will etwas haben, was es nicht bekommt.
- Es soll etwas abgeben, was es behalten will.
- Es befindet sich in einem inneren Konflikt, weil es sich z. B. verletzt, überfordert oder ängstlich fühlt.
- Es konkurriert mit anderen und verliert dabei.

Wenn Ihr Kind in eine Situation gerät, die es wütend und ärgerlich macht, versucht es selbstverständlich, seinem Ärger Luft zu machen:

- Es schreit, schimpft und stöhnt.
- Es tobt herum.
- Es gibt freche Antworten und benimmt sich schlecht.
- Es schlägt oder zerstört.
- Es kratzt, beißt oder spuckt.

Auch für Kleinkinder gibt es Situationen, die sie wütend machen. Körperliche Übergriffe der Kinder sollten jedoch früh gestoppt werden, damit diese nicht lernen, Konflikte mit ihren Fäusten auszutragen.

Die angemessene Reaktion

Wie reagieren Sie, wenn Ihr Kind Aggressionen zeigt? Werden Sie auch wütend und aggressiv? Schreien oder schlagen Sie? Predigen Sie oder ziehen Sie sich beleidigt zurück? Drohen Sie oder setzen Sie Ihr Kind unter Druck (»Wenn du so böse bist, hat Mami dich gar nicht lieb«)? Oder gehören Sie zu denjenigen, die beschwichtigen (»Jetzt reg dich doch nicht so auf«), harmonisieren (»Komm, sei wieder gut«) und so tun, als sei alles in Ordnung (»Ich weiß gar nicht, was du hast«)?

Solche Reaktionen sind menschlich und absolut verständlich. Es tut gut, sich einmal Luft zu verschaffen und dem Kind zu zeigen, dass es sich nicht alles erlauben kann. Ebenso ist es manchmal erforderlich, sich zurückzuziehen oder zu schlichten. Sie meinen es gut mit Ihrem Kind und wollen nur sein Bestes. Die Frage ist nur, auf welchem Wege Sie langfristig das Beste erreichen.

Wenn Sie Aggression mit Aggression beantworten, fordern Sie einen Machtkampf heraus (siehe Seite 116f.), den Sie vielleicht zunächst gewinnen, der aber langfristig dazu führt, dass Sie den Kontakt zu Ihrem Kind verlieren. Dies wiederum hat weitere Frustrationen zur Folge und daraus resultieren wiederum neue Aggressionen: ein Teufelskreis.

Wenn Sie im umgekehrten Fall dagegen häufig darum bemüht sind, die Harmonie wiederherzustellen, zu beschwichtigen oder so zu tun, als sei alles in Ordnung, fühlt Ihr Kind sich in seinen Gefühlen nicht ernst genommen. Es lernt daraus möglicherweise, dass es nicht gut ist, Gefühle von Wut und Ärger zu haben bzw. zu zeigen, und wird diese Gefühle in Zukunft vermutlich unterdrücken – was allerdings nicht bedeutet, dass die Gefühle auch verschwinden.

Wenn Ihr Kind Ihnen nicht sagen will, weshalb es wütend ist, sollten Sie nicht insistieren. Respektieren Sie seine Privatsphäre und warten Sie, bis es so weit ist, mit Ihnen zu reden.

Der goldene Mittelweg

Wenn Sie zeigen, dass Sie die Wutgefühle Ihres Kindes registriert haben (»Ich sehe, dass du sehr wütend bist«) und sachlich darauf eingehen können (»Was macht dich denn so wütend?«), ohne sich selbst gleich angegriffen zu fühlen, erreichen Sie viel mehr. Ihr Kind fühlt sich ernst genommen und spürt Ihre Bereitschaft, ihm bei seinen Problemen zu helfen. Das verschafft ihm die Möglichkeit, im Laufe der Zeit allmählich zu lernen, seine Wut zu kontrollieren und in die richtigen Bahnen zu lenken, d. h. sich verbal damit auseinander zu setzen.

Wenn Ihr Kind also aggressiv ist, will es etwas in Angriff nehmen. Es verfügt jedoch noch nicht über die Möglichkeiten eines konstruktiven Umgangs mit seinen Gefühlen. Sie können ihm dabei helfen, diesen Umgang zu erlernen, indem Sie ihm zeigen, wie es seinen Gefühlen Luft machen kann, ohne zu zerstören und andere zu gefährden. Sie weisen ihm damit den Weg, wie man zu einer zufriedenstellenden Lösung im Umgang mit einem Problem gelangen kann.

Mit Aggressionen umgehen

- Lernen Sie das Verhalten Ihres Kindes verstehen: Warum verhält es sich so? Was mag möglicherweise in ihm vorgehen? Versucht Ihr Kind, über Aggressionen Ihre Aufmerksamkeit zu erlangen, weil es sonst zu wenig bekommt? Sieht es das als die ihm zur Verfügung stehende Möglichkeit, auf seine Wünsche und Bedürfnisse aufmerksam zu machen? Könnten seine Aggressionen Reaktionen auf tiefer liegende Konflikte (Ehestreitigkeiten, Geschwisterrivalitäten) in der Familie sein? Will es jemanden mit seinem Verhalten strafen? Ist es frustriert aus Gründen, die mit Ihnen gar nichts zu tun haben (z. B. Konflikte mit anderen Menschen in Kindergarten oder Schule)?
- Zeigen Sie Verständnis für die Gefühle Ihres Kindes: »Du bist ganz schön wütend, was?« Vermitteln Sie ihm, dass diese Gefühle in Ordnung sind, dass es nur darauf ankommt, wie man damit umgeht: »Dann lass uns mal gemeinsam überlegen, was du da tun kannst.«
- Fragen Sie Ihr Kind, was es beschäftigt oder belastet und was es so frustriert und wütend sein lässt. Gerade in einer hochexplosiven Situation kann die sachlich geäußerte Frage »Was macht dich so wütend?« Wunder wirken.
- Wenn Ihr Kind Ihnen nicht sagen will, was es bedrückt, sollten Sie dies respektieren und warten, bis es so weit ist.
- Vermeiden Sie einen Machtkampf, indem Sie Gleiches mit Gleichem vergelten. Sie bestätigen sonst Ihrem Kind, dass es mit seinem Verhalten erfolgreich sein kann.
- Setzen Sie klare Grenzen bei körperlichen Übergriffen. Machen Sie unmissverständlich deutlich, dass Sie Schlagen, Kratzen, Beißen und Spucken nicht dulden. Ihr Kind muss lernen, sich verbal auseinander zu setzen.
- Greifen Sie bei geschwisterlichen Auseinandersetzungen freundlich, aber bestimmt ein, wenn es zu Handgreiflichkeiten kommen sollte. Ziehen Sie die Streithähne auseinander mit den Worten: »Ich möchte nicht, dass ihr euch schlagt«.
- Machen Sie Vorschläge zum konstruktiven kurzfristigen Luftablassen, wie z. B. Joggen, Toben oder Kissenschlachten.

Aggressionen zu unterdrücken führt lediglich dazu, dass sie sich auf andere – meist schlimmere – Weise äußern. Lassen Sie auch bei Ihrem Kind Aggressionen zu, aber bringen Sie ihm bei, damit umzugehen.

Alles haben wollen

Sie haben es nicht leicht, mit einem quengelnden oder protestierenden Kind im Einkaufswagen die Dinge gelassen aus dem Regal zu nehmen, die Sie für das Wochenende brauchen. Wenn Sie keine Möglichkeit haben, die Einkäufe alleine zu erledigen, gerät der wöchentliche Großeinkauf schnell zum sich wiederholenden, nervtötenden Ereignis. Dann sind Sie froh, wenn Sie das schnell hinter sich gebracht haben.

Wünsche entstehen einerseits ganz von selbst und werden andererseits durch äußere Umstände wie z.B. die Werbung geweckt. Nicht unterschätzen sollten Sie auch die Vorbildfunktion, die Sie haben: Wenn Ihr Kind sieht, dass Sie Dinge wertschätzen und pflegen, wird es dieses Verhalten kopieren.

Auch für Ihr Kind ist es frustrierend, im Einkaufswagen zu sitzen und zusehen zu müssen, wie Sie den Wagen voll laden, ohne dass es selbst etwas hineinlegen darf. Ist Ihr Kind schon etwas größer, läuft es mit und packt Ihnen einfach alles in den Wagen, was sein kleines Herz begehrt: Spielsachen, Süßigkeiten, Kleider und dergleichen mehr.

Erschwerend kommt natürlich hinzu, dass das Angebot in großen Supermärkten und Kaufhäusern mittlerweile erschlagend ist. Alles gibt es im Überfluss, und die Dinge sind absichtlich so aufgebaut, dass sie von den Kindern gesehen, erwünscht und auch bequem erreicht werden. Süßigkeiten für Kinder befinden sich auch immer auf Augenhöhe der Kleinen. Da ist es kein Wunder, dass sie alles anschleppen, was sie gerne haben möchten.

Konsum- und Wegwerfgesellschaft

Leider hilft es Ihnen nicht weiter, sich darüber aufzuregen, dass die Supermärkte schon kleine Kinder zum Konsum anregen. In unserer Konsumgesellschaft ist Besitz sehr wichtig, wird aber nicht mehr so gehegt und gepflegt, wie das beispielsweise vor 40 Jahren noch der Fall war. Die Werbung ist dazu da, Wünsche zu wecken. Und weil es so viel gibt, ist man selbst bei normalem Geldbeutel nicht mehr gezwungen, sich mit dem Notwendigsten zufrieden zu geben – das, was man nicht mehr braucht, kann jederzeit mühelos ersetzt werden.

Gerade deswegen sind Sie in der Situation, Ihr Kind überzeugen zu müssen, dass es nicht alles haben kann, was es sieht, und dass es mit Dingen so umgehen sollte, dass es lange etwas davon hat. Je früher Sie damit anfangen, desto leichter werden Sie es später haben.

Mit Konsumwut umgehen

- Überprüfen Sie anhand folgender Fragen Ihre Einstellung: Welche Werte existieren in Ihrer Familie? Wird es z. B. geschätzt, viele schöne Dinge zu besitzen? Wie gehen Sie mit Dingen um? Haben Sie sie sehr lange? Pflegen oder reparieren Sie sie? Oder werfen Sie schnell etwas weg? Welche Regeln existieren, wie mit Dingen umgegangen werden sollte (z. B. das teure Fahrrad abends in die Garage zu stellen)?
- Sagen Sie Ihrem Kind vor Beginn eines Einkaufs, was Sie erwarten und was es selbst erwarten kann. Wenn es eine klare Regel dafür gibt, dass Ihr Kind z. B. bei jedem wöchentlichen Großeinkauf ein Eis bekommt, weiß es, dass es nur das und nicht mehr zu erwarten hat. Das setzt voraus, dass Sie sich konsequent an diese Regel halten.
- Wenn Ihr Kind quengelt, schreit und tobt, sollten Sie sich nicht zu Machtkämpfen hinreißen lassen. Das geht am besten, wenn Sie es freundlich, aber bestimmt am Arm nehmen und sagen: »Wir können den Einkauf fortsetzen, sobald du aufhörst zu schreien«. Sie warten dann in aller Ruhe ab. Je weniger Sie dabei reden, desto besser. Ihr Kind spürt Ihre innere Entschlossenheit oder ob Sie durch Schreien zu manipulieren sind.
- Lassen Sie sich nicht durch beobachtende Blicke oder kritische Bemerkungen der anderen Kunden zur Inkonsequenz hinreißen. Ihr Kind merkt nur dann genau, dass es mit quengeligem oder aggressivem Verhalten nichts erreicht.
- Äußern Sie gegenüber Ihrem Kind Verständnis für seine Wünsche (»Das ist wirklich eine schöne Puppe, die hätte ich mir früher auch gewünscht.«).
- Erklären Sie ihm, dass Sie auch offene Wünsche haben, aber Ihr Geldbeutel nicht jede Erfüllung erlaubt.
- Erklären Sie ihm den Wert des Geldes und stellen Sie ihm Taschengeld zur Verfügung. Das ist die beste Möglichkeit, den Umgang mit Geld zu erlernen. Wenn Sie z. B. mit Ihrem Kind vereinbaren, dass es jede Woche beim Einkauf 1 Euro vom Taschengeld ausgeben darf, muss Ihr Kind Sie fragen, wie viel die einzelnen Dinge kosten. So lernt es, was es für 1 Euro bekommen kann und was nicht.

Versprechen Sie Ihrem Kind nicht, dass es beim Einkaufen etwas bekommt, wenn es lieb ist und sich artig benimmt. Das ist Bestechung. Wenn Sie sich aber freuen, dass Ihr Kind sich gut benommen hat, können Sie ihm z. B. ein Eis kaufen.

Ängste

Ihr Kind hat – ebenso wie Sie selbst – Ängste. Das ist völlig normal. Nur haben Sie im Laufe Ihres Erwachsenwerdens gelernt, damit umzugehen. Ihre Fähigkeit, Situationen zu reflektieren und realistisch einzuschätzen, hilft Ihnen dabei. Ihr Kind ist seinen Ängsten noch hilflos ausgeliefert und braucht Sie zur Unterstützung bei deren Bewältigung.

Ängste gehören zum Gefühlshaushalt jedes Menschen einfach dazu. Sie sind von Kindheit an da und verschwinden auch im Alter nicht. Wichtig ist allerdings, wie man mit den Ängsten umgeht – ob man sie beherrscht oder sich von ihnen beherrschen lässt.

Angst hat immer einen Sinn

Angst ist ein Signal, das Sie vor Gefahren warnt und Sie davor schützt, sich in gefahrvolle Situationen zu begeben. Ihre Angst aktiviert Sie, etwas zu unternehmen oder gegebenenfalls wegzulaufen. Weil Sie Angst haben, überfahren zu werden, überqueren Sie z. B. eine Straße nur dann, wenn kein Auto kommt. Sie haben Angst, wenn Ihr Kind zu spät nach Hause kommt, weil Sie nicht möchten, dass ihm etwas Schlimmes passiert.

Eine positive Sichtweise von Angst ermöglicht es Ihnen, die Ängste Ihres Kindes ernst zu nehmen und zu verstehen. Wenn Ihr Kind lernt, seine Angst wahrzunehmen, sie zuzulassen und sie zu zeigen, hat es auch die Möglichkeit, sie zu bewältigen. Ihr Kind muss mit der Angst umgehen lernen, damit es nicht von ihr beherrscht wird. Das setzt voraus, dass Sie selbst gelernt haben, Ihre Ängste ernst zu nehmen, sie zu respektieren und mit ihnen umzugehen.

Früher wurde insbesondere von Jungen erwartet, dass sie keine Angst haben. Ängstliche Jungen wurden als »Schisshasen« beschimpft und aus der Gemeinschaft der »mutigen Helden« ausgeschlossen. Auch Eltern haben mit Sätzen wie »Du wirst doch wohl keine Angst haben« ihren Söhnen deutlich gemacht, dass Angst nicht erwünscht ist – oft mit unabsehbaren Folgen für das Selbstwertgefühl.

Wenn Ängste hinderlich sind

Zu viele Ängste können allerdings auch behindern und blockieren. Sie sind das Ergebnis eines destruktiven Umgangs mit der Angst. Wenn zu viele Ängste Ihr Kind daran hindern, etwas Neues anzufangen, auf Menschen zuzugehen oder etwas Schönes oder Nützliches zu unternehmen, ist es in

Mit allgemeinen Ängsten umgehen

- Besorgen Sie sich Bücher über die Entwicklung von Kindern. So können Sie erfahren, welche Ängste in welchem Alter auftreten und als entwicklungsbedingt anzusehen sind.
- Reflektieren Sie Ihre eigenen Erfahrungen und den Umgang mit Ihren Ängsten. Wurden Sie in Ihren Gefühlen ernst genommen oder machten Sie die Erfahrung, dass Angst nicht sein durfte? Wie hat sich das auf Ihr Leben ausgewirkt? Was davon geben Sie unbewusst an Ihr Kind weiter?
- Lachen Sie niemals über die Ängste Ihres Kindes. Auch Herunterspielen oder Ignorieren ist fehl am Platze.
- Ermuntern Sie Ihr Kind, darüber zu sprechen, was ihm Angst macht. Hören Sie ihm gut zu, ob es sich von irgendetwas oder irgendwem bedroht fühlt. Machen Sie Vorschläge, was es tun könnte: »Was hälst du davon, dass wir mal mit Jan sprechen, wenn er dich wieder ärgert?«
- Lassen Sie sich von den Ängsten Ihres Kindes nicht manipulieren. Sagen Sie ihm, dass Sie verstehen können, dass es Sie zu Hause haben möchte, Sie sich jedoch tyrannisiert fühlen, wenn es immer schreiend an der Tür steht.

seiner Entwicklung deutlich beeinträchtigt. Es bedarf dann Ihrer liebevollen und fürsorglichen Unterstützung oder – wenn Sie einmal nicht mehr weiter wissen – eventuell auch professioneller Hilfe.

Angst hat sich evolutionsgeschichtlich entwickelt und ist ein sinnvolles Signal zur Flucht oder zum Kampf. Unsere heutigen Situationen unterscheiden sich zwar von denen unserer Vorfahren, die grundlegenden Mechanismen sind jedoch die gleichen geblieben.

Angst ist auch dann hinderlich oder sinnlos, wenn Ihr Kind sie benutzt, um Sie zu beeindrucken, zu beherrschen oder seinen Willen durchzusetzen. Wenn es schreiend an der Tür steht, weil Sie sich einmal Zeit für sich nehmen und ins Kino gehen wollen, hat es vielleicht Angst, dass Sie nicht wieder zurückkommen. Es ist aber andererseits auch möglich, dass es Sie durch sein auffälliges und Aufmerksamkeit forderndes Verhalten lediglich zum Bleiben zwingen will.

Es ist nicht immer ganz leicht, hier eine Unterscheidung zu treffen. Wenn Sie eine grundsätzlich gute Beziehung zu Ihrem Kind haben, werden Sie vermutlich spüren, wann seine Ängste so groß sind, dass es angebracht ist zu bleiben, und wann es Sie nur unter Druck setzen will.

Kinder sind verschieden

Es gibt sehr ängstliche und weniger ängstliche Kinder. Manche laufen stürmisch auf alles Neue los und begeben sich ohne Angst in gefahrvolle Situationen. Grundsätzlich gilt: Je sicherer geliebt und geborgen Ihr Kind sich fühlt, desto leichter fällt es ihm, sich nach und nach von Ihnen zu lösen.

Der Grundstein dafür wird im ersten Lebensjahr gelegt. Mittels Ihrer Feinfühligkeit und Sensitivität befriedigen Sie die Bedürfnisse Ihres Kindes und entwickeln im Laufe der Zeit eine intensive Bindung. Ihr Baby spürt, dass Sie immer da sind und dass es sich auf Sie verlassen kann. Die Wissenschaftler nennen dies »eine sichere Bindung herstellen«. Sicher gebundene Kinder haben zunächst eine ganz normale Angst, dass die Mutter sie verlässt. Wenn diese jedoch zuverlässig immer wiederkommt, reduziert dies die Angst der Kinder; schließlich lässt die Angst ganz nach.

Wenn Sie unsicher sind, ob die Ängste Ihres Kindes normal sind, können Sie das Gespräch mit anderen Eltern oder mit einer Beratungsstelle suchen. Viele Ängste sind entwicklungsbedingt. Sie treten in einem bestimmten Zeitraum auf und legen sich meist ganz von selbst wieder.

Fremdeln

In der Entwicklung Ihres Kindes wechseln sich Phasen größerer Ängstlichkeit ab mit solchen, in denen kaum Ängste auftreten. Wann sie vermehrt auftreten, ist abhängig von Ihren Lebensumständen und der Situation, in der sich Ihr Kind befindet.

Ängste können auch Ausdruck eines normalen Entwicklungsschrittes sein, den Ihr Kind vor sich hat. Das Fremdeln beispielsweise, also die Angst vor Fremden, ist Bestandteil eines solchen Entwicklungsschrittes. Es

Mit der »Fremdel-Phase« umgehen

- Bieten Sie auch dem älteren Kind einen sicheren Hafen. Nehmen Sie es schützend in den Arm, wenn es weint.
- Geben Sie ihm Gelegenheit, sich Fremden langsam zu nähern, d. h. sie erst aus der Distanz zu betrachten. Wenn Ihr Kind dann Kontaktaufnahme durch Lächeln signalisiert, können Sie einen Schritt weiter gehen – jedoch immer nur so weit, bis Ihr Kind durch sein Weinen Grenzen anzeigt.
- Wenn sich jemand mit einem »Ach, wie niedlich …« distanzlos Ihrem Baby nähert, verweisen Sie ihn in seine Schranken. Das gilt auch für Großeltern oder Freunde.

tritt bei nahezu allen Kindern zwischen sechs Monaten und zwei Jahren irgendwann in stärkerer oder weniger starker Ausprägung auf. Wie viel oder wie wenig Besuchererfahrung das jeweilige Kind hat, spielt dabei keine Rolle. Der Anblick eines Fremden löst aus weiterer Distanz noch Neugierde aus. Kommt er jedoch näher und versucht Kontakt aufzunehmen oder das Kind gar zu berühren, reagiert es abweisend.

Warum fremdeln Kinder?

In den ersten Lebensmonaten ist Ihr Kind stark an Sie als Mutter gebunden. Ohne Sie wäre es nicht lebensfähig. Mit fortschreitender Entwicklung erweitert es seinen Horizont und seine Fähigkeiten, Dinge zu sehen und zu begreifen. Es begegnet anderen Menschen und kommuniziert mit ihnen. Gleichzeitig wird es körperlich unabhängiger. Es beginnt zu krabbeln und seine kleine Welt zu erforschen. Neues löst aber auch Ängste aus. Wenn es noch nicht alle Verhaltensmöglichkeiten richtig beherrscht, greift es auf Altvertrautes und Sicheres zurück, indem es sich weinend an Ihren Hals schmiegt. Es macht durch Fremdeln deutlich: »Damit komme ich noch nicht zurecht, ich brauche dich noch.«

> Bei Kindern, die den Verlust eines Elternteils durch Tod oder Trennung erlebt haben, tritt Trennungsangst im Allgemeinen verschärft auf. In schwierigen Fällen sollten Sie sich professionelle Hilfe holen.

Allgemeine Trennungsangst

Trennungsangst ist eine Reaktion Ihres Kindes, wenn Sie es in einer unvertrauten Situation zurücklassen. Abgesehen vom Fremdeln taucht sie überwiegend zwischen dem zweiten und dritten Lebensjahr auf und ist bei fünfjährigen Kindern als entwicklungsbedingte Reaktion kaum noch zu beobachten. Vermutlich haben Sie schon erlebt, dass sich Ihr Kind, bevor Sie weggehen wollen, anders verhält. Sie haben dann das Gefühl, dass es genau spürt, dass etwas passiert. Trennungsangst macht sich in einem Absinken der Stimmung bemerkbar. Ihr Kind hat keine Lust, etwas zu spielen oder neugierig zu erkunden. Es sucht verstärkt Ihre Nähe und weint, wenn Sie sich entfernen.

Ursachen und Gründe

Mit der zunehmenden Entwicklung seiner körperlichen Bewegungsfähigkeit macht Ihr Kind einerseits die Erfahrung, dass es sich von Ihnen fortbewegen kann; zum anderen stellt es aber auch fest, dass es sich von Ihnen entfernt. Es gerät in einen Konflikt zwischen seiner Unternehmungslust und dem Bedürfnis, Sie immer bei sich zu haben. Außerdem spürt Ihr Kind zum ersten Mal bewusst, was Weggehen bedeutet. Es entwickelt jetzt eigene Vorstellungen davon, wann Sie bei ihm sind, wann Sie weggehen und was dies mit sich bringt.

Wenn Sie bisher immer da waren und jetzt auf einmal das Haus verlassen, bekommt Ihr Kind Angst, verlassen zu werden. Es ist allein nicht lebensfähig und auf Ihren Schutz und Ihre Hilfe angewiesen. Es weiß ja noch nicht, dass Sie immer wieder zurückkommen, und es hat auch keine Vorstellung davon, innerhalb welcher Zeit das geschieht.

Reflektieren Sie Ihre eigenen Ängste und Befürchtungen. Haben Sie Schuldgefühle, wenn Sie sich von Ihrem Kind trennen? Sind Sie besorgt, was Ihr Kind in der Zeit wohl macht? Sprechen Sie mit anderen Eltern darüber. Das hilft, sich von eigenen Ängsten zu befreien.

Mit Trennungsangst umgehen

- Kündigen Sie notwendige Trennungen liebevoll an. Versichern Sie, dass Sie zurückkommen. Zeigen Sie sich absolut verlässlich. Verlassen Sie niemals heimlich das Haus. Ihr Kind bekommt dann das Gefühl, hintergangen worden zu sein. Das weckt sein Misstrauen und führt zu größerer Trennungsangst.
- Gestalten Sie die Trennungen anfangs nur kurz. Sie können mit einer Stunde beginnen und die Abwesenheiten dann steigern, wenn Sie das Gefühl haben, Ihr Kind verkraftet das. Sorgen Sie allerdings dafür, dass Ihr Kind in der Zwischenzeit in guten Händen ist.
- Bleiben Sie freundlich, aber bestimmt bei Ihren Absichten, wenn Ihr Kind protestiert. Es sollte lernen, dass es Sie durch lautstarken Protest nicht manipulieren kann.
- Erkundigen Sie sich bei dem Babysitter, wie es sich nach Ihrem Weggang verhalten hat. Sollte es nicht länger als fünf bis zehn Minuten geweint haben, ist das als normal anzusehen. Hat es jedoch länger gebraucht, um sich zu beruhigen, kann das ein Hinweis auf größere Konflikte sein. Dann ist es sicher besser, wenn Sie eine Zeit lang gar nicht weggehen, bis Ihr Kind sich wieder gefangen hat.
- Fragen Sie Ihr Kind in einer ruhigen Minute, wie es sich fühlt, wenn Sie weggehen. Wenn es den Eindruck hat, dass Sie sich für seine Gefühle interessieren, stärkt das auch sein Vertrauen, damit zurechtzukommen.

Trennungsangst im Kindergarten

Vermutlich wird Ihr Kind mit etwa drei Jahren einen Kindergarten besuchen. Für Sie selbst ist das wahrscheinlich eine Entlastung nach der Zeit, in der Sie Ihr Kind immer um sich hatten. Sie freuen sich darauf, wieder mehr Raum für sich zu haben oder Dinge erledigen zu können, die sonst liegen bleiben. Wenn Ihr Kindergartenkind noch ein kleineres Geschwisterchen hat, ist es auch ganz schön, sich zeitweise nur um ein Kind kümmern zu müssen.

Für manche Kinder ist der Übergang in einen Kindergarten kein Problem. Sie freuen sich darauf, mit anderen zu spielen und zu toben. Sie lassen auch die Mutter ohne weiteres gehen und sind bereit, sich auf eine neue Situation einzulassen. Was aber, wenn an dieser Stelle heftige Trennungsangst auflebt? Wenn Ihr Kind weint, schreit, sich an Ihnen festhält und Sie keinesfalls gehen lassen will? Das ist eine schwierige Situation für Sie. Sie hatten sich Entlastung gewünscht und jetzt stellen Sie fest, dass alles noch viel schwieriger als zu Hause ist. Sie schwanken, ob Sie Ihr Kind dort lassen oder wieder mitnehmen sollen.

Wenn Sie Ihr Kind weinend im Kindergarten zurücklassen, haben Sie wahrscheinlich Schuldgefühle; wenn Sie es andererseits wieder mit nach Hause nehmen, haben Sie Angst, dass das zukünftige Trennungssituationen noch verschärft.

Ihr Kind verstehen

Für Ihr Kind ist der Besuch eines Kindesgartens eine große Herausforderung. Es muss für Stunden die vertraute Umgebung verlassen. Es kann sich nicht vorstellen, was Sie in der Zwischenzeit tun, und es muss sich auf andere Kinder und Erwachsene einstellen.

Für manche Kinder wird das zu einem so großen Problem, dass die Ängste die Neugierde bei weitem übersteigen. Wenn es zu Hause noch ein kleines Geschwisterchen hat, auf das es sowieso eifersüchtig ist und das einen Teil Ihrer Aufmerksamkeit fordert, tauchen Ängste auf, Sie zu verlieren. Möglich ist auch, dass es sich abgeschoben fühlt, weil Sie das andere Kind mehr lieb haben.

So können Sie vorbeugen

- Suchen Sie den Kindergarten sorgfältig aus. Verschaffen Sie sich einen Eindruck von der Atmosphäre des Hauses und den Mitarbeitern.
- Bereiten Sie Ihr Kind auf den Kindergartenbesuch vor, z.B. anhand von Bilderbüchern über dieses Thema.

□ Vereinbaren Sie Probetage, an denen Sie gemeinsam mit Ihrem Kind im Kindergarten spielen. Es lernt dann die Umgebung und die anderen Kinder kennen und kann Vertrauen fassen. Außerdem haben Sie die Möglichkeit zu sehen, wie die Mitarbeiter mit den Kindern umgehen.

□ Reflektieren Sie Ihre eigenen Gefühle, wenn Sie Ihr Kind in den Kindergarten geben: Haben Sie Angst oder Schuldgefühle, es zeitweise anderen Menschen zu überlassen? Trauen Sie ihm zu, dort gut zurechtzukommen, oder haben Sie Zweifel? Sind Sie entschlossen oder unsicher?

□ Sprechen Sie mit Ihrem Kind über den möglichen Nutzen, den Sie beide davon haben. Seien Sie jedoch ehrlich. Überreden Sie Ihr Kind zu nichts.

Überlegen Sie auch gemeinsam mit Ihrem Partner, ob die momentane familiäre Situation (Geburt eines Geschwisters, Unzufriedenheit in der Partnerschaft, schwierige soziale Bedingungen etc.) eventuelle Trennungsängste verschärfen könnte. Wenn das der Fall ist, benötigt Ihr Kind noch mehr liebevolle Unterstützung.

Mit Trennungsangst im Kindergarten umgehen

- ► Überprüfen Sie Ihre innere Haltung. Vermitteln Sie Ihrem Kind, dass Sie verstehen, dass es vor der neuen Situation Angst hat, Sie jedoch überzeugt sind, dass es sie bewältigen kann. Ihr Zutrauen und Ihre ermutigende Haltung hilft Ihrem Kind dabei, Vertrauen in sich selbst zu fassen.
- ► Seien Sie freundlich, aber entschlossen, wenn es weint. Zögern Sie nicht zu lange mit dem Weggehen, aber stehlen Sie sich auch nicht heimlich davon. Gehen Sie nie im Streit weg.
- ► Lassen Sie Ihrem Kind etwas von sich da: ein Tuch, einen Knopf, ein Armband oder eine Uhr. Sie können ihm auch erklären, dass Sie wiederkommen, sobald beide Zeiger der Uhr nach oben zeigen. Seien Sie pünktlich. Wenn Sie sich häufig verspäten, reduziert sich das Vertrauen Ihres Kindes in Ihre Verlässlichkeit.
- ► Bitten Sie ein älteres Kind, sich um den Neuling zu kümmern und ihm alles zu zeigen. Wenn andere Kinder Interesse zeigen, fühlt sich Ihr Kind schneller aufgenommen.
- ► Wenn Ihr Kind nach ein bis zwei Wochen immer noch täglich weint, stimmt etwas nicht. Vielleicht ist der Kindergarten nicht der richtige, oder es kommt mit den Mitarbeitern nicht zurecht. Denkbar ist auch, dass es von anderen Kindern abgelehnt oder geärgert wird. Ein Gespräch mit den Mitarbeitern und anderen Eltern kann Aufschluss geben. Vielleicht ist ein Wechsel der Einrichtung angebracht.

Traumatisches Erlebnis

Die Trennung von Bezugspersonen und die Bedingungen in einem Krankenhaus führen bei mehrwöchigem bis mehrmonatigem Krankenhausaufenthalt zu einem Verhalten, das sich in den folgenden vier Phasen herausbildet:

1. Protest
2. Verzweiflung
3. Resignation
4. Lösung der Bindung

Nach dem Krankenhausaufenthalt zeigen Kinder im Normalfall die folgenden Symptome:

- Nächtliches Aufschrecken
- Angst vor dem Alleinbleiben
- Rückfälle in bereits überwunden geglaubte Verhaltensweisen

Wenn Sie sagen: »Du musst dich aber doch freuen, wenn du jetzt in den Kindergarten gehst«, ohne dass seine Freude spürbar wird, erreichen Sie das Gegenteil – es wird sich verweigern.

Trennungsangst im Krankenhaus

Ein plötzlicher, unvorbereiteter Krankenhausaufenthalt ist für Ihr Kind insbesondere dann eine traumatisierende Erfahrung, wenn es nicht von Ihnen begleitet werden kann. Es wird von Ihnen getrennt und muss seine gewohnte häusliche Umgebung verlassen.

Liegt es krank zu Hause, wird es von Ihnen liebevoll umsorgt. Sie sind da und kümmern sich. Das gibt Ihrem Kind das Gefühl von Sicherheit und Geborgenheit. In einem Krankenhaus ist das anders. Es wird bei fremden Menschen in fremder Umgebung allein gelassen. Da ist es kein Wunder, dass es sich mit Protestgeschrei zu wehren versucht.

Früher wurde den Eltern in solchen Fällen geraten, ihr Kind nicht mehr zu besuchen, weil man der Meinung war, es würde sich dann leichter mit der Situation abfinden. Dass das ein Trugschluss war, zeigten wissenschaftliche Verhaltensbeobachtungen von Kindern während und nach einem längeren Krankenhausaufenthalt. Glücklicherweise hat sich in den letzten Jahrzehnten einiges verändert. Die Aufenthaltsdauer hat sich verringert, und längere Trennungen von den Bezugspersonen werden heute durch ei-

Wenn ein Krankenhausaufenthalt geplant ist und nicht überraschend erfolgt, haben Sie die Chance, Ihr Kind mit Gesprächen, Büchern oder einem Besuch auf der Kinderstation auf die neue Situation vorzubereiten.

ne stationäre Mitaufnahme (das so genannte Rooming-in) vermieden. Besuchszeiten werden nicht mehr rigide gehandhabt, sondern können flexibel gestaltet werden.

Trotzdem tut es Ihnen in der Seele weh, mit ansehen zu müssen, wie Ihr Kind unter der Situation leidet. Sie fühlen sich vielleicht hilflos ausgeliefert, überfordert und haben Angst. Ein Krankenhausaufenthalt Ihres Kindes kostest auch Sie viel Kraft, Energie und einen hohen Organisationsaufwand, insbesondere dann, wenn Sie noch berufstätig sind und / oder andere Kinder zu versorgen haben. Sie brauchen dann die Unterstützung anderer Familienmitglieder und die Hilfe von Nachbarn und Freunden. In den folgenden Fällen fällt es Ihrem Kind leichter, den Krankenhausaufenthalt zu verkraften:

Ein Krankenhausaufenthalt ist für Kinder oft eine besonders schmerzliche Erfahrung. Zu den körperlichen Beschwerden kommen die Angst vor der neuen Umgebung und das Heimweh hinzu.

- ☐ Sie können permanent anwesend sein.
- ☐ Sie haben einen guten Kontakt zu dem behandelnden Arzt bzw. der Ärztin und dem Pflegepersonal.
- ☐ Es besteht ein positiver Kontakt zu anderen Kindern.
- ☐ Es sind freie oder organisierte Spielmöglichkeiten vorhanden.
- ☐ Sie können Ihr Kind anhand von Gesprächen, Büchern oder Puppenspielen auf den Krankenhausaufenthalt vorbereiten.

Angst vor Tieren

Die meisten Menschen haben vor bestimmten Tieren Angst. Einige vor besonders großen Tieren wie beispielsweise Pferden oder großen Hunden, andere wiederum vor scheinbar ganz harmlosen Tieren wie beispielsweise Spinnen, Käfern oder Mäusen. Woher diese Ängste kommen, weiß noch nicht einmal die Wissenschaft ganz genau. Eine mögliche Ursache sind negative Erlebnisse, die die weiteren Erfahrungen mit diesen Tieren prägen. Wer schon einmal von einem Hund gebissen wurde, wird vermutlich für den Rest seines Lebens Hunden gegenüber einen gehörigen Respekt an den Tag legen.

So gesehen ist die Angst vor Tieren normal und völlig gesund. Sein Instinkt bewahrt Ihr Kind vor Schaden, wenn es sich vor einem Tier Schutz suchend in Ihre Arme flüchtet. Es ist auf jeden Fall besser, wenn Ihr Kind Angst hat und flüchtet, als dass es sich dem Tier allzu sorglos nähert und eine schlechte Erfahrung macht.

Bewältigung eines Krankenhausaufenthaltes

- Bereiten Sie den Aufenthalt vor: Schauen Sie sich gemeinsam mit Ihrem Kind Bilderbücher an, die einen Krankenhausaufenthalt zum Thema haben. Besuchen Sie eine Kinderstation und bitten Sie eine Schwester, Ihrem Kind alles zu zeigen. Bringen Sie es dort in Kontakt mit anderen kranken Kindern.
- Suchen Sie ein Krankenhaus aus, in dem Sie mit aufgenommen werden können und/oder völlig uneingeschränkte Besuchsmöglichkeiten haben.
- Stellen Sie eine vertrauensvolle Beziehung zum Behandlungspersonal her. Sollte das nicht möglich sein oder erschwert werden, wechseln Sie das Krankenhaus.
- Erkundigen Sie sich bei Ihrem Arbeitgeber, ob und wie weit man Ihnen mit einer Beurlaubung oder einer stundenweisen Freistellung entgegenkommen kann. Erkundigen Sie sich bei der Krankenkasse, welche gesetzmäßigen Rechte Ihnen zustehen, wenn Ihr Kind erkrankt ist.
- Sprechen Sie mit Familienmitgliedern und Freunden über die Situation und bitten Sie sie um Unterstützung (z. B. bei der Betreuung von Geschwistern oder im Haushalt).
- Vermeiden Sie Selbstbeschuldigungen hinsichtlich der Krankheit Ihres Kindes sowie Schuldzuweisungen an Ihren Partner. Ihr Kind braucht Sie beide als liebevolle, fürsorgliche Eltern.
- Werten Sie das Protestgeschrei Ihres Kindes als gesunde Reaktion. Drohen Sie ihm nicht und machen Sie keine Versprechungen, was es alles bekommt, wenn es jetzt still ist. Haben Sie stattdessen Verständnis für seine Gefühle und nehmen Sie sie ernst: »Ich weiß, dass das ganz schlimm für dich ist, aber ich bin bei dir und helfe dir.«
- Begleiten Sie die Ängste Ihres Kindes und beantworten Sie seine Fragen ehrlich, aber kindgerecht. Vermeiden Sie eine Bagatellisierung des Krankheitsgeschehens.
- Torpedieren Sie den Behandlungserfolg nicht, indem Sie dem Personal mit übergroßem Misstrauen begegnen. Arbeiten Sie für den gemeinsamen Erfolg zusammen.

Sorgen Sie in der Zeit, in der Ihr Kind im Krankenhaus sein muss, auch gut für sich selbst. Nehmen Sie sich Auszeiten, indem Sie sich mit Ihrem Partner bei der Betreuung abwechseln. Sprechen Sie darüber, was die Krankheit Ihres Kindes für Sie bedeutet und gestehen Sie sich Gefühle zu.

Mit Angst vor Tieren umgehen

- Verspotten Sie Ihr Kind niemals, wenn es Angst vor Tieren hat – und seien sie noch so harmlos.
- Zwingen Sie Ihr Kind nicht dazu, einen Hund oder eine Katze zu streicheln, wenn es das nicht selbst will.
- Nehmen Sie seine Angst ernst. Sie ist dazu da, Ihr Kind vor unüberlegten Handlungen und damit vor Schaden zu bewahren. Bedenken Sie dabei, wie groß z. B. ein Schäferhund aus der Perspektive Ihres Kindes ist.
- Helfen Sie Ihrem Kind, seine Angst allmählich abzubauen, indem Sie es beruhigen und ihm entspannen helfen. Vermitteln Sie ihm, von welchen Tieren eine wirkliche Gefahr ausgeht und was es tun kann, um nicht zu provozieren. Nähern Sie sich mit Ihrem Kind auf dem Arm dem Tier schrittweise. Es sollte sich das Tier erst in aller Ruhe aus der Entfernung ansehen können.
- Wenn Sie in der Stadt leben, sind regelmäßige Fahrten aufs Land oder Ferien auf dem Bauernhof eine gute Möglichkeit, Ihr Kind mit Tieren vertraut zu machen. Kinder haben Angst vor Unvertrautem, aber sie sind auch neugierig auf Neues und haben Spaß am Umgang mit Tieren.

Hunde, die bellen, beißen nicht – oder doch? Sie als Erwachsener sind wahrscheinlich schon oft unsicher, wie Sie das Verhalten von Tieren zu interpretieren haben. Für Ihr Kind ist diese Aufgabe aufgrund mangelnder Erfahrung unendlich schwieriger.

Als Erwachsener haben Sie mit Tieren schon vielfältige Erfahrungen gemacht. Sie wissen vielleicht, die Signale der Tiere zu deuten und können sich z. B. ohne Angst einem Hund nähern, der mit dem Schwanz wedelnd freudig auf Sie zukommt. Aber woher soll Ihr Kind wissen, dass der Hund ihm in einer solchen Situation nichts tut?

Angst vor Albträumen

Ihr Kind kann in jeder Altersstufe oder Entwicklungsphase Albträume haben. Überfahren zu werden, von einem Turm oder einem Berg herunterzufallen, bedroht, gepackt oder verletzt zu werden, nicht von der Stelle zu kommen, zu versinken oder schwer zu stürzen sind Beispiele für die Angst machenden Inhalte eines Albtraums. Meist weiß Ihr Kind nicht mehr, wovon es geträumt hat. Es hat nur ein Gefühl unvorstellbarer Angst und benötigt eine ganze Weile, bis es richtig aufgewacht ist, sich wieder beruhigt hat und zwischen Traum und Wirklichkeit unterscheiden kann. Anschließend hat es vielleicht Angst, wieder einzuschlafen.

Kinder haben eine blühende Fantasie, die nachts zur Bedrohung werden kann. Dann werden auf einmal Dinge lebendig, die tagsüber völlig harmlos in der Spielkiste schlummern. Der von der Oma geschenkte Stofflöwe wird nachts zur reißenden Bestie, der Kreisel zum sich schneller drehenden Karussell, von dem es nicht herunterspringen kann. Schatten an der Wand werden zu bösen Menschen und der Mond, der durchs Fenster scheint, zum unerwünschten Beobachter.

Der Traum ist ein wichtiger Mechanismus, bei dem tagsüber Erlebtes verarbeitet wird. Träume können unerfüllte Wünsche oder unbewältigte Ängste zum Vorschein bringen.

Ein gemeinsames Merkmal aller Albträume – egal ob bei Kindern oder Erwachsenen – ist das Gefühl des Ausgeliefertseins. Ihr Kind hat im Traum keine Kontrolle über das Geschehen; es geschieht etwas, worauf es keinerlei Einfluss hat.

Grund zur Sorge?

Wenn Ihr Kind gelegentlich einen Albtraum hat, ist das normal. Sie können ihm dann helfen, wach zu werden, in die Realität zurückzufinden und es tröstend in den Arm nehmen. Wenn es sich erinnert, was es geträumt hat, können Sie einen Zusammenhang zum Tagesgeschehen herstellen und ihm vermitteln, dass Sie verstehen, dass es davon noch so beeindruckt war, dass es nachts davon träumt.

Wenn Ihr Kind häufig Albträume hat, die sich vielleicht immer wiederholen, ist Ihre eventuelle Sorge berechtigt. Das Kind steht dann wahrscheinlich unter großem Stress, leidet unter Ängsten und befindet sich in einer Situation, die es nicht bewältigen kann. Oft ist das der Fall, wenn ein neuer Lebensabschnitt angefangen hat oder ein Entwicklungsschritt bevorsteht. Zu den Auslösern von Ängsten, die in Albträumen ihren Ausdruck finden, gehören beispielsweise die folgenden:

- Der erste Kindergarten- oder Schulbesuch
- Das Kennenlernen von vielen neuen Erwachsenen oder Kindern
- Alltägliche Streit- oder Konfliktsituationen
- Hohe Leistungsanforderungen und Überforderung
- Familiäre Spannungen
- Fernsehfilme und Videospiele

Hilfe bei Albträumen

☐ Nehmen Sie Ihr Kind in seinen Gefühlen ernst. Sagen Sie niemals: »Du brauchst doch keine Angst zu haben« – um seine Ängste zu bewältigen, braucht Ihr Kind die Bestätigung, dass diese normal sind. Heruntergespielte Ängste verschwinden nicht.

☐ Helfen Sie ihm, sich zu beruhigen. Nehmen Sie es in den Arm und spenden Sie Trost. Vielleicht hilft es, ein kleines Licht im Kinderzimmer brennen zu lassen.

☐ Wenn Ihr Kind richtig wach ist, können Sie sich gemeinsam auf die Suche machen nach den »Gespenstern der Nacht«. Fragen Sie Ihr Kind z. B., was es mit dem Löwen machen will, der zu beißen droht. Vielleicht stellt es dann selbst fest, dass es ein Stofftier ist, das es mit ins Bett nehmen kann. Oder es kämpft mit ihm und gewinnt.

☐ Erfinden Sie gemeinsam ein glückliches Ende des Traums. Sagen Sie ihm, wie es sich vor Verletzungen schützen kann, wenn es im Traum einen Hang hinunterrollt oder schenken Sie ihm imaginäre Flügel, wenn es droht, von einem Turm zu fallen. Diese Art von Vorstellungen und »Lösungen« helfen Ihrem Kind, sich nicht so ausgeliefert zu fühlen und die Kontrolle zurückzugewinnen. Greifen Sie jedoch keinesfalls auf diese Methode zurück, wenn Sie den Eindruck haben, Ihr Kind könnte auf die Idee kommen, sie in der Realität auszuprobieren.

> Versuchen Sie nicht, übertrieben rigoros zu sein, um Ihrem Kind Ängste »auszutreiben«. Wenn ihm eine brennende Lampe im Zimmer beim Einschlafen hilft, können Sie ruhig eine brennen lassen.

☐ Sorgen Sie für geregelte Schlafenszeiten mit beruhigenden Ritualen, die Ihrem Kind beim Einschlafen helfen.

☐ Eine Kontrolle über die Fernseh- oder Videosendungen sollte selbstverständlich sein. Machen Sie auch den Fernseher aus, wenn Sie einen Film schauen, der für Kinder nicht geeignet ist und Ihr Kind ins Zimmer kommt.

☐ Sorgen Sie für einen geregelten Tagesablauf, der genügend Freiräume zum Spielen enthält, und halten Sie die Anforderungen an Ihr Kind in einem angemessenen, altersgerechten Rahmen.

☐ Sprechen Sie mit Ihrem Kind über seine Albträume und stellen Sie Verbindungen zum Tagesgeschehen her.

☐ Fragen Sie es nach seinen Erlebnissen im Kindergarten, in der Schule oder mit anderen Kindern. Dann sind Sie im Kontakt mit ihm und können schon im Vorfeld auf eventuelle Ängste eingehen.

Angst vor Wasser

Viele Kinder haben Angst vor Wasser. Das ist auch kein Wunder. Wasser ist ein mächtiges Element, das einen mit sich fortreißen und untergehen lassen kann. Man kann nichts mehr sehen, wenn es einem in die Augen spritzt, und bekommt keine Luft mehr, wenn es über dem Kopf zusammenschwappt.

Wenn Ihr Kind nicht schwimmen kann, ist es gut, dass es dem Wasser misstraut, sobald es den Boden unter den Füßen verliert. Auf der anderen Seite macht es Kindern viel Freude, im Wasser zu schwimmen oder darin herumzutollen und zu plantschen. Wenn zu große Ängste Ihr Kind daran hindern, sich mit diesem ungewohnten Element vertraut zu machen, entgeht ihm sehr viel.

Den meisten Säuglingen bereitet das Plantschen und Spielen im Wasser großes Vergnügen. Um die Bewegungsfreude der Kinder und ihr Vertrauen zum Wasser zu fördern, werden in manchen Städten bereits Schwimmkurse für Babys angeboten.

Dabei sind Kinder sogar von Natur aus mit dem Element Wasser vertraut. Sie schwimmen im Mutterleib, und noch einige Wochen nach der Geburt bleibt der Reflex des Luftanhaltens unter Wasser erhalten. Findet außer dem Waschen kein regelmäßiger Kontakt mit dem Wasser statt, verliert sich dieser Reflex und muss später erst wieder erlernt werden.

Mit Angst vor Wasser umgehen

- Zwingen Sie Ihr Kind zu nichts. Vermitteln Sie ihm, dass seine Angst in Ordnung ist und dass Sie ihm in keiner Weise Druck machen.
- Gehen Sie öfter in ein Schwimmbad und schauen Sie gemeinsam mit Ihrem Kind den anderen zu. Wenn das ungezwungen geschieht, wird es vielleicht selbst neugierig werden und irgendwann den Fuß ins Wasser stecken.
- Stärken Sie durch Ermunterung sein Selbstvertrauen: »Ich traue dir zu, dass du das lernen kannst«. Gehen Sie jedoch nur so weit, wie Ihr Kind bereit ist zu gehen.
- Erzählen Sie ihm von den eigenen Erfahrungen im Umgang mit der Angst vor Wasser und wie Sie diese bewältigt haben.
- Wenn Ihr Kind Schwimmunterricht bekommen soll, suchen Sie einen Lehrer, der in der Lage ist, den Kindern Ängste zu nehmen, anstatt durch Druck oder Vergleiche mit anderen noch zusätzliche Ängste zu erzeugen.

Wenn Ihr Kind sich nicht traut, ins Wasser zu gehen, hat das bestimmte Ursachen, die nicht immer leicht zu identifizieren sind. Zu den möglichen Ursachen gehören auch die folgenden:

- Mangelndes Selbstvertrauen
- Druck zum Schwimmenlernen
- Ungeschickte Schwimmlehrer
- Drohungen anderer Kinder, es unterzutauchen

Auch Ihre eigene Einstellung zum Schwimmen, eventuelle Ängste, Vorbehalte und Erfahrungen spielen eine Rolle und prägen die Art und Weise, auf die Ihr Kind sich dem fremden Element nähert.

Wenn Ihr Kind Angst vor der Schule hat, ist es möglicherweise den Leistungsanforderungen nicht gewachsen. Dann sind weitere Misserfolgserlebnisse vorprogrammiert. Es bedarf Ihrer ermutigenden Unterstützung, eines Nachhilfeunterrichts oder einer Rückstufung in eine tiefere Klasse (Letzteres wird erst dann nötig sein, wenn die anderen Maßnahmen nicht greifen).

Angst vor der Schule

Wenn Ihr Kind nicht zur Schule gehen will, gehört das sicher zu den aufreibendsten Erziehungsproblemen überhaupt. Denn natürlich muss es zur Schule, und wenn es weint, sich beklagt und sich verweigert oder körperliche Krankheitssymptome vortäuscht (z. B. Bauchschmerzen), gerät das allmorgendliche Wecken schnell zu einem Machtkampf zwischen Ihnen und Ihrem Kind. Sie wissen nicht, was los ist, sind verärgert, weil es nicht aufstehen will, und gleichzeitig besorgt, ob etwas Ernstes vorliegt.

Es ist nicht leicht, herauszufinden, was Ihr Kind hat, zumal ihm selbst oft nicht bewusst ist, dass Ängste eine Rolle spielen. Wenn Ihr Kind partout nicht in die Schule gehen will, kann dies verschiedene Ursachen haben, u. a. die folgenden:

- Die Leistungsanforderungen, die an die Kinder gestellt werden, sind generell zu hoch.
- Die Leistungsanforderungen, die an die Kinder gestellt werden, sind für Ihr Kind persönlich zu hoch, d. h., es ist ihnen noch nicht gewachsen.
- Die Unterrichtsgestaltung ist ungünstig und das Lehrerverhalten wenig unterstützend.
- Ihr Kind hat zu viele Misserfolgserlebnisse in der Schule – entweder mit seinen Leistungen oder mit seinen Freunden.
- Ihr Kind kommt mit dem Lehrer nicht zurecht.

In all diesen Fällen fühlt sich Ihr Kind ausgeschlossen, weil es möglicherweise von den anderen Kindern auch noch gehänselt oder geärgert wird. Es fühlt sich allein gelassen oder sogar bedroht.

Mit Angst vor der Schule umgehen

- Vermeiden Sie auf jeden Fall einen Machtkampf mit Ihrem Kind. Versuchen Sie stattdessen herauszufinden, was es bewegt. Wenn Ihr Kind in der Lage ist, seine Empfindungen zu verbalisieren, sind Sie schon einen Schritt weiter.
- Kann Ihr Kind Ihnen nicht sagen, wovor es Angst hat, sollten Sie mit dem Lehrer Kontakt aufnehmen. Schildern Sie ihm das Problem. Viele Lehrer sind froh, wenn sie mit den Eltern zum Wohle des Kindes zusammenarbeiten können. Wenn er offen ist und sich nicht gleich kritisiert fühlt, kann er Ihnen Informationen über seine Beobachtungen geben, die Ihnen weiterhelfen können.
- Wenn Sie nach einem Gespräch mit dem Lehrer das Gefühl haben, dass seine Art, den Unterricht zu gestalten und mit den Kindern umzugehen, ein möglicher Auslöser für die Ängste Ihres Kindes sein könnte, nehmen Sie mit anderen Eltern Kontakt auf, ob diese den Eindruck teilen. Sie könnten dann gemeinsam überlegen, was zu tun ist. Auf jeden Fall können Sie mit Ihrem Kind darüber sprechen, ob und wie es mit dem betreffenden Lehrer zurechtkommt, seine Wahrnehmung bestätigen und Lösungen vorschlagen.
- Stärken Sie das Selbstvertrauen Ihres Kindes, sich bei Hänseleien zur Wehr zu setzen. Nehmen Sie bei andauerndem Ärgern oder Bedrohungen durch andere Kinder Kontakt mit deren Eltern auf (nicht um deren »schlechte Erziehung« zu kritisieren, sondern um Hilfe bei der Bewältigung des Problems zu bitten). Wenn Ihr Kind spürt, dass es auf Ihre Unterstützung zählen kann, wird das mit der Zeit seine Angst erheblich reduzieren.
- Überdenken Sie auch Ihre Familiensituation: Gibt es im Familienleben etwas, über das Ihr Kind sich Gedanken oder Sorgen machen könnte? Vielleicht hat es aus irgendwelchen Gründen Angst, Ihre Zuneigung zu verlieren, und möchte deshalb sicherheitshalber zu Hause bleiben?
- Sprechen Sie regelmäßig mit Ihrem Kind über seine Erlebnisse, Erfahrungen, Gedanken und Gefühle. Wenn Probleme auftreten, können sie ohne großen Aufwand schneller und leichter gelöst werden.

Behalten Sie stets auch Ihr eigenes Erziehungsverhalten im Blick: Haben Sie zu hohe Ansprüche an Ihr Kind? Muss es gute Noten bringen, d. h., wird es bestraft, wenn es einmal eine Fünf schreibt oder werten Sie es ab, wenn seine Leistungen mit Ihren Ansprüchen nicht übereinstimmen?

Aufklärung

Insbesondere dann, wenn das Thema »Sexualität« in Ihrer eigenen Familie tabuisiert war und Sie sich Ihre Informationen über Gleichaltrige und Bücher holen mussten, werden Sie den Anspruch haben, Ihr Kind früh genug aufzuklären und ihm das Erlernen eines freien Umgangs mit der Sexualität zu erleichtern.

Beschränken Sie Ihre Aufklärung nicht auf die reine Vermittlung von Fakten. Zur Sexualität gehört nicht nur der Geschlechtsverkehr, sondern sie schließt die Zuneigung, Wärme und Zärtlichkeit zwischen zwei Menschen mit ein.

Anspruch und Wirklichkeit klaffen jedoch oft weit auseinander. Was Sie selbst nicht erlernt haben, ist für Sie natürlich auch schwer weiterzugeben. Oft fehlen die richtigen Worte, und wenn Ihr Kind spürt, dass Ihnen das Sprechen darüber peinlich ist, wird es schnell sagen: »Mama, lass mal, ich weiß schon Bescheid« und sich seine Informationen ebenso wie Sie selbst woanders holen.

Sexualität enttabuisieren

Eine freie Sexualerziehung beginnt schon im frühen Kindesalter und nicht erst mit Beginn der Pubertät, wenn die ersten Härchen wachsen oder Ihre Tochter die erste Periode bekommt.

Sie sind bereits dann gefragt, wenn Ihr Kleinkind mit den Händen seinen Körper und seine Geschlechtsteile erforscht, und Sie sind dann gefordert, wenn Sie es masturbieren sehen oder bei Doktorspielen mit anderen Kindern »erwischen«. Auch natürliche Situationen, in denen Sie mit Ihrem Partner Zärtlichkeiten austauschen oder Ihr Kind unvermittelt ins Schlafzimmer kommt, während Sie miteinander schlafen, können gute Anlässe sein, ungezwungen Stellung zu beziehen oder drängende Fragen zu beantworten.

Sexualität ist ein wichtiger Bestandteil des Lebens. In ihr drückt sich Lebensfreude und Lebenslust aus. Sie sorgt für seelische und körperliche Ausgeglichenheit und ist für die Entwicklung der Persönlichkeit wichtig – auch für die Ihres Kindes.

Je freier Ihr Kind seinen eigenen Körper und den Körper anderer entdecken kann und je weniger es dafür belächelt, abgewertet, missachtet oder gar bestraft wird, desto natürlicher und lustvoller wird es seine Sexualität im Erwachsenenalter erleben können.

Sexuelle Entwicklung des Kindes

- 1. bis 5. Lebensmonat: Ihr Säugling erlebt Lust und Befriedigung durch den Hautkontakt beim Saugen an der Brust und durch das Schaukeln und Wiegen auf dem Arm.
- 6. Monat bis 3. Lebensjahr: Ihr Baby beginnt, mit seinen Geschlechtsteilen zu spielen, und entdeckt Stellen, die besonders empfindlich sind. Es erlebt das Entleeren seines Darms in die Windel und später auf dem Töpfchen als lustvoll – vorausgesetzt, es wird nicht dazu gedrängt, etwas zu »produzieren«. Es wird zunehmend neugieriger, wie andere Menschen aussehen, und möchte wissen, was Mama und Papa auf dem Klo machen. Es genießt das Schmusen, Herzen und Küssen und probiert das jetzt mit anderen Kindern. Dabei beginnt es, Unterschiede festzustellen, und fragt z. B., wozu ein Penis da ist.
- 3. bis 6. Lebensjahr: Ihr Kind entdeckt, was es bedeutet, männlich oder weiblich zu sein, und entwickelt seine geschlechtliche Identität. Es macht mit anderen Kindern Doktorspiele, um sich gegenseitig zu untersuchen und zu betasten, und spürt dabei, was ihm Freude macht und was nicht. In diese Zeit fällt häufig die Geburt eines Geschwisters. Das gibt Anlass zu Fragen, woher die Babys kommen und wie sie in den Bauch der Mutter gelangen. Mutter und Vater werden zu sexuell interessanten Liebesobjekten. Ihre Tochter kann mit 4 Jahren im Brustton der Überzeugung sagen, dass sie, wenn sie groß ist, mal den Papa heiratet.
- 6. bis 10. Lebensjahr: In dieser Zeit erprobt Ihr Kind seine Sexualität gezielter und bewusster. Es strebt seine Lust an, vermeidet jedoch, dass Sie das mitbekommen. Obwohl in dieser Zeit mehr Distanz zum anderen Geschlecht aufgebaut wird, entwickelt sich in der Fantasie ein zunehmendes Interesse. Es schreibt Zettelchen und erste Liebesbriefe. In gleichgeschlechtlichen Aktivitäten probiert es aus, wie es sich anfühlt, die Lippen aufeinander zu drücken, und was ein Zungenkuss ist.
- 10. bis 14. Lebensjahr: Die Pubertät beginnt. Jungen haben ihren ersten Samenerguss, Mädchen die erste Menstruation. Der Busen wächst und erste Härchen sprießen. Die körperlichen Veränderungen geben Anlass zur Freude, lösen aber auch Unsicherheit aus. Jetzt finden echte Begegnungen mit dem anderen Geschlecht statt. Man flirtet, küsst und knutscht und stellt bei häufig wechselndem Verliebtsein die Unterschiede der jeweiligen

Wenn Ihr Kind in der Öffentlichkeit Fragen zur Sexualität stellt, die Ihnen peinlich sind, können Sie beispielsweise sagen: »Das will ich dir jetzt nicht beantworten, wir können aber zu Hause darüber sprechen.«

Damit Aufklärung gelingt

- Überdenken Sie Ihre eigene sexuelle Entwicklung und Geschichte. Wie ist sie verlaufen? Wie hat sich das auf Ihr Leben ausgewirkt? Was davon möchten Sie Ihrem Kind mitgeben und was möchten Sie anders machen? Wo erleben Sie auch heute noch Barrieren, die Sie schwer überwinden können und die sich möglicherweise auf die Sexualerziehung Ihres Kindes auswirken? Was können Sie tun, um selbst freier zu werden?
- Seien Sie aufrichtig in Bezug auf Ihre eigenen Gefühle. Wenn Ihnen etwas peinlich ist, erzählen Sie Ihrem Kind, wie das bei Ihnen war und dass es für Sie unangenehm ist, darüber zu sprechen.
- Beantworten Sie seine Fragen ehrlich. Versuchen Sie nicht, drum herum zu reden, sondern nennen Sie die Dinge beim Namen. Für die Genitalien und das sexuelle Verhalten existiert ein reichhaltiger Wortschatz. Ihr Kind sollte z. B. erfahren, dass »ficken« und »Liebe machen« zwei unterschiedlich bewertete Ausdrücke derselben Handlung sind. Nur dann lernt es, in entsprechenden Situationen den richtigen Ausdruck zu benutzen.
- Gehen Sie immer nur so weit, wie Ihr Kind bereit ist zu gehen. Auf die Frage, wo die Babys herkommen, braucht kein halbstündiger Vortrag erfolgen. Wenn Sie antworten, dass sie im Bauch heranwachsen und dann geboren werden, reicht das eventuell schon aus. Ihr Kind wird darüber nachdenken und vielleicht einige Tage später die Folgefrage stellen, wie die Babys in den Bauch kommen.
- Lassen Sie Ihr Kleinkind seinen Körper erforschen. Ziehen Sie nicht seine Hand weg und unterlassen Sie Äußerungen, die Ihre Abneigung deutlich machen. Vermitteln Sie aber auch, dass Masturbation etwas ist, was nicht in die Öffentlichkeit gehört. Wenn Ihr Kind sich beispielsweise im Schwimmbad an seinen Genitalien streichelt, sagen Sie ihm, dass es damit warten soll, bis es zu Hause in seinem Zimmer ist.
- Respektieren Sie die Grenzen Ihres Kindes. Wenn es in seinem Zimmer masturbiert, möchte es das genauso ungestört tun wie Sie selbst.

Möchte Ihr Kind Ihre Geschlechtsteile sehen, müssen Sie selbst entscheiden, wie weit Ihre intime Grenze geht. Hilfreich kann es sein, Ihrem Kind mit einem kleinen Spiegel seine eigenen Geschlechtsteile zu zeigen und zu erklären, was was ist.

Partner fest. In dieser Zeit weigern sich die meisten Kinder, über ihre Sexualität zu sprechen. Dafür tun sie es um so ausgiebiger mit Gleichaltrigen. Die Ablösung von den Eltern hat begonnen.

Wenn Sie Ihr Kind liebevoll durch alle Stationen seiner sexuellen Entwicklung begleiten, ist eine Aufklärung im eigentlichen Sinne zu einem bestimmten Zeitpunkt gar nicht mehr notwendig. Aufklärung bedeutet Begleitung und Annahme Ihres Kindes in seinen Gefühlen zu allen Zeiten. Wenn Sie ihm das Gefühl geben, dass das, was es erlebt, in Ordnung ist, entwickelt es sich zu einem Menschen, der seine Sexualität frei und befriedigend gestalten kann. Ziel einer sinnvollen Sexualerziehung sollte sein, Ihrem Kind Informationen zu geben und eine Einstellung zur Sexualität zu vermitteln, die ihm hilft, später ein erfülltes, befriedigendes und verantwortungsbewusstes Liebesleben zu führen.

Vermitteln Sie Ihrem Kind Ihre Grenzen. Dass es ab einem bestimmten Alter z. B. nicht ohne anzuklopfen in Ihr Schlafzimmer kommen darf, sollte selbstverständlich sein. Das Alter hat es dann erreicht, wenn es in der Lage ist, zu verstehen, dass Mama und Papa auch mal für sich sein wollen.

Austricksen

Ihr Kind spürt ganz genau, ob es seine Eltern gegeneinander ausspielen und sie auf diese Weise austricksen kann. Es erkennt blitzschnell Ihre Schwachstellen und nutzt sie manchmal schamlos aus. Es hat ein Ziel, will etwas haben oder erreichen und versucht das mit den ihm zur Verfügung stehenden Mitteln. Wenn eine Methode fehlschlägt, ergreift es die nächste und probiert das so lange aus, bis es seine Wünsche erfüllt oder seinen Willen durchgesetzt hat.

Wenn Sie seine Methoden durchschaut haben, werden Sie vermutlich verärgert reagieren und sich in Ihrer Gutmütigkeit ausgenutzt fühlen. Noch schlimmer kommt es, wenn Sie auf Ihren Partner wütend sind, weil der etwas erlaubt hat, was Sie verboten haben. Das kann ein Anlass für einen großen Ehekrach sein, bei dem jeder dem anderen seine Prinzipien von Kindererziehung »um die Ohren haut«.

Wenn Sie der nachgiebigere Elternteil sind und sich selbst als friedfertig und kompromissbereit sehen, wird Ihr Kind auch diese Schwachstelle zu seinen Zwecken nutzen können. Es kommt dann mit einem Wunsch zuerst zu Ihnen, weil es von Ihnen den geringsten Widerstand erwartet. Für Ihren Partner ist es dann schwieriger, etwas zurückzunehmen, was Sie schon gewährt haben. Sie selbst gehen einer offenen Auseinandersetzung aus dem Weg, weil Sie vielleicht Angst haben, dieser nicht gewachsen zu sein. Oder Sie haben ein schlechtes Gewissen, das Sie durch unüberlegtes, voreiliges Gewähren beruhigen wollen.

Geschickte Manipulatoren

Die Gründe für den Versuch Ihres Kindes, Sie als Eltern auszutricksen, liegen meist in einer Unfähigkeit, seine Wünsche und Bedürfnisse auf eine offene, ehrliche Art und Weise auszudrücken, seine Interessen zu vertreten, sich Gehör zu verschaffen und Verantwortung dafür zu übernehmen. Das beinhaltet auch das Wissen, dass nicht alle Bedürfnisse befriedigt und nicht alle Wünsche erfüllt werden.

Um das zu lernen, bedarf es Ihres Vorbildes. Wenn Sie Ihre Wünsche und Bedürfnisse klar äußern, Ihre Gefühle deutlich zeigen und auch in Ihrer Partnerschaft unterschiedliche Standpunkte offen, aber kompromissbereit diskutieren, lernt Ihr Kind, dass Offenheit und Ehrlichkeit gefragt sind. Es macht die Erfahrung, dass Sie sich als Eltern zu seinem Wohle zusammensetzen und trotz unterschiedlicher Meinungen um die Lösung eines Problems bemüht sind.

Das einzige probate Mittel gegen die Findigkeit von Kindern, die ihre Wünsche durchsetzen wollen, sind Absprachen. Mithilfe von Absprachen erzielen Sie elterliche Übereinstimmung und geben Ihrem Kind letztlich auch ein Gefühl von Sicherheit.

Wenn Ihr Kind jedoch die Erfahrung macht, dass es mit seinen Wünschen und Bedürfnissen kein Gehör findet, dass Standpunkte in der Familie nicht offen diskutiert werden und Sie als Eltern nicht um einen zufriedenstellenden Kompromiss bemüht sind, muss es manipulieren, um zu bekommen, was es haben will.

Warum lassen Sie sich manipulieren?

Wenn Ihre Tochter Ihnen liebevoll schmeichelt, Ihnen dabei erzählt, dass sie in der Englischarbeit eine Zwei geschrieben hat und fast im gleichen Atemzug fragt, ob sie eine neue, ganz bestimmte Jeans bekommt, ist es sicher nicht leicht zu fragen, ob sie Papa auch schon gefragt hat; noch schwieriger ist es, gleich Nein zu sagen oder darüber zu diskutieren, ob sie wirklich eine neue Hose braucht.

Sie fühlen sich geschmeichelt, dass Ihre Tochter so liebevoll zu Ihnen ist und freuen sich über die gute Note. Sie wollen die nette Atmosphäre nicht durch ein Nein kaputtmachen.

Sich nicht um den Finger wickeln lassen

- Überlegen Sie, mit welchem Verhalten Ihr Kind es im Allgemeinen schafft, Sie zu manipulieren.
- Versuchen Sie, sein Verhalten zu verstehen und mögliche Ursachen herauszufinden. Traut es sich z. B. nicht, seine Wünsche offen vorzutragen? Warum nicht? Kann es ein Nein schlecht akzeptieren? Hat es zu wenig Achtung vor Ihrer elterlichen Autorität? Geben Sie ihm möglicherweise sogar ein Vorbild, wie man seine Ziele durch Manipulation erreichen kann?
- Denken Sie darüber nach, was bei Ihnen die Ursache dafür ist, dass Ihr Kind Sie manipulieren kann. Sind Sie sehr auf Harmonie bedacht, haben Sie Angst vor Auseinandersetzungen oder versuchen Sie, Ihr Kind aus Frustration in der Partnerschaft auf Ihre Seite zu ziehen?
- Sprechen Sie mit Ihrem Partner über die Situation und treffen Sie eine Absprache, wie Sie sich verhalten wollen. Das kann z. B. so aussehen, dass Sie Ihrem Kind in der jeweiligen Situation sagen: »Ich könnte mir vorstellen, dass Papa anderer Meinung ist als ich. Deshalb möchte ich erst mit ihm reden, um einen Kompromiss zu erzielen.«
- Legen Sie die jeweiligen Gründe für Ihre Entscheidung dar: »Ich möchte deshalb nicht, dass du mit dem Fahrrad in die Stadt fährst, weil ich Angst habe, dass dir etwas passiert.« Schlagen Sie eine Lösung vor: »Lass uns zunächst ein paar Mal zusammen fahren, bis ich sicher sein kann, dass du die Verkehrsregeln beherrschst.«
- Wenn Ihr Kind mit einem Wunsch an Sie herantritt, fragen Sie es, ob es mit dem gleichen Anliegen schon bei Ihrem Partner war. Dann muss es Stellung beziehen, und Sie können sagen, dass Sie erst miteinander sprechen müssen, bevor eine Entscheidung fällt.
- Vermitteln Sie Ihrem Kind, dass seine Wünsche, Bedürfnisse, Interessen und Meinungen wichtig sind und es sie offen äußern darf.
- Wenn es des Öfteren versucht, Sie auszutricksen, sprechen Sie mit ihm darüber. Fragen Sie es, warum es das tut, und zeigen Sie ihm mögliche Folgen auf.
- Seien Sie konsequent! Bevor Sie Nein sagen, fragen Sie sich, ob Sie auch Nein meinen, und bleiben Sie dann auch dabei.

Nehmen Sie's mit Humor, wenn Ihr Kind besonders geschickt und einfallsreich manipuliert. Sagen Sie: »Das hast du aber toll hingekriegt.« Lachen Sie gemeinsam darüber. Sie machen damit deutlich, dass Sie ihm auf die Schliche gekommen sind, jedoch nicht gewillt sind, das häufiger hinzunehmen.

Wenn es immer wieder klappt ...

Wenn Sie häufig »Opfer« der Manipulationen Ihres Kindes sind, sich also häufig austricksen lassen, sollten Sie sich fragen, ob die Ursache dafür vielleicht in Ihrer Haltung liegt:

- Sind Sie sehr auf Harmonie und Gleichklang bedacht?
- Scheuen Sie offene Konflikte und Auseinandersetzungen?
- Sind Sie von Ihrem Partner enttäuscht und frustriert?
- Stehen Sie unter starkem Stress?

Wenn Sie zu ausgelaugt sind, um mit Ihrem Kind über eine bestimmte Sache zu diskutieren, sollten Sie ihm genau das sagen. Verschieben Sie die Diskussion wenn möglich auf später und sagen Sie nicht nur Ja, weil Sie Ihre Ruhe haben wollen.

Wenn Sie erfahren, dass Ihr Sohn mit Erlaubnis seines Vaters mit dem Fahrrad in die Stadt fahren darf, obwohl Sie ihm das einen Tag vorher verboten hatten, wollen Sie die Erlaubnis nicht wieder zurücknehmen. Sie wollen keine Auseinandersetzung mit Ihrem Partner riskieren und auch Ihr Kind nicht enttäuschen.

In beiden Fällen ist der Wunsch nach Harmonie und Gleichklang in der Familie sowie die Angst vor Auseinandersetzungen und einer möglichen Distanzierung des Partners und des Kindes der Grund dafür, warum Sie sich von Ihrem Kind manipulieren lassen.

Wenn es Ihrem Kind gelingt, z. B. immer bei Ihnen etwas zu erreichen, was Ihr Partner untersagt hat, versuchen Sie möglicherweise, Ihr Kind aus Enttäuschung und Frustration in Ihrer Partnerschaft auf Ihre Seite zu ziehen. Sie spielen gewissermaßen die Rolle des »Guten«.

Ein anderer Grund dafür, dass Ihr Kind mit seinen Manipulationen Erfolg hat, ist, dass Sie sich überfordert fühlen und unter großem Stress stehen. Wie oft beispielsweise geben Sie nach und sagen leichtfertig Ja, weil Sie einfach einmal Ihre Ruhe haben möchten und ein Zuhören oder eine Diskussion Ihnen zum jetzigen Zeitpunkt zu anstrengend und zu zeitaufwändig wäre?

Auch wenn es zunächst so aussieht, als sei Ihr Kind zufrieden damit, durch geschickte Manipulation seinen Willen bekommen zu haben, ist es langfristig nicht glücklich dabei. Es steckt in einer Zwickmühle: Es möchte sich Ihnen als Eltern gegenüber loyal verhalten und andererseits seine Wünsche durchsetzen. Meist allerdings wird es unglücklich sein, wenn es durch sein Verhalten einen Streit zwischen Ihnen auslöst.

Barbie-Puppen

Die Barbie-Puppe ist mittlerweile 40 Jahre alt. Sie hat einen unglaublichen Siegeszug angetreten und schon unzählige Mädchengenerationen glücklich gemacht. In kaum einem Haushalt fehlt sie. Sie bevölkert als Party-Barbie, Strand-Barbie oder Büro-Barbie die Kinderzimmer. Sie hat meist blonde, aber auch braune, rote oder schwarze Haare und immer die gleiche Figur: Alle Ausführungen von Barbie sind groß gewachsen und schlank, haben lange Beine und einen großen Busen. Zu jeder Barbie-Puppe gibt es darüber hinaus diverses Zubehör: Kleidung, persönliche Utensilien und alles, was man zur Einrichtung des Barbie-Hauses braucht. Sie hat ein Auto, einen Wintergarten, einen Swimmingpool und ein Büro mit Computer direkt neben dem Barbie-Haus. Barbies Freund heißt mittlerweile Blaine; er ist blond und braun gebrannt, surft gern und isst am liebsten Pizza – er erfüllt damit also alle Voraussetzungen eines idealen Partners. Doch er spielt – ebenso wie sein Vorgänger Ken – in Barbies Welt eigentlich eine untergeordnete Rolle: Es gibt ihn in den Kaufhäusern in lange nicht so vielen Ausführungen wie das bei Barbie der Fall ist.

Die Anforderungen an Frauen sind nach wie vor sehr hoch; welche Frau möchte nicht gut aussehen, sich selbst und den Männern gefallen, beruflich erfolgreich sein und trotzdem Familie haben? Irgendwann merkt jedoch jede Frau, dass zwischen Wunsch und Realität eine Lücke klafft, die sie entweder schließen lernt, indem sie große Anstrengungen unternimmt, den Ansprüchen zu genügen, oder indem sie sich ihnen gezielt verweigert.

Vom Sinn des Spielens

Ihr Kind beginnt, sich ab dem vierten bis fünften Lebensjahr für Barbie-Puppen zu interessieren. Es ist von der glitzernden Barbie-Welt fasziniert, steht vor dem Regal im Kaufhaus und überlegt sich, welche Barbie als Nächste Aufnahme in die Sammlung finden soll. Sie stehen vielleicht daneben und verfolgen die Aktion mit einigem Widerwillen. Das Spielen mit Barbie-Puppen ist für Ihr Kind jedoch eine ernst zu nehmende Angelegenheit. Es spielt dabei Beziehungsthematiken nach, und zwar in Form von Rollenspielen:

- Es arbeitet Erfahrungen und Probleme auf, die es in seinen sozialen Beziehungen mit Eltern, Geschwistern oder Gleichaltrigen erlebt.
- Es konstruiert im Spiel eine andere Realität als die eigene.

Beides ist für Ihr Kind von großer Bedeutung. Durch eine Wiederholung erlebter Situationen verarbeitet es seine Erfahrungen und kann im Spiel dort kontrollieren, wo es sich im Alltag klein und ohnmächtig fühlt.

Wenn es eine andere Realität konstruiert, kann es zeitweise den Zwängen des Alltags entfliehen und im Spiel mit Barbie und Ken oder Blaine sich Mama und Papa nach einem heftigen Streit wieder vertragen lassen, noch bevor die beiden das in der Realität tun.

Rollenverteilungen erproben

Im Spiel drückt Ihr Kind seine Gedanken, Gefühle, Probleme und Ängste aus. Es zeigt Ihnen, wie es die Welt sieht und erlebt. Insofern ist sein Spiel, mag es Ihnen auch noch so entrückt und die Mittel zum Spiel problematisch erscheinen, eine Auseinandersetzung mit der Wirklichkeit. Das Frauenbild in unserer Gesellschaft ist Bestandteil der heutigen Realität, und es spielt keine Rolle, ob diese Funktion im Spiel mit Barbie-Puppen, Playmobilfiguren oder Legomännchen erfüllt wird.

Die unterschiedlichen Barbie-Puppen kann Ihr Kind entsprechend der jeweiligen Rolle einsetzen. Wenn die Party-Barbie sich schick macht, um auf einer Party zu tanzen und sich auszutoben, und am nächsten Morgen liebevoll von Blaine geweckt wird, der ihr das Frühstück ans Bett bringt, hat Ihr Kind im Spiel die »traditionelle« Frauenrolle bereits bis zu einem gewissen Grad verändert. Wenn die Geschäftsfrau-Barbie mit dem Bürokoffer in der Hand das Haus verlässt, um zur Arbeit zu gehen, hat Ihr Kind mitbekommen, dass Frauen sich schon lange nicht mehr nur mit der Hausfrauenrolle zufrieden geben.

> Wenn es nun einmal der Herzenswunsch Ihrer Tochter ist, können Sie ihr ruhig eine Barbie-Puppe schenken. Vom pädagogischen Standpunkt aus gesehen ist das Spiel mit dieser Puppe nicht schädlich.

Wenn Ihre Tochter Sie an ihrem Spiel teilhaben lässt, können Sie die Gelegenheit nutzen, um andere Rollen auszuprobieren und darüber ins Gespräch zu kommen: Muss Barbie eigentlich immer schön aussehen oder ist sie vielleicht auch ungeschminkt in einem alten Schmuddelpullover genauso liebenswert?

Fangen Sie bei sich selbst an

Als erwachsene Frau sind auch Sie vielfältigen Anforderungen und Ansprüchen ausgesetzt, denen Sie entweder Genüge tun oder denen Sie sich verweigern. Je mehr Sie sich selbst über Ihre Rolle als Frau im Klaren sind, desto eher können Sie Ihrer Tochter helfen, ihre weibliche Identität zu finden. Vermitteln Sie ihr, worauf es Ihnen wirklich ankommt; Äußerlichkeiten haben ihren Stellenwert, aber die inneren Werte sind entscheidend.

Warum Verbote nichts nützen

Ein Spielverbot mit Barbie-Puppen zu erteilen, ist genauso sinnlos wie eine Verweigerung, heiß ersehnte Barbie-Puppen selbst zu kaufen, aber ein Schenken durch Oma und Opa zu erlauben. Sie geben damit den Wünschen Ihres Kindes etwas Anrüchiges und Verbotenes. Dann wird es zum einen noch interessanter und zum anderen reduziert ein solches Vorgehen das Vertrauen Ihres Kindes, dass Sie es gut mit ihm meinen.

Auch Barbie stellt mittlerweile althergebrachte Rollenklischees infrage. Sie hat beispielsweise den Sprung ins Berufsleben geschafft, ist selbstbewusst, eigenwillig und erfolgreich.

Interessen akzeptieren

- Wenn Ihr Kind sich eine Barbie-Puppe wünscht und Sie eine negative Einstellung dazu haben, fragen Sie es, was ihm daran so gut gefällt. Gestehen Sie ihm zu, dass es anderer Meinung ist.
- Beobachten Sie sein Spiel: welche Rolle es selbst einnimmt und wie es damit umgeht. Das gibt Ihnen Aufschlüsse über die Befindlichkeit Ihres Kindes. Sie können später darauf eingehen und mit ihm darüber sprechen.
- Mischen Sie sich nicht in sein Spiel ein und enthalten Sie sich ablehnender oder bewertender Äußerungen.
- Falls Ihr Kind Bereitschaft signalisiert, Sie am Spiel teilhaben zu lassen, fragen Sie es nach der Bedeutung der einzelnen Rollen und warum Barbie sich so und nicht anders verhält. Sie können im Spiel Verhaltensalternativen aufzeigen und Ihr Kind dadurch weiterbringen.
- Behalten Sie im Auge, ob Ihr Kind auch noch andere Interessen hat. Wenn diese ausgeglichen sind und es auch im Kindergarten oder in der Schule keine Probleme gibt, lassen Sie es gewähren.
- Sollte Ihr Kind sich in seiner Puppenwelt isolieren und über einen längeren Zeitraum hinweg keine anderen Interessen verfolgen, könnte das ein Hinweis auf einen tiefer liegenden Konflikt sein. In diesem Fall können Sie zusätzliche Informationen von Erziehern oder Lehrern einholen. Reflektieren Sie Ihre Familien- und Ehesituation und die Prinzipien Ihrer Erziehung.
- Überlegen Sie, was Sie anders machen können, und nutzen Sie den Rat und die Hilfe von anderen Eltern, Lehrern, Erziehern oder professionellen Helfern.

Wenn Sie Ihrem Kind trotz aller Bedenken eine Barbie-Puppe schenken, vermitteln Sie: »Mit ist wichtig, dass du glücklich bist.« Ihr Kind wird das zu schätzen wissen.

Seien Sie unbesorgt! Nur weil Ihr Kind mit Barbie-Puppen spielt, wird es nicht selbst zu einer. Es hat die Möglichkeit, seine innere Befindlichkeit anhand des Spiels zu äußern, und Sie haben dadurch die Chance, dort regulierend einzugreifen, wo es Ihnen notwendig erscheint. Wenn Sie ihm das Spiel mit Barbie-Puppen verbieten oder Ihre Ablehnung und Ihr Unverständnis deutlich machen, signalisieren Sie, dass Sie die Befindlichkeit Ihres Kindes missachten. Damit richten Sie mit Sicherheit mehr Schaden an als dies ein ausgiebiges Spielen mit dem Symbol einer Geschlechtsstereotype jemals vermögen könnte.

Geben Sie Ihrem Kind die Möglichkeit, sich ausreichend zu bewegen. Dabei kann es Spannungen abbauen, die Motorik schulen, Muskeln und Knochen kräftigen und Widerstandskraft gegen Erkrankungen entwickeln.

Bewegungsdrang

Ein überaus aktives, bewegungsfreudiges Kind kann Sie und seine Umgebung manchmal zur Weißglut treiben. Solange es noch klein ist und der ständigen Aufsicht der Eltern bedarf, sind diese damit beschäftigt, die Energien des Kindes in akzeptable Bahnen zu lenken und dafür zu sorgen, dass ihm nichts passiert. Sie müssen es davon abhalten, unüberlegt eine Straße zu überqueren, auf hohe Mauern zu klettern oder aus großen Höhen zu springen. Sie müssen dafür sorgen, dass es durch lautes Toben die anderen Mieter im Haus nicht stört, und schließlich wollen auch die Eltern selbst fern von hektischer Betriebsamkeit und lautem Geschrei von Zeit zu Zeit ihre Ruhe haben.

Wenn ein Kind einen großen Bewegungsdrang hat, ist das zunächst etwas völlig Normales. Rennen, klettern, springen, toben und dabei ein lautes Geschrei machen sind Ausdruck der kindlichen Energie und Zeichen sprudelnder Lebensfreude. Wenn die Eltern das Kind in seiner Energie permanent bremsen, andauernd einschreiten, mit dem Kind schimpfen, es zurechtweisen oder gar schlagen, richten sie mehr Schaden an, als dass sie damit Erziehungserfolge erzielen. Gebremste Energien können schnell in Aggressionen umschlagen, die ihrerseits alle Beteiligten wütend und gereizt werden lassen.

Mit Bewegungsdrang umgehen

- Nörgeln oder schreien Sie nicht, wenn Ihr Kind durch die Wohnung tobt. Spätestens bei der dritten Ermahnung schaltet es seine Ohren auf Durchzug.
- Suchen Sie nach Möglichkeiten, wo sich Ihr Kind ungestört austoben kann. Gehen Sie z. B. in einen Park oder Wald, machen Sie einen Wettlauf oder spielen Sie Fangen.
- Schicken Sie es zum Kinderturnen oder lassen Sie es anderen organisierten Sport machen.
- Vereinbaren Sie Orte, wo Ihr Kind ausgelassen toben darf, und solche, wo Toben nicht erwünscht ist. Wenn das Kinderzimmer groß genug ist, können Sie z. B. ein paar alte Matratzen auf den Boden legen. Tobt es trotz einer Vereinbarung im Wohnzimmer herum, nehmen Sie es liebevoll, aber bestimmt am Arm und führen es zu dem Ort, wo es toben darf.
- Vereinbaren Sie Ruhezeiten und drängen Sie auf Einhaltung. Das ist jedoch nur möglich, wenn Sie handeln anstatt zu reden. Die Einhaltung kann mit einer anschließenden Kissenschlacht belohnt werden. Bei Nichteinhaltung treten vorher abgesprochene Konsequenzen in Kraft.
- Wenn das Toben überhand nimmt, lenken Sie Ihr Kind ab, indem Sie ein Angebot machen: »Komm, wir trinken jetzt erst mal was« oder »Setz dich zu mir, ich lese dir etwas vor«.
- Überdenken Sie Ihre eigenen Erfahrungen im Umgang mit Ihrem Bewegungsdrang als Kind. Durften Sie dem nachgeben oder wurden Sie gebremst? Wie reagierten Ihre Eltern darauf? Wie hat sich das ausgewirkt?
- Überprüfen Sie Ihre heutige Einstellung dazu. Freuen Sie sich, dass Ihr Kind so lebensfreudig ist oder fühlen Sie sich schnell gestört und genervt? Wie verhalten Sie sich Ihrem Kind gegenüber? Wie gehen Sie damit um, wenn es durch die Wohnung tobt? Kann es sein, dass Sie durch Ihr Verhalten Überaktivität eher fördern, indem Sie beispielsweise Ihrem Kind nur dann Aufmerksamkeit schenken, wenn es stört?

Kinder müssen toben. Die Bewegung trägt zur körperlichen und seelischen Ausgeglichenheit bei. Das ist bei Erwachsenen im Prinzip nicht anders, allerdings haben die meisten es beim Übermaß an sitzenden beruflichen Tätigkeiten inzwischen verlernt.

Ist aktiv gleich hyperaktiv?

Was Sie persönlich an Bewegungsdrang bei Ihrem Kind als störend oder als annehmbar empfinden, hängt ganz von Ihrer Persönlichkeit sowie von der Umgebung ab, in der Sie leben. Natürlich spielt auch Ihre jeweilige körperliche und seelische Verfassung, d. h. die »Tagesform«, eine nicht unwichtige Rolle.

Wenn Sie beispielsweise selbst eine aktive, bewegungsfreudige Person sind, werden Sie die Bewegungslust Ihres Kindes eher wohlwollend betrachten und sicherlich auch von Zeit zu Zeit mit ihm herumtoben. Wenn Sie selbst als Kind ein »Wildfang« waren und schmunzelnd daran zurückdenken, was Sie alles angestellt haben, werden Sie auch eher geneigt sein, ein ähnliches Verhalten bei Ihrem Kind zu akzeptieren.

Wenn Sie darüber hinaus ein eigenes Haus haben, in dem Sie alleine leben, und einen großen Garten oder einen Wald, ein Feld oder Wiesen in unmittelbarer Nähe, fällt es Ihnen ebenfalls leichter, dem Bewegungsdrang Ihres Kindes nachzugeben. Sie können es ab einem bestimmten Alter zum Spielen und Herumtoben einfach nach draußen schicken. Dort stört es keine Nachbarn und kann so laut sein, wie es will.

Als hyperkinetisch kann Ihr Kind erst dann angesehen werden, wenn es mindestens ein Jahr lang auffällige Konzentrationsstörungen, Impulsivität, motorische Unruhe und ausgeprägte Stimmungsschwankungen zeigt.

Toben unerwünscht

Wenn Sie dagegen in der Stadt in einer Mietwohnung leben, ist das leider oftmals nicht möglich. Hier existieren denkbar ungünstige Bedingungen für bewegungslustige Kinder. Lärm in der Wohnung, im Treppenhaus oder im Hof wirkt störend auf andere Mieter, was das Zusammenleben in hohem Maße beeinträchtigen kann. In einem solchen Fall müssen Sie – unabhängig von den eigenen Neigungen – darauf achten, dass Ihr Kind beim Toben bestimmte Zeiten einhält, oder mit ihm nach draußen auf einen Spielplatz oder in einen Park gehen.

Oft werden Kinder, die sich nicht so verhalten, wie Erwachsene das wünschen, als hyperaktiv (hyperkinetisch) bezeichnet. Sie bekommen dann ein Etikett und sind damit krank und behandlungsbedürftig. Nicht selten werden Kindern in einem solchen Fall Beruhigungsmittel verschrieben. Das Problem wird zu schnell dem Kind zugeschrieben. Die Bedingungen, unter denen es lebt, und das Verhalten der Erwachsenen finden zu wenig Berücksichtigung.

Brav sein

Wünschen Sie sich auch manchmal ein liebes, braves, pflegeleichtes Kind, das Ihnen keine Schwierigkeiten und Probleme bereitet? Wenn Sie mit einem solchen Kind »gesegnet« sind, haben Sie es in der Erziehung relativ leicht. Sie brauchen kaum einen Gedanken daran zu verschwenden, wie Sie Erziehungsprobleme lösen. Ihr Kind wird von Ihnen geleitet, hört auf Sie, tut, was Sie sagen, und durchläuft Kindergarten und Schule ohne Schwierigkeiten.

Verwandte und Freunde sind entzückt darüber, wie lieb und brav sich die oder der Kleine stundenlang selbst beschäftigen kann, anstatt auf Mamas Schoß herumzukrabbeln und die Gespräche zu stören. Sie sind begeistert, wie selbstverständlich Ihr Kind die Gläser auf dem Tisch nachschenkt, anstatt draußen Fußball zu spielen. Und Sie als Eltern sind stolz darauf, ein so braves und liebes Kind zu haben.

Nun sind allerdings brave Kinder nicht immer auch gleich angepasste Kinder. Auch wenn Ihr Kind generell tut, was Sie von ihm möchten, kann es sich zu einem selbstständigen Menschen mit dezidiert eigener Meinung entwickeln.

Wunsch- oder Albtraum?

Jahrzehntelang war ein braves, angepasstes Kind der Wunschtraum aller Eltern. Ihnen war daran gelegen, ihr Kind so zu formen, dass es sich anpasst, sich unterordnet und sich dabei so diszipliniert verhält, dass es keinerlei Störungen hervorruft. Undiszipliniertes Verhalten wurde als »unartig« verdammt und fiel prompt auf die Eltern zurück. Niemand wollte sich von anderen sagen lassen, er habe sein unartiges Kind nicht im Griff und versage in der Erziehung.

Mit dem Wandel in der Erziehung in den 1960er-Jahren wurden andere Werte propagiert. Die Kinder sollten nun von jeglichem Zwang befreit werden und nach den eigenen Bedürfnissen leben können. Brave, angepasste Kinder waren plötzlich nicht mehr gefragt. Den Kindern wurde stattdessen Antiautorität, Grenzenlosigkeit und – damit verbunden – eine gewisse Willkür zugestanden.

Wenn auch das Bravsein Ihres Kindes Ihre Aufgabe als Eltern erleichtert, heißt das noch lange nicht, dass das die beste Lösung für Ihr Kind ist. Ein Kind, das immer nur brav ist, sollte Ihnen Anlass zum Nachdenken und zur Sorge geben.

Wenn Ihr Kind eher ruhig ist, als zum Toben zu neigen, ist das sicherlich noch kein Grund zur Sorge. Letztere ist jedoch in den folgenden Fällen angebracht:

- Ihr Kind scheint seine aggressiven, energiegeladenen Impulse längerfristig zu unterdrücken.
- Ihr Kind benimmt sich nur deshalb gut, um Ihnen zu gefallen und Ihr Lob zu bekommen.

Ob zu Streichen neigend oder brav – vermitteln Sie Ihrem Kind, dass Sie es so lieben, wie es ist. Das stärkt sein Selbstvertrauen, mit dem wiederum es mehr Gelassenheit entwickeln kann.

Sein Kind lieben, wie es ist

- Überdenken Sie, wie Sie selbst erzogen wurden: Stellte Bravsein in Ihrer Erziehung einen hohen Wert dar? Wie verhielten sich Ihre Eltern, wenn Sie »unartig« waren? Welche Schlüsse zogen Sie daraus?
- Überdenken Sie Ihr eigenes Erziehungsverhalten: Welche Werte sind Ihnen wichtig? Wie verhalten Sie sich gegenüber Ihrem Kind, wenn es entweder lieb und brav oder aggressiv, trotzig, traurig und enttäuscht ist?
- Fördern Sie die lebendigen, aggressiven Impulse Ihres Kindes, indem Sie es ermuntern, Risiken einzugehen und Fehler machen zu dürfen.
- Loben Sie es nicht ausschließlich für sein Bravsein, sondern drücken Sie Ihre Anerkennung auch dafür aus, dass es seine Meinung sagt, seine Interessen vertritt und seine Gefühle zeigt.
- Vermitteln Sie Ihrem Kind, dass Sie es auch lieb haben, wenn es sich nicht so verhält, wie Sie es gerne hätten. Sie können sein Verhalten ablehnen, es als Person aber trotzdem schätzen. Ihr Kind muss erfahren, dass für Ihre Zuneigung keine Vorbedingungen zu erfüllen sind. Sonst hat es große Angst, Sie zu enttäuschen.
- Stellen Sie keine Vergleiche unter den Geschwistern an. Vermeiden Sie Sätze wie »Warum kannst du nicht so lieb sein wie deine Schwester?« Betonen Sie stattdessen, dass jeder Mensch einzigartig ist und dass darin der Reiz des Zusammenlebens besteht.
- Vermitteln Sie Ihrem Kind, dass es Fehler machen darf und daraus lernen kann. Nur wenn es eine zum Überleben notwendige Frustrationstoleranz entwickelt, lässt sich vermeiden, dass es sich bei jedem Misslingen gleich als Versager fühlt.

- Ihr Kind macht seinen Wert sichtbar davon abhängig, was es tut oder was es nicht tut.
- Ihr Kind lässt durch sein Bravsein den Unterschied zu seinem »unartigen« Bruder oder seiner »unartigen« Schwester sehr groß erscheinen.

Sicher ist Bravsein oder »Unartigsein« manchmal auch eine Frage des individuellen Temperaments. Es gibt nun einmal ruhigere und unruhigere Kinder. Und wenn Sie mehrere Kinder haben, wissen Sie, wie unterschiedlich sie sein können.

Aggressionen sind ein wichtiger Bestandteil der menschlichen Gefühlswelt. Wenn Ihr Kind nie aggressiv oder trotzig ist, vermeidet es möglicherweise das Zeigen dieser Gefühle, weil es damit Ihre Ablehnung befürchtet oder tatsächlich hervorruft. Es möchte Ihnen gefallen und spürt, dass es Ihre Anerkennung vor allem dann bekommt, wenn es Ihren Wünschen entspricht. Tut es das nicht, reagieren Sie eventuell mit Abwertung oder Zurückweisung. Ein fataler Kreislauf wird in Gang gesetzt: Jetzt muss es sich noch mehr anstrengen und noch braver und lieber sein, um Ihre Zuwendung zurückzuerlangen. Es lernt auf diesem Weg, dass sein Wert davon abhängt, wie es sich verhält, und nicht davon, wie es ist. Es fühlt sich nicht um seiner selbst willen geliebt.

Wenn Sie mehrere Kinder haben, kann eines davon schnell in die Rolle des Sündenbocks geraten, der immer »unartig« ist und auf dem herumgehackt wird. Dadurch, dass es den Ärger scheinbar auf sich zieht, hat das »brave« Kind die Chance, dass Sie den Unterschied bemerken und ihm mehr Zuwendung zukommen lassen.

Wenn Sie mehrere Kinder haben, sollten Sie darauf achten, dass sie sich durch ihr jeweiliges Bravsein nicht gegeneinander ausspielen. Auf diese Weise können ungute Rivalitäten entstehen.

Computerspiele

Computer sind heute aus dem Alltag nicht mehr wegzudenken. Ein rasanter technischer Fortschritt und eine Verbilligung der Produkte hat den Kauf eines Computers für nahezu jeden Haushalt erschwinglich gemacht und eine ganze Generation von Kindern und Jugendlichen in seinen Bann gezogen. Kinder, vor allem Jungen, sind von Computern und Computerspielen fasziniert und erlernen deren Handhabung so schnell, dass Erwachsene oft nur staunen können.

Jungen wünschen sich im Allgemeinen häufiger einen Computer und Computerspiele als Mädchen. Nicht selten wird das geringere Interesse dann als »typisch weiblich« abgewertet.

Wenn Sie selbst mit dem Computer vertraut sind, weil an Ihrem Arbeitsplatz schon vor vielen Jahren die EDV eingeführt wurde oder weil Sie Ihren Home-Computer auch beruflich nutzen, wird Ihnen die Begleitung Ihres Kindes am Computer vermutlich leichter fallen. Schwieriger ist es, wenn das Interesse Ihres Kindes für Computer über die Spielkameraden oder die Schule geweckt wird und Ihr Kind mit dem Wunsch der Anschaffung eines Computers an Sie herantritt. Wenn Sie selbst nicht damit vertraut sind, werden Sie vermutlich einige schwer zu überwindende innere Widerstände haben.

Welche Vorteile bietet ein Computer?

- Ein rechtzeitiger Kontakt mit Computern ermöglicht eine Vorbereitung auf den späteren Berufsalltag. Es gibt mittlerweile kaum eine Branche, in der nicht mit Computern gearbeitet wird. In vielen Schulen gehört der Computer schon zum Lernmaterial, und der Umgang damit wird als Ergänzungsunterricht angeboten.
- Es gibt mittlerweile eine ganze Reihe von Lernprogrammen, mit denen Ihr Kind die schulischen Informationen bei den Hausaufgaben am Nachmittag ergänzen und verarbeiten kann.
- Schreibprogramme steigern die Freude am kreativen Schreiben, weil man mit ihrer Hilfe Zeilen und Abschnitte ergänzen, verschieben und problemlos korrigieren kann.
- Das Spiel mit den Tasten, das Klicken der Maus und das Abspeichern und Ausdrucken der Ergebnisse macht Freude und hilft Ihrem Kind dabei, sich auch über einen längeren Zeitraum hinweg auf die jeweilige Aufgabe zu konzentrieren.
- Computerspiele trainieren Fertigkeiten wie z. B. strategisches Denken, Kombinationsvermögen und Reaktionsschnelligkeit. Sie vertreiben Langeweile und bieten ein Aggressionsventil.

Welche Nachteile hat ein Computer?

- Ein Computer kann die für die gesunde Entwicklung Ihres Kindes notwendige sinnliche Erfahrung einschränken und behindern. Was auf dem Bildschirm zu sehen ist, kann Ihr Kind nicht berühren, riechen, schmecken oder fühlen.

- Ein Computer ist als Spielpartner immer verfügbar und hat keine Gefühle. Er zeigt weder Launen noch Aggressionen, mit denen Ihr Kind sich im Spiel mit Freunden zwangsläufig auseinander setzen muss. Das birgt die Gefahr eingeschränkten sozialen Lernens.
- Bei Computerspielen gibt es nur richtig oder falsch. So werden sie schnell berechenbar und damit langweilig. Wenn alle Spielzüge beherrscht werden, muss ein neues Computerspiel her, um den Reiz länger aufrechtzuerhalten.
- Eine Informationsflut kann vor allem bei kleineren Kindern zu Überforderung und Unkonzentriertheit führen.
- Ein Computer bietet die Möglichkeit, der realen Welt mit ihren Ängsten, Verunsicherungen, Schwierigkeiten und Problemen zu entfliehen. Er birgt die Gefahr der Abhängigkeit, wenn er die einzige Quelle der Selbstbestätigung ist.

Ab welchem Alter?

Grundsätzlich können Sie Ihr Kind schrittweise mit einem Computer vertraut machen, wenn es von sich aus das Interesse dafür äußert. Wenn Sie sowieso einen Computer zu Hause haben, wird ihm das Spiel mit den Tasten Spaß machen, wenn es dabei auf Ihrem Schoß sitzen darf und sehen kann, wie sich auf dem Bildschirm etwas bewegt.

Etwa ab dem Schulalter beginnen Kinder, sich für Computerspiele zu interessieren. Sie wünschen sich einen Game-Boy und werden durch den Gebrauch spielerisch an den Umgang mit den Tasten und an das, was sie

Mädchen interessieren sich natürlich auch für neue Technologien. Allerdings machen sie sich durch eine andere Herangehensweise damit vertraut. Für sie steht nicht wie bei den Jungen das Experimentieren im Vordergrund, um aus Versuch und Irrtum zu lernen.

Kontrollinstanz

Mittels Ihrer elterlichen Kompetenz können Sie die Nachteile des Computers für Ihr Kind auf folgende Art begrenzen:

- Interessieren Sie sich selbst für Computer.
- Spielen Sie gemeinsam mit Ihrem Kind am Computer.
- Beobachten Sie Ihr Kind, wie es sich verhält, und schreiten Sie gegebenenfalls rechtzeitig ein.
- Tragen Sie dafür Sorge, dass es noch andere Interessen hat und mit Freunden spielt.

dadurch bewegen können, herangeführt. Allerdings ist in dem Alter die Frustrationsschwelle noch gering. Wenn sie ein Spiel nicht schaffen, fliegt der Game-Boy schon mal in die Ecke. Das ist ein Zeichen, dass es dafür noch zu früh ist oder dass Ihr Kind Ihrer Anleitung bedarf. Für den Umgang mit dem Computer sollte es Lesen und Schreiben mühelos beherrschen. Das ist meist mit acht bis neun Jahren der Fall.

Bis zu einem Alter von ca. zwölf Jahren sollten Sie Ihr Kind am Computer begleiten. Es bedarf Ihrer Anleitung und Unterstützung. Wenn Sie sowieso einen Computer zu Hause haben, wird Ihnen der Umgang damit vertraut sein. Falls das nicht der Fall ist, sollten Sie Ihrem Kind erst dann einen kaufen, wenn Sie selbst bereit sind zu lernen. Möglich ist natürlich auch, dass Ihr Kind den Umgang mit einem Computer von Freunden gelernt hat oder dass jemand anders – Verwandte, Lehrer etc. – ihm in dieser Hinsicht etwas beibringen kann.

Mit 12 bis 14 Jahren ist Ihr Kind in seinem Entwicklungsstand so weit fortgeschritten, dass es reif ist für einen selbstständigen Umgang mit dem Computer. Die nötige Auffassungsgabe, die Fähigkeiten zur Informationsverarbeitung und die Konzentrationsfähigkeit sind weitgehend vorhanden. In dieser Zeit wird es im Allgemeinen sowieso beginnen, sich Ihren elterlichen Eingriffsmöglichkeiten zu entziehen. Wenn Sie die Chance genutzt haben, Ihr Kind schon vor diesem Zeitpunkt am Computer begleitet zu haben, verringert das Ihre Ängste, Ihr Kind könnte Ihnen allmählich entgleiten. Es hilft Ihnen dabei, die Begeisterung Ihres Kindes zu verstehen und den Kontakt zu Ihrem Kind zu halten.

Im Unterschied zu Jungen wollen Mädchen erst grundsätzlich verstehen, wie ein Computer funktioniert, bevor sie sich dessen konkretem Gebrauchswert zuwenden.

Flucht in die Computerwelt

Falls Sie den Eindruck haben, dass Ihr Kind sich über einen längeren Zeitraum hinweg mit nichts anderem als mit dem Computer beschäftigt, besteht die Möglichkeit, dass es sich in eine künstliche Welt der Sicherheit und Kontrolle flüchtet. Der Computer bietet dann kurzfristig Schutz vor Ängsten und Unsicherheiten, mit denen Ihr Kind im realen Leben nicht zurechtkommt. Wenn es sich dann noch sehr zurückzieht und isoliert, keine Freundschaften mehr pflegt und die Leistungen in der Schule nachlassen, sollten Sie über mögliche Ursachen nachdenken und das Gespräch mit ihm suchen.

Positiver Umgang mit dem Computer

- Bedenken Sie, dass für Ihr Kind der Computer in erster Linie ein Spielkamerad und kein Arbeitsgerät ist. Wenn es älter wird und damit richtig umgehen kann, wird sich das von alleine ändern. Es wird dann dazu übergehen, sich den Computer für seine Interessengebiete zunutze zu machen.
- Betrachten Sie es nicht als persönliche Niederlage, wenn Ihr Kind mit einem Computer besser umgehen kann als Sie, sondern lassen Sie sich auch von ihm einmal etwas beibringen. Das stärkt sein Selbstbewusstsein.
- Schauen Sie, was Ihr Kind am Computer macht und welche Spiele es spielt. Spielen Sie mit ihm. So können Sie überprüfen, ob es noch überfordert ist, das Spiel zu verstehen. Gewalt verherrlichende Spiele, bei denen Blut fließt oder abgetrennte Körperteile herumfliegen, gehören nicht in Kinderhände.
- Wählen Sie Spiele aus, die Reaktionsvermögen, Geschicklichkeit, Kombinationsgabe und Vorausdenken fördern. Eine Liste solcher Spiele erhalten Sie bei der »Aktion Jugendschutz«, Stafflenbergstraße 44, 70184 Stuttgart.
- Sorgen Sie dafür, dass Ihr Kind nicht zu lange am Computer sitzt. Er hat einen Knopf zum Ausschalten, und Sie haben jederzeit das Recht, dies zu tun. Grundsätzlich gilt: Je jünger Ihr Kind ist, desto kürzere Zeit sollte es am Computer sitzen. Einem Neun- bis Zehnjährigen können Sie eine Stunde am Tag zugestehen, ein 12- bis 14-jähriges Kind darf auch ruhig einmal länger. Entscheidend dabei ist, dass es auch noch andere Interessen verfolgt.
- Sollte Ihr Kind nur noch vor dem Computer sitzen wollen, sprechen Sie mit ihm darüber, was ihm das bedeutet. Vielleicht fühlt es sich in der Familie unverstanden oder von Freunden im Stich gelassen. Helfen Sie ihm, seine Probleme zu bewältigen, anstatt davor zu flüchten. Wählen Sie im Gespräch einen Kompromiss, der beide Seiten zufriedenstellt, z. B. eine Zeit zu vereinbaren, die Sie für angemessen halten. Dazu gehört natürlich auch, dass Sie auf die konsequente Einhaltung achten.

Für Kleinkinder sind Computerspiele ungeeignet. Sie können die Figuren aus dem Computer nicht erfassen und ins eigene Spiel einbauen. In dem Alter muss die Umgebung noch aus erster Hand kennen gelernt werden.

Daumenlutschen

Alle Kinder saugen, lutschen oder nuckeln in ihrer Baby- und Kleinkindzeit mit Genuss an der Brust, dem Sauger der Flasche, dem Schnuller oder dem Daumen. Das hilft ihnen, sich zu beruhigen, es tröstet und entspannt sie und hilft ihnen beim Einschlafen. Durch die Saugbewegungen werden überschüssige Energien und Erregungszustände abgebaut. Die gleiche Funktion haben heiß geliebte Teddybären, andere Stofftiere oder Schmusedecken. Sie werden überall mit hingenommen und bieten Ihrem Kind Trost in beunruhigenden Situationen. Sie dürfen niemals vergessen werden, und falls Sie es wagen sollten, ein ausgefranstes, schmutziges Schmusetuch in die Waschmaschine zu stecken oder den Schnuller wegzuwerfen, ist das Geschrei riesengroß.

Der Daumen ist ein vorhandener Trostspender, und etwa bis zum fünften Lebensjahr ist es ganz normal, wenn Kinder regelmäßig daran lutschen. Die meisten Kinder hören ganz von selbst damit auf.

Bei kleinen Kindern kein Problem

Viele Kinder hören im dritten bis vierten Lebensjahr damit auf, den Daumen oder den Schnuller in den Mund zu stecken und daran zu nuckeln. Es ist dann so, als hätten sie den Spaß daran verloren und zeigen jetzt ganz bewusst, dass sie schon groß sind und schließlich keinen Schnuller mehr brauchen. Andere behalten sich das Nuckeln am Daumen oder das Saugen am Schnuller als abendliches Einschlafritual vor oder setzen es in Situationen ein, in denen sie Trost brauchen.

Dass Kinder das Nuckeln am Daumen oft weit über das vierte Lebensjahr hinaus bevorzugen, ist in wissenschaftlichen Studien belegt. Der Schnuller wandert schon viel früher in den Mülleimer. Das mag damit zusammenhängen, dass es größeren Kindern peinlich ist, mit einem Schnuller im Mund von anderen gesehen zu werden. Und natürlich hat man den Daumen immer bei sich. Es ist schwerer, von einer lieben Gewohnheit abzulassen, wenn man das Objekt seiner Begierde nicht verlieren kann.

Wenn Ihr Kind auch mit fünf bis sechs Jahren noch am Daumen lutscht, wird Sie das vermutlich beunruhigen. Sie halten es für zu alt für diese Gewohnheit. Sie haben schon geredet, geschimpft, ihm den Daumen aus dem Mund genommen, mit Strafen gedroht oder Geschenke versprochen. Sie fragen sich, warum es das nicht sein lassen kann.

Mögliche Ursachen

Wenn Ihr fünfjähriges Kind immer noch am Daumen lutscht, sollten Sie nach auslösenden Faktoren suchen. Sicher handelt es sich um eine tief verwurzelte Gewohnheit, die es nicht einfach aufgeben kann. Da die meisten Kinder aber im Alter von drei bis vier Jahren mit dem Daumenlutschen aufhören, scheinen diese in ihrer Entwicklung so weit zu sein, dass sie den Daumen nicht mehr brauchen und stattdessen über andere altersgemäße Möglichkeiten verfügen, sich zu beruhigen, zu entspannen, einzuschlafen, Trost zu finden oder Erregung abzubauen.

Das Daumenlutschen in fortgeschrittenerem Alter kann mehrere Ursachen haben. Sie können gleichzeitig zutreffen oder in verschiedenen Situationen der Auslöser sein:

- Ihr Kind hat unbefriedigte Zärtlichkeitswünsche.
- Ihr Kind sieht sich den Anforderungen in bestimmten Situationen nicht gewachsen.
- Ihr Kind versucht, damit seine aggressiven Impulse zu bremsen.
- Ihr Kind versucht, dadurch Ihre Aufmerksamkeit zu wecken.
- Sie verbringen möglicherweise zu wenig Zeit mit Ihrem Kind, und es fühlt sich zu wenig beachtet, ernst genommen oder anerkannt.
- Ihr Kind muss eine neue Lebenssituation bewältigen, z. B. den Eintritt in den Kindergarten oder in die Schule.
- Ihr Kind bekommt vielleicht ein Geschwisterchen und hat das Gefühl, dass diesem nun alle Aufmerksamkeit geschenkt wird.
- Es bestehen Konflikte in Ihrer Partnerschaft oder Sie haben z. B. große finanzielle Sorgen.

Anlass ist in jedem Fall ein gewisser Spannungszustand, der in Ihrem Kind Gefühle von Angst, Ärger, Traurigkeit oder Enttäuschung hervorruft und der sich durch Daumenlutschen verringern lässt. Ihr Kind macht sich damit klein, so als ob es sagen wollte: »Ich bin doch noch so klein und brauche ganz viel . . .«

Je nachdem, wie Sie darauf reagieren, wird sich das Verhalten Ihres Kindes verstärken oder abschwächen. Befinden Sie sich z. B. in einer konflikthaften Partnersituation, werden Sie zwangsläufig Ihrem Kind nicht so viel Aufmerksamkeit zukommen lassen wie sonst. Ihr Kind bekommt Angst, wenn Sie miteinander streiten, ist traurig und fühlt sich allein gelassen. In

Anlass für anhaltendes Daumenlutschen ist meist ein innerer Spannungszustand Ihres Kindes, den es durch das Nuckeln am Daumen abzubauen versucht. Vielleicht übertragen sich familiäre oder partnerschaftliche Konflikte auf ihr Kind?

Ein »Daumenlutsch-Tagebuch« kann helfen, die Situationen, in denen Ihr Kind den Daumen braucht, zu identifizieren. Damit haben Sie einen Ansatzpunkt, Veränderungen vorzunehmen.

Mit Daumenlutschen umgehen

- Lassen Sie Ihrem Kind den Daumen. Er hat für Ihr Kind eine wichtige Funktion. Er tröstet und hilft ihm, seine Spannungszustände zu bewältigen.
- Vermeiden Sie auf jeden Fall Machtkämpfe. Wenn Sie darauf bestehen, dass es den Daumen aus dem Mund nimmt oder ihn gar mit übel riechenden Tinkturen einschmieren, zwingen Sie Ihr Kind, etwas aufzugeben, wozu es sich noch nicht in der Lage sieht. Sie werden sein Vertrauen verlieren, dass Sie es gut mit ihm meinen.
- Geben Sie ihm Aufmerksamkeit, wenn es den Daumen nicht im Mund hat. Spielen Sie mit ihm, lesen Sie ihm etwas vor und hören Sie gut hin, wenn es erzählen will, was es bewegt.
- Fragen Sie Ihr Kind, was ihm das Daumenlutschen bedeutet, und geben Sie ihm zu verstehen, dass Sie das kennen. Schließlich waren Sie selbst auch einmal klein.
- Sprechen Sie Ihr Kind hin und wieder einmal an, wenn es den Daumen im Mund hat: »Na, du schaust aus, als ob du gerne getröstet werden möchtest …«. Anschließend können Sie ihm Ihre Arme als Ersatz für den Daumen anbieten. Auf diesem Weg erkennt Ihr Kind mit der Zeit einen Zusammenhang zwischen seinen Gefühlen und dem Daumenlutschen.
- Überdenken Sie Ihre Familiensituation. Sind Sie zufrieden und glücklich miteinander oder gibt es etwas, was Ihnen Sorgen bereitet und was Sie gerne ändern würden? Welche Auswirkungen hat das auf die Stimmung in der Familie und die Befindlichkeit Ihres Kindes?
- Wenn Sie sich Sorgen machen, dass sich durch das Daumenlutschen der Kiefer verformen könnte, konsultieren Sie Ihren Zahnarzt. Sagen Sie zu Ihrem Kind: »Du nuckelst oft am Daumen. Ich habe Angst, dass sich dadurch dein Kiefer verformt. Ich möchte das gerne überprüfen lassen.« Halten Sie sich beim Zahnarzt mit bestrafenden Äußerungen wie »Siehst du, das hast du jetzt davon« zurück. Lassen Sie lieber den Zahnarzt erklären, wie sich Daumennuckeln auf den Kiefer auswirkt. Dann hat Ihr Kind eine sachliche Information und kann sich selbst überlegen, ob es weitermachen will oder nicht.

dieser Situation benutzt es seinen Daumen als Trost. Sie registrieren verärgert, dass Ihr »großes Kind« noch am Daumen nuckelt, und sagen ihm, dass es das sein lassen soll. Wenn dies häufiger geschieht, merkt Ihr Kind, dass Sie ihm immer dann, wenn es am Daumen lutscht, Aufmerksamkeit zukommen lassen. Es ist zwar nicht die Form von Aufmerksamkeit, die es sich wünscht, aber immerhin ist es besser als gar nichts. Auf diesem Weg geraten Sie in einen Machtkampf, der zu immer neuen Spannungszuständen und Trostwünschen führt. So bleibt der Daumen im Mund.

Falls Ihr Kind unter Durchschlafschwierigkeiten leidet, sollten Sie Ihren Tagesrhythmus überprüfen und überlegen, ob Sie daran etwas verändern können. Entdecken Sie gemeinsam mit Ihrem Kind die individuell geeigneste Zeit zum Schlafen.

Durchschlafschwierigkeiten

Schlafstörungen, sei es in Form von Ein- oder Durchschlafschwierigkeiten, treten leider nicht nur im Erwachsenenalter auf. Viele Eltern werden das kennen: Sobald Sie glauben, etwas Zeit für sich zu haben, steht Ihr Jüngster wieder in der Tür und »kann nicht schlafen«.

Schlafstörungen im Säuglingsalter

Nahezu alle Eltern kennen Einschlaf- und / oder Durchschlafprobleme ihrer Kinder. Die Kleinen finden abends nicht ins Bett, stehen auch nach dem Zubettgehritual andauernd auf und erwachen des Nachts häufiger mit lautem Geschrei. Je kleiner Ihr Kind ist, desto mehr Verständnis werden Sie dafür haben, wenn es Ihre wohlverdiente Ruhe stört. Je älter es wird, desto genervter reagieren Sie, wenn es nachts zu Ihnen ins elterliche Schlafzimmer kommt.

Der kindliche Schlafrhythmus ist nicht etwas ganz Natürliches, das von Geburt an vorhanden ist oder das sich einfach einstellt. Er entwickelt sich vielmehr mit der Zeit und über verschiedene Stufen. Diese Entwicklung ist bei jedem Kind individuell. Sie ist abhängig von der genetischen Grundstruktur, den Anpassungsvorgängen an die Umwelt und von den Reaktionen der Umwelt auf Ihr Kind.

Ob Ihr Kind einmal ein Frühaufsteher, Morgenmuffel oder Nachtmensch wird, hängt von seinem genetisch festgelegten Biorhythmus ab. An seine neue Umgebung außerhalb des Mutterleibes muss es sich erst gewöhnen und dabei erhebliche Anpassungsleistungen vollbringen. Es er-

Ursachen für nächtliche Schreiattacken können auch in einem unregelmäßigen Tagesablauf liegen. Zu viele Menschen, die Ihr Kind hin und her tragen, unruhige Stillsituationen, Stress in der Familie und Unsicherheiten, wie Sie sich verhalten sollen, können dazu beitragen, dass Ihr Kind unruhig schläft.

Mit Schlafstörungen im Säuglingsalter umgehen

- Wenn Ihr Baby nachts schreit, überprüfen Sie zunächst, was es haben könnte. Hat es Hunger oder Schmerzen? Hat es womöglich schlecht geträumt, sodass es aufgeschreckt ist? Bekommt es Zähne oder fühlt es sich vielleicht allein? Wenn Sie sein Bedürfnis herausgefunden und befriedigt haben, müsste es normalerweise weiterschlafen. Tut es das über mehrere Nächte hinweg nicht, hat sich eine Gewohnheit eingeschlichen, die Sie auch über die ersten sechs Lebensmonate hinaus zwingt, sich Ihrem Baby völlig unterzuordnen. Leiden Sie darunter und haben Sie erkannt, dass Sie daran etwas verändern wollen, helfen Sie Ihrem Baby, einen Schlaf-Wach-Rhythmus zu finden, der beide Seiten zufrieden stellt.
- Legen Sie Ihr Baby immer zur gleichen Zeit in sein Bettchen. Vollziehen Sie dann ein Einschlafritual (schaukeln, etwas vorsingen oder die Spieluhr klingen lassen). Verabschieden Sie sich anschließend und verlassen Sie das Zimmer.
- Schreit Ihr Baby, wenn Sie das Zimmer verlassen, sollten Sie noch einmal zu ihm gehen und sich vergewissern, dass es hat, was es braucht. Drücken Sie es noch einmal und sagen Sie ihm, dass Sie es lieb haben. Sagen Sie ihm freundlich, aber bestimmt, dass Sie jetzt Ihre Ruhe brauchen, damit Sie am nächsten Tag wieder für Ihr Baby da sein können. Es versteht zwar Ihre Worte nicht, wird aber die Botschaft spüren, dass Sie nicht mehr bereit sind, sich die Nächte um die Ohren zu schlagen. Verlassen Sie dann das Zimmer.
- Seien Sie überzeugt davon, dass Ihr Baby nicht ewig weiterschreien wird, wenn Sie es danach nicht noch einmal auf den Arm nehmen. Wenn Sie konsequent bleiben, wird Ihr Baby beim ersten Mal vielleicht 20 oder 30 Minuten schreien, beim zweiten und dritten Mal wird das Schreien weniger werden und schließlich ganz aufhören. Voraussetzung dafür ist, dass Sie diese ganze Prozedur über mehrere Tage hinweg zu einem sich wiederholenden Ritual machen. Wenn Sie das Ritual unterbrechen und zwischendurch in das Zimmer des Babys gehen, nimmt Ihr Baby an, dass Sie es hochnehmen, und wird wieder schreien. Dann geht alles von vorne los.

lebt Tag und Nacht die Personen, die um ihn sind, und bekommt eine gleichmäßige Nahrungszufuhr nicht mehr durch die Nabelschnur, sondern ist auf Ihre Fütterung angewiesen. Hinzu kommen noch die vielfältigen Wahrnehmungen Ihrer Reaktionen. Es spürt Ihre Freude, Liebe und Zuwendung, aber auch Ihre Ängste und Unsicherheiten. Auch darauf muss es sich erst einmal einstellen.

Eine konsequente Durchführung von Einschlafritualen ist nicht leicht. Deshalb benötigen Sie die Unterstützung Ihres Partners. Bestätigen Sie sich gegenseitig, dass Sie das Richtige tun, wenn Sie Ihr Baby in seinem Bettchen auch einmal schreien lassen.

Wie Schlafstörungen entstehen

Dass Ihr Baby im Alter von zwei Monaten noch nicht durchschläft, ist ganz normal. Wenn es nachts weint, hat es wahrscheinlich Hunger. Sie stehen ganz selbstverständlich auf oder holen es zu sich ins Bett, um Ihr Kind zu stillen. Schläft es danach sofort wieder ein, wissen Sie, dass Gestilltwerden sein Bedürfnis war, das Sie befriedigen konnten. Was aber, wenn es im Alter von acht Monaten immer noch nicht durchschläft und weint, sobald Sie es hinlegen, und was ist, wenn dieser Zustand über Monate hinweg anhält?

Ab ca. sechs Monaten können Sie dazu übergehen, Ihrem Baby durch Ihr Verhalten zu vermitteln, dass Sie sich nicht bedingungslos unterordnen wollen, sondern auch Bedürfnisse haben, z. B. einmal wieder fünf Stunden am Stück zu schlafen.

Wenn Ihr Baby infolge von Drei-Monats-Koliken nachts viel von Ihnen herumgetragen wurde, wird es dieses Bedürfnis auch dann noch verspüren, wenn die Koliken längst vorbei sind. Denn schließlich ist es schön bei Mama oder Papa im Arm. Das Ergebnis ist, dass es schreit, wenn es nicht bekommt, was es haben will. Ist es Ihr erstes Kind und sind Sie noch unsicher in Ihrer Rolle, wird Ihnen vermutlich keine weitere Lösung einfallen, als nachzugeben. Je häufiger Sie nachgeben, desto mehr bestärken Sie Ihr Baby, laut und ausgiebig zu schreien. Schließlich hat es inzwischen gelernt, dass es sich nur laut und lange genug bemerkbar machen muss, um auf den Arm genommen und beruhigt zu werden.

Als weitere Komplikation kommt hinzu, dass Sie inzwischen ziemlich genervt, abgespannt und wütend auf Ihr Baby sind. Sie nehmen es ihm (meistens unbewusst) übel, dass es Sie nicht zur Ruhe kommen lässt. Da es Ihnen aber ungerecht erscheint, auf ein so kleines, hilfloses Wesen wütend zu sein, bekommen Sie noch zusätzlich Schuldgefühle. Sie verdrängen Ihre Wut und nehmen aus dem schlechten Gewissen heraus Ihr Baby erneut hoch. Dabei beißen Sie womöglich die Zähne zusammen und atmen tief ein. Es ist möglich, dass Ihr Baby Ihre Anspannung spürt, noch unruhiger wird und jetzt erst recht nicht wieder einschlafen kann. Ein fataler Kreislauf beginnt, der sich, wird er nicht früh genug durchbrochen, in Variationen bis ins vierte oder fünfte Lebensjahr erhalten kann.

Sollte Ihr Kind auch nach dem Einschlafritual noch nicht müde sein, schlagen Sie ihm vor, in seinem Zimmer noch etwas zu lesen oder eine Kassette zu hören, Sie aber auf jeden Fall nicht zu stören.

Schlafstörungen im Kindesalter

Bei den meisten Kindern hat sich innerhalb des ersten Lebensjahres ein Schlaf-Wach-Rhythmus entwickelt, der lediglich durch phasenweise Einschlaf- oder Durchschlafprobleme unterbrochen wird. Meist ist das dann der Fall, wenn das Kind krank ist. Wenn das Kind aber einen geregelten Tagesablauf hat und sich in der Familie bestätigt, sicher und geborgen fühlt, dann turnt es tagsüber fröhlich und lebendig herum und schläft abends problemlos ein.

Gehören Sie auch zu den glücklichen Eltern, die nach acht Uhr abends ihre Ruhe haben, oder werden Sie von kleinen Tyrannen beherrscht, die das abendliche Einschlafritual zum Schlachtfeld familiärer Auseinandersetzung werden lassen? Gehört Ihr Kind auch zu denjenigen, die kein eigenes Bett brauchen, weil sie in aller Regelmäßigkeit nachts schreien und sich anschließend im Bett der Eltern viel wohler fühlen?

Fast alle Kinder versuchen hin und wieder, die Schlafenszeit hinauszuschieben und mit fadenscheinigen Begründungen zum Erreichen ihrer Ziele die Eltern unter Druck zu setzen. Fast alle Kinder haben Phasen, in denen sie, genauso wie Erwachsene, mehr oder weniger gut schlafen. Das hat verschiedene Ursachen.

Wenn Ihr Kind krank ist oder sich von irgendetwas belastet oder bedrückt fühlt, wird es sich Gedanken machen und sich vor dem Einschlafen im Bett hin und her wälzen, nachts davon träumen, was es beschäftigt, und natürlich nicht durchschlafen.

Sie werden vermutlich genau spüren, ob Ihr Kind aufgrund ernster Probleme schlecht schläft oder ob es sich dabei um ein Verhalten handelt, mit dem es versucht, sie unter Druck zu setzen. Sie spüren es an Ihren eigenen Gefühlen. Ist Ihr Kind krank, sind Sie besorgt. Träumt es schlecht und hat es Angst, tut es Ihnen Leid und Sie versuchen herauszufinden, wie Sie ihm helfen können.

Mit Schlafstörungen im Kindesalter umgehen

- Sorgen Sie für einen geregelten Tagesablauf, der Ihrem Kind einen sicheren Rahmen bietet.
- Führen Sie ein Ritual ein, bei dem z. B. der Fernseher eine Stunde vor dem Schlafengehen ausgeschaltet wird. Diese eine Stunde können Sie nutzen, um Ihr Kind nach dem Abendessen bettfertig zu machen (waschen, Zähne putzen etc.). Dann machen Sie es sich gemeinsam auf dem Sofa bequem, hören einander zu und tauschen Erlebnisse, Gedanken und Gefühle aus.
- Bringen Sie Ihr Kind ins Bett und machen Sie unmissverständlich klar, dass Sie das nur einmal tun. Wenn Ihr Kind Sie bedrängt, noch länger aufzubleiben, sollten Sie konsequent bleiben. Handeln Sie ohne viele Worte.
- Schläft Ihr Kind nicht durch, gehen Sie den Ursachenkatalog durch (siehe Seite 172) und schauen Sie, ob Sie an der Situation etwas verändern können. Nehmen Sie sich Zeit entsprechend dem Einschlafritual und geben Sie Ihrem Kind die Möglichkeit, das, was es bewegt, schon vor dem Schlafen loszuwerden. Eine Änderung ist nicht von heute auf morgen zu erzielen. Wenn Ihr Kind jedoch Ihre Unterstützung spürt, wird es das beruhigen und mit der Zeit wieder besser schlafen lassen.
- Wechseln Sie sich in der nächtlichen Betreuung des Kindes mit Ihrem Partner ab. Die Lasten sind dann gleichmäßiger verteilt. Das hilft Kräfte sammeln und schützt vor Besserwisserei.
- Ob Sie Ihr Kind nachts zu sich ins Bett lassen wollen, müssen Sie selbst entscheiden. Wenn weder Sie noch Ihr Partner sich in der nächtlichen Ruhe oder in Ihrem Liebesleben gestört oder eingeschränkt fühlen, ist sicher nichts dagegen einzuwenden. Sollte es Sie jedoch stören, seien Sie auch hier konsequent. Bringen Sie Ihr Kind in sein Bett zurück und sagen Sie ihm, dass es morgens kommen kann, Sie jedoch jetzt Ihre Ruhe brauchen.
- Lassen Sie sich auf keinen Fall dazu verleiten, Ihrem Kind Beruhigungsmittel zu geben. Ihr Kind kann davon abhängig werden. Außerdem löst es das Problem nicht, sondern führt zu weiteren.

Machen Sie Ihrem Kind deutlich, dass auch Sie irgendwann einmal Ihre Ruhe brauchen, anstatt zu sagen »Du musst doch müde sein …«.

Versucht es Sie dagegen unter Druck zu setzen, sind Sie verärgert, gereizt und nervös. Klären Sie zunächst mögliche Ursachen der Durchschlafprobleme ab:

- ☐ Ist Ihr Kind krank?
- ☐ Hat es Angst oder fühlt es sich allein?
- ☐ Fühlt es sich bedrückt oder belastet es etwas?
- ☐ Steht es unter Stress, hervorgerufen durch Kindergarten, Schule, Freunde oder Familie?
- ☐ Haben Sie einen unruhigen Tagesablauf mit unregelmäßigen Essens- und Schlafenszeiten?
- ☐ Schaut Ihr Kind zu viel fern oder Video? Sieht es Filme, die nichts für Kinder sind?

Sind Sie diesbezüglich nicht fündig geworden, sind die Durchschlafprobleme wahrscheinlich auf eine länger eingespielte Dynamik zwischen Ihnen und Ihrem Kind zurückzuführen. Dann spielt Ihr Kind mit Ihnen ein Spiel, bei dem es darum geht, so auf sich aufmerksam zu machen, dass Sie sich mit ihm beschäftigen.

Der Mensch ist ein Gewohnheitstier – Regelmäßigkeit in Bezug auf den Tagesablauf ist das oberste Gebot, um Ein- und Durchschlafproblemen vorzubeugen.

Die Anfänge dazu werden meist im Säuglingsalter gelegt, wenn Sie nicht frühzeitig beginnen, an sich selbst zu denken, Grenzen zu setzen und diese konsequent einzuhalten. Ihr Kind hat dann gelernt, dass es nur ein wenig schreien muss, und schon sind Sie da. Sie erfüllen alle Bedürfnisse sofort und glauben, nur dann gute Eltern zu sein, wenn Sie die Bedürfnisse Ihrer lieben Kleinen zu deren vollster Zufriedenheit erfüllen. Wagen Sie es dagegen, ihm das zu verwehren, ist das Geschrei groß. Sie haben Schuldgefühle, und Ihr Kind bekommt am Ende dann doch, was es will. Machen Sie ihm deutlich, dass es nicht mit allem durchkommt.

Egoismus

Kämpfe um den Playmobil-Laster im Sandkasten, die Schaufel, den Eimer oder wer zuerst auf die Rutsche darf, gehören wahrscheinlich zu Ihrem familiären Alltag. Ihr Kind streitet sich mit seinen Geschwistern, wer den größten und farbenfrohesten Lutscher bekommt und passt genau auf, dass es nicht zu kurz kommt. Es sorgt für das größte Stück Kuchen am Kaffeetisch. Es will sein geliebtes Spielzeug für sich alleine haben und denkt nicht daran etwas abzugeben. Es möchte immer gerade das haben, was es sieht oder was andere haben. Wehe, es wagt jemand, sein Zimmer ungefragt zu betreten und seine Legos zu benutzen, ohne vorher zu bitten und zu betteln. Dann gibt es Krieg.

Kindlicher Egoismus ermuntert Sie zu zahlreichen Ermahnungen: »Müsst ihr euch schon wieder streiten? Könnt ihr euch nicht vertragen und miteinander teilen? Musst du immer nur an dich selbst denken?« Oft genug sehen Sie sich gezwungen, einzugreifen, Streit zu schlichten oder Gerechtigkeit walten zu lassen. Eine undankbare Aufgabe.

Es besteht ein Unterschied zwischen kindlichem Egoismus und Egozentrik. Zu Letzterem gehört die Unfähigkeit, den eigenen Blickwinkel als eine von mehreren Möglichkeiten zu begreifen.

Kindlicher Egoismus ist wichtig

Abgeben und teilen zu können, an andere zu denken und sich in den anderen hineinzuversetzen ist keinem Menschen in die Wiege gelegt worden. Das sind soziale Fähigkeiten, die Ihr Kind unter Ihrer liebevollen Anleitung erst langsam erlernen muss.

Wenn es auf die Welt kommt, schreit es, damit Sie seine Bedürfnisse nach Nahrung, Zuwendung, Wärme, Sicherheit und Geborgenheit erfüllen. Sein kindlicher Egoismus schützt es vor Vernachlässigung und Verwahrlosung. Ohne diesen Egoismus wäre es nicht überlebensfähig. Was im Säuglingsalter beginnt, setzt sich im Kleinkindalter fort und wird durch den Kontakt mit anderen Menschen und deren Bedürfnissen erst allmählich modifiziert.

Um abgeben und teilen zu können, müsste Ihr Kind sich in die Lage seines Spielkameraden versetzen können. Es müsste sich vorstellen können, wie es ist, wenn andere Kinder auch etwas gerne haben wollen, aber nicht bekommen. Es müsste glauben können, dass sein Spielkamerad mit seinen Sachen gut umgeht und dass es seine Spielsachen auf jeden Fall heil zurückbekommt.

Zu solchen Denkvorgängen ist Ihr Kind allerdings erst mit ungefähr vier Jahren in der Lage. Ab dem fünften bis sechsten Lebensjahr können Sie von ihm erwarten, mit seinen Spielkameraden sein Spielzeug hin und wieder zu teilen. Mit etwa acht Jahren sollte Ihr Kind begriffen haben, dass es unhöflich ist, sich selbst zuerst zu bedienen, um das größte Stück vom Kuchen zu bekommen.

Das andere Extrem – dass Ihr Kind alles teilen muss und nichts mehr für sich allein behalten darf – ist ebenfalls nicht erstrebenswert. So kann es auch nicht lernen, Verantwortung für Dinge zu übernehmen.

So helfen Sie Ihrem Kind, teilen zu lernen

- Vermitteln Sie Ihrem Kind, dass es ein Recht darauf hat, auf Dinge, die ihm besonders am Herzen liegen (z. B. Spielsachen, Kleidung etc.), aufzupassen.
- Sprechen Sie mit Ihrem Kind über das Teilen. Beispielsweise darüber, welche Vorteile es hat, etwas mit anderen Menschen zu teilen und mit welchen Folgen es rechnen muss, wenn es nicht teilen will. Nutzen Sie dazu konkrete Situationen, in denen Sie natürliche Folgen eintreten lassen. Wenn Ihr Kind sich z. B. mit seinem Freund um ein Spielzeug streitet und Sie sich nicht einmischen, wird dieser vermutlich frustriert nach Hause gehen. Dann können Sie Ihrem Kind freundlich erklären, dass sein Verhalten dazu führen kann, dass es keine Spielkameraden mehr hat, wenn es sich diesen gegenüber egoistisch verhält.
- Fragen Sie Ihr Kind, welche Spielsachen etc. es teilen würde und welche nicht. Vereinbaren Sie, dass es einige Dinge, die es auf keinen Fall mit anderen teilen möchte, in einem Schrank verwahren darf. So lernt Ihr Kind, dass es auch einmal etwas für sich behalten darf.
- Stellen Sie im Familienrat Regeln auf, die das ungebetene Betreten des Zimmers und die Benutzung des Spielzeugs regulieren. Dies ist natürlich vor allem dann von Bedeutung, wenn Sie mehrere Kinder haben. Fragen Sie dazu auch Ihre Kinder, wie sie das gerne haben möchten.
- Unter Geschwistern sollte jeder auch sein eigenes Spielzeug haben. Verlangen Sie nicht von Ihren Kindern, dass sie alles als »unser Spielzeug« deklarieren. Gibt es Streit um gemeinsames Spielzeug, z. B. die Benutzung eines Kettcars, mischen Sie sich erst dann ein, wenn es handgreiflich zu werden droht. Ziehen Sie dann den Kettcar ein und stellen Sie klar, dass beide ihn erst dann benutzen können, wenn sie sich geeinigt haben, wer wann fahren darf.
- Überdenken Sie Ihre eigene Einstellung zum Thema »Abgeben und Teilen«. Welches Vorbild geben Sie Ihrem Kind? Gehen Sie selbst einen Mittelweg zwischen einem gesunden Egoismus und der Rücksichtnahme auf andere?

Eifersucht

Eifersucht ist die leidenschaftliche Angst vor Zurücksetzung und Vernachlässigung durch einen geliebten Menschen. Sie ist nicht zu verwechseln mit Neid, der Missgunst beinhaltet.

Neidisch kann Ihr Kind auf Spielkameraden sein, weil diese es seiner Meinung nach besser haben und beispielsweise über schönere und neuere Spielsachen verfügen. Eifersüchtig ist Ihr Kind jedoch dann, wenn z. B. die beste Freundin auf einmal lieber mit einem anderen Mädchen spielt, während sie selbst plötzlich allein dasteht. Eifersüchtig ist Ihr Kind auch, wenn es sich auf einmal von Ihrem Schoß verdrängt fühlt, weil Sie es infolge von zu viel Arbeit häufiger zurückweisen müssen. Eifersüchtig ist es auch, wenn Sie sich lieber mit der Nachbarin unterhalten, anstatt mit ihm Schulaufgaben zu machen.

Dem Verhalten Ihres Kindes liegt die Angst zugrunde, dass Sie es weniger oder gar nicht mehr lieben könnten. Es möchte nicht von seinem Platz verdrängt werden, sondern weiterhin dazugehören.

Geschwisterchen als Auslöser

Als Eltern erleben Sie die Eifersucht Ihres Kindes am ehesten, wenn es plötzlich aufgrund der Geburt eines Geschwisterchens gewissermaßen von seinem Prinzen- oder Prinzessinnenthron verdrängt wird.

Eine solche kindliche Eifersucht kann sich auf ganz verschiedene Arten äußern:

- Ihr Kind zeigt eine offene oder verdeckte Feindseligkeit gegenüber dem Geschwisterchen.
- Ihr Kind wird auf einmal extrem anhänglich.
- Ihr Kind zeigt regressives Verhalten, d. h., es zieht sich zurück.
- Ihr Kind ist häufig traurig und lustlos.

Manchmal kann es geradezu zu Besorgnis erregenden Situationen mit dem neuen Geschwisterchen kommen: Ihr Kind drückt das neue Baby z. B. besonders fest, und dabei ist zu spüren, dass dies keinwegs eine liebevolle Umarmung ist. Vielleicht lässt es ihm sein Spielzeug auf den Kopf fallen oder kneift und beißt es, wenn Sie gerade nicht hinsehen. Es ist weinerlich, aggressiv, lässt Sie nicht aus den Augen oder möchte ständig auf Ihren Schoß. Es möchte Sie nicht mehr aus dem Haus gehen lassen, braucht auf einmal wieder einen Schnuller, will wieder aus dem Fläschchen trinken oder macht nachts ins Bett. Die Botschaft Ihres Kindes lautet dann: »Sieh her, ich bin doch auch noch so klein. Ich möchte, dass ihr euch um mich kümmert.«

Manche Kinder werden auch traurig oder gar depressiv, ziehen sich viel auf ihr Zimmer zurück und agieren allein mit ihren Spielsachen ihre Frustration aus. Das ist die gefährlichste Umgehensweise mit Eifersucht. Die Kinder sind scheinbar problemlos, weil sie ja keine offensichtlichen

Bedenken Sie, dass Ihr Kind im Unterschied zu seinen beiden Elternteilen kein Mitspracherecht hat, ob es den Familienzuwachs überhaupt will.

Mit der Eifersucht Ihres Kindes umgehen

- Betrachten Sie das Verhalten Ihres Kindes als eine natürliche Reaktion auf einen scheinbar drohenden Verlust.
- Gehen Sie auf seine Gefühle liebevoll ein und äußern Sie Verständnis dafür: »Du bist nicht begeistert von dem Baby, nicht wahr?« Ermuntern Sie Ihr Kind, seine wahren Gefühle zu äußern. Wenn es das darf, vermindert dies die Chance, seinen Gefühlen durch Taten Ausdruck zu verleihen.
- Beschäftigen Sie sich mit Ihrem Kind, wenn das Baby schläft, und machen Sie deutlich, dass das jetzt die Zeit ist, wo Ihr Kind Sie ganz für sich allein haben kann. Sagen und zeigen Sie ihm, dass Sie es noch genauso lieb haben wie vor der Geburt des Geschwisterchens.
- Lassen Sie Ihm den Schnuller oder das Fläschchen und gehen Sie darauf ein, indem Sie sagen: »Du möchtest auch gern wieder ganz klein sein, nicht wahr?« Hat Ihr Kind das Gefühl, damit akzeptiert zu werden, wird es von alleine wieder damit aufhören.
- Verhält sich Ihr Kind aggressiv gegenüber dem Baby, äußern Sie Verständnis für seine aggressiven Gefühle, aber nicht für seine Taten. Sagen Sie: »Ich weiß, dass du das Baby noch nicht so richtig lieb haben kannst, aber du darfst es nicht hauen oder beißen.« Ziehen Sie seine Hand liebevoll, aber bestimmt weg.
- Zieht sich Ihr Kind in sein Zimmer zurück, gehen Sie hin und wieder zu ihm und nehmen Sie Anteil an seinem Spiel.
- Bedenken Sie, dass es ein langer Prozess ist, ein neues Baby in die Familie zu integrieren, der von allen Familienmitgliedern Umstellung und Anpassung erfordert.

»Schwierigkeiten« machen; und Sie sind mit dem neuen Baby so beschäftigt, dass die Gefühle Ihres erstgeborenen Kindes zumindest eine geraume Zeit unbemerkt bleiben könnten.

Eine schwierige Situation

Selbst dort, wo Sie bemüht sind, beide Kinder zu ihrem Recht kommen zu lassen und Ihr Erstgeborenes in die neue Situation mit einzubeziehen, ist die Sache problematisch. Sie machen sich Sorgen, wenn Sie die Eifersucht Ihres Kindes spüren, und haben vielleicht sogar Schuldgefühle, noch ein Baby bekommen zu haben. Es ist auch nicht leicht, auf offene oder verdekkte Feindseligkeit gelassen und freundlich einzugehen. Die Gefahr, Ihr Kind des Öfteren abzuschütteln, wenn es sich an Ihren Rockschoß hängt, ist dann besonders groß, wenn Sie beispielsweise von den durchwachten Nächten erschöpft und müde sind.

Zwingen Sie Ihr Kind zu nichts. Es wird sich nach und nach von ganz alleine an das neue Familienmitglied gewöhnen. Wenn die Kinder vom Alter her nicht allzu weit auseinander liegen, kann das Erstgeborene sein Geschwisterchen sogar als willkommenen Spielkameraden ansehen.

Was Sie nicht tun sollten

- Stellen Sie keine Fragen, die Ihr Kind nicht auch offen und ehrlich beantworten darf. Wenn Sie auf die Frage »Ist das Baby nicht süß?« die Antwort »Nein, ich möchte, dass du es wieder wegbringst« bekommen, sollten Sie keinesfalls schimpfen oder Ihr Kind mit dem Satz beschämen »Du musst dein Geschwisterchen doch lieb haben«. Ihr Kind sollte zu seinen Gefühlen stehen dürfen.
- Ermahnen, schimpfen oder bestrafen Sie Ihr Kind nicht, wenn es sich offen oder verdeckt feindselig gegenüber dem Geschwisterchen zeigt. Es wird dann mit verstärktem Groll reagieren und erst recht das Gefühl haben, nicht mehr geliebt zu werden.
- Reißen Sie Ihrem Kind nicht den Schnuller aus dem Mund und verweigern Sie ihm nicht das Fläschchen mit dem Satz »Du bist jetzt schon groß, du brauchst das nicht«. Damit machen Sie den Unterschied – und damit die potenzielle Rivalität – zwischen Ihrem Erstgeborenem und seinem Geschwisterchen noch größer.
- Schütteln Sie Ihr Kind nicht ab, wenn es durch große Anhänglichkeit seine Angst deutlich macht, Sie zu verlieren.
- Seien Sie nicht erleichtert oder froh, wenn sich Ihr Kind viel auf sein Zimmer zurückzieht und alleine spielt.

Elternbett

»Das Kind im Elternbett« ist immer wieder ein unter Eltern heiß diskutiertes Thema. Wenn Ihr Kind nachts zu Ihnen ins Bett krabbelt, werden auch Sie häufiger darüber sprechen.

Sie können Ihr Kind gut verstehen, denn schließlich ist es naheliegend, dass es nicht gern allein in seinem Zimmer schläft, während Sie die Vorzüge der Zweisamkeit genießen können. So kommt es zu Ihnen, um ein bisschen von der kuscheligen Wärme der Eltern abzubekommen oder aufgrund von nächtlichen Ängsten vor Träumen und Gespenstern Schutz und Trost zu suchen.

Andererseits möchten Sie Ihr Bett für sich alleine haben, insbesondere dann, wenn Sie selbst schlecht schlafen können, während Ihr Kind bei Ihnen liegt. Vielleicht kommt es deswegen auch mit Ihrem Partner zum Streit. Sie haben beide unterschiedliche Ansichten darüber, oder einer von Ihnen beiden ist der Nachgiebigere oder Verständnisvollere. Dann argumentieren Sie, dass Ihr Kind das eben jetzt braucht, während Ihr Partner der Meinung ist, dass Sie sich in gewisser Weise von Ihrem Kind ausnutzen oder »um den Finger wickeln« lassen.

Wenn Sie aus verschiedenen Gründen Ihr Bett für sich haben wollen, ist das in Ordnung. Sie müssen dies dann aber Ihrem Kind begreiflich machen. Üben Sie sich dabei nicht in Geduld. Wenn Sie immer wieder zulassen, dass Ihr Kind in Ihr Bett kommt, obwohl Sie allein sein möchten, werden Sie bald unzufrieden sein.

Hinzu kommt, dass Ihr Schlafzimmer Ihr Intimbereich ist, in dem in der Regel auch sexuelle Aktivitäten stattfinden. Die sind je nach Einstellung dazu nur eingeschränkt oder gar nicht mehr möglich, wenn Ihr Kind regelmäßig nachts in Ihrem Bett schläft. Auch das kann natürlich ein Streitpunkt zwischen Ihnen und Ihrem Partner sein. Ihr Partner kann sich leicht zurückgesetzt fühlen, wenn Sie ihm eine Absage erteilen mit dem Argument, das Kind schlafe ja bei Ihnen und deshalb könnten Sie keinen Sex haben.

Angst oder Neugierde?

Verspürt Ihr Kind ein großes Bedürfnis, in Ihrem Bett zu schlafen, hat es meist seine Gründe dafür. Einsamkeitsgefühle, Ängste und Sorgen in den unterschiedlichsten Lebenssituationen können ein Anlass sein, verstärkt Ihre Nähe zu suchen. Manchmal ist es einfach auch nur neugierig und will wissen, was Mama und Papa im Schlafzimmer so tun.

So Sie gewöhnen Sie Ihr Kind an sein eigenes Bett

- Besprechen Sie die Situation mit Ihrem Partner. Tauschen Sie sich aus, wie jeder sich damit fühlt, dass Ihr Kind im Elternbett schläft.
- Treffen Sie eine Entscheidung, ob Sie das gemeinsam verändern wollen. Es wird nur dann funktionieren, wenn Sie sich einig sind.
- Überlegen Sie, wie die Situation entstanden ist und was mögliche Ursachen dafür sein könnten.
- Nehmen Sie sich Zeit, tagsüber mit Ihrem Kind über seine eventuellen Nöte, Ängste oder Sorgen zu sprechen, und vermitteln Sie, dass Sie helfen, diese zu bewältigen.
- Sagen Sie ihm, dass Sie sich in Ihrer Nachtruhe gestört fühlen, wenn es jede Nacht kommt, und dass Sie am nächsten Tag gereizt sind.
- Fragen Sie es, ob es sich sonst in seinem Bettchen und in seinem Zimmer wohl fühlt. Manche Kinderbetten sind eher Käfige als kuschelige Nester. Manchmal stören auch bestimmte Bilder an der Wand oder Mobiles, die nachts beängstigende Schatten werfen, wenn sie sich bewegen.
- Vereinbaren Sie Zeiten, in denen Ihr Kind in Ihr Bett kann, z. B. morgens in der letzten halben Stunde vor dem Aufstehen oder am Wochenende, wenn die ganze Familie länger schlafen kann.
- Wenn es nachts kommt, sagen Sie ihm, dass es zehn Minuten bei Ihnen liegen darf, dann aber wieder zurückgehen muss. Wenn es nachts weint, setzen Sie sich kurz an sein Bettchen und trösten Sie es.
- Halten Sie das konsequent durch und bleiben Sie fest in Ihrer Haltung. Ihr Kind wird nach einiger Zeit begreifen, dass es in seinem Bett schlafen muss. Merkt es, dass Sie unsicher sind, oder handhaben Sie es mal so und mal so, wird es das auszunutzen verstehen.

Ihr Kind wird nach einiger Zeit begreifen, dass es in seinem Bett bleiben muss – allerdings nur, wenn Sie konsequent bleiben.

Vielleicht möchte es aber auch kontrollieren, was Sie tun und wie Sie miteinander umgehen, weil es unbewusste Ängste hat, Sie könnten auseinandergehen und es nicht mehr lieb haben. Dann kann das Ganze ein Versuch sein, Sie wieder zusammenzubringen; vielleicht möchte Ihr Kind unbewusst aus seinen Ängsten heraus aber auch ein Elternteil vor dem anderen beschützen.

Viele Kinder möchten dann ins Elternbett, wenn daneben eine Wiege mit dem neuen Geschwisterchen steht. Dann möchte es nichts verpassen und sicher gehen, dass es genauso viel Zuwendung bekommt wie das Baby. In den folgenden Fällen können Sie Ihr Kind sicherlich in Ihr Bett lassen:

- Sie fühlen sich in keinster Weise gestört oder beeinträchtigt.
- Ihr Kind ist krank und bedarf deshalb Ihrer besonderen Zuwendung.
- Es weint nachts, weil es Albträume oder Angst hat.

Sie bekommen auf diese Weise leichter mit, wenn Ihr Kind bei Krankheit unruhiger wird und im Schlaf wimmert, oder wenn das Fieber steigt. Sie können eher etwas unternehmen. Zudem fühlt sich Ihr Kind bei Ihnen sicher und gut aufgehoben, wenn ihm die Gespenster der Nacht zusetzen. Sie lassen sich leichter vertreiben, und bei einem erneuten Albtraum können Sie Ihr Kind schneller wach machen. In den folgenden Situationen sollten Sie Ihr Kind allerdings nicht oder nicht mehr in Ihr Bett lassen:

- Das nächtliche Wandern ist zur Gewohnheit geworden und Sie fühlen sich dadurch gestört.
- Einer von Ihnen beiden ist damit nicht einverstanden.
- Ihr Intimleben wird dadurch gestört.

Nächtliche Albträume treten bei Kindern meist phasenweise auf. Versuchen Sie herauszufinden, ob es Ängste oder Probleme hat, die es im Schlaf bewältigen muss.

Durch Krankheiten oder vorübergehende nächtliche Ängste können sich schnell Gewohnheiten herausbilden, die später nur mit viel Mühe zu verändern sind. Ihr Kind stellt z. B. fest, dass es während seiner Mandelentzündung bei Mama und Papa im Bett viel schöner war als im eigenen und beschließt, dass es zukünftig auch ohne Not dort schlafen will.

Wenn Sie sein Ansinnen nicht früh genug erfassen und sehr nachgiebig und verständnisvoll sind, wandert Ihr Kind ganz selbstverständlich jede Nacht in Ihr Bett. Anfangs genießen Sie das vielleicht noch, aber je länger der Zustand anhält, desto gestörter fühlen Sie sich und desto schwieriger wird es, Ihrem Kind zu vermitteln, warum Sie auf einmal nicht mehr möchten, dass es bei Ihnen schläft. Weil es aber das Schlafen im Elternbett genossen hat, muss es jetzt zu trickreichen Mitteln greifen, um den Zustand aufrecht zu erhalten. Und was passiert? Es wird wieder »krank«, täuscht Albträume vor und sieht Gespenster im Zimmer in der Hoffnung, Sie damit erweichen zu können. Es erfordert viel Geduld und Konsequenz, dem ein Ende zu machen und dafür zu sorgen, dass Ihr Kind wieder sein eigenes Bett bevorzugt.

Essprobleme

In vielen Familien bieten die Essgewohnheiten der Kinder Anlass für die heftigsten Auseinandersetzungen. Entweder isst Ihr Kind zu wenig oder zu viel, das falsche zur falschen Zeit, zu langsam oder zu schnell, und seine Tischmanieren lassen in Ihren Augen sehr zu wünschen übrig. Sie regen sich darüber auf, wie es isst, was es isst, wie es sitzt oder die Gabel zum Mund führt. Sie ärgern sich, dass es kleckert und den Tisch beschmutzt oder dass Essensreste auf dem Boden landen. Wenn dann noch ein Glas umfällt, ist die Horrorszenerie perfekt. Dabei haben Sie sich mit dem Kochen so viel Mühe gegeben ...

Sie versuchen, Ihr Kind zum Essen zu überreden und etwas Neues auszuprobieren und arbeiten vielleicht mit Bestechung: »Wenn du deinen Teller leer isst, bekommst du nachher eine Belohnung.« Wenn das nicht funktioniert, ermahnen Sie zunächst noch freundlich, schließlich drohen oder schimpfen Sie und versuchen, sein Mitleid zu erregen: „Ich habe zwei Stunden in der Küche gestanden!«

Viele Eltern, vor allem Mütter, machen sich Sorgen um die Essgewohnheiten ihrer Kinder. Sie sind bemüht, schmackhafte, abwechslungsreiche Mahlzeiten zu kochen und erleben es nicht selten als persönliche Kränkung und Zurükkweisung, wenn ihr Kind das nicht zu schätzen weiß.

Vom Problem zur Essstörung

Solcherart in Machtkämpfe verwickelt, bleibt Ihrem Kind nichts anderes übrig, als sich zu verweigern. Es lernt, dass die Esssituationen alles andere als lustvoll sind und dass es keinesfalls selbst darüber bestimmen darf, wie viel es isst und was es gerne mag.

Wenn Sie Ihr Kind zu etwas zwingen, was es selbst nicht will, sind weitere Schwierigkeiten vorprogrammiert. Es nimmt auf diesem Wege nicht Ihre Sorge um seine Gesundheit wahr, sondern fühlt sich gegängelt, gedemütigt und zurechtgewiesen. Schreiben Sie ihm vor, was es wann zu essen hat, glaubt es, seine Bedürfnisse seien nicht in Ordnung. Mit der Zeit verliert es das Gespür dafür, was ihm gut tut und was nicht. Sein Selbstwertgefühl nimmt Schaden, und es beginnt vielleicht damit, Nahrungsmittel unvernünftig und unkontrolliert in sich hineinzustopfen oder sie ganz zu verweigern. Schlimmstenfalls können sich – kommen noch andere Faktoren hinzu – bis zum Jugendalter schwer wiegende Essstörungen (krankhaftes Übergewicht, Ess-Brech-Sucht oder Magersucht) herausbilden.

Ermuntern Sie Ihr Kind, seine Wünsche nach bestimmten Nahrungsmitteln an das »schwarze Brett« zu schreiben. Dann können Sie sie beim nächsten Einkauf berücksichtigen.

Mit Essproblemen umgehen

- Überdenken Sie Ihre Einstellung zum Essen. Ist für Sie z. B. Versorgung mit Essen gleichbedeutend mit elterlicher Fürsorge? Mit welcher Einstellung zum Essen sind Sie selbst groß geworden? Was davon geben Sie an Ihr Kind weiter?
- Zwingen Sie Ihr Kind nicht zum Essen und zwingen Sie ihm schon gar nicht bestimmte Nahrungsmittel auf. Sagen Sie: »Anscheinend hast du heute keinen Appetit.«, »Zurzeit bevorzugst du wohl Süßigkeiten als Nahrungsmittel.« Damit greifen Sie das auf, was Sie sehen, ohne es zu bewerten.
- Halten Sie ein abwechslungsreiches Angebot an gesunden Nahrungsmitteln bereit (viele Kinder essen beispielsweise Gemüse lieber roh als gekocht) und trauen Sie Ihrem Kind zu, die richtige Wahl zu treffen.
- Nehmen Sie es nicht persönlich, wenn Ihr Kind Ihr mühevoll zubereitetes Mahl ablehnt. Sagen Sie: »Schade, dass ich deinen Geschmack heute nicht getroffen habe.« Frieren Sie seine Portion ein. Vielleicht hat es ein andermal Appetit darauf.
- Erstellen Sie im Familienrat einen Essensplan für die kommende Woche. Bei diesem Plan kann jeder seine Wünsche einbringen, und Sie können gezielter einkaufen. Sie sollten allerdings keine gesonderten Mahlzeiten zubereiten, wenn Ihr Kind das Gekochte zurückweist – das wird es schnell als Standard betrachten.
- Sorgen Sie dafür, die gemeinsamen Mahlzeiten zu einem entspannten Beisammensein zu machen. Das geht am besten, wenn Sie sich auf Machtkämpfe nicht einlassen und sich reglementierender und nörgelnder Kommentare enthalten. Wenn Sie am Essverhalten Ihres Kindes etwas stört, nehmen Sie es später beiseite, um ihm das zu sagen oder besprechen Sie es im Familienrat.
- Wenn Ihre Kinder schon älter sind, können Sie bei Ihrem wöchentlichen Großeinkauf Süßigkeiten in angemessener Menge mitbringen. Die Kinder können ihre Wünsche anmelden und sich die Süßigkeiten selbst einteilen. Wenn sie alle sind, gibt es nichts mehr, oder sie müssen sich selbst von ihrem Taschengeld welche kaufen.

Essen bedeutet mehr

Essen ist mehr als nur Versorgung mit lebenswichtigen Stoffen. Essen bedeutet Fürsorge, Zuwendung und Lustbefriedigung. Essen macht Spaß. Das gemeinsame Beisammensitzen bei einem entspannten Essen gehört zur Geselligkeit und fördert den Austausch.

Wundern Sie sich nicht auch manchmal über Ihr Kind, wenn Sie von der Nachbarin hören, dass es dort in geselliger Runde auf einmal den Blumenkohl gegessen hat, den es zu Hause verabscheut? Dort, wo die Esssituation eine entspannte und nicht reglementiert ist, kann Ihr Kind seine wahren Vorlieben oder Abneigungen für bestimmte Nahrungsmittel leichter entdecken.

Essen als Ersatzbefriedigung

Allerdings sollten Fürsorge, Zuwendung, Lustbefriedigung und Spaß nicht ausschließlich an das Essen gekoppelt sein. Das ist zwar bei kleinen Babys noch der Fall; ist Ihr Kind jedoch älter, hat es wahrscheinlich schon gelernt, seine verschiedenen Bedürfnisse getrennt zu befriedigen. Wenn es beispielsweise traurig ist, weint es und versucht, Trost auf Ihrem Arm zu erfahren, anstatt etwas zu essen oder zu trinken. Das ist von entscheidender Bedeutung für seine spätere Entwicklung und für sein Essverhalten als Jugendlicher und Erwachsener.

Denn geben Sie Ihrem Kind bei jeder unangenehm erlebten Gefühlsregung das Fläschchen oder später als Trost den Schokoladenriegel, lernt es, seinen Gefühlshaushalt ausschließlich über das Essen zu regulieren. Das Essen wird auf diese Weise zum Ersatz für nicht gelebte Gefühle und unbefriedigte Bedürfnisse.

Sind Ihre Kinder noch sehr klein, können Sie ein- bis zweimal in der Woche einen »Süß-Tag« einrichten. Für diesen Tag kaufen Sie dann Süßigkeiten, die Ihr Kind aussuchen darf.

Ihr Kind weiß, was es braucht

Studien zu den Ernährungsgewohnheiten von Kindern haben gezeigt, dass diese ihre Ernährungsbedürfnisse auch ohne den Rat der Eltern befriedigen können. Sie ernähren sich zu einzelnen Mahlzeiten durchaus einseitig, auf lange Sicht jedoch ausgewogen und den jeweiligen Bedürfnissen angepasst. Das setzt allerdings voraus, dass Sie in Ihrem Haushalt ein ausgewogenes Angebot an Nahrungsmitteln zur Verfügung stellen und Ihrem Kind selbst die Wahl überlassen.

Fernsehen

Seit vor mehr als 40 Jahren der Fernseher in die Haushalte Einzug hielt, hat sich Erstaunliches getan. In fast keiner Familie fehlt er. Fernsehen scheint die Freizeitgestaltung schlechthin zu sein. Satellitenantennen und Verkabelung machen den Empfang von 30 Programmen möglich, sodass kaum einer sagen kann: »Heute kommt nichts im Fernsehen«.

Ihr Kind ist davon fasziniert. Schon im Kleinkindalter sitzt es, vielleicht gemeinsam mit seinen größeren Geschwistern, einträchtig auf dem Sofa, den starren Blick auf die Mattscheibe gerichtet. Sie betrachten die Szenerie wahrscheinlich mit gemischten Gefühlen. Einerseits sind Sie froh, dass kein Kindergeschrei Sie um Ihre Feierabendruhe bringt, andererseits fragen Sie sich, ob es gut ist, Ihr Kind so viel fernsehen zu lassen. Dann greifen Sie zur Fernbedienung und schalten den Kasten aus, was von Seiten Ihres Kindes mit lautem Protest beantwortet wird.

Wenn Sie selbst viel vor dem Fernseher sitzen, werden Sie Ihr Kind kaum von der schädlichen Wirkung des Geräts überzeugen können. Gehen Sie mit gutem Beispiel voran.

Was macht Fernsehen so beliebt?

Ein Fernseher ist ein unkomplizierter Spielkamerad. Er ist immer verfügbar und zeigt weder Launen noch Aggressionen. Die Bilder sind schön bunt und man kann sehen und hören in einem. Der Genuss des Fernsehens erfordert außer dem Drücken der Fernbedienung keinerlei Anstrengung. Weil alles präsentiert und fertig serviert wird, braucht man keine eigenen Erfahrungen mehr zu machen und diese anschließend in seinem Kopf zu sortieren. Was man gesehen hat, braucht man nicht behalten, sondern kann es getrost wieder vergessen.

Mal ehrlich: Das ist nicht nur für Kinder reizvoll. Sie selbst werden die entspannende Wirkung nach einem anstrengenden Tag zu schätzen wissen. Dann, wenn Sie den Kopf voll haben und sich nicht mehr anstrengen, sondern nur noch auf dem Sofa liegen und sich berieseln lassen wollen. Und genau dort liegt das Problem in den meisten Familien.

Wenn Sie selbst gerne fernsehen und Ihren Kindern zeigen, dass man stundenlang davor sitzen kann, sind Sie bei einer Reglementierung in den Augen Ihres Kindes unglaubwürdig. Es kommt zum Streit. Sie können ihm vielleicht noch klar machen, dass Sie eben erwachsen sind und deshalb mehr Fernsehen gucken dürfen; Ihre Haltung und Einstellung dazu wird jedoch auf Ihr Kind übergehen. Doch der Fernseher gehört nun einmal zu Ihrem Leben, und Sie müssen schauen, so sinnvoll wie möglich damit umzugehen. Streit um das Fernsehen gibt es im Allgemeinen in folgenden Situationen:

- Sie sind der Meinung, dass Ihr Kind zu viel fernsieht.
- Sie sind mit der Wahl seiner Sendungen nicht einverstanden.
- In der Familie existieren zahlreiche unterschiedliche Vorlieben für bestimmte Sendungen.

Bleiben Sie auf jeden Fall in Kontakt mit Ihrem Kind, d. h., sprechen Sie mit ihm über die Sendungen, die es im Fernsehen gesehen hat. Auf diese Weise können Sie mögliche schlechte Einflüsse besser abschätzen.

Wie viel fernsehen darf mein Kind?

Eine Empfehlung für die Anzahl der Stunden abzugeben, die Ihr Kind fernsehen darf, ist schwierig und nicht sinnvoll. Wie viel Fernsehen Ihr Kind »verträgt«, ist abhängig davon, wie alt es ist, wo es in seiner Entwick-

Fernsehregeln aufstellen

- Überdenken Sie Ihre Einstellung zum Fernsehkonsum. Welches Vorbild geben Sie Ihrem Kind?
- Besprechen Sie mit Ihrem Partner, wie viel Fernsehen Sie Ihrem Kind erlauben wollen, was es sehen darf und was nicht. Werden Sie sich in erster Linie einig!
- Besprechen Sie im Familienrat, wie Sie sich das vorstellen. Beziehen Sie die Wünsche Ihres Kindes mit ein, zeigen Sie sich kompromissbereit und treffen Sie eine gemeinsame Entscheidung.
- Beschließen Sie einen Fernsehplan für die jeweilige Woche. Lassen Sie Ihr Kind ankreuzen, was es gerne sehen möchte. Dann können Sie schauen, ob es ein altersgerechtes Programm ist.
- Sicherlich ist nichts dagegen einzuwenden, wenn Sie den Fernseher hin und wieder als Babysitter benutzen. Wenn das allerdings zur Regel wird, verpassen Sie eine Chance, Ihre Elternrolle verantwortlich wahrzunehmen.
- Bedenken Sie, dass jeder Fernseher einen Knopf zum Abschalten hat. Als Eltern sind Sie aufgefordert, Ihrem Kind Grenzen zu setzen und diese konsequent einzuhalten – auch wenn es schwer fällt.

lung steht, wie es sich verhält und was seine sonstigen Interessen sind. Ein achtjähriges Kind, das in der Schule schlecht mitkommt, sehr nervös und fahrig ist und darüber hinaus kaum andere Freizeitinteressen hat, sollte weniger fernsehen als z. B. ein zufriedener, normal entwickelter, ausgeglichener Fünfjähriger, der genauso gern draußen herumtollt. Wenn derselbe Junge dann in den Ferien bei Regenwetter eine Woche lang täglich zwei Stunden fernsieht, ist sicher auch nichts dagegen einzuwenden. Im Schnitt sieht er dann eher noch wenig fern.

Grundsätzlich kann man jedoch sagen: Je weniger Ihr Kind fernsieht, desto besser ist dies für seine Entwicklung. Je weniger Sie selbst fernsehen, desto eher leben Sie Ihrem Kind die Möglichkeiten einer aktiveren Freizeitgestaltung vor.

Welche Sendungen sind erlaubt?

Als Eltern sollten Sie grundsätzlich überprüfen, welche Sendungen Ihr Kind schaut, ob diese kindgerecht präsentiert werden und ob es in der Lage ist, die Inhalte zu verstehen und zu verarbeiten. In der Regel ist das bei Filmen, die für Erwachsene gemacht wurden (Krimis, Action- oder Sexfilme mit der Darstellung von Gewalt), nicht der Fall. Ihr Kind schaut sich die möglicherweise interessiert und fasziniert an, kann aber das Gesehene weder richtig einordnen noch verarbeiten.

Gerade im Privatfernsehen ist zwischen 18 und 20 Uhr jede Menge Gewalt zu sehen – also zu einer Zeit, in der die Kinder üblicherweise vor dem Gerät sitzen.

Ihr Kind sollte ausschließlich Kindersendungen sehen (beispielsweise die »Sesamstraße« oder »Die Sendung mit der Maus«). Möchten Sie etwas sehen, was Sie interessiert, und Ihr Kind ist dabei, sollten Sie auch hier überprüfen, ob das für Kinderaugen bestimmt ist. Ansonsten sollten Sie den Fernseher abschalten.

Streit, wer was sehen darf?

Streit gibt es in vielen Familien häufig darüber, wer die Programmwahl bestimmt. Insbesondere dann, wenn Sie mehrere Kinder und nur einen Fernseher haben. Unterschiedliche Fernsehinteressen führen schnell zum Familienkrach um die Befriedigung von Bedürfnissen. Fragen wie »Wer darf bestimmen?«, »Wer muss zurückstecken?«, »Wer gewinnt öfter?« und »Wer ist immer der Verlierer?« werden heiß diskutiert und enden nicht selten in einem Meer von Tränen.

Das muss nicht sein, wenn Sie vor Beginn einer Fernsehwoche Ihre Fernsehwünsche nach dem Programmheft zusammentragen und schauen, ob es Überschneidungen gibt. Ist das der Fall, können Sie abwechselnd das Programm bestimmen oder den Würfel entscheiden lassen.

Ein eigener Fernseher auf dem Zimmer?

Ist Ihr Kind schon etwas älter (etwa 12 bis 14 Jahre), werden Sie sich irgendwann mit der Frage konfrontiert sehen, ob es nicht einen eigenen Fernseher haben darf.

Benutzen Sie den Fernseher nicht als Erziehungsinstrument (z. B. als Belohnung oder Strafe). In diesem Fall werden Ihre Kinder noch stärker darauf fixiert.

Wenn das Fernsehprogramm häufig Streitpunkt familiärer Auseinandersetzung ist und Sie nicht zu zufriedenstellenden Lösungen gelangen, werden Sie der Idee, dass Ihr Kind einen eigenen Fernseher im Zimmer hat, nicht abgeneigt sein. Vor allem auch dann nicht, wenn die finanziellen Voraussetzungen vorhanden sind.

Haben Sie trotzdem Zweifel, ob Ihr Kind in der Lage ist, damit eigenverantwortlich umzugehen, schlagen Sie eine Zwischenlösung vor. Kaufen Sie einen zweiten Fernseher und stellen Sie ihn in ein anderes Zimmer, z. B. ins Schlafzimmer oder in einen ausgebauten Kellerraum. Treffen Sie Verabredungen mit Ihrem Kind, wie Sie sich den Umgang damit vorstellen. Bieten Sie an, dass es den Fernseher in sein Zimmer stellen kann, wenn es bewiesen hat, dass es verantwortlich damit umgehen kann.

Haben Sie sich entschieden, Ihrem Kind einen Fernseher in sein Zimmer zu stellen, sollten Sie trotzdem überprüfen, was es und wie viel es fernsieht. Auch hier gilt: Hat es noch andere Interessen und läuft in der Schule alles nach Plan, kann es über den Fernseher verfügen. Wenn nicht, konfiszieren Sie ihn für eine Weile.

Geschichten erfinden

Viele Kinder haben eine blühende Fantasie. Ihnen, der Sie als realistischer Mensch mit beiden Beinen auf dem Boden stehen, wird das von Zeit zu Zeit vielleicht etwas komisch vorkommen. Sie hören die haarsträubendsten Geschichten von Rad fahrenden Ameisen, die von Tigern gejagt werden, oder Küchengeräten, die sich des Nachts selbstständig machen. Ihr Kind

Mit überschäumender Fantasie umgehen

- Spüren Sie dem Gefühlsgehalt einer Fantasie nach und versuchen Sie, die Absicht zu erkennen, die dahinter steht.
- Vermeiden Sie, den Wahrheitsgehalt einer erfundenen Geschichte nachzuprüfen und Ihr Kind damit zu konfrontieren, dass das doch gar nicht stimmt.
- Bitten Sie Ihr Kind stattdessen, Ihnen mehr darüber zu erzählen. Es lernt dabei, dass es seine Kreativität nutzen und die Wahrheit sagen darf, ohne bestraft zu werden oder Ärger fürchten zu müssen.
- Nutzen Sie die Fantasie Ihres Kindes, um Ihre eigene Kreativität wiederzubeleben. Erfinden Sie auch Geschichten. Ihr Kind wird sich darüber freuen.
- Sollten Sie feststellen, dass Ihr Kind seine Fantasie benutzt, um sich häufig vor anderen Kinder über Gebühr wichtig zu machen, sprechen Sie mit ihm darüber. Verstehen Sie seine Absicht, seinen Selbstwert dadurch steigern zu wollen, und vermitteln Sie, dass es dadurch oft das Gegenteil erreicht. Ergreifen Sie Maßnahmen zur Stabilisierung des Selbstwertgefühls Ihres Kindes.

Mit den Geschichten, die Kinder erfinden, erzählen Sie auf ihre kindliche Art und Weise, wie sie ihre Umgebung wahrnehmen. Das hat nichts mit vorsätzlichem Lügen zu tun.

berichtet von Freunden, die nicht wirklich existieren, und tut so, als säßen diese erdachten Spielkameraden mit am Esstisch. Eventuell fühlen Sie sich dadurch in Situationen gebracht, die Ihnen peinlich oder unangenehm sind. Dann sind Sie geneigt, Ihr Kind zurechtzuweisen, dass es nicht lügen, sondern immer die Wahrheit sagen soll. Oder Sie machen sich Sorgen, dass seine blühende Fantasie ihm die Realität vernebelt.

Machen Sie sich keine Sorgen. Weder lügt Ihr Kind noch läuft es Gefahr, seine Realität nicht mehr wahrzunehmen. Es hat nur eine andere, eben kindgerechte Art, die Realität zu bewältigen.

Grenzgänger zwischen Fantasie und Realität

Ihr Kind setzt sich mittels seiner Fantasie mit seiner Realität, mit den Ängsten, Sorgen, Nöten und Gefühlen sowie mit unerlaubten Bedürfnissen auseinander. In der Fantasie kann es Figuren erschaffen, die ihm helfen, seinen Alltag zu bewältigen. Es stellt Situationen her, in denen es selbst groß, stark und unverletzbar ist, wenn es sich im »wirklichen Leben« gerade ohnmächtig und klein fühlt. Es kann über die Fantasie vermitteln, dass es Angst hat, sich über irgendetwas (auch über Sie) ärgert oder sich allein gelassen fühlt. Es kann seine Fantasiegefährten Dinge tun lassen, die es selbst gerne tun würde, die aber von Ihnen reglementiert sind.

Geschwisterrivalität

Rivalitäten unter Geschwistern sind ein Thema, das jeder kennt, der mit Geschwistern aufgewachsen ist. Wahrscheinlich können Sie sich noch genau an das Gefühl erinnern, wie es war, als Ihre Mutter Ihnen den Wunsch nach einem Lutscher mit dem Satz versagte: »Du warst heute nicht lieb, du kriegst heute keinen« und sich gleichzeitig liebevoll Ihrem kleinen Brüderchen zuwandte. Vielleicht erinnern Sie sich auch noch an Ihre Neidgefühle, als Ihr Bruder, obwohl er jünger war, abends länger wegbleiben durfte als Sie. Und Sie wissen auch noch, wie Sie miteinander konkurriert haben, um die Aufmerksamkeit der Eltern zu bekommen.

Im Alter von zwei Jahren durch ein neues Geschwisterchen »entthront« zu werden, ist für Kinder besonders schwierig, weil sie sich schon an ihr privilegiertes Einzelkinddasein gewöhnt haben. Außerdem sind sie in dieser Phase besonders auf die Eltern angewiesen.

Neid, Eifersucht und Konkurrenz unter Geschwistern sind normal, oft aber tabuisiert. Wenn Sie sich an keinerlei Rivalitäten erinnern können, haben Sie diese vermutlich verdrängt. Ihnen wurde lange genug eingetrichtert, dass Geschwister sich gefälligst zu vertragen haben und sich ohne Vorbehalt lieben müssen.

Vielleicht haben Sie den Wunsch Ihrer Eltern nach Harmonie in der Beziehung zu Ihren Geschwistern tatsächlich realisieren können, und vielleicht pflegen Sie heute eine offene, zugewandte und liebevolle Beziehung zu Ihren Brüdern und / oder Schwestern. Die wenigsten Geschwisterbeziehungen sind jedoch frei von Rivalitäten.

Warum Geschwister streiten

Jedes Ihrer Kinder möchte dasjenige sein, das am meisten geliebt und beachtet wird. Es möchte das Gefühl haben, dazuzugehören, anerkannt zu werden und Wertschätzung zu erfahren. Es lernt schon sehr früh, mit welchen Mitteln es Ihre Liebe wecken, Ihre Aufmerksamkeit fesseln, Ihre Anerkennung und Wertschätzung bekommen kann. Es beobachtet und trifft seine Entscheidungen, wie es sich verhalten muss, um Ihre Liebe zu sichern. Solange es nur alleine ist, kann es sich Ihrer uneingeschränkten Aufmerksamkeit sicher sein. Kommt aber ein Geschwisterchen hinzu, gerät das Schiff ins Wanken. Es läuft aus dem Ruder, verliert den Kurs und muss sich erst wieder fangen. Das bedeutet, dass Ihr Kind neue Verhaltensweisen ausprobieren und einüben muss, um zu bekommen, was es haben will. Da jetzt jedoch noch mehr Personen beteiligt sind, wird das Ganze komplizierter und komplexer. Entsprechend lange dauert es auch, bis

Geschwister sind eigentlich immer eine Bereicherung füreinander, gleichgültig ob sie viel oder wenig miteinander streiten. Auf alle Fälle stehen sie der doppelten Autorität von Mutter und Vater mindestens zu zweit gegenüber.

Mit Geschwisterrivalität umgehen

- Betrachten Sie die Rivalitäten Ihrer Kinder als etwas Notwendiges, wodurch sie das Austragen von Konflikten in späteren Beziehungen erlernen können.
- Betrachten Sie das Verhalten Ihres Kindes vor dem Hintergrund Ihrer Wünsche, Hoffnungen und Erwartungen an Ihr Kind.
- Überdenken Sie Ihre eigene Beziehung zu Ihren Geschwistern. Erinnern Sie sich an Rivalitäten und wie Sie diese ausgetragen haben. Das kann Ihnen helfen, Ihre Kinder besser zu verstehen.
- Ermuntern Sie Ihre Kinder, ihre Zwistigkeiten selbst beizulegen. Mischen Sie sich nicht ein, wenn sie sich streiten. Sagen Sie: »Das müsst ihr unter euch ausmachen, aber wir können später darüber reden, wie ihr richtig miteinander streiten könnt«. Einem Kampf um Ihre Aufmerksamkeit sollten Sie sich entziehen. Ihr Kind lernt, dass es Sie nicht gewinnen kann, wenn es mit Geschwistern streitet.
- Reden Sie bei anderer Gelegenheit darüber, wie man miteinander verhandeln, sich einig werden und Kompromisse schließen kann.
- Geben Sie Ihren Kindern Gelegenheit, über ihre Gefühle zu sprechen. Wenn Sie Ihrem Kind z. B. erlauben, seine Wut auf das Geschwisterchen zu äußern, ohne das negativ zu bewerten, braucht es vielleicht keine Handgreiflichkeiten, um seiner Wut Ausdruck zu verleihen.
- Stellen Sie die Regeln in der Familie klar: Handgreiflichkeiten sind nicht erlaubt, der eine darf ohne die Erlaubnis des anderen dessen persönliche Dinge nicht benutzen, jeder der beiden »Streithähne« muss ein Nein des anderen respektieren etc.

die Familie ein Gleichgewicht gefunden hat, bei dem jeder zu seinem Recht kommt. Das kann manchmal Jahre dauern. Rivalitäten unter Geschwistern werden u.a. durch die folgenden Faktoren beeinflusst:

- Ihre Erwartungen und Ihr Verhalten
- Das Geschlecht
- Die Geschwisterfolge
- Das Alter und die Entwicklung Ihrer Kinder
- Das Temperament der Kinder

Geschwister zu haben, ist etwas Schönes, und auch für Sie ist es schön zu sehen, wenn Ihre Kinder sich gut verstehen und sich nah sind. Sie werden es aber auch als Belastung erleben, wenn sie sich streiten, anschreien oder eifersüchtig sind.

Die Vorstellung von immer liebevoll miteinander umgehenden Geschwistern ist Wunschdenken. In einer Geschwisterbeziehung sind es gerade die Konflikte, der Streit, die Auseinandersetzungen, die Ihre Kinder erleben lässt, dass jeder anders und die Welt nicht immer gerecht ist, dass man siegen oder besiegt und zu kurz kommen kann.

Nicht die Rivalitäten als solche stellen das Problem dar, sondern Ihre Art des Umgangs mit den Rivalitäten Ihrer Kinder. Ein Mythos, der oft in Elternköpfen herumspukt, ist der von der Gleichbehandlung der Geschwister. Er verhindert, jedes Kind als etwas Besonderes wahrzunehmen und in seiner Unterschiedlichkeit als Individuum mit einmaligen Fähigkeiten, Fertigkeiten, Stärken und Schwächen zu respektieren.

> Mittlerweile kann es als wissenschaftlich erwiesen angesehen werden, dass das Hinzukommen weiterer Kinder zum Familienverband die Paarbeziehung der Eltern, die Gestaltung der Eltern-Kind-Beziehung und das gesamte Familienklima verändert.

Handgreiflichkeiten

Handgreiflichkeiten Ihres Kindes wie Schlagen, Treten, Schubsen, Kratzen oder Beißen können Ausdruck inneren Ärgers, massiver Wutgefühle und großer Frustrationen sein.

Ihr Kind versucht, auf diesem Wege etwas zu erreichen, was auf anderem Weg erfolglos war. Wenn Schreien, Schimpfen, Stöhnen oder leisere Äußerungen von Ärger und Wut erfolglos blieben und nicht wahrgenommen und gehört werden, macht Ihr Kind seinem Ärger in Form von Handgreiflichkeiten Luft.

Aggressionen können auch dazu dienen, Ängste zu steuern. Wenn Ihr Kind sich bedroht fühlt, kann es versuchen, durch einen Wutanfall die Bedrohung zu reduzieren.

Ob Ihr Kind im Kindergarten oder in der Schule handgreiflich wird oder ob Rivalitäten unter Geschwistern zu immer wiederkehrenden Handgreiflichkeiten zu Hause führen: Ein aggressives Kind kann den Familienfrieden ganz erheblich trüben und Sie in peinliche Situationen bringen. Der Anruf eines Lehrers oder eines anderen Menschen, der Sie über überschießende Aggressionen Ihres Kindes informieren und sich darüber beschweren will, kann Schuldgefühle wecken, etwas falsch gemacht oder gar versagt zu haben.

Wenn Sie merken, dass Ihr Kind unruhig und gereizt ist, sollten Sie ihm Vorschläge zum konstruktiven kurzfristigen »Luftablassen« wie z. B. einer Kissenschlacht machen. So werden Aggressionen kanalisiert.

Sie machen sich dann Gedanken und Sorgen, fragen sich, was mit Ihrem Kind bloß los ist oder fühlen sich hilflos und überfordert im Umgang mit den Aggressionen Ihres Kindes.

Verständliche Reaktionen

Sie reagieren auf die Handgreiflichkeiten Ihres Kindes vermutlich mit Schimpfen, Predigen, Schreien oder gar Schlagen. Sie drohen, setzen Ihr Kind unter Druck, strafen es mit Hausarrest und Liebensentzug. Vielleicht verharmlosen Sie das Geschehen aber auch und beruhigen sich selbst und andere damit, dass Jungen »nun einmal so sind«.

Solche Reaktionen sind menschlich verständlich und können Sie auch kurzfristig von Schuldgefühlen entlasten; sie sind jedoch wenig hilfreich bei der Bewältigung des Problems.

Häufig wiederkehrende Handgreiflichkeiten werden zu gewalttätigen Verhaltensauffälligkeiten und sind ein ernst zu nehmendes Signal, dass etwas nicht stimmt. Es erfordert pädagogisches Geschick, herauszufinden, was mit Ihrem Kind ist, es zu verstehen und die entsprechenden Schritte zur Lösung des Problems einzuleiten.

Warum Ihr Kind handgreiflich wird

Mögliche Ursachen des Problems liegen vordergründig bei Ihrem Kind. Kinder, die körperlich aggressiv reagieren, leiden unter einem geringen Selbstwertgefühl. Sie sind unfähig, ihren Gefühlen verbal Ausdruck zu verleihen und Konflikte konstruktiv zu lösen.

Mit Handgreiflichkeiten umgehen

- Lernen Sie das Verhalten Ihres Kindes verstehen: Warum verhält es sich auf diese Weise? Was mag möglicherweise in ihm vorgehen? Versucht Ihr Kind, über Handgreiflichkeiten Ihre Aufmerksamkeit zu erlangen und Ihre Reaktion herauszufordern? Warum tut es das?
- Üben Sie auch ein wenig Selbstkritik: Nehmen Sie sich genügend Zeit für Ihr Kind? Befriedigen Sie seine Bedürfnisse nach Wertschätzung oder nörgeln Sie oft an seinem Verhalten herum und kritisieren Sie es viel? Könnte sein Verhalten eine Reaktion auf tiefer liegende Konflikte (Ehestreitigkeiten, Geschwisterrivalitäten o. Ä.) in der Familie sein? Will Ihr Kind mit seinem Verhalten vielleicht jemanden strafen? Ist Ihr Kind frustriert aus Gründen, die mit Ihnen gar nichts zu tun haben (z. B. Konflikte mit anderen Menschen im Kindergarten oder in der Schule)?
- Zeigen Sie Verständnis für die Gefühle Ihres Kindes und vermitteln Sie ihm, dass es völlig in Ordnung ist, auch einmal negative Gefühle wie Wut und Ärger zu verspüren.
- Überlegen Sie gemeinsam mit Ihrem Kind, was es tun kann, um seine Aggressionen auf eine andere Weise in den Griff zu bekommen, und wie Sie ihm dabei helfen können.
- Fragen Sie Ihr Kind regelmäßig, was es beschäftigt, belastet, frustriert und wütend sein lässt.
- Vermeiden Sie einen Machtkampf, bei dem Sie Gleiches mit Gleichem vergelten.
- Machen Sie die Regeln klar: Sagen Sie Ihrem Kind. dass Schlagen, Schubsen, Kratzen, Beißen und Spucken nicht erlaubt sind. Erklären Sie, warum nicht. Vermitteln Sie, dass Sie sich in Ihrer Familie verbal auseinander setzen.
- Greifen Sie bei geschwisterlichen Handgreiflichkeiten freundlich, aber bestimmt ein, wenn diese Regeln verletzt werden. Ziehen Sie die Kampfhähne auseinander mit den Worten: »Ich möchte nicht, dass ihr euch schlagt«.
- Machen Sie Vorschläge zum konstruktiven kurzfristigen »Luftablassen« wie z. B. Joggen, Toben oder Kissenschlachten.

Zeigen Sie Ihrem Kind deutlich auf, wo die Grenzen sind. Gefühle von Wut und Frustration sind normal, wichtig ist, wie man damit umgeht. Ihr Kind sollte lernen, sich verbal auseinander zu setzen.

Möglicherweise spielen die folgenden Gründe eine Rolle dabei, warum Ihr Kind in bestimmten Situationen zu Handgreiflichkeiten neigt:

- Ihr Kind möchte sich nicht alles gefallen lassen.
- Ihr Kind möchte dem anderen seine vermeintliche oder tatsächlich Stärke und Überlegenheit zeigen.
- Ihr Kind möchte etwas haben.
- Ihr Kind möchte Aufmerksamkeit erregen.
- Ihr Kind möchte Ihre Autorität herausfordern.
- Ihr Kind möchte Ängste überspielen.

Bei genauerem Hinsehen ist aggressives Verhalten durch den familiären und sozialen Kontext bedingt. Ihr Kind signalisiert mit körperlich aggressivem Verhalten familiäre und / oder soziale Schwierigkeiten. Aus Hilflosigkeit greifen Sie zu immer massiveren Maßnahmen, was die familiären Probleme wiederum verschärft.

Lassen Sie Ihre Kinder geschwisterliche Handgreiflichkeit nicht austragen. Greifen Sie möglichst ruhig, aber bestimmt ein und helfen Sie ihnen, ihre Probleme auf eine andere Art zu lösen.

Kompromiss als einzige Lösung

Je kleiner Ihr Kind ist, desto eher ist es darauf angewiesen, dass Sie ihm helfen, für seine Probleme vernünftige Lösungen zu finden. Aggression mit Aggression zu beantworten ist kein guter Weg.

Wenn Sie aber zeigen, dass Sie die Wutgefühle Ihres Kindes registriert haben (»Ich habe gehört, dass du Jörg getreten hast; du musst auf ihn sehr wütend gewesen sein«) und sachlich darauf eingehen können (»Erzähl mir, was genau passiert ist«), ohne sich selbst gleich in der Elternehre gekränkt zu fühlen, erreichen Sie viel mehr. Ihr Kind fühlt sich ernst genommen und spürt Ihre Bereitschaft, ihm zu helfen. Das gibt ihm die Möglichkeit, seine Gefühle zu äußern, die Situation zu erklären und mit Ihrer Hilfe zu lernen, seine Konflikte auf vernünftige Art und Weise zu lösen.

Wenn Sie Aggression mit Aggression beantworten, fordern Sie einen Machtkampf heraus, den Sie vielleicht zunächst gewinnen, der aber langfristig dazu führt, dass Sie den Kontakt zu Ihrem Kind verlieren. Das hat nur weitere Frustrationen und Aggressionen zur Folge. Wenn Sie häufig harmonisieren, beschwichtigen oder so tun, als sei alles in Ordnung, fühlt sich Ihr Kind in seinen Gefühlen nicht wahrgenommen. Falls es die Handgreiflichkeiten benutzt, um Ihre Aufmerksamkeit zu erregen, muss es immer stärkere Maßnahmen ergreifen, damit es gehört wird.

Hausarbeit

Fast alle Kinder ab dem vierten bis fünften Lebensjahr versuchen, sich vor der Hausarbeit zu drücken. Sie gehen lieber spielen und tun verständlicherweise die Dinge, die ihnen Spaß machen. Hausarbeit gehört andererseits zu den Aufgaben, die nun einmal erledigt werden müssen. Sie selbst werden, zumal wenn Sie noch berufstätig sind, kaum mit durchgängiger Begeisterung putzen, waschen, kochen oder bügeln, tun es aber, weil Sie sich nicht wohl fühlen, wenn sich in der Küche das Geschirr stapelt, die Spinnweben von der Decke hängen und die Wäsche tagelang ungebügelt im Korb liegt.

Sie erwarten mit Recht, dass Ihre Familie sich kooperativ zeigt und Sie bei der Erledigung dieser Aufgaben unterstützt. Je früher Sie Teamarbeit einfordern, desto besser. Ein Problem entsteht dann, wenn Ihr Kind sich verweigert, Sie sich auf einen Machtkampf einlassen und schließlich die Arbeit frustriert selbst erledigen.

Die Ursache dafür liegt oft darin, dass Sie Ihr Kind zu früh entmutigt haben, als es im Alter von zwei Jahren darauf drängte, Ihnen behilflich zu sein, und Sie es mit dem Satz »Dafür bist du noch zu klein« zum Spielen in sein Zimmer schickten. Als es dann älter wurde und Sie der Meinung waren, jetzt könnte es ruhig auch einmal den Tisch decken oder den Ab-

Geben Sie Ihren Kindern nicht nur die unliebsamen Aufgaben wie das Wegbringen von Müll oder das Staubwischen. Lassen Sie sie auch einmal kochen und backen. Wenn es den anderen dann schmeckt, werden sie stolz auf ihre Arbeit sein.

Für Jungen und Mädchen gleichermaßen?

Machen Sie keine Unterschiede zwischen Jungen und Mädchen. Eltern machen häufig den Fehler, den Mädchen mehr Hausarbeit aufzutragen und den Jungen eine Verweigerung eher durchgehen zu lassen. Ihre Tochter wird sich dann mit Recht darüber beschweren, dass sie, obwohl sie jünger ist, mehr im Haushalt tun muss.

Wenn Sie Ihren Sohn genauso an der Hausarbeit beteiligen wie Ihre Tochter, lernt er, selbstständig zu werden, ohne selbstverständlich davon auszugehen, dass solche Arbeiten von Frauen erledigt werden. Das hilft ihm in seinen späteren Beziehungen, Machtkämpfe und Unzufriedenheiten zu vermeiden.

wasch erledigen, ging es lieber zum Spielen in sein Zimmer, als Ihnen zu helfen. Wenn Sie dann nicht konsequent geblieben sind und den Tisch selbst gedeckt haben, haben Sie ihm gezeigt, wie es sich wirkungsvoll davor drücken kann.

Konsequenz – das A und O

Konsequenz ist eine mühevolle Angelegenheit, lohnt sich am Ende aber fast immer. Sie sind konsequent, wenn Sie auf die Verweigerung, den Tisch zu decken, natürliche Folgen eintreten lassen. Sie könnten z. B. sagen: »Dann müssen wir heute wohl im Stehen aus dem Topf essen.« Lässt Ihr Kind die schmutzige Wäsche in seinem Zimmer liegen, können Sie es darauf hinweisen, dass Sie sie auch nicht waschen können, wenn es sie nicht in den Wäschekorb legt. Verweigert es den Abwasch, ist die natürliche Folge, dass der Berg immer größer wird und schließlich kein Geschirr mehr im Schrank ist. Natürlich brauchen Sie dazu etwas Geduld und Hartnäckigkeit. Ihr Kind wird aber lernen, dass es sich auch mittels Verweigerung nicht gänzlich um die Aufgabe drücken kann.

Wenn Sie selbst Ihre Unlust am Erledigen der Hausarbeit deutlich machen, können Sie von Ihren Kindern ebenfalls keine Begeisterung erwarten.

Zur Hausarbeit motivieren

- Äußert Ihr Kind den Wunsch zu helfen, sollten Sie es ermutigen, anstatt zu sagen »Dafür bist du noch zu klein«.
- Teilen Sie Ihrem Kind Ihre Erwartungen im wöchentlichen Familiengespräch mit. Machen Sie eine Liste der erwarteten Mithilfe und lassen Sie Ihre Kinder aussuchen, was Sie davon freiwillig übernehmen wollen. Den Rest der Aufgaben verteilen Sie.
- Besprechen Sie auch eventuelle Konsequenzen, falls Ihr Kind den Aufgaben nicht nachkommt. Diese sollten sich an natürlichen Folgen orientieren und keine Bestrafung darstellen. Geht es z. B. nicht einkaufen, können Sie sein Lieblingsgericht nicht kochen. Räumt es nicht den Tisch ab, können Sie den Tisch für die nächste Mahlzeit nicht decken.
- Handeln Sie nach Plan und bleiben Sie konsequent in Ihrer Haltung.
- Lassen Sie sich auf Machtkämpfe nicht ein und geben Sie acht, dass Sie Ihren Humor nicht verlieren.

Nicht auf Machtkämpfe einlassen

Vermeiden Sie auf jeden Fall Machtkämpfe. Sie machen alle Beteiligten zu Verlierern. Wenn Sie drohen, schimpfen und bestrafen, erreichen Sie keinesfalls eine kooperative Zusammenarbeit. Im Gegenteil: Ihr Kind hat jetzt erst recht keine Lust, Ihnen zu helfen, und Sie haben hinterher Schuldgefühle, weil Sie zu massiv aufgetreten sind.

Dem Kind nicht alles abnehmen

Kinder sind dort kleine Tyrannen, wo sie sich hilfloser machen, als sie sind. Wenn Ihr Kind bereits gelernt hat, sich seine Schuhe selbst zuzubinden, sollten Sie das niemals für Ihr Kind tun. Auch dann nicht, wenn es Sie mit großen Augen ansieht und allen Ernstes behauptet: »Ich kann das nicht ...«. Die Gefahr, etwas für Ihr Kind zu tun, was es bereits selbst tun kann, ist dann besonders groß, wenn Sie es eilig haben und es Ihnen nicht schnell genug geht.

Ein siebenjähriges Kind sollte zwei bis drei Stunden für die Arbeit (Schule und Haushalt) aufwenden und sechs Stunden zur freien Verfügung haben, damit es sich angemessen ausgelastet fühlt.

Erwartungen deutlich machen

Ihr Kind wird vielleicht von Ihrem Wutausbruch überrascht, wenn es nach dem Abendessen den Tisch nicht abgeräumt hat. Aber wusste es, dass Sie dies von ihm erwarten? Je deutlicher Sie machen, dass Sie von allen Familienmitgliedern das gemeinsame Abräumen des Tisches nach dem Essen erwarten, desto sicherer ist Ihnen der Erfolg.

Die Erwartungen an Ihr Kind sollten Sie dem Alter gemäß staffeln und individuell gestalten. Darüber, wer was macht, sollte es klar umrissene Regeln geben, die einmal in der Woche im Familienrat besprochen und modifiziert werden können.

- Kleine Kinder im Alter von drei bis sechs Jahren können beispielsweise den Tisch decken, ihn abräumen, Spielsachen ins Regal packen und beim Einkauf helfen. Sie können kleine Aufgaben bei der Essensvorbereitung übernehmen, ein Waschbecken sauber wischen oder die geliehene Schüssel zur Nachbarin zurückbringen.
- Größere Kinder im Alter von sechs bis zehn Jahren können ihr Zimmer selbst aufräumen, den Abwasch erledigen und den Müll rausbringen. Sie können ihre Kleidung selbst zusammenstellen und schmutzige Wäsche in den Keller bzw. in den Wäschekorb bringen.

Großen Kindern ab etwa zehn Jahren und Jugendlichen kann die Verantwortung für die Sauberhaltung ihres Zimmers zunehmend gänzlich übertragen werden. Sie können aufräumen, Staub wischen und Staubsaugen. Sie können allein zum Einkaufen gehen und täglich benötigte Kleinigkeiten besorgen, die nicht zu schwer zum Tragen sind.

Die Verteilung der Aufgaben sollten Sie davon abhängig machen, was Sie Ihrem Kind zumuten können. Wenn es beispielsweise viele Schulaufgaben zu erledigen hat und dafür viel Zeit aufwenden muss, können Sie kaum erwarten, dass es Ihnen täglich noch ein bis zwei Stunden im Haushalt hilft. Hat es einen vollen Terminplan mit Klavier-, Reit- oder Ballettunterricht, sollten Sie Prioritäten setzen, die Ihrem Kind trotzdem eine Beteiligung am Haushalt ermöglichen.

Lassen Sie Ihr Kind erst einmal etwas Atem schöpfen, wenn es von der Schule nach Hause kommt. Nach einer Ruhe- oder Bewegungspause geht das Lernen dann viel leichter von der Hand.

Hausaufgaben

Kinder, denen die Erledigung ihrer Hausaufgaben zur unliebsamen Pflicht geworden ist, jammern, klagen und fordern Sie dadurch heraus, etwas zu unternehmen. Sie kommen dieser Aufforderung gerne nach und erinnern, ermahnen, schimpfen und drohen. Kommt Ihr Kind aus der Schule und hat seine Mahlzeit zu sich genommen, geht der Kampf schon los. »Jetzt sieh mal zu, dass du an deine Schularbeiten kommst, was hast du heute denn auf?« Anstatt Ihrem Kind nach einem anstrengenden Vormittag erst einmal eine Verschnaufpause zu gönnen, kommen Sie ihm gleich mit den nächsten Pflichten.

Selbstverständlich sind Sie besorgte Eltern, die ihr Kind unterstützen und es zu Leistungen anregen wollen, damit später aus ihm etwas wird. Zielstrebigkeit, Durchhaltevermögen, Leistungsorientierung und die Fähigkeit, aus Misserfolgen zu lernen, sind jedoch Eigenschaften, die Ihr Kind im Laufe seines Lebens allmählich erwirbt, wenn es immer wieder feststellt, dass es aus eigener Kraft Erfolg haben und dadurch selbstsicherer werden kann.

Dazu benötigt es in erster Linie Ihre liebevolle Unterstützung. Schimpfen, Ermahnen und Drohen sind ungeeignete Mittel, Ihrem Kind Freude am Lernen zu vermitteln.

Woher kommt der Widerwille?

Die wenigsten Kinder gehen von Anfang an mit Widerwillen zur Schule. Im Gegenteil: Sie erwarten den Schulanfang meist sehnsüchtig, weil sie doch mit Beginn der Schulzeit schon zu den »Großen« gehören. Zu Hause berichten sie dann begeistert davon, was sie vormittags alles gemacht und erlebt haben, und zeigen mit einigem Stolz ihre ersten selbst erstellten Hausaufgaben.

Die Unlust, in die Schule zu gehen, entwickelt sich meist erst im Laufe der Zeit. Oft ist sie mit zu starkem Leistungsdruck und zu hohen Erwartungen verbunden.

Zum Lernen motivieren

- Vermeiden Sie Machtkämpfe um die Hausaufgaben. Sie können auf mögliche Folgen und Konsequenzen hinweisen, aber lassen Sie Ihr Kind die Erfahrung machen, was geschieht, wenn es seine Aufgaben nicht erledigt.
- Sprechen Sie mit Ihrem Kind darüber, warum ihm die Erstellung der Hausaufgaben Schwierigkeiten bereitet. Fühlt es sich überfordert, nicht ernst genommen oder zu wenig anerkannt? Hat es zu wenig Selbstvertrauen und Angst, Fehler zu machen? Hat es den Stoff nicht verstanden oder braucht es nach dem Unterricht erst eine größere Verschnaufpause oder Bewegung? Hat es genügend Ruhe zum Arbeiten oder ist es zu sehr abgelenkt?
- Wenn Sie ein Gefühl dafür entwickelt haben, was in Ihrem Kind vorgeht, sprechen Sie mit dem Lehrer. Er kann Ihnen sagen, welchen Eindruck er von Ihrem Kind hat. Gemeinsam können Sie überlegen, wie Sie Ihr Kind unterstützen können. Verschaffen Sie sich einen Eindruck von ihm und seinen Unterrichtsmethoden. Teilen Sie ihm mit, welche Ziele Sie mit welchen Methoden verfolgen, und bitten Sie ihn, Ihnen die seinen darzulegen. Ziehen Sie, wenn möglich, an einem Strang.
- Bieten Sie Ihrem Kind Hilfe an, ermutigen Sie es, aber übernehmen Sie nicht die Verantwortung für die Erledigung der Aufgaben.
- Vielleicht hilft auch das Einrichten einer täglichen Lernzeit. Ihr Kind weiß dann, dass es z. B. in der Zeit von 15 bis 16 Uhr Hausaufgaben machen muss und dass Sie in dieser Zeit zur Verfügung stehen, falls es Sie braucht.

Im Laufe der Zeit wird der regelmäßige Schulbesuch zur Gewohnheit. Zu der anfänglichen Begeisterung gesellt sich die Erfahrung, dass Schule auch mit unangenehmen Dingen verbunden ist. Die ersten Äußerungen Ihres Kindes über eine gewisse Lustlosigkeit oder eventuelle Ängste machen Ihnen wiederum Angst. Sie denken: »Oh je, wenn das jetzt schon los geht, was soll dann erst später werden?« und versuchen, Ihr Kind davon zu überzeugen, wie wichtig Schule für sein weiteres Leben ist.

Sie machen den Erfolg oder Misserfolg Ihres Kindes in der Schule zu Ihrem Problem und ergreifen mit ungeeigneten Mitteln Maßnahmen, die weitere Schwierigkeiten verhindern sollen. In dem guten Glauben, nur dann gute Eltern zu sein, wenn Sie mit Ihrem Kind täglich üben und Hausaufgaben machen, übernehmen Sie unmerklich alle Verantwortung. Ihr Kind lernt, dass Ihnen an der Erledigung seiner Hausaufgaben sehr gelegen ist. Was liegt dann näher, als die eigenen Kräfte zu schonen und Sie das machen zu lassen?

Schon in der Grundschule messen sich die Kinder untereinander an ihren Leistungen. Oft sind Selbstwertverlust und Lustlosigkeit die Folgen. Wichtig ist der Ausgleich zwischen Arbeit und Freizeit.

Überforderung und Leistungsdruck

Weitere Ursachen für einen zunehmenden Mangel an Freude, in die Schule zu gehen, liegen im Schulsystem selbst begründet, das manchmal nicht dem Alter gemäße Anforderungen an die Kinder stellt. Einen ganzen Vormittag still zu sitzen ist für siebenjährige Kinder eine Zumutung. Ermahnungen des Lehrers, Schimpfen oder das Verteilen von Strafen sind Versuche, einen Haufen lebendiger Kinder zur Ruhe zu bewegen. Die Autorität des Lehrers rettet dann vielleicht über den Vormittag. Aber wenn es nachmittags auch noch still sitzend seine Hausaufgaben machen soll, ist es vorbei mit der Anpassung. Es verweigert sich.

Manche Lehrer überschätzen die altersentsprechende Aufnahme- und Leistungskapazitäten der Kinder und verteilen ein Zuviel an Hausaufgaben. Faktoren wie die pädagogischen Fähigkeiten des Lehrers, die Klassengröße und die Verteilung von Jungen und Mädchen können in der Klasse zu Dynamiken führen, denen Ihr Kind sich (noch) nicht gewachsen fühlt. Auch dann verliert es schnell die Lust an der Schule. Darüber hinaus sind Kinder natürlich individuell sehr unterschiedlich. Eins ist schnell, das andere langsam, manch ein Kind lernt spielend, wofür ein anderes sehr hart arbeiten muss.

Introvertiertheit

Introvertiertheit bedeutet, nach innen gekehrt zu sein. Ihr Kind ist still, zieht sich zurück, wirkt ernst und nachdenklich und scheint nicht mehr so richtig am Familienleben beteiligt zu sein. Sie haben das Gefühl, es nicht erreichen zu können. Abgesehen von normalen Stimmungstiefs, die jeder Mensch dann und wann hat, stellen Sie fest, dass dieser Zustand schon eine Weile anhält, und machen sich berechtigte Sorgen.

Kindern fällt oft die Aufgabe zu, für Lebendigkeit und Frische in der Familie zu sorgen. Vielleicht hat Ihr Kind einfach keine Lust, diesen Job zu übernehmen.

Mit Introvertiertheit umgehen

- Nutzen Sie das abendliche Einschlafritual für Gespräche mit Ihrem Kind. Wenn die Situation günstig ist, sagen Sie: »Du bist in letzter Zeit so still. Bedrückt dich etwas, worüber du mit mir reden möchtest?« Sagt Ihr Kind nein, belassen Sie es dabei, aber bieten Sie an, dass es zu Ihnen kommen kann, wenn es so weit ist.
- Unternehmen Sie etwas gemeinsam. Hören Sie aufmerksam zu, wenn es spricht. Vielleicht gibt Ihnen das Aufschlüsse über seine Befindlichkeit. Nehmen Sie Ihr Kind ernst und werten Sie seine Äußerungen nicht als Kinderei ab. Enthalten Sie sich bewertender Äußerungen, Urteile oder Kommentare. Ihr Kind braucht Vertrauen, um sich öffnen zu können.
- Haben Sie Geduld. Wenn Ihr Kind Ihre Anteilnahme spürt, ohne dass es Druck empfindet, wird es Ihnen irgendwann sagen, was los ist.
- Erinnern Sie sich an Ihre Kindheit. Erzählen Sie Ihrem Kind davon, was Sie damals traurig, niedergeschlagen oder ängstlich gemacht hat. Wenn es weiß, dass es Ihnen auch schon einmal so gegangen ist, wird es mehr Vertrauen entwickeln.
- Besprechen Sie sich mit Ihrem Partner. Teilen Sie Ihre Sorgen und reflektieren Sie Ihr Familienleben.
- Sollten Sie zu dem Schluss kommen, dass Sie selbst unglücklich sind und nicht mehr weiter wissen, haben Sie einen möglichen Anhaltspunkt für die Probleme Ihres Kindes. Eventuell wäre es dann sinnvoll, sich um professionelle Hilfe zu bemühen.

Wenn Sie Ihr Kind sonst nicht so kennen, können Sie seine Introvertiertheit als ein Zeichen dafür nehmen, dass etwas in seinem Leben aus dem Gleichgewicht geraten ist. Kinder sind sehr sensibel. Dinge, die für Erwachsene normalerweise kein Problem darstellen, nehmen sie sich sehr zu Herzen. Manchmal trauen sie sich nicht, darüber zu sprechen, weil sie sich ihrer Gefühle schämen oder denken, dass ihnen dabei sowieso keiner helfen kann.

Woran liegt es?

Wenn Ihr Kind sich zurückzieht und Einsamkeit sucht, kann das verschiedene Ursachen haben. Der Verlust eines geliebten Tieres, die Zurückweisung durch Freunde, erlebte Bedrohungen durch andere Kinder, ein Umzug oder ein Todesfall in der Familie können solche Anlässe bieten. Manchmal fängt es auch Stimmungen in der Familie auf oder hört Gesprächsausschnitte, wenn Eltern sich streiten. Dann bekommt es Angst, dass etwas Schlimmes geschieht.

Manche Kinder neigen auch dazu, sich unbewusst abzusondern und zurückzuziehen, wenn ihnen ein neuer Lebensabschnitt bevorsteht. Vielleicht kommt es in den Kindergarten oder in die Schule, vielleicht wird ein Geschwisterchen geboren oder die Pubertät setzt ein – mit allen physischen und psychischen Veränderungen.

> Lassen Sie zu, dass Ihr Kind auch einmal Geheimnisse vor Ihnen hat. Niemand kann sein Seelenleben ständig vor anderen ausbreiten, auch Kinder nicht.

Eine schwierige Zeit

Für Sie als Eltern ist es eine schwierige Zeit, wenn Sie merken, dass Ihr Kind still und in sich gekehrt wirkt. Sie spüren, dass etwas nicht in Ordnung ist, wissen aber auch nicht genau, wie Sie Ihrem Kind helfen können. Die Gefahr ist sehr groß, sich durch insistierende Äußerungen eine frustrierende Abfuhr zu holen. Je mehr Sie Ihr Kind drängen, desto weniger wird es sich verstanden fühlen und desto mehr wird es mit weiterem emotionalem Rückzug reagieren.

Glauben Sie nicht, dass es Ihre Aufgabe ist, dafür zu sorgen, dass sich Ihr Kind besser fühlt. Sie können es auch nicht dazu zwingen. Wenn Sie deutlich machen, dass Sie da sind, wenn es Sie braucht, kann es sich an Sie wenden, wenn es so weit ist. So lange müssen Sie Ihre eigenen unangenehmen Gefühle aushalten.

Konsumterror

Der Konsumterror der Konsumkids füllt seit einiger Zeit die Spalten einschlägiger Familienmagazine. Wenn Sie Kinder im Alter zwischen 6 und 18 Jahren haben, wissen Sie, wovon die Rede ist. Markenartikel sind angesagt. Aufs Brötchen gehört Nutella, ins Trinkglas Valensina, an die Füße Nikes, an die Beine Levis oder Diesel. Als Jacke trägt man selbstverständlich Helly Hansen oder Chiemsee. Auf Ihre vorsichtige Äußerung, dass das alles zu viel Geld kostet, bekommen Sie die Antwort: »Wieso, hol dir doch was von der Bank.« Und auf die vorsichtige Frage, ob es denn unbedingt Nike-Turnschuhe sein müssen, folgt ein striktes »Ja, muss sein, die anderen haben alle Nikes.«

Für Kinder ist es die natürlichste Sache der Welt, Geld auszugeben. Für sie spricht man nicht über Geld – man hat es einfach. Und wenn nicht, holt man es sich vom Geldautomaten.

Vermutlich werden Sie den Wahrheitsgehalt dieser Äußerung nicht überprüfen, aber vielleicht erreicht Ihr Kind mit diesem Trick trotzdem, was es will. Sicher möchten Sie nicht, dass es Ihrem Kind schlechter geht als anderen. Und vielleicht ist es Ihnen peinlich, als geizig angesehen zu werden oder dadurch deutlich werden zu lassen, dass Sie sich teure Markenartikel nicht leisten können. Also greifen Sie mit einem leicht mulmigen Gefühl tief in die Tasche, und schon führt Ihr Sprössling seine neuen Turnschuhe stolz spazieren. Dafür verschieben Sie Ihr Bedürfnis nach einer neuen Winterjacke auf den nächsten Monat, weil es die alte ja so lange auch noch tut.

Wenn es darum geht, an Geld zu kommen, sind Kinder erfinderisch. Sie gehen einkaufen und behalten das Restgeld, in der Hoffnung, dass Sie es vergessen. Vielleicht bitten sie Sie auch dann um Geld, wenn Sie gerade telefonieren und abgelenkt sind. Oma und Opa werden angepumpt und sind allzu gern bereit, ein paar Euro herauszurücken, wenn der Enkel sich wieder einmal bei ihnen sehen lässt.

Warum Kindern auf Konsum »abfahren«

Wenn Sie über ausreichend Geld verfügen, werden Sie durch die Medien dazu angeregt, dieses auch unter die Leute zu bringen. Die Werbung, die ja zum Kauf anregen soll, funktioniert. Kleine und große Fernsehzuschauer werden rund um die Uhr mit Spots bombardiert. Gezielte, an Kinder ge-

Installieren Sie die Regel in Ihrer Familie, dass über kleinere und größere Anschaffungen im Familienrat gesprochen wird. So wird deutlich, dass z. B. Markenklamotten zurückstehen müssen, wenn die Familie ein neues Auto braucht.

Mit Konsumterror umgehen

- Seien Sie ein wenig selbstkritisch. Hinterfragen Sie Ihre Einstellung zum Konsum und überdenken Sie, welches Vorbild Sie Ihrem Kind geben.
- Überdenken Sie Ihre Familiensituation: Nehmen Sie sich ausreichend Zeit für Ihr Kind? Spielen und albern Sie miteinander? Wissen Sie, was Ihr Kind beschäftigt, es bewegt und welches seine Spielkameraden sind?
- Solange Ihr Kind noch sehr klein ist, sollten Sie es vor den Einflüssen von außen beschützen. Das bedeutet z. B., Ihr Kind keine Sendungen mit Werbespots sehen zu lassen. Zeichnen Sie lieber spotfreie Sendungen auf oder überspringen Sie die Werbung.
- Wird Ihr Kind älter, vermitteln Sie ihm Grundkenntnisse über Werbung und Konsum. Schärfen Sie den Blick Ihres Kindes für die Absichten der Werbung und zeigen Sie Ihrem Kind, dass Versprechen und Realität keineswegs immer übereinstimmen.
- Lernen Sie, Nein zu sagen. Gute Eltern zeichnet es aus, dass sie zur richtigen Zeit Grenzen setzen. Nehmen Sie die Klagen Ihres Kindes gelassen hin. Ihr Kind wird Sie nicht weniger lieben, nur weil Sie nicht bereit sind, für ein Paar Turnschuhe 100 Euro auszugeben.
- Die Freude über sehnsüchtig erwünschte Dinge ist umso größer, wenn Ihr Kind aktiv dazu beiträgt, dass es sie bekommt. Es kann z. B. von seinem Taschengeld etwas dazubezahlen oder den Opa fragen, ob er ihm für 5 Euro das Auto waschen darf.
- Fragen Sie Ihr Kind, wie es sich die Finanzierung eines bestimmten Wunsches vorstellt.
- Vermitteln Sie Ihrem Kind, wie viele Stunden Sie für eine teure Jacke arbeiten müssen und wie viele Monate es nichts von seinem Taschengeld ausgeben dürfte, um sich eine Jeans zu kaufen.
- Sprechen Sie mit anderen Eltern, wie diese mit den Konsumwünschen ihrer Kinder umgehen, wie viel Taschengeld andere Kinder zur Verfügung haben und was sie davon bezahlen müssen. So vermitteln Sie Ihrem Kind, dass Sie Bescheid wissen und sich nicht austricksen lassen.

richtete Werbung findet vorzugsweise am frühen Morgen, am Nachmittag und am Wochenende statt – zu einer Zeit also, zu der Kinder hauptsächlich fernsehen.

Vorschulkinder nehmen Werbung ungefiltert auf. Sie glauben, was die Werbung verspricht. Schulkinder wissen in der Regel schon, was Werbung bezweckt, glauben auch nicht alles, was diese verspricht, können sich aber trotzdem der Wirkung kaum entziehen, weil diese unbewusst abläuft. Mehrere Wiederholungen innerhalb einer Stunde sorgen dafür, dass sich das Produkt einprägt. Kinder können die Melodien singen und wissen den Text. Wenn Konsum das Leben bereichern soll, liegt der Schluss nahe, dass ein Leben ohne Konsum nur halb so schön wäre.

Äußern Sie Verständnis für die materiellen Wünsche Ihres Kindes, aber schämen Sie sich nicht, finanzielle Grenzen zu verdeutlichen.

Konsum kompensiert

Sicher haben Sie auch schon die Erfahrung gemacht, dass der Kauf eines neuen Kleidungsstücks schlechte Gefühle kurzfristig wegblasen kann oder dass Sie Unzufriedenheiten beseitigen können, indem Sie einen Stadtbummel machen und sich etwas Schönes kaufen.

Erziehungswissenschaftler gehen davon aus, dass Konsumkids auf diese Weise Gefühle von innerer Leere, Frustrationen, Niederlagen und vermeintlichen oder tatsächlichen Defiziten kompensieren.

Ein Mangel an Zeit für Ihr Kind kann dazu führen, dass Sie nicht ausreichend wahrnehmen, womit es sich beschäftigt, was es belastet oder ob es sich ernst genommen und geachtet fühlt. Die fehlende Beachtung und Anerkennung in der Familie muss es sich dann von seinen Freunden holen. Das bedeutet, sich deren Spielregeln zu unterwerfen, um nicht ausgegrenzt zu werden. Einem solchen Gruppendruck kann sich nur ein Kind mit einem stabilen Selbstwertgefühl entziehen.

Ihr Vorbild ist wichtig

Welche Einstellung Sie selbst zum Konsum haben, trägt maßgeblich dazu bei, ob Ihr Kind in die Lage kommt, angemessen damit umzugehen. Stellt beispielsweise der Besitz von vielen schönen Dingen in Ihrer Familie einen größeren Wert dar als füreinander Zeit zu haben und sich für den anderen zu interessieren, ist es nahe liegend, dass Ihr Kind lernt, dass zählt, was man hat und nicht was man ist.

Ist Ihr Kind gewohnt, alles zu bekommen, was es sich wünscht, lernt es von Ihnen, dass die Befriedigung seiner Bedürfnisse von außen erfolgt. Es braucht nicht selbst aktiv dazu beizutragen, sondern ist lediglich dazu aufgefordert zu konsumieren.

Wahrscheinlich fühlen Sie sich oft wie in einer Zwickmühle. Einerseits möchten Sie gute Eltern sein und Ihrem Kind etwas bieten, andererseits stehen Sie den Konsumwünschen Ihres Kindes hilflos gegenüber. Sicher wollen Sie nicht, dass Ihr Kind hinter anderen, gleichaltrigen Kindern zurücksteht, aber vielleicht möchten Sie sich auch nicht von einer anonymen Mehrheit sagen lassen, wie viel Geld Sie wofür ausgeben. Sicher möchten Sie auch nicht, dass Ihr Kind lernt, dass es alles bekommt, was es sieht und was gerade der Mode entspricht.

Kinder kennen die Bedeutung von Kraftausdrücken in ihrem ganzen Ausmaß oft nicht. Sagen Sie ihm, dass es jetzt reicht, wenn es nicht damit aufhört, sie zu benutzen.

Kraftausdrücke

Wenn Ihr Kind aus dem Kindergarten oder aus der Schule Kraftausdrücke mit nach Hause bringt, Sie bei passender Gelegenheit als »Arschloch«, »Kackarsch« oder »Pisser« beschimpft oder gar auf die Frage, was es denn gerade mit der Barbie-Puppe spiele, mit einem selbstverständlichen »Ficken« antwortet, sind Sie vermutlich erst einmal völlig verdutzt und anschließend entsetzt.

Die erste Frage lautet dann meist: »Wo hast du das denn her?«, und während Sie auf die Antwort warten, bekommen Sie Ihre Gefühle wieder in den Griff und überlegen, wie Sie jetzt reagieren sollen. Sie sind sich sicher, dass nur Vernunft hilft, und erklären Ihrem Kind, dass man solche schmutzigen Wörter nicht sagt. Auf die Frage »Warum nicht« zucken Sie schon etwas hilflos mit den Schultern, und wenn Ihr Kind dann noch darauf hinweist, dass Papa neulich auch so ein schmutziges Wort gesagt hat, geben Sie klein bei.

Grenzen austesten

Die Kraftausdrücke Ihres Kindes können Sie verletzen, kränken, empören und wütend, ärgerlich oder unsicher machen. Ihr Kind scheinen sie zu faszinieren. Es macht ihm Spaß, Ihre entsetzte Reaktion zu sehen. Mit kaum

Mit verbalen Entgleisungen umgehen

- Wenn Sie von Ihrem Kind einen Kraftausdruck zum ersten Mal hören, sollten Sie ihn einfach überhören. Ihr Kind merkt dann, dass bei Ihnen nicht funktionieren muss, was bei anderen funktioniert.
- Wiederholt sich das jedoch, setzen Sie eine deutliche Grenze. Sagen Sie: »Das möchte ich nicht von dir hören.« Ihre Stimmlage und Ihre Körperhaltung sollten dabei Ihre Worte unterstreichen.
- Geben Sie keine langatmigen Erklärungen ab. Wenn Ihr Kind wissen möchte, warum es bestimmte Wörter nicht sagen darf, wird es sowieso darauf zurückkommen. Und Sie können sich inzwischen eine Antwort überlegen.
- Möchten Sie seine Frage, warum es das Wort nicht sagen darf, beantworten, bringen Sie Ihre Gefühle ins Spiel. Sagen Sie, dass es Sie kränkt, verletzt, wütend macht oder Ihnen peinlich ist.
- Kritisieren Sie die Wortwahl Ihres Kindes, nicht aber seine Person. Vermeiden Sie zu sagen: »Du bist ein böser Junge.« Sagen Sie stattdessen: »Die Wahl deiner Worte gefällt mir nicht.« Dann spürt Ihr Kind, dass es als Person angenommen wird, sein Verhalten jedoch Konsequenzen hat.
- Falls Ihr Kind Sie mit Kraftausdrücken terrorisiert, handeln Sie sofort. Setzen Sie auch hier eine deutliche Grenze. Nehmen Sie z. B. Ihr Kind am Arm, führen Sie es in sein Zimmer und sagen Sie mit Nachdruck: »Das möchte ich von dir nie wieder hören.« In diesem Fall sollten Sie sich allerdings auch Gedanken machen, was Ihr Kind möglicherweise mit seinem Verhalten erreichen will. Nachdenken über Ihr Erziehungsverhalten kann Ihnen bei der Feststellung helfen, wo Ihrem Kind eventuell etwas in der Beziehung zu Ihnen fehlt.

Kraftausdrücke stellen für Ihr Kind Möglichkeiten dar, aufzufallen. Es macht ihm Spaß, Ihre entsetzte reaktion zu sehen, auch wenn es vielleicht nicht einmal weiß, was das Wort bedeutet.

einem Verhalten sonst fließt ihm plötzlich die ungeteilte Aufmerksamkeit zu. Es weiß meist nicht, wovon es spricht, lernt aber die Bedeutung von Kraftausdrücken durch die Reaktionen der Umgebung kennen. Welche Reaktion durch welche Worte bei wem hervorgerufen werden, erfährt es, indem es das ausprobiert. Dabei stellt es die Wirkung von Kraftausdrücken fest und lernt je nach Reaktion, dass es gefährliches Gebiet betritt, wenn es zur Mutter »Arschloch« sagt. Was das Schimpfwort tatsächlich bedeutet, ist dabei völlig unerheblich. Auf die Wirkung kommt es an. Ist die passabel, hat es einen Volltreffer gelandet und wird ihn vermutlich so lange wiederholen, bis Sie oder jemand anders eine Grenze setzen.

Kinder spielen mit Wörtern und haben Spaß daran, diese zu verdrehen und aneinander zu hängen. Sie lachen sich kaputt über ihre eigenen Kreationen, und sicher nicht selten müssen Sie mitlachen.

Handeln ist gefragt

Ihr Kind kann Sie aber auch weit über das Spielerische hinaus mit Kraftausdrücken terrorisieren. Wenn es Sie beleidigt, beschimpft und Sie wie ein Stück Dreck behandelt, überschreitet es die Grenzen der Eltern-Kind-Beziehung und versucht, sich an bestehenden Werten und Normen zu reiben. Es provoziert, um Ihre Reaktion herauszufordern, die es vielleicht ohne die Provokation nicht bekommt oder die sonst unangemessen ist.

Aus falsch verstandener Gelassenheit, Gleichgültigkeit oder Hilflosigkeit lassen Sie sich vielleicht zu viel gefallen und merken nicht, dass Ihr Kind möchte, dass Sie eine deutliche Grenze ziehen.

Ihr Kind testet aus, wie weit es gehen kann. Geben Sie ihm zu verstehen, dass Sie darauf nicht reagieren, legt es das als Gleichgültigkeit aus und muss zu immer massiveren Mitteln greifen, um Ihr Handeln herauszufordern.

Natürlich sind Sie schockiert, wenn Sie merken, dass Ihr Kind Sie anlügt. Doch Schuldzuweisungen im Affekt sind zwar verständlich, helfen aber nicht, das Problem zu lösen.

Lügen

Ehrlichkeit ist in den meisten Familien ein hoher Wert. Umso heftiger reagieren Sie, wenn Sie Ihr Kind beim Lügen erwischen: »Habe ich dir nicht beigebracht, dass man nicht lügt?«, »In unserer Familie wird nicht gelogen!« und »Lügst du mich noch einmal an, dann knallt's!« sind Sätze, die dann häufig fallen. Sprichworte wie »Lügen haben kurze Beine« oder »Wer einmal lügt, dem glaubt man nicht …« zeigen einen Moralkodex auf und weisen darauf hin, dass Lügen nicht weiterführen und schlimme Folgen haben können. Es ist nicht schön, belogen zu werden, und sicher werden Sie gekränkt sein, wenn Ihr Kind Sie belügt.

Sicherlich sind Sie auch der Auffassung, dass Ihr Kind das nötige Vertrauen aufbringen sollte, um mit allem zu Ihnen zu kommen und Ihnen immer die Wahrheit zu sagen. Aber können Sie, wenn Sie ganz ehrlich zu sich selbst sind, von sich behaupten, noch nie gelogen zu haben? Als Erwachsener haben Sie heute ein Bewusstsein für wahr und unwahr. Das ha-

Ein gutes Vertrauensverhältnis zu Ihrem Kind können Sie beispielsweise herstellen, wenn Sie es auch einmal dafür loben, die Wahrheit gesagt zu haben.

Mit Schwindeln umgehen

- Vermeiden Sie Moralpredigten. Die gehen meist zum einen Ohr hinein und zum anderen wieder hinaus. Zeigen Sie sich auch nicht schockiert, beleidigt oder gekränkt, wenn Ihr Kind Sie anlügt. Stellen Sie einfach fest: »Ich denke, dass du jetzt nicht ehrlich bist. Magst du mir sagen, was wirklich los ist?«
- Vermeiden Sie Schuldzuweisungen, sondern helfen Sie Ihrem Kind, das Problem zu lösen.
- Ertappen Sie Ihr Kind bei einer Lüge, sollten Sie es fragen, warum es lügt. Wenn Sie das Verhalten Ihres Kindes wirklich verstehen wollen, wird es Ihr ehrliches Interesse spüren und Ihnen sagen, was es zu der Lüge veranlasst hat.
- Zeigen Sie Ihrem Kind, dass Sie es auch dann lieb haben, wenn es sich nicht so verhält, wie Sie sich das vorstellen. Das bedeutet nicht, dass Sie alles hinnehmen müssen!
- Ermuntern Sie Ihr Kind, die Wahrheit zu sagen und zu seinen Fehlern und Schwächen zu stehen. Hat es etwas angestellt, fragen Sie es, wie es dazu kam, wie es sich dabei gefühlt hat und was es sich denkt, das wieder gut zu machen.
- Sprechen Sie mit Ihrem Kind über das Lügen. Vermitteln Sie, welches mögliche Ursachen von Lügen sind und erklären Sie ihm, was passiert, wenn jemand häufig lügt.
- Erzählen Sie von sich und den Situationen, in denen Sie gelogen haben. Sagen Sie Ihrem Kind, wie Sie sich dabei gefühlt haben und welche Auswirkungen das hatte.
- Loben Sie Ihr Kind, wenn es Ihnen die Wahrheit sagt: »Danke, dass du zu mir gekommen bist und so ehrlich warst. Jetzt lass uns mal sehen, wie wir das Problem gelöst bekommen.«

ben Sie vor dem Hintergrund Ihrer Erfahrungen mit dem Lügen entwickelt. Sie wissen inzwischen genau, in welchen Situationen Sie mit der Wahrheit weiterkommen und in welchen es besser ist, die Unwahrheit zu sagen oder ganz zu schweigen.

Ihr Kind muss diesen Umgang erst noch lernen. Es lernt, indem es ausprobiert. Je nachdem, wie Sie darauf reagieren, erfährt es, bei welchem Verhalten es welche Folge zu erwarten hat. Kinder lügen manchmal aus den unterschiedlichsten Beweggründen heraus:

- Es macht ihnen Spaß, Geschichten zu erfinden und das ungläubige Staunen ihres Gegenübers zu sehen.
- Ein Bewusstsein für wahr und unwahr ist bei Kindern noch nicht ausreichend vorhanden.
- Durch das Lügen wird ihnen mehr Aufmerksamkeit zuteil.
- Sie haben Angst, die Wahrheit zu sagen.
- Sie fühlen sich bedroht.
- Sie haben Angst, zurückgewiesen zu werden.
- Sie wollen sich selbst oder andere schützen.
- Sie wollen Schwierigkeiten vermeiden.
- Sie hoffen, dadurch bestimmte Ziele zu erreichen.
- Ihre Eltern geben ihnen im Umgang mit der Wahrheit ein schlechtes Vorbild.

Erzählen Sie Ihrem Kind, dass auch Sie schon einmal in einer Situation waren, in der Sie gelogen haben. Das nimmt seine Angst und verringert seine Scham.

Je kleiner Ihr Kind ist, desto eher treffen die ersten drei Gründe zu. Ihr Kind erfährt, dass es mit seinen Geschichten Ihre Aufmerksamkeit fesseln kann. Ihre Reaktion ist noch wohlwollend. Mit einem Lächeln auf den Lippen kommentieren Sie, dass das ja eine unglaubliche Geschichte ist. Sie lassen kleinere Lügen noch ohne weiteres durchgehen. Wird Ihr Kind älter, erwarten Sie zunehmend, dass es zwischen wahr und unwahr unterscheidet. Hat Ihr Kind im Alltag erfahren, dass es auch dann akzeptiert wird, wenn es die Wahrheit sagt, wird es vermutlich gar nicht erst versuchen zu lügen. Erfährt es aber, dass Sie sehr heftig reagieren, wenn es etwas angestellt hat, wird es künftig versuchen, dies vor Ihnen geheim zu halten. Es versucht dann zunächst, mit Lügen weiterzukommen. Dabei weiß es natürlich noch nicht, dass es damit alles schlimmer macht. Folgt darauf auch eine heftige Reaktion, steigt der Angstpegel. Ihr Kind wird immer unsicherer, was erneutes Lügen zur Folge haben kann.

Nicht aufstehen wollen

Wenn Sie noch ein kleines Kind haben, wird dieses Sie vermutlich zu einer Zeit wecken, in der Sie sich selbst noch einmal im Bett umdrehen und weiterschlafen möchten.

Morgens nicht rechtzeitig aufzustehen ist überwiegend ein Problem von größeren Kindern und Jugendlichen. Während Sie sich schon im Bad zurechtgemacht haben und dabei sind, den Frühstückstisch zu decken, schlummert Ihr Kind im halbwachen Zustand noch selig bei geöffneter Zimmertür trotz Licht und Geklapper vor sich hin. Je später es wird, je öfter Sie es wecken und je weniger es Ihrer Aufforderung aufzustehen Folge leistet, desto gereizter wird vermutlich Ihre Stimmung. Nicht selten kommt es zu Streit und Auseinandersetzungen: kein schöner Start in den neuen Tag.

Ursache dafür, dass Ihr Kind morgens nicht aus dem Bett kommt, kann auch ein niedriger Blutdruck sein. Lassen Sie von Zeit zu Zeit einen Check-up beim Hausarzt durchführen.

Was macht Ihr Kind zum Morgenmuffel?

Wenn Ihr Kind auch zu denen gehört, die morgens nicht gut gelaunt aus dem Bett springen, sondern eher schwer aus den Federn kommen, kann das verschiedene Gründe haben:

- Es ist noch nicht ausgeschlafen, weil es abends einfach nicht ins Bett gefunden hat und zu lange auf war.
- Es hat sich abends zu lange mit seiner Lieblingsbeschäftigung abgegeben, z. B. fern gesehen oder Musik gehört.
- Es hat keine Lust, in die Schule zu gehen, weil es lieber noch eine Weile vor sich hinträumt.
- Es zögert den Schulbeginn hinaus, weil es Angst vor der Schule hat oder sich überfordert fühlt.
- Der Schlaf-Wach-Rhythmus ist durch Wochenendaktivitäten durcheinander geraten.
- Ihr Kind fühlt sich durch Ihre Fürsorglichkeit genervt und zeigt Ihnen, wer den längeren Atem hat.

Manche Kinder können abends einfach nicht ins Bett finden. Ihnen fällt plötzlich ein, dass sie noch Schulaufgaben machen müssen, dass sie doch eigentlich noch einen Brief schreiben wollten, den sie schon so lange auf-

So steht Ihr Kind morgens rechtzeitig auf

- Besprechen Sie im Familienrat, wie Sie die morgendliche Situation zur Zeit empfinden. Vermitteln Sie Ihrem Kind, was Ihnen nicht gefällt, und geben Sie ihm die Möglichkeit, sich dazu zu äußern. Machen Sie Vorschläge zur Veränderung.
- Kaufen Sie Ihrem Kind einen Wecker, den es sich selbst stellen darf auf eine Zeit, die Sie miteinander vereinbaren. Um den Wecker auszustellen, muss es schon einmal wach werden.
- Vereinbaren Sie, dass Sie danach nur noch einmal in sein Zimmer kommen, um zu schauen, ob es nicht wieder eingeschlafen ist. Sagen Sie Ihrem Kind, dass es seine Verantwortung ist, aufzustehen und zur Schule zu gehen, und dass es sich seine Entschuldigung selbst schreiben muss, wenn es zu spät kommt.
- Erledigen Sie nach dem Wecken gelassen die Dinge, die Sie jeden Morgen tun, und warten Sie ab, was passiert. Steht es tatsächlich zu spät auf, muss es die Erfahrung machen, welche Folgen das hat.
- Rufen Sie gegebenenfalls nachmittags den Lehrer an, um ihn von Ihrer pädagogischen Maßnahme zu verständigen. Er hat dann die Möglichkeit, um mit Ihrem Kind noch einmal darüber zu sprechen.
- Vermeiden Sie Machtkämpfe: Schimpfen, drohen und klagen Sie nicht, sondern handeln Sie. Bleiben Sie fest in Ihrer Haltung, setzen Sie Grenzen und achten Sie auf die konsequente Einhaltung.
- Konfiszieren Sie Fernseher und Videorecorder für eine Weile. Sagen Sie Ihrem Kind, dass es die Geräte zurückerhält, wenn es seinen Pflichten nachkommt. Das Gleiche gilt für nächtliches Ausgehen. Sie können z. B. die Erlaubnis, am Wochenende abends wegzugehen, nur dann erteilen, wenn es unter der Woche ohne Probleme morgens aufgestanden ist.

Machen Sie Ihrem Kind klar, dass es mit der Zeit Verantwortung für sein Leben übernehmen muss. Dazu gehört auch, morgens pünktlich aufzustehen.

geschoben haben, oder dass etwas im Fernsehen kommt, was sie unbedingt sehen müssen. Hat Ihr Kind einen Fernseher in seinem Zimmer, ist es natürlich nicht besonders schwierig, sich einfach Ihrer Kontrolle zu entziehen. Sie wissen dann oft gar nicht, ob es noch fernsieht, wenn Sie schon längst schlafen.

Wenn es noch kleiner ist, braucht Ihr Kind vermutlich noch nicht zu erfahren, was geschieht, wenn es zu spät zur Schule kommt. Sie wecken es mehrmals und scheuchen es schließlich mit Gebrüll aus dem Bett. Die Verantwortung dafür, dass Ihr Kind morgens aufsteht, liegt somit allein bei Ihnen. Spielt sich über einen längeren Zeitraum hinweg jedoch jeden Morgen das Gleiche ab, befinden Sie sich mit Ihrem Kind in einem Machtkampf. Machtkämpfe dienen dazu, sich gegenseitig zu beweisen, wer der Stärkere ist oder wer den längeren Atem hat. Sie lösen aber nicht das Problem. Lassen Sie sich nicht darauf ein, sondern übertragen Sie Ihrem Kind die Verantwortung.

Realitätsflucht?

Mit Beginn der Pubertät sind die meisten Kinder stark mit sich selbst beschäftigt. Die körperlichen Veränderungen werden wahrgenommen und lösen im Allgemeinen erst einmal Verunsicherung aus. Der Abschied von der Kindheit steht an. In erster Linie müssen die Jugendlichen sich jetzt selbst spüren, um herauszufinden, wer sie eigentlich sind. Das Interesse an der Umgebung und an den Vorgängen im Elternhaus lässt zwangsläufig nach. Stattdessen liegen sie lieber auf ihrem Bett, hören Musik und träumen vor sich hin. Alles andere wird zur lästigen Pflicht. Nur sehr widerwillig kommen sie ihr nach. Aufforderungen, die Träumerei durch den Schulbesuch abzubrechen, werden als unzumutbare Belästigung erlebt.

Jugendliche sind stark mit ihrer Identitätssuche beschäftigt und möchten am liebsten in Ruhe gelassen werden. Das gilt auch dann, wenn es morgens Zeit zum Aufstehen ist.

In dieser Zeit treten auch häufiger Schulprobleme auf. Nachlassende Leistungen führen zu Streitigkeiten in der Familie und zu mehr Druck in der Schule. Unsicherheiten, mit sich selbst nicht klar zu kommen, und der Druck von allen Seiten können zu Ängsten führen, den Anforderungen nicht gewachsen zu sein. Was liegt da näher, als der Realität zumindest zeitweise zu entfliehen, indem man sich einfach die Bettdecke über den Kopf zieht?

Wenn Sie ein jugendliches Kind haben, wird es vermutlich am Wochenende abends ausgehen. Da die meisten Diskotheken ihre Pforten erst zwischen 22 und 23 Uhr öffnen, bedeutet dies, dass Ihr Kind erst morgens früh nach Hause kommt, weil es auch ein bisschen was davon haben will. Wenn es am Wochenende bis mittags schläft, ist es montags aus seinem normalen Rhythmus heraus.

Nicht hören wollen

Eltern möchten immer, dass ihre Kinder auf sie hören und ihnen gehorchen. Gehorsam ist ihnen ein hoher Wert. Eltern sind stolz, wenn sie ein gehorsames Kind haben, denn in den Augen der Mitmenschen messen sich an einem Kind, das auf seine Eltern hört, nicht selten ihre erzieherischen Fähigkeiten.

Umso härter trifft es Sie, wenn Ihre Bemühungen um Gehorsam nicht fruchten. Beim Einkaufen tobt Ihr Kind durch den Supermarkt. Sie schreien: »Komm sofort hierher!«, Ihr Kind lässt sich aber keineswegs dadurch stören. Schließlich packen Sie Ihr Kind fest am Arm und schleifen es zum Einkaufswagen zurück, sehr wohl die Blicke der anderen Kunden bemerkend. Auf dem Spielplatz ist Ihr Kind so in sein Spiel vertieft, dass es Ihr Rufen nicht hört, und wenn Sie es mit einem wütenden »Kannst du nicht hören« aus dem Sandkasten zerren, antwortet es mit lautem Gebrüll. Ihr Kind räumt sein Zimmer nicht auf, wenn Sie es sagen, und lässt auch Ihre Bemerkungen über seine Tischsitten an sich abprallen. Es beantwortet Ihre Maßnahmen mit Provokationen und aggressivem Verhalten. Es geht auf seine Geschwister los, schmeißt Spielsachen durch sein Zimmer oder beschimpft Sie. Ihre Strafen nimmt es hin, aber gehorsamer wird es deshalb auch nicht.

Ein Kind, das immer gehorsam ist, wird wenig Selbstständigkeit und Verantwortungsbewusstsein entwickeln. Es wird auch als Erwachsener immer jemanden brauchen, der ihm sagt, wo es langgeht.

Sie schreien, keifen, drohen und strafen und können sich in Ihrer Art schon selbst nicht mehr leiden. Sie merken ganz genau, dass Ihre Methoden wenig wirksam sind.

Wie Ungehorsam entsteht

Wie bereits erwähnt, will Ihr Kind nicht hören. Das bedeutet, dass ihm nicht einsichtig ist, warum es tun soll, was Sie von ihm verlangen. Es verweigert sich. Wahrscheinlich ist es entmutigt, es reagiert jedoch auch auf andere Ursachen mit Ungehorsam und Aufsässigkeit:

- Ihr Kind fühlt sich zu wenig geliebt, beachtet oder geborgen.
- Die Bedürfnisse Ihres Kindes finden zu wenig Berücksichtigung.
- Sie verlangen Ihrem Kind zu viel ab.
- Ihr Kind hat zu wenig Auslauf und zu wenig Bewegung.

□ Ihr Kind wird zu selten ermuntert und gelobt.
□ Die Regeln in der Familie sind nicht eindeutig und die Grenzen sind nicht klar.
□ Ihr Erziehungsstil ist inkonsequent.

Fühlt Ihr Kind sich geliebt, geachtet und geborgen, sind seine wesentlichen Grundbedürfnisse erfüllt. Es fühlt sich wohl in seiner Haut. Die Voraussetzung ist meist dann gegeben, wenn Sie als Eltern auch ein zufriedenes Leben miteinander führen. Der Alltag sieht in vielen Familien anders aus. Zu wenig Miteinander, keine Zeit, Streit, Auseinandersetzungen oder unausgesprochene, schwelende Konflikte führen häufig zu Situationen, in denen Kinder zu wenig Berücksichtigung finden. Sie erwarten dann von Ihrem Kind, dass es Ihnen nicht noch mehr Schwierigkeiten macht, als Sie ohnehin schon haben. Eine Erwartung, die zu hoch gesteckt ist.

Den meisten Eltern macht es auch keinen Spaß, ihre Kinder andauernd zur Ordnung zu rufen, wenn diese nicht tun, was sie sagen. Sie sehen sich als ewig nörgelnde Kritiker und können sich selbst nicht mehr leiden.

Ihr Kind benötigt viel Auslauf und Bewegung. Wird das durch enge Wohnverhältnisse oder ein Leben in der Stadt eingeschränkt, wird es unzufrieden. Es fängt an, sich ein Ventil für seine Bewegungslust zu suchen und wird aggressiv, wenn diese von Ihnen noch zusätzlich eingeschränkt wird (»Kannst du nicht mal fünf Minuten stillsitzen?«).

Ermunterung und Lob verhelfen Ihrem Kind, sich seines Wertes bewusst zu werden und ein gesundes Selbstvertrauen zu entwickeln. Das Gleiche gilt für Erfolge. Zerren Sie Ihr Kind aus dem Sandkasten, bevor es

Mit Ungehorsam umgehen

- Reflektieren Sie Ihre Familiensituation. Könnte Ihr Kind Veranlassung dazu haben, sich zu wenig beachtet, geliebt, gelobt und ermuntert zu fühlen?
- Sorgen Sie für ausreichend Auslauf und Bewegung. Vermeiden Sie es, Ihr Kind kritisch zurechtzuweisen, wenn es lediglich seiner Lebendigkeit Ausdruck verleiht.
- Nehmen Sie sich Zeit und beschäftigen Sie sich mit Ihrem Kind auch ohne dass es Sie erst aufmerksam machen muss.
- Überdenken Sie Ihr Erziehungsverhalten: Sind Sie inkonsequent? Setzen Sie zu wenige oder zu viele Grenzen? Welche Regeln existieren in Ihrer Familie?

seine Burg fertig hat, verwehren Sie ihm den Stolz, etwas geschaffen zu haben. Es lernt, dass es sich nicht lohnt, Dinge anzufangen, weil es dauernd gestört wird.

Wenn Sie in Ihrem Erziehungsstil inkonsequent, die Regeln in der Familie nicht eindeutig und die Grenzen nicht klar sind, weiß Ihr Kind nicht, worauf es sich verlassen soll. Einmal lassen Sie Dinge durchgehen, die Sie ein andermal vehement verwehren. Ihr Kind bekommt den nicht ganz unrichtigen Eindruck, dass Sie nach Lust und Laune verfahren, und verwehrt Ihnen dafür den Respekt, indem es den Gehorsam verweigert.

Gehorsam ist kein Selbstzweck

Gehorsam macht nur dann Sinn, wenn er eine Schutzfunktion hat. Ihr Kind sollte gehorchen, wenn Sie an einer viel befahrenen Straße entlanglaufen oder wenn es darum geht, die Interessen Ihres Kindes zu wahren, damit ihm nichts Böses geschieht.

Gehorsam wird zum Selbstzweck, wenn er dazu dient, die Machtverhältnisse zwischen Eltern und Kind deutlich zu machen (d. h. zu zeigen, dass Sie das Sagen haben), oder Ihnen Ruhe zu verschaffen. Verlangen Sie von Ihrem Kind Gehorsam, weil Sie selbst übermüdet, überfordert und überlastet sind und dringend eine Ruhepause brauchen, ist das zwar egoistisch, aber verständlich. Warum sagen Sie dann aber Ihrem Kind nicht einfach, dass Sie furchtbar müde sind und sich wünschen, dass es Ihnen entgegenkommt anstatt Gehorsam ohne Erklärungen zu verlangen?

Bis in das 20. Jahrhundert hinein war elterliche Erziehung dazu da, den Kindern Ordnung und Gehorsam einzutrichtern. Nur ein gehorsames Kind sollte sich automatisch auch zu einem vernunftbegabten Erwachsenen entwickeln.

Nicht zum Gehorsam zwingen

Zwingen Sie Ihr Kind nicht dazu, gehorsam zu sein. Wenn Sie schimpfen, drohen oder strafen, damit es sich so verhält, wie Sie es wünschen, lehren Sie es, nur dann gehorsam zu sein, wenn Sie dabei sind.

Eine Erziehung zu Selbstdisziplin, Verantwortungsbewusstsein und Kooperationsfähigkeit kann dagegen dann erfolgen, wenn Sie sich Mühe geben, Ihrem Kind Ihre Maßnahmen einsichtig zu machen. Das erfordert zunächst ein wenig mehr Mühe, zahlt sich langfristig jedoch auf jeden Fall aus. Ihr Kind wächst zu einem selbstständig denkenden, verantwortungsbewussten Menschen heran, der seinen Eltern in jeder Situation mit Liebe und Respekt begegnet.

Nicht verlieren können

Kinder im Alter von sieben bis elf Jahren sind manchmal schlechte Verlierer. So gerne sie spielen, so gerne möchten sie auch ein Spiel gewinnen. Sie können Niederlagen noch schlecht wegstecken.

Mit seinem Verhalten kann Ihr Kind ein gemütliches Beisammensein in der Familie schnell in ein Schlachtfeld verwandeln. Wenn dann auch noch Geschwister beteiligt sind, die ihre Schadenfreude über das Verlieren des Bruders oder der Schwester schlecht verbergen können, wird Ihr Kind

Kinder empfinden sich selbst als Zentrum der Welt. Ein Säugling ist das ja anfangs auch. Sein Dasein steht für Mutter und Vater im Mittelpunkt. Diese Selbsteinschätzung bleibt so lange bestehen, bis das Kind zu immer größerer Selbsterkenntnis gelangt und begreift, dass es auch noch andere Menschen gibt, auf die es Rücksicht nehmen muss.

Damit beim Spielen wieder der Spaß siegt

- Seien Sie Ihrem Kind ein Vorbild im Umgang mit Siegen und Verlusten: Freuen Sie sich über einen Sieg, aber triumphieren Sie nicht über den Verlierer. Seien Sie enttäuscht oder verärgert über einen Verlust, lassen Sie das jedoch nicht an anderen aus. Haben Sie Mitgefühl mit dem Verlierer und sprechen Sie ein paar Worte des Trostes. Betrachten Sie das Spiel nicht verbissen, sondern mit Humor.
- Betrachten Sie einen Wutanfall Ihres Kindes beim Spiel als Bestandteil eines normalen Entwicklungsprozesses.
- Sprechen Sie mit Ihrem Kind an anderer Stelle über Gewinnen, Verlieren und was das in der Spielsituation und im Leben bedeutet.
- Stärken Sie das Selbstwertgefühl Ihres Kindes durch Ermutigung und Lob. Machen Sie das nicht von seinen Leistungen abhängig, sondern vermitteln Sie: »So wie du bist, bist du in Ordnung.«
- Bestrafen Sie es nicht für seine Wutanfälle. Lassen Sie es austoben und fragen Sie, ob es danach weiterspielen möchte.
- Machen Sie sich nicht lustig darüber. Dann fühlt es sich nicht ernst genommen. Aus der Sicht Ihres Kindes ist das Spiel ernst.
- Lassen Sie es nicht aus falsch verstandener Fürsorge absichtlich gewinnen. Dann lernt es, dass es mit seiner Wut sein Ziel erreicht, ohne dass es selbst etwas dafür tun musste.
- Loben Sie Ihr Kind, wenn es sich tapfer zeigt und seine Wut über ein verlorenes Spiel sichtlich kontrolliert.

mit einem wütenden »Dann spiele ich eben gar nicht mehr« die Tür hinter sich zuknallen. Sie bleiben kopfschüttelnd zurück und fragen sich, wieso Ihr Kind so ein schlechter Verlierer ist.

Kinder sind schlechte Verlierer

Niemand verliert gern. Ein Mensch kann aber im Laufe seines Lebens lernen, Niederlagen souverän wegzustecken oder den Gegner gelassen als den Besseren oder Glücklicheren anzuerkennen. Wenn er das kann, kann er sich als ausgereifte, selbstsichere Persönlichkeit betrachten.

Dass Kinder im Alter von sieben bis elf Jahren schlecht verlieren können, ist normal. Es ist Bestandteil eines Entwicklungsprozesses, während dessen Ihr Kind allmählich lernt, dass es im Leben nicht immer zu den Gewinnern gehören wird. Verläuft dieser Prozess normal, werden Spieleabende in der Familie spätestens dann nicht mehr im Fiasko enden, wenn Ihr Kind etwa elf bis vierzehn Jahre alt ist.

In dieser Zeit lernt es, Frustrationen auszuhalten und sich davon nicht unterkriegen zu lassen. Es lernt, seinen Selbstwert nicht vom Gewinnen abhängig zu machen und seine Gefühle einzuordnen und zu kontrollieren. Das Spielbrett ist dafür ein geeignetes Übungsfeld.

Wenn Sie Ihr Kind absichtlich gewinnen lassen, gaukeln Sie ihm eine falsche Realität vor. Es wird sich dann im »wirklichen Leben« umso schlechter damit abfinden können, auch einmal verlieren zu müssen.

Gesellschaftsspiele als emotionales Training

Am Spielbrett kann Ihr Kind sich intensiv erleben und spüren. Innerhalb kurzer Zeit erfährt es Freude, Triumph, Wut, Bedauern, Traurigkeit oder Enttäuschung. Neid, Eifersucht und Konkurrenz kommen ins Spiel, wenn seine Geschwister bessere oder taktisch klügere Spielzüge machen. Und hier zeigt sich auch, wem Ihr Kind das Glück gönnt und wem nicht.

Das intensive Gefühlserleben bringt die Hormone im Körper in Wallung. Ein Sieg kann berauschen und glücklich machen. Kein Wunder, dass Ihr Kind mehr davon haben möchte und wütend wird, wenn es das Gefühl nicht erreicht.

Im Spiel lernt Ihr Kind Machtstrukturen kennen. Es erfährt, was es heißt, Sieger oder Besiegter zu sein. Es erlebt, mit welchen Mitteln gekämpft wird und wer wen auf welche Art zu beeinflussen sucht. In der Gesellschaft existieren diese Machtstrukturen überall. Das Spiel hilft Ihrem Kind, sie kennen zu lernen, um sich später darin zurechtzufinden.

Pubertät

Die Pubertät (Geschlechtsreife) beginnt ab dem zehnten Lebensjahr. Bei Jungen setzt sie im Schnitt zwei Jahre später ein. Über die Dauer von etwa sechs Jahren vollziehen sich alle körperlichen Veränderungen, die Ihr Kind innerhalb von wenigen Jahren in einen Erwachsenen verwandeln. Daneben vollziehen sich Veränderungen im Bereich der Einstellungen, Gefühle und Verhaltensweisen. Es beginnt eine »Sturm- und Drangzeit«, die nicht selten von Rebellion gegen die Erwachsenenwelt gekennzeichnet ist.

Ein Graffitti-Spruch lautet: »Pubertät ist, wenn die Eltern anfangen, schwierig zu werden.« Daran ist viel Wahres; die meisten Jugendlichen fühlen sich in dieser Zeit nicht nur von ihren Eltern unverstanden, sie sind es auch.

Körperliche Veränderungen

Nicht alle Körperteile wachsen gleich schnell. Die Gliedmaßen wachsen schneller als der Rumpf, was zu ungelenken, schlaksigen Bewegungen führt. Plötzlich werden alle Hosen zu kurz oder zu eng. Sie staunen über Schuhgröße 44 und darüber, wie schnell die Schuhe abgelaufen sind oder kaputtgetragen werden. Jacken passen zunächst noch in den Schultern, werden aber in der Ärmellänge zu kurz, und nicht selten begleiten Sie die Bewegungsart Ihres Kindes mit Kommentaren wie »Gehe gerade« oder »Nimm die Schultern zurück«.

Bei den Mädchen entwickeln sich die primären und sekundären Geschlechtsmerkmale. Eierstöcke, Gebärmutter, Vagina, Schamlippen und Brüste wachsen. Sie bekommen Schamhaare und schließlich die erste Menstruation. Bei den Jungen wachsen Hoden und Penis. Sie bekommen Haare, den ersten Samenerguss und geraten in den Stimmbruch.

Nicht alle Jugendlichen betrachten diese Veränderungen mit freudiger Erwartung und positiver Spannung. Für die meisten ist diese Zeit auch begleitet von Unsicherheiten, Ängsten und Selbstzweifeln. Sie spüren, dass ihre Kindheit zu Ende geht und erst ganz langsam etwas Neues an ihre Stelle treten muss.

Zeit zum Staunen

Sie als Eltern beobachten diese Veränderungen an Ihren Kindern mit Erstaunen. Sie können kaum glauben, dass Ihr Kind so schnell so groß geworden ist. Sie möchten Ihr Kind in dieser Zeit liebevoll begleiten. Je nach-

Eltern sind »ätzend«

Ihr Kind zieht sich aus dem Familienleben zurück. Am liebsten ist es jetzt allein in seinem Zimmer und starrt mit dem Kopfhörer auf den Ohren verträumt die Decke an. Es verbringt seine Zeit mit dem engsten Freund oder der heiß geliebten Freundin und teilt mit ihnen alle Geheimnisse, die es sonst Ihnen anvertraut hat. Es hat keine Lust mehr, an gemeinsamen Aktivitäten teilzunehmen, findet es schick, Sie als Eltern »ätzend« zu finden und wechselt rasend schnell die Stimmung von »himmelhochjauchzend« zu »zu Tode betrübt«. Sie bekommen nur noch diese beiden Varianten mit. Nichts dagegen erfahren Sie über massive Selbstzweifel und tief gehende Unsicherheiten. Die behält Ihr Kind für sich und versteckt sie hinter seinem Trotz.

Enthalten Sie sich zurechtweisender Äußerungen über die Körperhaltung oder den schlaksigen Gang Ihres Kindes. Wenn es sich in seiner Haut sowieso nicht wohl fühlt, trägt das nicht zur Ermunterung und Stärkung des Selbstwertgefühls bei.

dem, welche Erfahrungen Sie selbst während Ihrer Ablösung vom Elternhaus gemacht haben, nehmen Sie sich vor, Ihrem Kind eine positive Einstellung zu sich selbst und dem Körper sowie die Entwicklung einer zufriedenstellenden Sexualität zu vermitteln. Sie freuen sich, wenn Sie mit Ihrer Tochter den ersten Büstenhalter kaufen gehen, oder geben sogar anlässlich der ersten Menstruation ein Fest. Sie können sich eines gewissen Stolzes nicht erwehren, wenn Ihr Sohn Sie bereits um eine Kopflänge überragt, und betrachten die ersten Flecken im Bettlaken mit einem gewissen Schmunzeln auf den Lippen. Hat Ihr Kind eine freie Sexualerziehung genossen, sehen Sie sich jetzt wahrscheinlich der verantwortungsvollen Aufgabe enthoben, Ihrem Kind alles Wissenswerte über Sexualität beizubringen – es weiß bereits Bescheid. Ist das nicht der Fall, werden Sie jetzt vermutlich überlegen, wie Sie »es« Ihrem Kind sagen.

Wie auch immer Sie das Thema »Sexualität« bisher betrachtet haben – Sie wissen, dass für Ihr Kind ein neuer Lebensabschnitt beginnt, der dazu führen wird, dass es sich allmählich vom Elternhaus löst.

Auch rein äußerlich verändert es sich nun kolossal. Pinkfarbene Strähnen im Haar, ein Schopf, der ganz und gar grün ist, gepiercte Augenbrauen, fünf Löcher in jedem Ohrläppchen, ausgefranste Hosen mit hineingeschnittenen Löchern und weite Schlabberhemden zeigen den Höhepunkt der Pubertät an.

Vielleicht verschlechtert es sich in der Schule, weil es »keinen Bock« hat, seine Hausaufgaben nicht mehr macht und alle Lehrer »zum Kotzen« findet. Es wälzt sich morgens nur unter großen Mühen aus dem Bett. Sein Zimmer ist ein einziges Chaos aus umhergeworfenen Kleidungsstücken, Kassetten, CDs und Relikten der Kindheit wie z. B. Kuscheltieren, Legos oder Matchbox-Autos. Dazwischen dicke Staubflocken und dreckige Stiefel. Aufforderungen zum Saubermachen oder zur Mithilfe im Haushalt enden mit Gebrüll, Drohungen, Streit und Strafen.

Schmerzliche Erfahrungen

Für Sie ist das vermutlich eine harte Zeit. Manchmal verstehen Sie die Welt nicht mehr und denken »Pubertät hin, Pubertät her – muss meine Tochter deshalb so fies zu mir sein?« Wenn Sie als liebevolle Eltern, die ihr Kind bestmöglichst erzogen und ihm alles gegeben haben, plötzlich erleben, wie es den Kopf wegdreht und sich gegen Ihre Berührungen wehrt, ist das eine sehr schmerzliche Erfahrung. Vielleicht fühlen Sie sich auch gekränkt und verletzt. Sie bedauern, dass die Zeit vorbei ist, wo Sie Ihr Kind auf den Schoß nehmen und es knuddeln konnten.

> Überdenken Sie Ihre eigenen pubertären Erfahrungen. Ihre damaligen Gedanken, Gefühle, Wünsche und Träume können Ihnen behilflich sein, Ihr Kind heute besser zu verstehen. Wenn Sie möchten, können Sie Ihrem Kind auch davon erzählen. Es wird brennend interessiert sein zu erfahren, wie Sie Ihre erste Liebe erlebt haben.

Suche nach eigener Identität

Für Ihr Kind ist dieser Rückzug notwendig, um sich als eigenständige Persönlichkeit begreifen zu lernen. Es muss herausfinden, wer es ist und was es will. Das kann es nicht, ohne Sie als Autorität vom Sockel zu stoßen. Was liegt da näher, als diese durch provokante Verhaltensweisen zu untergraben und durch sein Äußeres und sein Verhalten deutlich zu machen: »Ich bin anders als du«. Es lehnt Ihre Normen und Werte ab, weil es versucht, sich eigene zu schaffen. Unterstützt wird es dabei von gleichaltrigen Jugendlichen in der Clique.

Freunde zum »Rumhängen«

Für Ihr Kind ist in dieser Zeit die Clique besonders wichtig. Sie bietet den emotionalen Rückhalt bei der Ablösung vom Elternhaus. Hier tauscht Ihr Kind seine Gedanken, Gefühle, Erfahrungen und Erlebnisse mit anderen Menschen. Hier macht es die entwicklungsunterstützende Erfahrung, dass es diesen genauso geht wie ihm selbst. Der Austausch mit Gleichaltrigen

Nehmen Sie beleidigende Äußerungen Ihres Kindes nicht persönlich. Es liebt Sie trotzdem. Lassen Sie sich aber nicht alles bieten, sondern machen Sie unmissverständlich klar, wo Ihre Grenzen liegen.

Sicher durch die Pubertät

- Informieren Sie sich ausführlich über die körperlichen Vorgänge während der Pubertät und bereiten Sie Ihr Kind darauf vor. Sie können z. B. die schulische Information ergänzen, indem Sie ihm ein Buch darüber kaufen.
- Sprechen Sie miteinander darüber oder vermitteln Sie, dass Sie als Ansprechpartner zur Verfügung stehen.
- Geben Sie zu verstehen, dass Sie die Veränderungen Ihres Kindes während der Pubertät registrieren und dass Sie sich darüber freuen, dass Ihr Kind nun langsam erwachsen wird.
- Fragen Sie Ihr Kind hin und wieder, wie es sich fühlt, aber erwarten Sie nicht unbedingt eine ausführliche Antwort. Es sollte nur wissen, dass Sie auch weiterhin an seinen Gedanken und Gefühlen interessiert sind.
- Registrieren Sie den familiären Rückzug, aber machen Sie den Ihrem Kind nicht zum Vorwurf. Sagen Sie lieber: »Du möchtest zurzeit lieber für dich alleine sein, nicht wahr?«
- Lassen Sie Ihrem Kind das Chaos im Kinderzimmer. Fangen Sie deswegen keine Machtkämpfe an. Ihr Kind wird den längeren Atem haben. Wenn Ihr Sohn den ersten »Damenbesuch« bekommt, wird er von alleine aufräumen. Schließen Sie die Zimmertür und üben Sie sich in Geduld. Das bedeutet nicht, dass Sie sich alles bieten lassen müssen.
- Regeln Sie die Mithilfe und Organisation des Haushalts im Familienrat und nicht in Form von Vorwürfen bei denkbar unpassenden Gelegenheiten.
- Respektieren Sie die Privatsphäre Ihres Kindes. Ab einem Alter von etwa 14 Jahren ist es durchaus angebracht, vor dem Betreten des Zimmers anzuklopfen. Das Gleiche gilt natürlich für Ihr Kind, wenn es Ihr Schlafzimmer betreten will.
- Gestehen Sie Ihrem Kind Individualität zu. Es gehört Mut dazu, sich mit grünen Haaren den missbilligenden Blicken der Mitmenschen auszusetzen. Sagen Sie das Ihrem Kind. Erzählen Sie ihm auch, dass Sie sich das früher nicht getraut hätten.

bereichert den Erfahrungsschatz und hilft Ihrem Kind, auf neue Ideen zu kommen und diese auszuprobieren. In der Clique erlebt es alle »ersten Male« der Erwachsenenwelt – vom Rauchen und Trinken bis zum Sex. Unterstützt durch die Clique, probiert es Dinge aus, die es sich allein nicht trauen würde. Hier lernt es, sich außerhalb des Familienverbands Anerkennung zu verschaffen, sich zu behaupten und zugehörig zu fühlen.

Natürlich können Cliquen auch einen aus Ihrer Sicht schädigenden Einfluss auf die Entwicklung Ihres Kindes haben. Das ist meist dann der Fall, wenn es sich in der Familie nicht genügend anerkannt, geliebt und geborgen fühlt. Dann versucht es, die fehlende Anerkennung in der Familie mit Überanpassung (alles tun, was die Clique verlangt) oder selbstschädigendem Verhalten (gefährliche Mutproben, Gewalttätigkeit oder Kriminalität) wettzumachen.

Tauschen Sie sich mit anderen Eltern pubertierender Kinder aus. Das kann Ihnen helfen, den Alltag zu bewältigen und langsam zu lernen, Ihr Kind loszulassen.

»Du kannst mir alles erzählen.«

Manche Eltern berichten stolz, dass ihre Kinder ihnen alle Geheimnisse anvertrauen. Sie sagen ihrem Kind immer wieder, dass es mit ihnen über alles reden kann, und glauben deshalb, alles über ihr Kind zu wissen.

Sicher haben Sie Grund zur Freude, wenn Ihre Tochter Ihnen vertrauensvoll von ihrer ersten großen Liebe erzählt. Ihre Erziehung zu Offenheit, Ehrlichkeit und vertrauensvoller Nähe scheint so Bestätigung zu erfahren. Sie fühlen sich sicher in Ihren Bemühungen und sind stolz auf das Vertrauen, das Ihr Kind Ihnen schenkt. Um so gekränkter und verletzter sind Sie, wenn Sie über Dritte womöglich erfahren, dass dieselbe Tochter heimlich raucht, obwohl sie zu Hause Stein und Bein schwört, niemals eine Zigarette auch nur anzufassen.

Der Wunsch, dass Ihr Kind Ihnen alles erzählt, ist legitim, aber unrealistisch. Wenn Sie meinen, alles wissen zu müssen, führt das zwangsläufig zu kontrollierendem und bestimmendem Elternverhalten. Es verringert die Chancen, Ihr Kind in die Selbstständigkeit zu entlassen.

Ihr Kind braucht seine Geheimnisse. Manche Sachen gehören in den Intimbereich, auf den Ihr Kind genauso wie Sie selbst ein Recht hat. Wenn es Ihnen von alleine etwas erzählt, freuen Sie sich über das Vertrauen; drängen Sie es jedoch niemals, Ihnen alles zu erzählen, und gestehen Sie ihm das Recht auf Geheimnisse zu.

Quengeln

Das Quengeln in einem weinerlichen, nörgelnden Ton stellt den Versuch Ihres Kindes dar, Ihre Aufmerksamkeit zu erregen und etwas zu bekommen, was es haben will. Möglich ist, dass Ihr Kind lediglich möchte, dass Sie ihm Beachtung schenken, wenn es spürt, dass Ihre Aufmerksamkeit auf andere Dinge gerichtet ist. Dann drängelt es sich dazwischen und macht auf diese Art deutlich: »Ich bin auch noch da, kümmere dich gefälligst um mich«. Oder es quengelt um ein Glas Saft, eine Süßigkeit oder ein Spielzeug.

Bevor Ihnen der Kragen platzt, weil Sie das weinerliche »Mamaaa ...« nicht mehr hören können, sollten Sie überlegen, worin die Ursachen für die Quengelei Ihres Kindes liegen. Fühlt es sich vielleicht nicht genügend beachtet?

Quengeln gehört zu den alltäglichsten, aber ermüdendsten Verhaltensweisen von Kindern. Wenn das Verhalten sehr häufig auftritt, werden Sie vermutlich Ihr Kind verärgert zurechtweisen. Sie sagen dann: »Hör endlich auf zu quengeln.« Vielleicht haben Sie auch schon versucht, das Quengeln Ihres Kindes zu ignorieren und so zu tun, als hätte es gar nichts gesagt oder als hätten Sie gar nichts gehört.

Warum quengeln Kinder?

- Wenn Ihr Kind häufig quengelt, hat es bereits erfahren, dass sein Verhalten Erfolg versprechend ist. Es weiß vielleicht, dass es Ihnen mit seinem Quengeln nur lange genug auf die Nerven gehen muss, bis es bekommt, was es haben will. Weil Sie möglicherweise nach einem anstrengenden Tag müde und abgespannt sind, wollen Sie Ihre Ruhe haben. Das Gequengel Ihres Kindes nervt Sie. Sie möchten, dass das aufhört. Wenn es Ihnen nicht gelingt, dem mit einer festen Haltung und Konsequenz zu begegnen, verfahren Sie nach dem Motto: »Du hast jetzt dein Eis, und ich habe meine Ruhe«. Das scheint zumindest kurzfristig die Erfolg versprechendste Maßnahme zu sein. Findet diese Szene häufiger statt, führt das langfristig zu noch mehr Quengeln – denn Ihr Kind hat wie bereits erwähnt gelernt, mit welchem Verhalten es Sie manipulieren kann. Natürlich wird es das in Zukunft dann auch öfter versuchen.
- Ihr Kind fühlt sich zu wenig beachtet. Es merkt, dass Ihre Aufmerksamkeit anderen Dingen zugewandt ist, und versucht, Ihre Aufmerksamkeit durch Quengeln auf sich zu lenken. Es reagiert mit Eifersucht und möchte,

Mit Quengeln umgehen

- Finden Sie mögliche Ursachen des Quengelns heraus. Fangen Sie bei sich selbst an und überprüfen Sie, wie Sie auf Quengeln reagieren. Stellen Sie fest, ob Sie möglicherweise zwischen den Extremen Nachgeben und wütend Zurechtweisen hin und her pendeln. Das würde bedeuten, dass Ihr Kind mit Quengeln auf jeden Fall Ihre Aufmerksamkeit erreicht und Sie zu manipulieren versucht.
- Überdenken Sie, ob Sie Ihrem Kind ansonsten genügend Aufmerksamkeit, Beachtung und Zeit schenken. Wenn es daran mangelt, überlegen Sie, wie Sie das ändern können.
- Vermitteln Sie Ihrem Kind, dass Sie nicht möchten, dass es sich in Gespräche, die Sie mit anderen Menschen führen, einmischt. Sagen Sie ihm, dass es so lange warten muss und Sie sich danach kümmern. Wenn Ihr Kind merkt, dass Sie sich nach einem Telefonat tatsächlich mit ihm beschäftigen, lernt es zu warten, weil es Ihren Worten vertrauen kann.
- Lehren Sie Ihr Kind, seine Bedürfnisse direkt mit fester Stimme und freundlich zu äußern. Sagen Sie ihm: »Ich möchte dir zuhören und auf dich eingehen, wenn du vernünftig mit mir sprichst, aber nicht, wenn du jammerst.«
- Ein geregelter Tagesablauf mit zwischenzeitlichen Ruhephasen gibt Ihrem Kind Sicherheit und die Möglichkeit, sich von Aufregung und Stress zu erholen. Damit Ihr Kind zur Ruhe kommt, kann es manchmal hilfreich sein, wenn Sie alles stehen und liegen lassen und Ihr Kind auf den Schoß nehmen. Schaukeln Sie es und singen oder lesen Sie ihm etwas vor. Dann ist auch eher die Chance gegeben, dass Ihr Kind Ihnen erzählt, was es bewegt.
- Langeweile ist nichts Schlechtes. Ihr Kind sollte lernen, sie von Zeit zu Zeit auszuhalten, ohne etwas tun zu müssen, oder sie anderweitig zu kompensieren. Sie können das Ihrem Kind beibringen, wenn Sie selbst Langeweile aushalten können. Setzen Sie sich gemeinsam auf das Sofa und genießen Sie, dass Sie zusammen sind. Sagen Sie zu Ihrem Kind: »Es ist schön, mit dir hier einfach herumzusitzen und einmal nichts zu tun.«

Kinder sollten lernen, mit Langeweile umgehen bzw. erst gar keine aufkommen zu lassen. Das bedeutet, Ruhepausen nicht als langweilig, sonderlich als erholsam empfinden zu lernen.

dass Sie ihm zuhören, anstatt beispielsweise zu telefonieren, mit Ihrem Partner zu sprechen, das kleine Geschwisterchen zu wickeln oder andere Dinge zu erledigen, die nichts mit ihm zu tun haben.

- Ihr Kind hat noch keine angemessene Methode gefunden, seine Bedürfnisse direkt zu äußern und geltend zu machen. Das ist häufig dann der Fall, wenn sein Selbstbewusstsein nicht groß genug ist, oder wenn es die Erfahrung gemacht hat, dass seine Bedürfnisse in der Familie aus den unterschiedlichsten Gründen heraus zu wenig Berücksichtigung finden.
- Es steht unter Stress oder ist müde und abgespannt. Kinder quengeln oft, wenn sie nicht zur Ruhe kommen, weil sie übermüdet sind oder sie etwas bewegt, was sie auf andere Art und Weise nicht ausdrücken können.
- Ihrem Kind ist langweilig. Es versucht, sich durch Quengeln Beschäftigung zu verschaffen oder dadurch, etwas haben zu wollen, seine schlechten Gefühle zu kompensieren.

Wechselseitiger Respekt ist mit dem Bewusstsein verknüpft, dass Menschen aufeinander angewiesen sind und einander brauchen.

Respektlosigkeit

Respekt vor dem, was andere Menschen tun und wie andere Menschen sind, ist in den letzten 40 Jahren ein wenig aus der Mode gekommen. Lehrer, Eltern und Erzieher beklagen ein bedrohliches Ausmaß an Respektlosigkeit unter Kindern und Jugendlichen. Viele Eltern geben zu, dass sie mit ihren Kindern nicht mehr fertig werden, und Erzieherinnen in Kindergärten beklagen, dass schon Dreijährige durch Gewalttätigkeiten gegenüber anderen Kindern auffallen.

Respekt vor anderen Menschen zu haben galt noch in den 1950er Jahren als hoher Wert. Kindern wurde beigebracht, freundlich zu grüßen, danke zu sagen, wenn sie etwas bekamen, und im Bus für alte Leute aufzustehen. Beleidigungen, Beschimpfungen und Schimpfwörter wurden nicht geduldet, sondern mitunter hart bestraft. Respekt als Tugend geriet in den 1960er Jahren im Zuge der antiautoritären Erziehungsbewegung in Verruf und wurde von den neuen Elterngenerationen als überholt betrachtet. Das Ergebnis ist, dass viele Kinder nicht gelernt haben, respektvoll miteinander umzugehen, und durch auffälliges Verhalten heute darauf aufmerksam machen, dass Grenzsetzungen nötig sind.

Mit Respektlosigkeit umgehen

- Fangen Sie bei sich selbst an. Überdenken Sie, wie respektvoll Sie mit anderen Menschen umgehen. Wie sprechen Sie über andere? Wie zeigen Sie Ihrem Kind, dass Sie Achtung vor einem anderen Menschen und auch vor Ihrem Kind haben?
- Überdenken Sie, wie Sie auf Respektlosigkeiten Ihres Kindes reagieren. Drohen, schimpfen oder strafen Sie? Überprüfen Sie den Erfolg solcher Maßnahmen.
- Beenden Sie rechtzeitig einen eskalierenden Konflikt. Sagen Sie: »Ich möchte jetzt aufhören, weil ich sehe, dass wir so nicht weiterkommen. Wir sprechen heute Abend noch einmal darüber, wenn wir uns beide etwas beruhigt haben.«
- Sprechen Sie mit Ihrem Kind darüber, was Respekt und Achtung vor den Mitmenschen bedeutet und was es gewinnen kann, wenn es sich respektvoll verhält.
- Korrigieren Sie mit einer klaren, aber freundlichen Haltung sein Verhalten. Sagen Sie beispielsweise: »Ich möchte nicht, dass du so mit mir sprichst« oder »Ich kann verstehen, dass du jetzt wütend bist, überlege aber genau, was du sagst«.
- Seien Sie konsequent. Setzen Sie Grenzen. Bestimmen Sie eine Regel, die beispielsweise besagen kann, dass Ihr Kind jedes Mal, wenn es zu seinem Bruder »Arschloch« sagt, fünf Cent in die Spardose des Bruders stecken muss.
- Entschuldigen Sie sich, wenn Sie selbst respektlos gewesen sind. Ihr Kind weiß dann, dass so etwas im Eifer des Gefechts schon einmal passieren kann, aber dass es Möglichkeiten gibt, wieder aufeinander zuzugehen.
- Sollte Respektlosigkeit ein durchgängiges Problem in Ihrer Familie sein, setzen Sie es auf die Tagesordnung für eine Besprechung im Familienrat. Manchmal wird schon allein eine Änderung dadurch bewirkt, wenn alle sich eines Problems bewusst werden.
- Sagen Sie Ihrem Kind, dass es Sie kränkt oder verletzt, wenn es so mit Ihnen spricht, aber lassen Sie sich nicht zu Bestrafungen oder Machtkämpfen verleiten.

Gerade beim Thema »Respekt« sollten Sie überprüfen, inwiefern Sie selbst aufmerksam mit den Leistungen anderer umgehen. Wenn Sie es als selbstverständlich voraussetzen, dass andere Dinge für Sie tun, wird Ihr Kind es nicht anders machen.

Respekt als Grundvoraussetzung

Ein Minimum an Respekt und Höflichkeit können Sie dann von Ihrem Kind erwarten, wenn Sie dies selbst als unerlässliche Tugenden für ein soziales Miteinander betrachten, Ihrem Kind ein Vorbild sind und es lehren, respektvoll mit anderen Menschen umzugehen.

Ihr Kind schaut von Ihnen ab und merkt genau, wie Sie beispielsweise als Paar miteinander umgehen. Es sieht, dass Sie Ihrem Partner die Butter über den Tisch reichen, und hört, ob dieser danke sagt oder nicht. Es bekommt mit, ob Sie höflich miteinander sprechen oder ob einer den anderen fertig macht. Es hört Ihre abfälligen Bemerkungen über den Nachbarn, die Großeltern oder den Lehrer.

Darüber hinaus spürt Ihr Kind genau, ob Sie Schimpfwörter, Beleidigungen und Beschimpfungen durchgehen lassen oder eine Grenze setzen. Lassen Sie alles durchgehen, weil Sie sich vielleicht hilflos oder überfordert fühlen, vermindert das Ihre Autorität, und Ihr Kind wird Ihnen seinen Respekt verweigern. Hinzu kommt, dass es sich mit seinem Verhalten nicht wahr- und ernst genommen fühlt. Dies ist auch ein Zeichen dafür, dass Sie Ihrem Kind nicht respektvoll begegnen. Die folgenden Reaktionen auf Respektlosigkeit sollten Sie vermeiden:

- Beschimpfen
- Drohen
- Bloßstellen
- Schlagen und prügeln
- Mit Verachtung strafen
- Hausarrest geben
- Ignorieren
- Sich frustriert abwenden

Respektlosigkeit den Mitmenschen gegenüber bringt nicht nur Kränkungen, sondern oft auch Gefahren mit sich – beispielsweise im Straßenverkehr.

Auf der anderen Seite kann Ihr Kind aus respektvollen Verhalten sehr viel lernen:

- Es lernt, dass es im Leben weiterkommt, wenn es seinen Mitmenschen respektvoll begegnet.
- Es erlebt, dass es sich durch respektvolles Verhalten leichter in eine Gemeinschaft einfügen kann.
- Es kann befriedigende soziale Beziehungen aufbauen.
- Es erfährt selbst Wertschätzung, wird anerkannt und geliebt.

Sammelwut

Die meisten Kinder sind große Sammler. Kleine Steine, bunte Blätter, Kastanien, Bildchen, Bonbonpapier, Aufkleber oder Plastikfiguren üben eine ungeheure Faszination aus. Sie finden sie in den Jackentaschen Ihres Kindes, auf dem Schreibtisch, in den Schubladen, unter dem Bett, in Spielkisten oder gänzlich im Zimmer verstreut zwischen den Legos, den Puppen oder den Autos. Beim Spazierengehen hebt Ihr Kind alles auf, was ihm interessant erscheint, und nicht selten fordern Sie Ihr Kind auf, das wieder fallen zu lassen, weil es schmutzig ist und sagen »Wer weiß, wer das schon alles in der Hand gehabt hat«.

Kinder verschaffen sich eine Vorstellung von der Welt, indem sie Dinge anfassen. Sie be-greifen sie im wahrsten Sinn des Wortes. Das Sammeln ist für Kinder eine Möglichkeit der Kategorisierung. Sie ordnen Dinge bestimmten Erfahrungen zu und lernen so, sich in der Welt zurechtzufinden.

Sie regen sich darüber auf, wie unordentlich das Zimmer aussieht, und sind Sie oft geneigt, in einer gnadenlosen Aufräumaktion all diese schönen Dinge in den Mülleimer wandern zu lassen. Vielleicht haben Sie Glück und Ihr Kind merkt nicht, dass die Steine, die so schön schimmerten, nicht mehr beim Puppenhaus liegen. Vielleicht aber auch nicht. Dann gibt es Tränen und großes Theater. Ihr Kind ist gekränkt, dass Sie es einfach wagen, von seinen liebevoll gesammelten Sachen etwas wegzuwerfen.

Kinder sind leidenschaftliche Sammler

Ihr Kind ist von Natur aus neugierig. Neugier, Fantasie und Kreativität fördern seine Entwicklung. Schon ein kleines Baby fixiert mit aufmerksamem Blick Gegenstände. Es mustert sie und freut sich an den Farben oder der Bewegung, die sie verursachen. Später möchte es sie berühren, prüfen, wie sie sich anfühlen, und lernt im wahrsten Sinne des Wortes begreifen, was es damit alles machen kann: Es tastet, spürt das Material, riecht daran oder steckt es in den Mund. Dadurch stellt es Unterschiede und Gemeinsamkeiten fest. Es nimmt ohne zu zögern Erde in den Mund oder fühlt den Unterschied zwischen Moos und Steinen. Es lässt einen Marienkäfer auf seiner Hand krabbeln und spürt das sanfte Kitzeln. Dabei geht ein Strahlen über sein Gesicht. Es hat etwas Neues entdeckt.

Mittels seiner Neugier macht es neue Erfahrungen und entwickelt mittels Erfahrung und Fantasie Vorstellungen darüber, wie die Welt aussieht. Für Ihr Kind ist das eine ungeheuer spannende Angelegenheit. Wird

Mit Sammelwut umgehen

- Überprüfen Sie Ihre Grundeinstellung zu der Sammelleidenschaft Ihres Kindes. Was stört Sie daran? Versuchen Sie, sie mit den Augen Ihres Kindes zu betrachten, und lassen Sie sich von ihm erzählen, welchen Wert die gesammelten Dinge für Ihr Kind haben. Können Sie etwas daraus lernen?
- Machen Sie Ihrem Kind keine Vorwürfe, dass es alles sammelt. Betrachten Sie es mit Wohlwollen. Fördern Sie seine offensichtliche Neugier und Kreativität.
- Zügeln Sie Ihre Ängste vor Schmutz oder eventuellen Bakterien, die auf gesammelten Steinen sitzen könnten. Ihr Kind wird nicht deshalb gleich krank, weil es etwas vom Boden aufhebt. Es schadet ihm auch nicht, wenn es einmal einen Stein in den Mund nimmt und selbst merkt, dass er nicht schmeckt.
- Werfen Sie bei einer Aufräumaktion niemals etwas ohne die Erlaubnis Ihres Kindes weg. Das ist respektlos und stört das Vertrauensverhältnis. Sicher möchten Sie auch nicht, dass Ihr Kind sich an Ihren Sachen vergreift.
- Wenn Ihnen die Sammelleidenschaft zu weit geht, sprechen Sie mit Ihrem Kind darüber. Sagen Sie ihm, dass Sie das Zimmer so schlecht säubern können und machen Sie Vorschläge zur Veränderung.
- Helfen Sie ihm z. B., die gesammelten Dingen in kleinen Schachteln und Kartons zu sortieren. Machen Sie Vorschläge, was es wegwerfen könnte. Kann Ihr Kind sich von den Dingen noch nicht trennen, kommen sie ebenfalls in einen Karton. Vereinbaren Sie, dass Sie in einem halben Jahr noch einmal nachfragen, ob Ihr Kind das noch braucht. Gegebenenfalls werfen Sie es dann weg.
- Sammelleidenschaft hat auch dort ihre Grenzen, wo Sie z. B. genötigt werden, immer neue Überraschungseier zu kaufen, weil Ihrem Kind ausgerechnet noch ein bestimmter Schlumpf o. Ä. fehlt. Hier helfen Vereinbarungen, dass Ihr Kind z. B. einen Teil seines Taschengeldes dafür ausgibt oder wie oft im Monat Sie bereit sind, ihm ein Überraschungsei mitzubringen. Das Vermitteln einiger Grundkenntnisse zum Thema »Konsum und Werbung« wäre auch von Vorteil.

Wenn Sie Dinge nur nach ihrer Nützlichkeit bewerten und alles andere aus Ihrem Haushalt verbannen, kommt Ihnen jedes Mal, wenn Sie sich von etwas »Nutzlosem« trennen, ein Stück Kreativität und Fantasie abhanden.

Ihr Kind älter, drückt sich seine Neugier, Kreativität und Fantasie in seiner Sammelleidenschaft aus. Es kann selbst mit den Dingen etwas anfangen, die Ihnen banal oder wertlos erscheinen. Über bunte Aufkleber weiß es spannende Geschichten zu erzählen, aus Steinen in unterschiedlichen Farben und Formen werden zu bewältigende Berge für Ameisen und aus Stöckchen Balancierbalken für Marienkäfer. Hinzu kommt, dass gesammelte Gegenstände für Kinder beliebte Tauschobjekte für heiß begehrte andere Dinge sind.

Nehmen Sie an der Neugier und Kreativität Ihres Kindes, die durch seine Sammelleidenschaft zum Ausdruck kommt, regen Anteil, aber machen Sie Ihrem Kind auch klar, wie wichtig es ist, sich manchmal von etwas trennen zu können.

Irgendwann ist Schluss

Natürlich werden Sie ganz richtig bemerken, dass alles seine Grenzen hat. Wenn Sie im Kinderzimmer nirgendwo mehr hintreten können, ohne Gefahr zu laufen, sich den Fuß zu verknacksen, oder wenn das Staubwischen zu einer langwierigen Angelegenheit wird, weil alle waagerechten Flächen von gesammelten Teilen bevölkert sind, ist es Zeit, Kompromisse mit Ihrem Kind zu schließen.

Sauber werden

Das Sauberwerden des Kindes ist nach dem Laufen- und Sprechenlernen eines der größten Anliegen der Eltern. Sie möchten, dass Ihr Kind endlich auf das Töpfchen oder auf die Toilette geht. Sie wollen keine Windeln mehr kaufen, den schmutzigen Popo nicht mehr reinigen und Ihr mittlerweile größer gewordenes Kind auch nicht mehr wickeln.

Diese Wünsche sind zwar verständlich, leider jedoch nicht immer erfüllbar. Und schon gar nicht, wenn Sie bestimmen wollen, wann das zu geschehen hat. Wenn Sie mit anderen Müttern sprechen und diese Ihnen stolz berichten, dass ihre Kinder schon mit zwei Jahren trocken waren, entsteht möglicherweise so etwas wie eine leichte Beschämung bei Ihnen, dass Ihr Kind noch nicht so weit ist. Oder denken Sie gar, dass Sie etwas falsch gemacht haben?

Um nichts anderes in der Kleinkinderziehung wird so viel Wirbel veranstaltet wie um die Sauberkeitserziehung. Sie führt in vielen Familien zu anstrengenden Auseinandersetzungen und zermürbenden Machtkämpfen,

Schreckgespenst Bettnässen

Anlass zur Sorge haben Sie dann, wenn sich Ihr Kind mit viereinhalb bis fünf Jahren immer noch regelmäßig einnässt oder einkotet. Auch wenn es nach mehr als einem halben Jahr gänzlicher Trockenheit wieder in die Hose macht, ist Besorgnis angebracht. Das kann in diesem Fall ein Hinweis auf tiefer gehende seelische Konflikte oder familiäre Störungen sein, die möglicherweise ärztlicher und therapeutischer Behandlung bedürfen.

Allein die Tatsache, dass von »Sauberwerden« die Rede ist, zeigt die Bewertung dieser Entwicklung. Körperausscheidungen werden als unangenehm, schmutzig und abstoßend empfunden. Für Kinder sind sie das aber nicht.

zu Ärger und Tränen. Drohungen, Beschimpfungen oder Strafen, wenn wieder einmal die Hose voll oder nass ist, sind in vielen Familien leider an der Tagesordnung.

Ihr Kind versteht dann die Welt nicht mehr. Warum führt die Tatsache, dass es sein Geschäft in die Windel verrichtet und nicht auf dem Topf, plötzlich zu einem Desaster? Es weiß nicht, warum Sie solchen Wert darauf legen, und es versteht auch nicht, warum es auf einmal für etwas bestraft wird, was in den Jahre vorher kein Problem war. Daran wird eigentlich schon deutlich, dass es nicht das Problem Ihres Kindes ist, sondern Sie etwas zum Problem machen, was eigentlich eine lustvolle Angelegenheit sein sollte.

Sauberwerden als Entwicklungsprozess

Um seine Ausscheidungsorgane kontrollieren zu lernen, benötigt Ihr Kind bestimmte körperliche und seelische Fähigkeiten. Diese entwickeln sich mit der Zeit. Es muss erst lernen, seine Körperfunktionen zu verstehen und sie so einzusetzen, dass sie ihm gehorchen.

Um sich frei entwickeln zu können, benötigt Ihr Kind Ihre liebevolle Unterstützung. Zwang und Druck hemmen die natürliche Entwicklung, anstatt sie zu fördern. Ihr Kind wird dann aufs Töpfchen gehen oder die Toilette benutzen, wenn es dazu bereit ist. Genauso, wie es laufen und sprechen gelernt hat, wie es schläft, wenn es müde ist, und wie es isst, wenn es Hunger hat, empfindet es irgendwann die nasse Windel als störend. Es möchte sie abstreifen und Ihnen nacheifern. Wenn Sie sich selbst beim Gang auf die Toilette nicht gerade einschließen, bekommt Ihr Kind zwangsläufig mit, was Sie auf der Toilette tun. Das weckt seine Neugierde, die ja schließlich die Voraussetzung dafür ist, dass es einen neuen Entwicklungsschritt machen kann.

Der richtige Zeitpunkt

Einen richtigen oder falschen Zeitpunkt gibt es im Grunde genommen nicht. Kinder sind individuell verschieden. Manche sind schon mit etwa zwei Jahren trocken, andere machen mit vier Jahren noch in die Windel. Die Mehrzahl der Kinder wird um den dritten Geburtstag herum trocken. Beginnen Sie dann mit der Sauberkeitserziehung, wenn Ihr Kind von sich aus Interesse äußert, aber keinesfalls vor Beginn des dritten Lebensjahres. Fangen Sie früher damit an, sind Misserfolgserlebnisse vorprogrammiert. Das Interesse Ihres Kindes ist dann erwacht, wenn ihm seine nasse Windel unangenehm ist, es die Exkremente anfassen will oder die Ihren neugierig betrachtet. Tagsüber bleibt die Windel schon einmal einige Stunden trocken oder es verkündet stolz: »Hab Aa gemacht«.

Erst ab dem zweiten Lebensjahr ist ein Kind dazu in der Lage, Körperfunktionen wie Ausscheidungen willentlich zu kontrollieren. Vorher sollten Sie das Thema auf keinen Fall angehen.

Topf oder Toilette?

Die meisten Kinder ziehen anfangs ein Töpfchen vor. Es ist kleiner und bequemer. Ihr Kind kann nicht herunterfallen und von alleine wieder aufstehen, wenn es fertig ist oder keine Lust mehr hat, darauf zu sitzen. Wenn das Töpfchen neben der Toilette seinen Platz hat, können Sie Ihr Kind dann darauf setzen, wenn Sie selbst auch müssen. Für manche Kinder ist es aber auch sehr spannend, wie die Großen auf die Toilette zu gehen. Sie können dann einen Toilettensitz kaufen. Anfangs sollte es nur darum gehen, Ihr Kind mit dem Sitzen darauf vertraut zu machen. Erwarten Sie nicht gleich Ergebnisse. Freuen Sie sich, wenn es dann zufällig einmal klappt. Zeigen Sie Ihrem Kind die Freude darüber, aber seien Sie nicht überschwänglich.

Regelmäßig aufs Töpfchen?

Manchmal kann es hilfreich sein, Ihr Kind zu festen Zeiten auf den Topf zu setzen, beispielsweise morgens nach dem Aufstehen oder abends vor dem Schlafengehen. Zwingen Sie es aber keinesfalls dazu, sondern bieten Sie lediglich an. Wenn sich ankündigt, dass Ihr Kind muss, können Sie mit

Versuchen Sie, Ihrem Kind eine natürliche Einstellung zu Körperausscheidungen zu vermitteln und Verklemmtheit zu vermeiden. Für die meisten Eltern ist das angesichts der Art, wie sie selbst erzogen wurden, vermutlich schwierig.

Sauberkeitserziehung gelassen nehmen

- Vermeiden Sie Machtkämpfe in der Sauberkeitserziehung. Durch Druck entmutigen Sie Ihr Kind und bringen ihm an falscher Stelle bei, Rücksicht auf Ihre Wünsche und Bedürfnisse zu nehmen. Machen Sie Ihr Problem nicht zu dem Ihres Kindes.
- Überprüfen Sie Ihre Motive. Warum möchten Sie unbedingt, dass Ihr Kind schnell sauber wird? Welche Rolle spielen dabei die Vorgaben und Ratschläge der Eltern, Großeltern und anderer Menschen?
- Verkneifen Sie sich Vergleiche mit anderen Kindern. Sagen Sie beispielsweise nicht: »Als Thomas so alt war wie du, war er schon längst trocken.« Das verringert das Selbstwertgefühl Ihres Kindes und hilft in der Sauberkeitsfrage auch nicht weiter.
- Lernen Sie, Ihr Kind zu verstehen. Betrachten Sie alles einmal aus seinem Blickwinkel. Das hilft Ihnen, Ihre Erwartungen in einem angemessenen Rahmen zu halten.
- Vermeiden Sie Drohungen, Beschimpfungen oder gar Strafen. Die sind in einer positiven Kindererziehung fehl am Platze und langfristig wirkungslos. Ihr Kind möchte sein Produkt freiwillig hergeben und nicht unter Druck.
- Bewahren Sie sich Ihren Humor. Vermitteln Sie Ihrem Kind, dass es eine lustvolle und keine todernste Angelegenheit ist, aufs Töpfchen oder auf die Toilette zu gehen.
- Gestatten Sie ihm, bei Ihnen zuzusehen. Zeigen Sie ihm den ganzen Vorgang in kleinen Schritten. Wie Sie sich hinsetzen, abputzen, Hände waschen und dergleichen mehr.
- Nehmen Sie Malheure gelassen hin und beteiligen Sie Ihr Kind am Saubermachen. Lassen Sie es z. B. seine nasse Wäsche selbst einweichen oder in die Waschmaschine stecken. So lernt es, Verantwortung für sein Verhalten zu übernehmen.
- Halten Sie sich mit überschwänglichem Lob oder Belohnungen für ein verrichtetes Geschäft zurück. Ihr Kind lernt sonst, sein Produkt nur dann herzugeben, wenn es etwas dafür bekommt. Es sollte jedoch lernen, dass das Ganze eine natürliche, selbstverständliche Angelegenheit ist.

ihm ins Bad gehen und auf das Töpfchen zeigen. Dann stellt es mit der Zeit einen Zusammenhang her zwischen seinem Bedürfnis und der Funktion des Töpfchens.

Nachts trocken werden

Bis Ihr Kind endgültig sauber ist, vergeht meist ein halbes bis ein Jahr. Zunächst wird es tagsüber relativ trocken sein, später dann auch nachts. Nachts trocken zu werden ist allerdings noch viel schwieriger, weil Ihr Kind im Schlaf wahrnehmen muss, dass seine Blase voll ist. So kommt es oft vor, dass Kinder, die tagsüber schon lange trocken sind, nachts noch eine Windel brauchen. Manche Eltern meinen, dass die nächtliche Windel ihr Kind erst recht dazu verleitet, hineinzumachen, und lassen sie weg. Morgens ist dann das Theater groß, wenn das ganze Bett nass ist. Doch seien Sie unbesorgt: Ob mit Windel oder ohne, Ihr Kind wird nachts dann nicht mehr ins Bett machen, wenn es in der Lage ist, seinen Drang auch wahrzunehmen.

Den Schließmuskel zu betätigen gibt dem Kind Macht. Es kann zum ersten Mal allein entscheiden, ob es etwas hergeben oder behalten will. Diese Autonomie macht aber auch Angst, und manchmal möchte es wieder ein kleines Baby sein.

Rückschritte gehören dazu

Es kommt häufig vor, dass ein Kind, das schon einige Wochen trocken war, plötzlich wieder in die Hose oder nachts ins Bett macht. Das ist ganz normal und kein Anlass zur Besorgnis. Wenn Ihr Kind konzentriert spielt oder nachts sehr tief schläft, nimmt es sein Bedürfnis nicht wahr, und dann geht schon einmal etwas daneben. Das Gleiche gilt für organische Störungen, z. B. bei Harnwegsinfektionen.

Darüber hinaus kann es vorkommen, dass Ihr Kind sich in einer Zeit, in der ihm abverlangt wird, groß und vernünftig zu sein, auf kleinkindliche Verhaltensweisen zurückzieht. Das ist z. B. häufig nach der Geburt eines Geschwisters oder beim Eintritt in den Kindergarten der Fall. Es macht dann damit deutlich: »Ich will noch gar nicht so groß und vernünftig sein; ich bin ganz klein, habe Angst und brauche deinen Schutz«. Machen Sie kein großes Theater, wenn so etwas passiert. Suchen Sie den Arzt zwecks Ausschluss körperlicher Erkrankungen auf. Reagieren Sie ansonsten gelassen und bieten Sie Ihrem Kind vorübergehend wieder eine Windel an. Wenn es sich in seiner Bedürftigkeit ernst genommen fühlt, wird es von alleine wieder ganz trocken werden.

Schlechtes Benehmen

Gutes Benehmen scheint in den letzten Jahrzehnten ein wenig aus der Mode geraten zu sein. Schon das Wort mutet recht altbacken an. Viele Eltern, Lehrer und Erzieher beklagen bei den Kindern einen Mangel an sozialen Verhaltensweisen. Woher kommt das?

Einige Vorstellungen von gutem Benehmen früherer Generationen passen nicht mehr in die heutige Zeit. Eltern heute wissen das und sind eher verunsichert, was in puncto Benimm Gültigkeit haben soll und was nicht. Manche der früheren Benimmregeln erschienen Ihnen vielleicht wenig einleuchtend und ziemlich überzogen. Dass man beim Essen den Kopf nicht aufstützen darf, dass man auf jeden Fall in einem Bus für Erwachsene aufstehen muss oder dass man zur Begrüßung einen Diener oder Knikks machen muss, sind heute Relikte tradierter Vorstellungen von Höflichkeit. Die Benimmregeln von früher zielten eher darauf ab, den Eltern selbst keine Schwierigkeiten zu bereiten oder gar in Verruf zu geraten, als den Kindern beizubringen, dass sie etwas davon haben, wenn sie sich gut benehmen.

Gutes Benehmen hat aufgrund der Interpretationen früherer Generationen auch einen schlechten Ruf. In den 1970er Jahren hielt man gutes Benehmen für eine Machtdemonstration der Eltern.

Was gutes Benehmen bedeutet

Gutes Benehmen ist keine Glücksache, sondern das Ergebnis einer Erziehung, die darauf abzielt, sich mit gutem Benehmen die Achtung und den Respekt der Mitmenschen zu verschaffen.

Ihr Kind benimmt sich dann gut, wenn es in der Lage ist, sein Verhalten so zu steuern, dass es sich diesen Respekt erwirbt und andere sich durch sein Verhalten nicht gestört oder brüskiert fühlen. Dazu gehört natürlich, dass es mit der Fähigkeit ausgestattet ist, sich in andere hineinzuversetzen und an deren emotionaler Reaktion zu spüren, wann es bestimmte Regeln übertritt.

Die Grundregeln sozialen Verhaltens lernt es durch Ihr Vorbild in der Familie im Verlauf seiner langjährigen Entwicklung. Sie können nicht erwarten, dass Ihr Dreijähriger bereits weiß, dass in der Nase bohren bei Tisch unappetitlich ist. Ein zwölfjähriges Kind sollte dagegen bereits wissen, dass andere Menschen unangenehm berührt reagieren, wenn es im

Gutes Benehmen vermitteln

- Überdenken Sie Ihre Vorstellungen von gutem Benehmen. Woher kommen sie? Was davon ist noch zeitgemäß und was nicht? Auf welche legen Sie großen Wert?
- Vermitteln Sie Ihrem Kind Ihre Vorstellungen und Erwartungen. Sagen Sie ihm, warum es Ihnen wichtig ist, dass es sich gut benimmt. Es reicht nicht zu sagen »Sei schön lieb«. Besser ist es, konkret zu sein: »Ich möchte nicht, dass du bei Tisch in der Nase bohrst, weil mir das den Appetit verdirbt.«
- Vermitteln Sie Ihrem Kind nicht nur die Auswirkungen schlechten Benehmens, sondern auch die positiven Folgen guten Benehmens auf seine Mitmenschen.
- Vermeiden Sie Drohungen, Beschimpfungen, Nörgelei und Strafen. Diese führen höchstens dazu, dass Ihr Kind den Kopf einzieht oder trotzig wird. Es wird Ihr Kind aber nicht dazu ermuntern, das Richtige zu tun.
- Wenden Sie in konkreten Situationen logische Folgen an. Wenn es z. B. bei Tisch rülpst, pupst oder in der Nase bohrt, können Sie sagen: »Dein Verhalten verdirbt mir den Appetit. Ich möchte in Ruhe weiter essen. Bitte hör auf damit.« Sagen Sie ihm auch, was passiert, wenn es nicht folgt. Dann können Sie es beim nächsten Mal freundlich, aber bestimmt am Arm nehmen und hinausführen. »Du darfst wieder hereinkommen, wenn du bereit bist, dich an unsere Spielregeln zu halten.«
- Seien Sie selbst ein Vorbild. Zeigen Sie durch konkretes Handeln, was für Sie zum guten Benehmen dazugehört.
- Wenn das schlechte Benehmen Ihres Kindes zum ständigen Familienthema wird, sollten Sie überlegen, was die möglichen Ursachen seines Verhaltens sein könnten und was Ihr Kind damit bezwecken will. Braucht es mehr Aufmerksamkeit oder mehr Zeit? Ist es belastet, bedrückt oder überfordert? Sprechen Sie mit Ihrem Kind darüber. Sagen Sie: »In letzter Zeit ist dein Benehmen ein ständiges Thema in der Familie. Hast du eine Ahnung, woher das kommt? Möchtest du mir sagen, was in dir vorgeht?«

Sehen Sie nicht alles zu eng und behalten Sie Ihren Humor. Manchmal kann es auch ganz lustig sein, wenn Sie nach einem guten Essen beschließen, gemeinsam zu rülpsen.

Restaurant laut pupst oder beim Betreten eines Ladens dem Nachfolger die Tür vor der Nase zuschlägt. Gutes Benehmen und dessen positive Folgen müssen von Ihrem Kind erst erlernt werden. Zu gutem Benehmen gehören die folgenden Verhaltensweisen:

- Bekannte Personen zu grüßen oder bei der Begrüßung dem Besuch die Hand zu geben
- Danke zu sagen, wenn man etwas bekommt
- Anderen die Tür aufzuhalten
- Für ältere oder gebrechliche Menschen im Bus aufzustehen
- Hilfe beim Tragen von schweren Einkaufstüten anzubieten
- Bei Tisch nur mit leerem Mund zu sprechen und Speisen herumzureichen, bevor man sich selbst etwas nimmt
- Sich nicht ohne Aufforderung in Gespräche einzumischen oder dazwischenzureden
- Bei Tisch und im Beisein anderer seine Körperfunktionen wie z. B. das Rülpsen zu kontrollieren

Benimmt Ihr Kind sich auffällig schlecht, obwohl es von Ihnen eigentlich anderes vorgelebt bekommt und obwohl es die Benimmregeln versteht, ist dies meist ein Hilferuf. Es hat Probleme und wünscht sich Aufmerksamkeit.

Warum Ihr Kind sich schlecht benimmt

Wenn Ihr Kind sich schlecht benimmt, indem es z. B. genussvoll im Beisein von anderen in der Nase bohrt, rülpst oder pupst, mit vollem Mund spricht, Hilfe verweigert oder anderen die Tür vor der Nase zuknallt, kann das viele verschiedene Gründe haben.

- Es ist noch zu klein, um zu verstehen, was Sie von ihm wollen und fühlt sich von Ihren Erwartungen überfordert.
- Es ist gedankenlos und hat sich noch nicht in allen Situationen unter Kontrolle. Je kleiner Ihr Kind ist, desto weniger können Sie von ihm gutes Benehmen erwarten. Es ist z. B. zu viel verlangt, wenn ein Dreijähriger in einem Restaurant eineinhalb Stunden stillsitzen, sich ganz unter Kontrolle haben oder gar mit Messer und Gabel essen soll. Sie sollten überprüfen, ob Ihr Kind weiß, was Sie von ihm erwarten, und Ihre Anforderungen für sein Alter nicht zu hoch schrauben. Außerdem sollten Sie Ihrem Kind verständlich machen, warum Ihnen gerade diese Erwartung wichtig ist.
- Es ist müde oder langweilt sich. Wenn Ihr Kind müde und geschafft aus dem Kindergarten oder aus der Schule nach Hause kommt, sollten Sie es ihm nicht verübeln, wenn es bei Tisch nicht gerade sitzt oder mit dem Kopf

tief über seinem Teller hängt. Das ist dann mit Sicherheit nicht der richtige Zeitpunkt, um Ihrem Kind Grundregeln in Sachen gutes Benehmen zu vermitteln.

- Es ist mit Ihrer Art und Weise, ihm gutes Benehmen beizubringen, nicht einverstanden und wehrt sich durch Verweigerung. Je nachdem, wie Sie Ihre Versuche gestalten, Ihrem Kind Manieren beizubringen, fördern Sie damit sein Lernen oder seine Verweigerung. Wenn Sie permanent sein Verhalten kritisieren, an ihm herumnörgeln und es maßregeln, ist es nicht verwunderlich, wenn es trotzig wird und dann erst recht tut, was Sie verachten. Wenn Ihr Kind sich so verhält, konnten Sie ihm die Vorteile guten Benehmens nicht vermitteln. Ihr Kind versteht nicht, was und vor allem warum Sie das von ihm wollen.
- Es möchte sich aufspielen, Ihre Aufmerksamkeit erregen oder andere zum Lachen bringen. Mit schlechtem Benehmen kann Ihr Kind wunderbar alle Aufmerksamkeit auf sich ziehen. Es macht sich dann einen Spaß daraus, Sie zu brüskieren, weil es weiß, dass Sie sich dann mit ihm beschäftigen. Das trifft vor allem auf Kinder zu, die das Gefühl haben, in der Familie zu kurz zu kommen. Sie leiden unter einem Mangel an positiver Aufmerksamkeit. Sie nehmen dann lieber den Ärger hin, den sie mit negativem Verhalten auslösen, als Gleichgültigkeit.
- Es braucht ein Ventil, um seine Aggressionen abzulassen. Manche Kinder zeigen auch schlechtes Benehmen, wenn sie auf ihre Probleme aufmerksam machen wollen: Es belastet, bedrückt oder verärgert sie etwas, von dem sie nicht wissen, wie sie es sonst loswerden sollen. Sie benehmen sich schlecht, es gibt Streit und schon kann man sich anschreien und Türen knallen und damit einen Teil der Wut ablassen.
- Es hat in Ihnen kein gutes Vorbild. Ihr Kind schaut von Ihnen ab. Es sieht, wie Sie sich anderen Menschen gegenüber verhalten und ob Sie die Regeln, die Sie propagieren, auch selbst einhalten.
- Sie sind inkonsequent in Ihrer Erziehungshaltung. Ihr Kind muss wissen, was Sie von ihm erwarten und was es zu erwarten hat, wenn es sich nicht an Spielregeln hält. Wenn Sie dieses inkonsequent handhaben, z. B. plötzlich wieder etwas durchgehen lassen, was Sie sonst hart bestraft haben, verliert Ihr Kind die Sicherheit, sich auf Ihr Wort verlassen zu können. Es weiß dann nicht, wonach es sich nun richten soll.

Manchmal weiß man selbst nicht, welche Laus einem gerade über die Leber gelaufen ist: Man streitet sich und legt sich wegen Nichtigkeiten mit anderen an. Genauso kann es auch Ihrem Kind ergehen. Das äußerst sich dann oft in schlechtem Benehmen.

Schreien

Schreiattacken sind ein häufiges Problem bei Säuglingen. Viele Mütter und Väter berichten von viel schreienden Babys, die ihnen den letzten Nerv rauben können.

Wenn Sie auch zu diesen Eltern gehören, haben Sie sicher schon vieles versucht und sich so manche Nacht um die Ohren geschlagen. Sie haben versucht, herauszufinden, warum Ihr Baby schreit, Sie haben es gestillt, ihm die Windeln gewechselt und es herumgetragen, oder Sie sind mit Ihrem Kind im Auto um den Block gefahren, weil Sie hofften, es damit beruhigen zu können. Sie haben es gewiegt und geschaukelt oder sind mit ihm auf dem Arm im Haus herumgewandert. Sie sind inzwischen müde und erschöpft und wünschen sich nichts sehnlicher, als einmal eine Nacht durchzuschlafen.

Ihr Baby schreit, wenn es Hunger hat, sich unwohl fühlt, Schmerzen hat, überreizt ist, beschäftigt werden will oder Ihre Liebe und Zuwendung braucht.

Äußern von Bedürfnissen

Das einzige Mittel für Ihr Baby, auf seine Bedürfnisse aufmerksam zu machen, ist das Schreien. In den ersten Lebensmonaten verständigt es sich dadurch mit Ihnen und macht Sie darauf aufmerksam, dass es etwas braucht. Sein Magen ist noch sehr klein und kann jeweils nur geringe Mengen verdauen. Deshalb braucht es häufiger Nahrung. Je nach Beschaffenheit der Nahrung kann es also vorkommen, dass Ihr Säugling Sie alle ein bis vier Stunden darauf aufmerksam macht, dass er Hunger hat.

Es kann aber auch ein Unwohlsein entstehen, wenn Ihr Kind die Nahrung nicht so gut verträgt, weil Sie z. B. etwas Blähendes gegessen haben, wenn Ihrem Kind zu warm oder zu kalt ist, wenn seine Windel drückt oder eine volle Windel Hautreizungen hervorruft.

Ihr Baby kann Schmerzen haben, also krank sein. Die häufigsten Schmerzen bei Babys werden durch Verdauungsstörungen ausgelöst, bekannt als Drei-Monats-Koliken. Doch Blähungen können auch durch das Schlucken von Luft beim Saugen an der Brust entstehen.

Unter Überreizung leidet Ihr Kind, wenn es z. B. bei vielen Personen herumgereicht wird, es zu laut oder zu hell ist oder Sie durch sein Schreien bereits so genervt sind, dass sich Ihre Stimmung auf das Baby überträgt.

Schreiprobleme in den Griff bekommen

- Lernen Sie, die Signale Ihres Kindes richtig zu entschlüsseln. Beobachten Sie Ihr Kind genau, wie es schreit. Die Art des Schreiens gibt Ihnen Hinweise darauf, welches Bedürfnis Ihr Kind hat. Hilfreich dabei kann es sein, wenn Sie ein Schreitagebuch anlegen und sich über einen Zeitraum von 14 Tagen hinweg notieren, wann und in welcher Situation Ihr Baby schreit. Das erfordert etwas Disziplin, führt aber zu dem Ergebnis, dass sich die Ursachen des Schreiens leichter identifizieren lassen.
- Bleiben Sie ruhig und gelassen, während Sie versuchen, herauszufinden, was sein Bedürfnis ist.
- Überprüfen Sie die Fakten: Wann haben Sie zuletzt gestillt oder die Windel gesäubert? Schließen Sie mögliche Ursachen auf diese Weise aus. Darauf, was dann übrig bleibt, können Sie eingehen.
- Sie müssen nicht alles allein machen. Bitten Sie Ihren Partner um Unterstützung. Wechseln Sie sich nachts mit dem Aufstehen ab. Trauen Sie sich zu sagen: »Ich bin so genervt im Moment, dass ich das Kind mit Sicherheit nicht beruhigen kann.«
- Lassen Sie sich nicht vereinnahmen. Dazu gehört z.B., sich Gefühle von Wut oder Ärger zuzugestehen, und Ihrem Baby auch zu zeigen, dass sein Geschrei Sie verärgert. Sicher sollen Sie die Bedürfnisse Ihres Kindes befriedigen. Das können Sie jedoch nur, wenn Sie sich nicht auffressen lassen.
- Sprechen Sie mit anderen Eltern über Ihre Situation. Hören Sie, wie diese mit ähnlichen Schwierigkeiten zurechtkommen.
- Gönnen Sie sich zwischendurch Ruhe. Glauben Sie nicht, jetzt Ihre Fenster putzen zu müssen, wo Ihr Baby endlich einmal schläft. Lassen Sie sich ein Entspannungsbad ein, hören Sie schöne Musik oder machen Sie einen Spaziergang, während Ihr Mann beim Kind bleibt. Nur so schöpfen Sie die nötige Kraft für die nächste Runde. Entspannung gibt Ihnen auch die Chance, Ihre familiäre Situation insgesamt zu reflektieren.
- Versuchen Sie nicht, perfekt zu sein. Sie dürfen Fehler machen. Nur so lernen Sie daraus.

Falls Probleme in der Familie die Ursache dafür sind, dass Ihr Kind häufig schreit, sollten Sie sich mehr Zeit für Ihre Partnerschaft nehmen. Teilen Sie sich gegenseitig mit, was Sie bewegt, bedrückt und belastet. Sagen Sie Ihrem Partner, was Sie sich von ihm wünschen. Machen Sie Vorschläge, eine angespannte Familiensituation wieder zu entspannen.

Ist Ihr Baby schon etwas älter, häufen sich die Wachzeiten. Dann möchte es nicht mehr stundenlang in seinem Körbchen oder in der Wippe liegen, sondern benötigt Anregung von außen. Es macht dann darauf aufmerksam, dass es beschäftigt werden will.

Durch Schreien signalisiert Ihr Kind auch, dass es Bedürfnisse nach Nähe, Zuwendung und Körperkontakt hat. Es möchte von Ihnen gehalten und getragen werden.

Wenn Sie sehr lärmempfindlich sind, kann das fortgesetzte Schreien Ihres Kindes Ihnen Höllenqualen verursachen. Wenn Sie bereits alles versucht haben, um Ihr Kind zu beruhigen, liegen bei Ihnen wahrscheinlich schon die Nerven blank. Am besten holen Sie sich dann Hilfe von außen.

Signale entschlüsseln

Die Hauptursache für fortgesetzte Schreiattacken Ihres Kindes liegt darin, dass seine unterschiedlichen Bedürfnisse nicht richtig erkannt und befriedigt werden.

Das ist auch gar nicht so einfach. Insbesondere beim ersten Kind, das Ihren Alltag ja völlig umkrempelt, sind Sie noch unsicher und müssen erst langsam herausfinden, was Ihr Baby denn nun will. Wenn Sie schon mehrere Kinder haben, fällt es Ihnen leichter, die Signale Ihres Babys zu entschlüsseln und entsprechend darauf zu reagieren.

Sie wissen dann schon ein Schreien aus Hunger vom Schreien nach Zuwendung zu unterscheiden. Je nachdem, ob sich das Schreien fordernd, verzweifelt oder quengelig anhört, ob die Schreie schrill, laut oder gedämpfter sind, ergreifen Sie die geeigneten Maßnahmen zur Beruhigung Ihres Kindes.

Um die Schreiarten unterscheiden zu können, bedarf es schon einiger Erfahrung, die man in den ersten Lebensmonaten mit einem Säugling nicht voraussetzen kann. Das bedeutet aber auch, dass Sie zwangsläufig viele Fehler machen, die Signale Ihres Kindes falsch interpretieren und Maßnahmen ergreifen, die nicht erfolgreich sein können, weil sie das Bedürfnis Ihres Kindes nicht treffen.

Ein Teufelskreis

Wenn Ihr Baby durch sein Schreien ein Bedürfnis artikuliert, versuchen Sie natürlich erst, herauszufinden, was es hat. Sie vermuten, dass es Hunger hat und geben ihm die Brust. Ihr Kind saugt ein bisschen, beruhigt sich kurzfristig und schreit dann weiter. Sie legen es möglicherweise noch einmal an, weil Sie vielleicht glauben, dass es nicht genug getrunken hat.

Wenn es auch danach noch weiter schreit, werden Sie unsicher. Jetzt tragen Sie es herum. Lässt es sich dadurch auch nicht so richtig beruhigen, werden Sie nervös. Jetzt probieren Sie noch wahllos einige andere Sachen aus, die allerdings auch nicht fruchten. Inzwischen sind Sie gereizt und genervt und wissen gar nicht mehr, was Sie noch tun sollen. Ihre Stimmung überträgt sich auf Ihr Baby, worauf es wieder mit verstärktem Schreien reagiert. Inzwischen hat es sich so hineingesteigert, dass es infolge von Überreizung gar nicht mehr auf Ihre Beruhigungsversuche reagiert.

Das Ganze ist zu einem Teufelskreis ausgeartet. In dieser Situation kann wahrscheinlich nur eine dritte Person helfen, die Ihnen Ihr Kind erst einmal abnimmt und Ruhe in das Geschehen bringt.

Dieser Ablauf kann in verschiedenen Variationen erfolgen. Gemeinsam ist allen Situationen, dass das Bedürfnis des Kindes nicht richtig erkannt wird. Es schreit. Die Mutter reagiert mit der falschen Maßnahme. Das Kind verstärkt sein Schreien. Die Mutter wird nervös und probiert wahllos einige Möglichkeiten aus. Das Kind hat sich inzwischen »warm geschrien«. So kommt es immer öfter zu Wiederholungen, die die Schreiattacke im Laufe der Zeit zu einem chronischen Prozess werden lassen.

Die Schreiattacken Ihres Kindes richtig zu deuten, ist gar nicht so einfach. In erster Linie gilt für Sie erst einmal: möglichst Ruhe bewahren!

Ursachen chronischer Schreiattacken

Vielleicht haben Sie bislang lediglich auf das Verhalten Ihres Kindes geachtet und sich selbst dabei aus den Augen verloren. Eine kindorientierte Sichtweise ist weit verbreitet und lässt leider zu oft die Wechselwirkungen um die komplexen Vorgänge zwischen Eltern und Kind außer Acht.

In den vorangegangenen Kapiteln wurde schon ausführlich beschrieben, wie die Geburt eines Kindes Ihr Leben und Ihre Partnerschaft verändern kann. Sie haben Elternsein nicht gelernt, sondern müssen sich durch Ihre Erfahrungen erst allmählich das nötige Rüstzeug verschaffen, um Ihre Elternrolle erfolgreich auszuüben. Beeinflusst werden Sie dabei durch Erfahrungen sowie die Werte- und Normenvorstellungen in Ihrer Herkunftsfamilie. Je nachdem, wie Sie diese reflektiert und verarbeitet haben, spielen sie bei der Erziehung Ihres Kindes eine Rolle. Ebenso eine Rolle spielt, wie Sie Ihre Erfahrungen mit denen Ihres Partners verknüpfen, welche Schwierigkeiten dabei in der Partnerschaft auftreten und ob Sie in der Lage sind, diese konstruktiv zu bewältigen.

Chronische Schreiattacken können bei einem Kind auch dann auftreten, wenn es auf innere Spannungen oder Konflikte in der Partnerschaft der Eltern reagiert. Wenn Sie als Mutter sich beispielsweise allein gelassen fühlen, wenn Sie unglücklich oder unzufrieden sind, wenn es häufig Streit gibt oder Sie überfordert sind, reagiert Ihr Kind darauf mit den ihm zur Verfügung stehenden Mitteln.

Somit kann ein Ansatz, die Schreiattacken Ihres Kindes erfolgreich in den Griff zu kriegen, auch darin bestehen, über sich selbst, den Partner und den Umgang miteinander nachzudenken und zunächst an dieser Stelle Veränderungen herbeizuführen.

Stärken Sie das Selbstvertrauen Ihres Kindes, sich bei Hänseleien zur Wehr zu setzen. Nehmen Sie bei andauerndem Ärgern oder Bedrohungen durch andere Kinder Kontakt mit deren Eltern auf. Wenn Ihr Kind spürt, dass es auf Ihre Unterstützung zählen kann, wird dies mit der Zeit seine Angst erheblich reduzieren.

Schule schwänzen

Kinder, die im jugendlichen Alter sind, schwänzen hin und wieder auch einmal die Schule. Sie möchten über Grenzen gehen und austesten, wie die Erwachsenen darauf reagieren. Sie demonstrieren damit, dass sie schon groß genug sind, dass sie über sich selbst bestimmen können und dass ihnen keiner in ihre Angelegenheiten hineinreden soll. Kommt das Schuleschwänzen lediglich einige Male vor, sollten Sie nicht mit Ihrem Kind schimpfen, sondern ruhig mit ihm sprechen, es nach seinen Beweggründen fragen und es auf mögliche Folgen und Konsequenzen aufmerksam machen.

Häufiges Schuleschwänzen, vor allem auch, wenn sich Ihr Kind noch nicht in der Pubertät befindet, gibt Hinweise auf tiefer liegende Probleme. Da ist es meist nicht damit getan, nur einmal miteinander zu sprechen. Schwänzt Ihr Kind die Schule, können Sie sicher sein, dass es dafür gute Gründe gibt. Meist spielen Ängste eine Rolle, die Ihrem Kind vielleicht nicht bewusst sind.

Mögliche Ursachen

- Ihr Kind ist den Leistungsanforderungen nicht gewachsen, weil diese zu hoch sind.
- Ihr Kind hat Angst vor Klassenarbeiten oder es hat seine Hausaufgaben nicht gemacht.

Mit Schuleschwänzen umgehen

- Vermeiden Sie auf jeden Fall Drohungen, Beschimpfungen oder Strafen. Anderenfalls geraten Sie in einen Machtkampf , der das Problem eher verschärft als löst.
- Versuchen Sie stattdessen, herauszufinden, was mögliche Ursachen sein könnten. Holen Sie alle dazu notwendigen Informationen ein, bevor Sie reagieren. Sprechen Sie mit den Lehrern. Reflektieren Sie gemeinsam mit Ihrem Partner Ihre Familiensituation. Wenn Sie bei sich selbst oder Ihrem Elternverhalten bleiben, haben Sie größere Chancen, mit Ihrem Kind ein richtiges Gespräch zu führen. Wenn Ihr Kind spürt, dass Sie an einer Lösung interessiert sind und nicht daran, sein Verhalten zu rügen, wird es sich eher öffnen.
- Sagen Sie Ihrem Kind: »Wir möchten uns gern mit dir zusammensetzen und darüber sprechen, warum du die Schule schwänzt.«
- Fragen Sie Ihr Kind, was es zur Zeit bewegt und ob Sie ihm irgendwie helfen können: »Ich habe heute von deinem Lehrer erfahren, dass du häufiger die Schule schwänzt. Ich mache mir Sorgen um dich und frage mich, ob wir vielleicht versäumt haben, uns ausreichend um dich zu kümmern. Möchtest du mir sagen, was dich bewegt, wovor du Angst hast oder was dich bedrückt?« Wenn Ihr Kind in der Lage ist, seine Empfindungen zu verbalisieren, sind Sie schon einen großen Schritt weiter. Wenn es sich nicht dazu äußern will oder kann, sollten Sie es erst einmal dabei belassen. Signalisieren Sie aber auch weiterhin Gesprächsbereitschaft.
- Sie können Ihrem Kind auch mitteilen, welche möglichen Ursachen Sie in seinem Verhalten sehen. Vielleicht bekommen Sie dann Signale der Bestätigung.
- Wenn sich ein Problem herauskristallisiert hat, können Sie Ihre Hilfe bei der Bewältigung dieses Problems anbieten. Erklären Sie z. B. Ihre Bereitschaft, mit den Lehrern über die Vermittlung des Unterrichtsstoffs zu sprechen. Machen Sie Vorschläge, wie Ihr Kind mit Lehrern und Mitschülern vielleicht besser zurechtkommt. Hat es Angst vor Klassenarbeiten, nehmen Sie sich die Zeit, den Stoff zu üben und Ihrem Kind zu helfen, sicherer zu werden.

Hat Ihr Kind das Gefühl, Ihnen vertrauen zu können, wird es Ihnen vielleicht erzählen, was es in der Zeit des Schwänzens tut. Dann können Sie es auf mögliche Risiken, Folgen und Konsequenzen aufmerksam machen.

- Die Unterrichtsgestaltung ist ungünstig, das Lehrerverhalten wenig unterstützend.
- Ihr Kind hat zu viele Misserfolgserlebnisse.
- Ihr Kind kommt mit bestimmten Lehrern nicht zurecht.
- Ihr Kind fühlt sich ausgeschlossen, weil es von anderen Kindern gehänselt, geärgert, allein gelassen oder bedroht wird.
- Ihr Kind fühlt sich in der Familie nicht gut genug aufgehoben, zu wenig beachtet oder unter Druck gesetzt.
- Ihr Kind signalisiert mit Schuleschwänzen: »Ich habe ein Problem, kümmert euch um mich«.

Sprechen Sie regelmäßig mit Ihrem Kind über seine Erlebnisse, Erfahrungen, Gedanken und Gefühle. Wenn dann Probleme auftreten, können sie ohne großen Aufwand schneller und leichter gelöst werden.

Der Sache auf den Grund gehen

Um mögliche Ursachen genauer identifizieren zu können, sollten Sie sich zunächst Informationen von den verschiedenen Lehrern und Lehrerinnen Ihres Kindes einholen. Wenn Sie genauestens über den Leistungsstand Ihres Kindes in den einzelnen Fächern unterrichtet sind und die Lehrer Ihnen etwas zu dem Verhalten Ihres Kindes in der Schule mitgeteilt haben, sind Sie schon ein bisschen weiter.

Lassen Sie sich sagen, wann genau, wie häufig und in welchen Fächern Ihr Kind den Unterricht geschwänzt hat. Die meisten Kinder haben in Bezug auf Schulfächer Vorlieben und Abneigungen. Schule schwänzen in bestimmten Fächern kann dann ein Vermeidungsverhalten sein, sich mit unliebsamen Dingen auseinander setzen zu müssen. Natürlich hat Ihr Kind auch Vorlieben für bestimmte Lehrer. Es wird kaum in einem Fach die Schule schwänzen, wenn es an dem Stoff interessiert ist und sich von dem Lehrer angenommen und unterstützt fühlt.

Wenn Sie in den Gesprächen mit den verschiedenen Lehrern den Eindruck gewinnen, dass das Schwänzen nicht mit dem Unterricht selbst zu tun hat, können Sie Ihre Ursachenforschung auf das weitere Umfeld Ihres Kindes richten. Stellen Sie sich beispielsweise die folgenden Fragen:

- Wie kommt mein Kind mit seinen Mitschülern zurecht?
- Bewegt sich mein Kind meist in einer Clique oder ist es im Gegensatz dazu eher ein Einzelgänger?
- Fühlt mein Kind sich ausgeschlossen oder wird es von seinen Mitschülern akzeptiert?

Hat Ihr Kind beispielsweise ein eher geringes Selbstbewusstsein, besteht die Gefahr, dass es von Mitschülern, die »keinen Bock auf Schule« haben, mitgerissen und zum Schwänzen verführt wird. Dann macht es mit, weil es von diesen Mitschülern akzeptiert und nicht ausgegrenzt werden möchte.

Wichtig ist auch, dass Sie Informationen darüber bekommen, was Ihr Kind in der Zeit, in der es sich nicht in der Schule aufhält, treibt. Läuft es in der Stadt herum oder hält es sich an Plätzen auf, die für die Zusammenkünfte von Kindern und Jugendlichen bekannt sind? Was tut es da? Diese Informationen werden Sie nur erhalten, wenn Sie das Vertrauen Ihres Kindes besitzen und ihm vermitteln, dass Sie es nicht bestrafen, sondern ihm helfen wollen.

Ihr Kind schwänzt auch dann die Schule, wenn es das Gefühl hat, dass es Ihnen gleichgültig ist, was mit ihm geschieht. Vielleicht waren Sie in der letzten Zeit häufig mit den Gedanken woanders, mussten viel arbeiten und hatten zu wenig Zeit, um sich um Ihr Kind zu kümmern. Vielleicht haben Sie aber auch Probleme in Ihrer Partnerschaft, sind unglücklich oder unzufrieden. Ihr Kind spürt die atmosphärischen Störungen in der Familie, macht sich Sorgen und reagiert mit den ihm zur Verfügung stehenden Mitteln. Es macht auf sich aufmerksam: »Ich bin auch noch da, kümmert euch um mich«.

Hilfreich kann auch sein, Ihre Erwartungen und Leistungsanforderungen an Ihr Kind zu überprüfen und festzustellen, wie Sie mit schlechten Noten und den Misserfolgen Ihres Kindes in der Schule umgehen.

Sollte sich herausstellen, dass Ihr Kind den Leistungsanforderungen in der Schule nicht gewachsen ist, bedarf es Ihrer ermutigenden Unterstützung, eines Nachhilfeunterrichtes oder einer Rückstufung in eine tiefere Klasse (Letzteres wird erst dann nötig sein, wenn die anderen Maßnahmen nicht gegriffen haben).

Selbstbefriedigung

Masturbation gehört zu einer befriedigenden Sexualität schlichtweg dazu. Ist Ihr Kind noch klein, verschafft es sich durch Berührung und Reibung der Genitalien Lustgefühle. Es lebt lustvoll seine Sinnlichkeit aus, vorausgesetzt, Sie hindern es nicht daran. Das Saugen an Ihrer Brust, das Spüren Ihrer Haut, das Wippen und Wiegen hat viel mit sexuellen Gefühlen zu tun. Es ist mit Glücksgefühlen, Sinnlichkeit und Befriedigung verbunden und bedeutet eine Bejahung des Körpers.

Trauen Sie sich ruhig, das Thema »Selbstbefriedigung« anzusprechen, wenn Sie das Bedürfnis dazu verspüren. Sie könnten z. B. sagen: »Du brauchst dir keine Sorgen zu machen, dass ich das schlecht finde. Wenn du über Sexualität noch etwas wissen möchtest, bin ich gerne bereit, deine Fragen zu beantworten.«

Mit kindlicher Selbstbefriedigung umgehen

- Bis zu einem Alter von eineinhalb bis zwei Jahren sollten Sie Ihr Kind ungehindert seinen Körper erforschen lassen. Ziehen Sie ihm nicht die Hand weg und enthalten Sie sich abwertender Äußerungen wie »So etwas tut man nicht«.
- Danach können Sie beginnen, Ihrem Kind beizubringen, dieses in den eigenen vier Wänden, im Bett oder in der Badewanne zu tun. Sie können ihm sagen, dass Sie nichts dagegen haben, dass es sich streichelt, Sie aber nicht möchten, dass es das tut, wenn andere Menschen dabei sind.
- Masturbiert Ihr Kind in der Öffentlichkeit, z. B. im Freibad, ziehen Sie freundlich seine Hand weg und sagen Sie ihm: »Warte damit, bis wir zu Hause sind«. So vermitteln Sie ihm, dass es nichts Schlechtes ist, seine Geschlechtsteile anfassen zu wollen, dass es aber Grenzen gibt und sich andere Menschen dadurch unangenehm berührt fühlen könnten.
- Wenn Sie zufällig das Zimmer Ihres Kindes betreten, während es masturbiert, können Sie sich mit einem »Entschuldigung, ich wollte dich nicht stören« zurückziehen. Ist Ihr Kind schon etwas älter, wird es infolge eines natürlichen Schamgefühls meist nur dann masturbieren, wenn es sich ziemlich sicher sein kann, dass es allein und ungestört ist.
- Vielleicht ist es auch an der Zeit, mit Ihrem Kind zu vereinbaren, dass Sie ab einem bestimmten Alter das Betreten seines Zimmers durch Klopfen ankündigen. Möglich wäre auch ein kleines Schild an der Tür, mit dem Ihr Kind ankündigen kann, dass es eine Zeitlang nicht gestört werden will.
- Seien Sie aufrichtig in Ihren Gefühlen. Sie brauchen z. B. nicht so zu tun, als sei alles völlig normal, wenn Sie in Wirklichkeit am liebsten vor Scham im Boden versinken möchten. Da ist es schon besser zu sagen: »Mir ist es peinlich, dich beim Masturbieren gesehen zu haben. Als ich so alt war wie du, war das lange nicht so selbstverständlich. Ich bin froh, dass du deinen Körper jetzt ganz ungehindert genießen kannst.«

Wird Ihr Kind allmählich älter, befriedigt es seine Bedürfnisse nach Hautkontakt durch Toben und Balgen. Auch dabei entdeckt es die Lust am eigenen sowie am fremden Körper. Es beginnt, seinen Körper zu erforschen, und ist neugierig darauf, wie die Körper anderer Menschen beschaffen sind. Dabei stellt es die Unterschiede zwischen Männern und Frauen, Jungen und Mädchen fest.

Die Großeltern erziehen mit

Ihr Kind darf wahrscheinlich dann eine freie Sexualerziehung genießen, wenn Sie selbst die Entwicklung Ihrer eigenen Körperlichkeit als unkompliziert und harmonisch erlebt haben.

Bei vielen Eltern ist das jedoch nicht der Fall. Die Tabuisierung des Themas »Sexualität« im eigenen Elternhaus führte dazu, dass das, was Sie für sich an Körperlichkeit entdeckten, hinter verschlossenen Türen stattfinden musste und in Form von Strafen, Vorwürfen und Ermahnungen von Ihren Eltern reglementiert wurde. Wenn Sie es geschafft haben, sich daraus zu befreien, gelingt es Ihnen eher, Ihr Kind bei der Entdeckung seiner Sexualität liebevoll zu begleiten.

Etwa ab dem achten Lebensjahr sind Kinder sich sehr wohl erotischer Dimensionen bestimmter Handlungen bewusst. Sie befriedigen sich allein oder voreinander in gemischtgeschlechtlichen Gruppen und »proben« auch schon einmal den Beischlaf.

Wie viel ist »normal«?

Masturbation kommt bei Kindern im Alter von ein bis sechs Jahren häufig vor. Zwischen sechs und zehn Jahren lässt das Interesse daran vorübergehend nach und lebt ab dem elften Lebensjahr mit Beginn der Pubertät dann meist wieder auf.

Probleme entstehen häufig dann, wenn Sie das Geschehen überbewerten, als etwas Schlechtes abwerten oder keine Grenzen setzen und wenn Ihr Kind den Unterschied zwischen einer privaten Handlung und der Selbstbefriedigung in der Öffentlichkeit nicht wahrnimmt. Es ist Ihre Aufgabe, Ihrem Kind eine natürliche Einstellung zur Sexualität zu vermitteln, ohne es zu drängen. Dazu gehören auch die folgenden Verhaltensweisen:

- Sprechen Sie sexuelle Themen an, wenn Sie das Gefühl haben, Ihr Kind ist interessiert, darüber etwas zu erfahren.
- Vermeiden Sie Beschimpfungen und Bestrafungen, wenn Sie Ihr Kind bei der Selbstbefriedigung überraschen.
- Ignorieren Sie die Selbstbefriedigung nicht aufgrund von Schamgefühlen.

Sexualität

Sexualität ist ein wichtiger Bestandteil des Lebens. In ihr drückt sich Lebensfreude und Lebenslust aus. Sie sorgt für seelische und körperliche Ausgeglichenheit.

Sie als Erwachsene und Eltern wissen das und waren vielleicht bemüht, Ihrem Kind eine freie Sexualerziehung angedeihen zu lassen. Sie haben ihm alle nötigen Informationen gegeben und versucht, ihm eine Einstellung zur Sexualität zu vermitteln, die ihm helfen sollte, später ein erfülltes, befriedigendes und verantwortungsbewusstes Liebesleben zu führen.

Jeder Mensch ist fähig, sowohl Männern als auch Frauen gegenüber sexuelle Empfindungen zu haben. Vor allem in der Pubertät kommt es oft zu gleichgeschlechtlichen Kontakten. Das sagt allerdings noch gar nichts über die spätere sexuelle Orientierung aus.

Schon im frühen Kindesalter und nicht erst mit Beginn der Pubertät haben Sie Aufklärung geleistet. Sie haben zugesehen, wie Ihr Kleinkind mit den Händen seinen Körper und seine Geschlechtsteile erforschte. Sie haben sich gefreut, wenn es dieses lustvoll tat. Sie haben es masturbieren sehen oder es bei Doktorspielen mit anderen Kindern überrascht. Fragen nach Sexualität haben Sie offen beantwortet, anstatt verschämt den Kopf einzuziehen, es zu belächeln oder es abzuwerten mit den Worten »Dafür bist du noch viel zu klein«.

Ein neuer Bezugspunkt

Wenn Sie sich an dieser Stelle wiedererkennen und dem zustimmen können, haben Sie als Eltern einen wichtigen Beitrag geleistet, Ihrem Kind eine positive Einstellung zu seinem Körper und der Sexualität zu vermitteln. Sie können sich freuen, wenn Ihre Tochter ihr Bedürfnis, mit ihrem Freund zu schlafen, offen zugibt und für die Empfängnisverhütung sorgen will. Das zeigt, dass sie Verantwortung für ihre Sexualität übernimmt.

Locker und gelöst mit der Sexualität Ihres Kindes umzugehen ist für Sie als Eltern trotz liberaler Einstellung zur Sexualität dennoch schwierig. Insbesondere deshalb, weil Ihr Kind sich mit seiner Sexualität einem Partner zuwendet und Sie von einem wichtigen Bestandteil seines Erlebens auszuschließen beginnt.

Da sitzen Sie beispielsweise beim Abendessen und wissen, dass der Freund Ihrer Tochter bei ihr ist. Schon seit Stunden haben Sie von den beiden nichts mehr gehört. Ob Sie vielleicht nachschauen gehen sollten?

Mit jugendlicher Sexualität umgehen

- Begleiten Sie die ersten sexuellen Erfahrungen Ihres Kindes mit Wohlwollen und Respekt. Unterstützen Sie es darin, auf seine Bedürfnisse zu hören, sich Zeit zu nehmen und sich nicht unter Druck setzen zu lassen.
- Stellen Sie sicher, dass Ihr Kind ausreichend aufgeklärt ist und auch über verschiedene Verhütungsmethoden sowie über Aids Bescheid weiß. Falls Sie sich selbst unsicher fühlen, besorgen Sie sich entsprechende Fachliteratur. Gehen Sie mit Ihrer Tochter zum Frauenarzt, sobald sie das will. Er wird ihr alles Notwendige erklären. Väter sollten mit ihren Söhnen darüber sprechen, wie man sich als Mann in der Sexualität verantwortlich verhält, z. B. dass Verhütung nicht nur Frauensache ist.
- Bieten Sie Ihrem Kind an, dass es sich mit seinem Freund oder seiner Freundin ungestört in seinem Zimmer aufhalten kann. Zügeln Sie Ihre Neugierde oder Unruhe, was dort geschieht. Es gehört zum Loslassen, dass Ihr Kind seine Erfahrungen selbst machen muss.
- Vermeiden Sie Neugierde und bewertende Kommentare. Aber über echtes Interesse und Mitgefühl wird sich Ihr Kind freuen!
- Respektieren Sie seine Grenzen. Drängen Sie ihm kein Gespräch über Sexualität auf und erzählen Sie nur dort von sich, wo Ihr Kind Interesse äußert.
- Sie können auch von Ihrem Kind erwarten, dass es Ihre Grenzen respektiert. Übertreten werden diese z. B. dann, wenn Ihr Ehebett in Ihrer Abwesenheit als Spielwiese benutzt wird.

Die Mehrzahl aller Jugendlichen hat ihren ersten Geschlechtsverkehr mit etwa 17 Jahren. Nur rund acht Prozent haben schon im Alter von 14 Jahren das erste Mal Sex.

Die Fantasien davon, was die beiden miteinander tun, kann sowohl Eifersuchtsgefühle als auch Ängste wecken. Eifersüchtig sind Sie darauf, dass Ihr Kind jetzt mit anderen Menschen Zärtlichkeiten austauscht, während es Ihnen diese im Zuge seiner pubertären Entwicklung vorenthält. Sie haben Angst, dass ihm Böses widerfährt, und möchten, dass es Ihrem Kind gut geht; am liebsten wollen Sie ihm unangenehme Erfahrungen ganz ersparen. So kann es passieren, dass Sie, auch wenn Sie es natürlich gut meinen, plötzlich anfangen, unangenehme Fragen zu stellen, Ihr Kind zu kontrollieren oder es bei seiner Zweisamkeit zu stören. Sie bemängeln das Aussehen oder Verhalten des jeweiligen Partners und ermahnen Ihr Kind, bloß nicht zu früh »damit« anzufangen.

Was Sie als zu früh ansehen, müssen Sie selbst entscheiden. Dass Eltern diesbezüglich heute andere Maßstäbe haben als noch vor 15 Jahren, zeigt eine wissenschaftliche Untersuchung: 72 Prozent der Eltern von 14- bis 17-Jährigen haben nichts dagegen, wenn ihre Tochter Sex hat. Im Jahr 1980 hatten nur 49 Prozent der Eltern diese Einstellung.

Sexualität ist für Jugendliche heute selbstverständlicher geworden. Sie ist weder geprägt von der Verzichtsmoral der 1950er Jahre noch vom Zwang zur »freien Liebe«, der noch in den 1970er Jahren vorherrschte.

Das »erste Mal«

Zwischen dem ersten Küssen, Streicheln und Schmusen und dem ersten Geschlechtsverkehr vergehen meist Jahre. Jugendliche wechseln ihre Freunde und möchten mit dem jeweiligen Liebsten ungestört auf ihrem Zimmer sein, um ausgiebig die Freuden der Zweisamkeit zu genießen. Sie streicheln sich, schmusen miteinander und können sich stundenlang küssen. Lange Zeit ist es für sie kein Thema, bis »zum Äußersten« zu gehen. Oft trauen die Erwachsenen ihren Kindern schon viel mehr zu, ohne dass diese überhaupt daran denken.

Wenn Sie Ihrem Kind die Möglichkeit geben, ungestört zu Hause zusammen zu sein, schaffen Sie damit gute Voraussetzungen für positive Erfahrungen mit dem ersten Geschlechtsverkehr. Ihr Kind lernt durch ungestörtes Schmusen sich selbst und den Körper des anderen kennen. Das verhilft zu einer befriedigenden Sexualität. Außerdem muss sich Ihr Kind dann nicht in ungemütlichen Parkanlagen, Hausfluren oder auf Autositzen herumtreiben, wo jeden Augenblick jemand kommen und die Zweisamkeit stören kann.

Im Gegensatz zu früher lassen sich die Mädchen heute von Jungen seltener unter Druck setzen. Sie haben auch seltener das Gefühl, nur dem Jungen zuliebe mit ihm zu schlafen. Mädchen heute haben auch weniger Illusionen, was von der Sexualität mit Jungen zu erwarten sei. Insofern kommt dem »ersten Mal« nicht mehr die große Bedeutung bei, die sie früher einmal hatte.

Wenn Sie das Selbstbewusstsein Ihres Kindes gestärkt und Ihr Kind gelehrt haben, auf seine Gefühle, Wünsche und Bedürfnisse zu achten und sich entsprechend zu verhalten, weiß Ihr Kind um den richtigen Zeitpunkt des »ersten Mals«. Seine Erwartungen werden nicht so groß sein, dass Enttäuschungen vorprogrammiert sind, sondern es wird das »erste Mal« als natürliche Folge einer vorangegangenen Entwicklung betrachten.

Süßigkeiten

Der Kampf um Süßigkeiten ist aus dem Familienalltag kaum noch wegzudenken. Immerhin: Dort, wo es Kampf gibt, existiert auch ein Bewusstsein, dass zu viel Süßes schadet. Das ist weitaus besser, als Süßigkeiten als normalen Bestandteil der kindlichen Ernährung gelten und zuzulassen, dass sie in aller Regel anstelle der Zwischen- oder gar anstelle der Hauptmahlzeiten eingenommen werden.

Es ist wissenschaftlich längst erwiesen, dass der Mensch auf Zucker gut verzichten kann. Dennoch ist uns der Appetit auf Süßes angeboren. Selbst Muttermilch hat einen süßen Geschmack. Im Zuge seiner Entwicklung lernt Ihr Kind zunehmend, Süßes, Saures, Bitteres, Salziges und Scharfes voneinander zu unterscheiden. Wenn ihm ein ausgewogenes Angebot präsentiert wird, entwickelt es Vorlieben für und Abneigungen gegen bestimmte Nahrungsmittel oder Geschmacksrichtungen. Was aber mit Sicherheit bleibt, ist der Appetit auf Süßes. Kaum ein Kind verschmäht süße Nahrungsmittel und zieht ihnen eine scharf gewürzte Mahlzeit vor.

Lassen Sie sich vom Quengeln und Betteln ihres Kindes nach Süßigkeiten nicht beeindrucken. Wenn es eine diesbezügliche Regel gibt, sollten Sie konsequent sein.

Süß ist nicht gleich süß

Zwischen süßen Nahrungsmitteln und Süßigkeiten besteht ein Unterschied. Viele gesunde Nahrungsmittel enthalten eine natürliche Süße, ohne dass man Zucker hinzufügen muss: beispielsweise Früchte, naturbelas-

Essgewohnheiten auf den Grund gehen

Wenn Ihr Kind ein Übermaß an Süßigkeiten bevorzugt, kann dies verschiedene Ursachen haben:

- Folge langjähriger Ernährungsgewohnheiten in der Familie
- Ergebnis elterlicher Manipulationsversuche
- Versuch, Unzufriedenheitsgefühle zu kompensieren

Süßigkeiten sollten zwar eine Ausnahme, d. h. etwas Besonderes bleiben, jedoch nicht den Charakter einer Belohnung annehmen. Denn Gründe für eine Belohnung finden sich immer, und der Konsum von Süßem kann so außer Kontrolle geraten.

Vernünftiger Verzehr von Süßigkeiten

- Überprüfen Sie zunächst Ihren eigenen Umgang mit Süßigkeiten. Was leben Sie Ihrem Kind vor? Welche Speisen kommen überwiegend auf den Tisch?
- Halten Sie ein ausgewogenes Angebot an Nahrungsmitteln bereit. Verschaffen Sie sich Informationen dazu in Buchhandlungen oder Bibliotheken.
- Bieten Sie als Zwischenmahlzeiten immer wieder Obst an. Gute, gesunde Alternativen zu Süßigkeiten bieten auch Trockenfrüchte oder Quarkspeisen, die Sie mit frischem Obst zubereiten können.
- Kaufen Sie weniger Süßigkeiten ein. Eine gute Möglichkeit, den Konsum zu begrenzen, ist es z. B., beim wöchentlichen Großeinkauf Ihre Familienmitglieder zu fragen, was diese sich wünschen. Jeder bekommt ein oder zwei Teile.
- Vereinbaren Sie einen »Süß-Tag« pro Woche. Nur an diesem Tag bekommt Ihr Kind etwas Süßes. Wenn Ihnen das zu wenig erscheint, kann es auch eine süße Kleinigkeit nach dem Mittagessen geben.
- Feste, gemeinsame und in entspannter Atmosphäre stattfindende Mahlzeiten helfen Ihrem Kind, sich an das Essen zu gewöhnen, das Sie auf den Tisch bringen.
- Benutzen Sie Süßigkeiten nicht als Belohnung oder Bestechung.
- Sicher können Sie Ihr Kind nicht permanent beaufsichtigen. Wenn es älter ist, wird es sich zwangsläufig von seinem Taschengeld auch etwas Süßes kaufen. Infolgedessen brauchen Sie dann auch kein schlechtes Gewissen zu haben oder sich für zwanghaft halten, wenn es zu Hause nur einmal pro Woche Süßes gibt.
- Lassen Sie keine Süßigkeiten für jedermann greifbar in der Wohnung herumliegen.
- Klären Sie Ihr Kind über mögliche Folgen unkontrollierten Süßigkeitenkonsums auf. Tun Sie dieses sachlich und nicht mit erhobenem Zeigefinger.
- Achten Sie auf die tägliche Zahnpflege und den regelmäßigen Besuch beim Zahnarzt. Nur so kann Ihr Kind ein Gesundheitsbewusstsein entwickeln.

sene Säfte, Gemüsesorten oder Honig. Der Zucker, den die Nerven als Nahrung benötigen, ist außerdem ausreichend in allen Getreidesorten vorhanden. Die so genannten Süßigkeiten bestehen fast nur aus Zucker und Fett und haben keinerlei ernährungsphysiologischen Wert. Sie schaden dem Körper, führen zu zahlreichen Zivilisationskrankheiten (Übergewicht, Herz-Kreislauf-Probleme, Erkrankungen des Bewegungsapparats, Diabetes mellitus) und kariösen Zähnen.

Ernährungsphysiologisch am wertvollsten sind langkettige Kohlenhydrate, wie sie z. B. in Vollkornprodukten enthalten sind. Der Körper braucht länger, um sie aufzuspalten und bleibt länger satt. Kurzkettiger Industriezucker gibt dagegen nur den schnellen Kick.

Warum Ihr Kind Süßes bevorzugt

Ihr Kind lernt, was Sie ihm vorleben. Wenn Sie selbst es bevorzugen, eine geschälte Orange zu zuckern, anstatt sie naturbelassen zu verspeisen, und allabendlich zum Fernsehen der Süßigkeitenschrank geöffnet wird, brauchen Sie sich nicht zu wundern, wenn Ihr Kind daran Anteil haben möchte. Mit der Zeit sind sowohl Sie selbst als auch Ihr Kind einen bestimmten Süßigkeitsgrad gewöhnt.

Beim Verzehr von zu viel Süßem stumpft das Geschmacksempfinden zunehmend ab, und zwangsläufig kommt Ihnen eine naturbelassene Orange dann sauer vor. Wenn Ihr Kind einen bestimmten Süßigkeitsgrad gewohnt ist, braucht es zunehmend mehr, um Speisen noch als süß zu empfinden. Hinzu kommt, dass sich der Körper an einen hohen Zuckerspiegel gewöhnt und beim Absinken des Spiegels mit Heißhunger auf etwas Süßes reagiert.

Gehören Sie auch zu den Eltern, die ihr Kind für Wohlverhalten mit Süßigkeiten belohnen oder sie zum Zwecke einer Verhaltensänderung als Bestechung einsetzen? Und wie schnell folgt der Griff auf eine halbe oder ganze Tafel Schokolade, wenn Sie unzufrieden sind oder Langeweile haben? Sicher können Sie sich auch nicht so ganz davon freimachen, Ihr Kind und vielleicht auch sich selbst mit Süßigkeiten zu belohnen oder Unzufriedenheiten damit zu kompensieren.

Das Maß aller Dinge

Natürlich kann Ihrem Kind nicht damit geholfen sein, Süßigkeiten grundsätzlich aus dem Hause zu verbannen. Es gibt sie überall, in jedem Laden, an jedem Kiosk, und sogar in Schulen werden sie als Zwischenmahlzeit verkauft. Süßigkeiten sind begehrte Tauschobjekte auf dem Schulhof, und bestimmt ist nichts dagegen einzuwenden, hin und wieder eine Tafel Schokolade genussvoll zu verzehren. Wenn Sie Ihrem Kind die Süßigkeiten verbieten, werden sie erst recht verlockend oder zum Spielball familiärer Machtkämpfe. Wie überall, kommt es auch hier auf das richtige Maß an. Schließlich sollte Ihr Kind den angemessenen Umgang mit Versuchungen lernen, anstatt gänzlich Verzicht zu üben oder durch Ausschweifungen Schaden zu nehmen.

Für Kinder ist Geld etwas Abstraktes. Die schönen Papierschnipsel und Metallplättchen scheinen nie aufgebraucht zu sein, und man bekommt jederzeit die wunderbarsten Dinge dafür.

Taschengeld

Mithilfe eines Taschengeldes lernt Ihr Kind im Laufe der Jahre einen vernünftigen Umgang mit Geld. Schon kleine Kinder beobachten fasziniert, wie die Mama ein Stück Papier über den Tresen reicht und kleine Metallstücke zurückbekommt. Sie erleben, wie ein Automat die begehrten Scheine ausspuckt, wenn man eine kleine Plastikkarte hineinschiebt. Sie hören zu, wenn Sie mit Ihrem Partner darüber sprechen, wie Sie ein neues Auto finanzieren wollen, oder wenn Sie sich über eine erneute Verteuerung der Busfahrkarte aufregen.

So erlebt Ihr Kind tagtäglich, dass Geld eine wichtige Rolle im Leben spielt, und es versucht zu verstehen, was es damit auf sich hat. Ab etwa fünf bis sechs Jahren erkennt Ihr Kind zunehmend die Bedeutung verschiedener Zahlungsmittel und versucht, im Rahmen seiner Möglichkeiten mit ihnen umzugehen.

Zunächst geschieht das spielerisch. Es hat vielleicht einen »Kaufmannsladen«, denkt sich Fantasiepreise für die verschiedenen Waren aus und schiebt – genauso wie es das von Ihnen abgeschaut hat – das Papier- und Münzgeld über den Tresen. Später bekommt es von der Oma hin und wieder einen Euro für die Spardose, in der es so schön klimpert, während sie im Laufe der Zeit immer voller wird. Ihr Kind schaut zu, wenn Sie die Dose leeren und das Geld zählen, und es weiß dann, dass es sich dafür die heiß ersehnte Puppe kaufen kann. Es lernt den Unterschied zwischen den einzelnen Münzen kennen und weiß, dass es für einige Cent einen Weingummi und für das silbern-goldene 1-Euro-Stück eine Tafel Schokolade bekommen kann.

Warum Taschengeld wichtig ist

Anhand eines regelmäßigen Taschengeldes lernt Ihr Kind den selbstständigen Umgang mit Geld:

- Es lernt den Wert des Geldes kennen und erfährt, was es für wie viel Geld bekommt.
- Es lernt, dass Geld nur begrenzt zur Verfügung steht und eine Einteilung erforderlich ist.
- Es lernt, dass es sich bestimmte Wünsche erfüllen kann, wenn es sparsam ist, und mitunter erfährt es, dass es auf größere Wünsche sehr lange sparen muss.
- Schließlich lernt Ihr Kind auch, dass der Lebensstil der Familie über die Höhe des Einkommens reguliert wird und dass Mama und Papa das Taschengeld nicht beliebig aufstocken können, weil sie selbst mit dem zur Verfügung stehenden Geld wirtschaften müssen.

Kinder sollten auf alle Fälle Taschengeld bekommen, damit sie lernen, mit Geld umzugehen. Zudem macht es sie zu abhängigen Bittstellern, wenn sie sich Wünsche nicht auch einmal ohne zu fragen erfüllen können.

Der richtige Umgang mit Taschengeld

- Achten Sie auf das richtige Maß. Halten Sie Ihr Kind nicht zu kurz, aber seien Sie auch nicht zu großzügig. Wenn Ihr Kind Unmengen von selbst gekauften Süßigkeiten in seinem Zimmer aufbewahrt, bekommt es zu viel Taschengeld. Wenn es anfängt, im Supermarkt Süßigkeiten zu stehlen, bekommt es möglicherweise zu wenig.
- Kinder versuchen oft, eine Erhöhung des Taschengeldes mit dem Argument »Die anderen bekommen viel mehr« durchzusetzen. Lassen Sie sich davon nicht beeindrucken. Zum einen muss das nicht immer stimmen, und zum anderen muss sich Ihr Kind dem Lebensstil Ihrer Familie anpassen. Es gibt immer Menschen, die mehr haben. Wenn Sie sich unsicher sind, sollten Sie mit anderen Eltern darüber sprechen, wie viel Taschengeld diese ihren Kindern geben.
- Geben Sie Ihrem Kind Gelegenheit, Ihnen darzulegen, warum es mehr braucht. Vielleicht sind Ihnen die Argumente einsichtig und Sie müssen tatsächlich erhöhen.
- Strafen Sie Ihr Kind nicht mit Taschengeldentzug. Taschengeld sollte ein Mittel zur Konsumerziehung sein und ist nicht dazu da, Druck auf Ihr Kind auszuüben, damit es sich artig verhält.

Ihrem Kind einen verantwortlichen Umgang mit Geld beizubringen, bedeutet auch, ihm den Zusammenhang zwischen Arbeit und Geld zu erläutern. Es sollte wissen, wie viele Stunden Sie arbeiten müssen, um ihm eine neue Jeans kaufen zu können.

Die folgenden Richtlinien stellen lediglich Empfehlungen dar, wie viel Taschengeld Sie Ihrem Kind pro Woche geben können: Bis 6 Jahre sollte es nicht mehr als 50 Cent bekommen, bis 7 Jahre ca. 1,50 Euro, bis 9 Jahre ca. 2 Euro, bis 11 Jahre etwa 2,50 Euro, bis 13 Jahre ca. 3,50 Euro, bis 5 Jahre ca. 4,50 Euro und bis 17 Jahre nicht mehr als 7,50 Euro.

Ab wann und wie viel?

Etwa ab dem Schulalter können Sie beginnen, Ihrem Kind ein regelmäßiges wöchentliches Taschengeld auszuzahlen. Wenn Ihr Kind Interesse an den Vorgängen rund ums Geld äußert, z. B. weil es das von älteren Geschwistern mitbekommt, können Sie auch schon früher damit beginnen.

Allgemeingültige Maßstäbe zu setzen ist gar nicht so einfach. Wie viel Taschengeld Sie zahlen wollen, hängt zunächst einmal davon ab, wie viel Geld Sie zur Verfügung haben und wie hoch Ihre regelmäßigen Ausgaben und Verpflichtungen sind. Wenn Sie scharf kalkulieren müssen, können Sie Ihrem Kind ein geringeres Taschengeld eher zumuten, als wenn Sie es aus pädagogischen Gründen kurz halten und bei der Erfüllung eigener Wünsche großzügig sind. Außerdem macht es auch einen Unterschied, wie viele Kinder Sie haben – je mehr, desto kleiner wird das Taschengeld ausfallen müssen. Größere Kinder oder Jugendliche kosten mehr Geld und brauchen auch mehr Geld als Sechs- bis Siebenjährige. Dann spielt auch noch eine Rolle, ob Ihr Kind das Taschengeld zur freien Verfügung haben oder ob es davon bestimmte Dinge wie z. B. Bleistifte und Hefte für die Schule kaufen soll. Es ist durchaus sinnvoll, ein größeres Kind an diesen Ausgaben zu beteiligen und das Taschengeld dementsprechend höher ausfallen zu lassen.

Ab etwa 12 bis 14 Jahren können Sie das Taschengeld 14-tägig oder monatlich auszahlen. Ab 14 Jahre empfiehlt sich das Einrichten eines Kontos, auf das Sie das Taschengeld überweisen. Ihr Kind lernt so, den Zahlungsverkehr über Banken abzuwickeln und mit seinem Geld während des gesamten Monats hauszuhalten.

Den Gürtel enger schnallen?

Jede Familie erlebt im Laufe ihrer Geschichte gute und schlechte Zeiten. Wenn Sie arbeitslos werden, einen anderen beruflichen Weg einschlagen oder von Trennung oder Scheidung betroffen sind, können magere Zeiten anbrechen. Solche Zeiten sollten von der gesamten Familie getragen werden. Das bedeutet, dass alle den Gürtel enger schnallen müssen, auch Ihre Kinder. Wenn Sie ihnen die Sachlage erklären und sie um Unterstützung bitten, werden Ihre Kinder zwar nicht in Begeisterung ausbrechen, aber vielleicht verstehen, dass das Taschengeld um einen Euro pro Woche gekürzt werden muss. Ihr Kind lernt dadurch, dass Geld nur begrenzt zur Verfügung steht und Maßnahmen ergriffen werden müssen, um das Überleben der Familie zu sichern.

Taschengeld zur freien Verfügung?

Die obigen Leitlinien zur Höhe des Taschengeldes sind darauf ausgerichtet, dass Ihr Kind das Geld zur freien Verfügung hat. Machen Sie ihm keine Vorschriften, wofür es das Geld ausgeben sollte, und halten Sie es nicht zur Sparsamkeit an. Lassen Sie es sein Geld ruhig sinnlos ausgeben. Nur so erfährt es, dass es an sechs Tagen der Woche ohne Geld dasteht, wenn es das ganze Geld bereits am ersten Tag ausgegeben hat. Ihr Kind sollte die Chance haben, selbst zu entscheiden. Das bedeutet natürlich nicht, dass Sie nur kommentarlos zusehen sollen. Machen Sie Vorschläge, geben Sie Ratschläge, sprechen Sie miteinander darüber, aber lassen Sie Ihr Kind entscheiden, was es mit seinem Taschengeld macht.

> Das Taschengeld bemisst sich selbstverständlich nach dem Einkommen der Familie und nach der Anzahl der Familienmitglieder. Ihr Kind muss lernen, auch auf diese Dinge Rücksicht zu nehmen.

Trödeln

Langsamkeit scheint in der heutigen Zeit der Hektik und des Stresses eine Zumutung für all diejenigen zu sein, für die Zeit Geld bedeutet und die sich allzu bereitwillig dem täglichen Stress unterwerfen möchten, um noch schneller vorwärts zu kommen. Sind Sie schon einmal auf die Idee gekommen, dass Sie von Ihrem trödelnden Kind etwas lernen könnten? Dinge langsam zu verrichten, sich beim Einkaufen Zeit zu nehmen, für einen kurzen Spaziergang viel Zeit zu brauchen, weil es am Wegesrand so viele schöne Dinge zu betrachten gibt?

Sicher, ein trödelndes Kind kann Ihnen den letzten Nerv rauben. Wenn Sie pünktlich bei der Arbeit sein müssen, einen Arzttermin oder so viel zu tun haben, dass Sie nicht wissen, wo Sie zuerst anfangen sollen, ist die

Mit Trödeln umgehen

- Fangen Sie bei sich selbst an. Reflektieren Sie Ihren Umgang mit der Zeit. Wie schaffen Sie es, sich in Hektik und Stress zu versetzen? Beobachten Sie Ihr Verhalten im Umgang mit Ihrem Kind. Wie reagieren Sie auf seine Trödelei? Wie erfolgreich sind Ihre Maßnahmen?
- Nehmen Sie sich mehr Zeit für Ihr Kind und versuchen Sie, einmal alles mit seinen Augen zu betrachten.
- Vermeiden Sie Drängelei, Nörgelei, Beschimpfungen und Drohungen. Die helfen Ihnen lediglich, Ihren Ärger abzulassen. Bei Ihrem Kind lösen Sie dadurch nur Trotzreaktionen aus.
- Sagen Sie Ihrem Kind früh genug, was es zu erwarten hat. Sagen Sie: »In einer halben Stunde muss ich zur Arbeit gehen. Ich erwarte, dass du bis dahin fertig bist. Bist du bis dahin noch nicht angezogen, muss ich dich im Schlafanzug in den Kindergarten bringen.«
- Bleiben Sie fest in Ihrer Haltung und innerlich bereit, Ihr Kind tatsächlich im Schlafanzug in den Kindergarten zu bringen. Es wird das spüren. Notfalls klemmen Sie es freundlich, aber bestimmt unter den Arm und liefern es so im Kindergarten ab. Der Erzieherin sagen Sie: »Nadine möchte Ihnen vielleicht erzählen, warum sie noch nicht angezogen ist«. Wenn Sie logische Folgen eintreten lassen, vermeiden Sie einen Machtkampf und übertragen Ihrem Kind die Verantwortung für sein Verhalten.

> Jeder hat sein eigenes Tempo. In unserer schnelllebigen Zeit ist ein Kind, das selbstvergessen in die Luft schaut, ein Hindernis. Oft begreifen Erwachsene erst, wenn sie krank werden, dass auch sie »einen Gang zurückschalten« müssen.

Langsamkeit Ihres Kindes auch eine Zumutung. Sie glauben, dass Sie in dieser Situation keinen zusätzlichen Stress brauchen. Aber haben Sie schon einmal darüber nachgedacht, dass Sie genau den bekommen, wenn Sie verärgert drängeln, Druck machen, auf Ihr Kind einreden und herumnörgeln: »Kannst du dich nicht beeilen?«, »Mach zu, ich will nicht ewig warten«, »Komm jetzt endlich, vorwärts!«?

Ihr Kind wird, dermaßen unter Druck gesetzt, sicherlich keine Anstalten machen, sein Tempo zu steigern. Im Gegenteil, es wird trotzig auf seinem Recht beharren, die Dinge langsam zu tun, und mit Ihnen in einen Machtkampf treten, bei dem es den längeren Atem hat. Es hat ja schließlich Zeit.

Trödeln als Signal

Vielleicht benutzt Ihr Kind auch seine Trödelei, um von Ihnen eine Extraportion Aufmerksamkeit zu erlangen. Es weiß: »Ich brauche nur ganz langsam zu machen, dann kümmert Mami sich ausgiebig um mich.« Es genießt es, sich von Ihnen bedienen zu lassen. Sie ziehen ihm die Hose an und binden ihm die Schnürsenkel, weil es Ihnen nicht schnell genug geht, wenn Ihr Kind das selbst tut. Das kann beispielsweise dann der Fall sein, wenn Ihr Kind ein Geschwisterchen bekommen hat, das viel Aufmerksamkeit für sich beansprucht.

Doch aus welchen Gründen auch immer Ihr Kind trödelt: Die Trödelei kann ein Signal für Sie sein, sich mehr Zeit zu nehmen und die Dinge des Lebens wieder aufmerksamer zu betrachten. Mit etwas Überlegung, einem vernünftigen Zeitmanagement und dem Setzen von Prioritäten sollte Ihnen das gelingen. Sie werden staunen, wie flink Ihr Kind sein kann, wenn Sie sich Zeit nehmen!

Richten Sie Ihre Termine wenn irgend möglich so ein, dass Ihr Kind genügend Zeit hat, alle Dinge in Ruhe zu erledigen, ohne dass Sie eingreifen müssen.

Trotz

Trotzig zeigt sich Ihr Kind dann, wenn es sich quer stellt, wenn Sie etwas von ihm wollen. Sie möchten, das es den Teller leer isst, und Ihr Kind weigert sich. Sie wollen, dass es seine Sachen beiseite räumt, Ihr Kind läuft jedoch weg. Sie beantworten im Supermarkt den Wunsch nach einem Kaugummi mit nein. Prompt fängt Ihr Kind lauthals an zu schreien und schmeißt sich vor lauter Wut auf den Boden. Höchstwahrscheinlich reagieren Sie darauf verärgert, werden wütend, schimpfen oder drohen mit Strafen. Vielleicht fühlen Sie sich aber auch eher hilflos, wissen nicht, wie Sie dem Trotz Ihres Kindes begegnen sollen und tun deshalb erst einmal gar nichts. Sie lassen ihm sein Verhalten durchgehen.

Das Märchen von der Trotzphase

Man sagt Kindern nach, dass sie im dritten Lebensjahr in eine Phase geraten, die Trotzphase genannt wird. Kinder würden zwangsläufig, sozusagen als Bestandteil ihrer Entwicklung, in einem bestimmten Alter trotzig reagieren. Diese Meinung zahlreicher Pädagogen und Psychologen wurde von

Eltern bereitwillig aufgegriffen. Fortan glaubten alle, jedes Kind mache eine bestimmte Trotzphase durch, und eine Trotzreaktion sei völlig normal. Man glaubte, kleinere Kinder bräuchten diese Trotzphase, um zu einer reifen Persönlichkeit heranwachsen zu können. Trotz sei ein notwendiges Verhalten, das die Kinder dazu befähige, sich an ihrer Umwelt zu reiben und zu messen, selbstständig zu werden und ihrer eigenen Meinung Ausdruck zu verleihen.

Dieses Märchen von der Trotzphase hält sich interessanterweise hartnäckig in unseren Köpfen. Von der Wissenschaft konnte nicht bestätigt werden, dass die Tendenz zum Nein bei Kindern stärker ausgeprägt ist als die zum Ja. Heute weiß man, dass das Nein des Kindes eine Reaktion auf die Erziehung der Eltern darstellt. Das bedeutet, dass nicht der Trotz des Kindes das Problem darstellt, sondern dass Eltern mit ihrem Erziehungsverhalten den Trotz ihres Kindes herausfordern.

Das erste Nein eines Kleinkindes wird die Eltern noch in Erstaunen versetzen, das hundertste Nein eines Sechsjährigen wird sie vermutlich zu einem Wutausbruch treiben. Trotz ist der erste Versuch, der elterlichen Abhängigkeit zu entkommen.

Mit Trotzreaktionen umgehen

- Vermeiden Sie Machtkämpfe. Je mehr Sie versuchen, Ihrem Kind Ihren Willen aufzuzwingen, desto mehr Trotz rufen Sie hervor.
- Beobachten Sie Ihr eigenes Verhalten. Wie sprechen Sie mit Ihrem Kind? Drohen, schimpfen oder nörgeln Sie? Reden Sie zu viel und handeln Sie zu wenig? Schränken Sie Ihr Kind mit Ihren Ansprüchen, Forderungen und Erwartungen zu sehr ein? Machen Sie ihm diese einsichtig oder lassen Sie sie unbegründet?
- Überprüfen Sie, ob Sie Ihrem Kind vielleicht zu viel durchgehen lassen und ihm zu wenig Grenzen setzen. Wenn das Ihre vornehmliche Erziehungshaltung ist, kann Ihr Kind mit einem plötzlichen Nein schlecht umgehen. Sie sollten aufpassen, dass Sie nicht von einem Extrem ins andere fallen, und Ihr Kind erst allmählich an mehr Grenzen gewöhnen.
- Ändern Sie Ihr Verhalten und nehmen Sie eine wohlwollende, aber klare und feste Haltung ein.
- Denken Sie nach, bevor Sie selbst nein sagen. Vielleicht ist das Anliegen Ihres Kindes berechtigt. Wenn Sie nein sagen, sollten Sie ihm das begründen – und dabei bleiben.

Warum Ihr Kind trotzig wird

- Ihr Kind sagt aus Protest nein, wenn es zu viele Verbote und Einschränkungen in Kauf nehmen muss. Dann sieht es sich in seiner freien Entfaltung zu stark eingeschränkt und setzt sich dagegen zur Wehr.
- Ihr Kind fühlt sich von Ihren Anforderungen und Erwartungen überfordert. Es kann nicht leisten, was Sie von ihm wollen, oder Ihre Forderungen sind ihm nicht einsichtig.
- Erlauben Sie Ihrem Kind zu viel, lassen Sie alles durchgehen und setzen Sie kaum Grenzen, antwortet es mit Trotz, wenn Sie plötzlich etwas von ihm wollen. Es versteht nicht, wieso das, was bisher erlaubt war, nun auf einmal nicht mehr gehen soll.
- Kennt Ihr Kind kaum Grenzen, fordert es irgendwann Ihre Reaktion heraus. Es will Widerstand wecken, um Grenzen zu testen und um sich wahrgenommen und sicher zu fühlen.

Werden die Trotzphasen besonders radikal über eine längere Zeit ausgedehnt und kommt es Ihnen so vor, als ginge es nicht nur um den Beweis, dass Ihr Kind auch Macht hat, sollten Sie auf keinen Fall strafend oder drohend eingreifen.

Trotz als Hilferuf

Ist Ihr Kind häufig trotzig, können Sie das als Signal betrachten, Ihr Elternverhalten einer genaueren Prüfung zu unterziehen. Das wäre jedenfalls eine konstruktive Umgehensweise mit dem Problem. An dieser Stelle machen Sie vielleicht den Fehler, ausschließlich das Verhalten Ihres Kindes im Blick zu haben und darauf mit nicht immer geeigneten Mitteln zu reagieren. Das Ergebnis ist dann, dass sich Trotzverhalten verschlimmert. Ihr Kind muss zu immer stärkeren Mitteln greifen, um auf seine Schwierigkeiten aufmerksam zu machen.

Undankbarkeit

Versuchen Sie auch, mit dem Satz »Wie heißt das Zauberwort?« Ihrem Kind ein höfliches Danke zu entlocken? Ist es Ihnen peinlich, wenn Ihr Kind beim Metzger eine Scheibe Wurst geschenkt bekommt oder im Supermarkt einen Lutscher und noch nicht einmal Danke sagt? Was ist, wenn die Tante zu Besuch kommt, eine Tafel Schokolade und ein Päckchen Wachsmalkreide mitbringt? Stehen Sie dann auch daneben und warten darauf, dass Ihr Kind mit einem höflichen »Dankeschön!« ein Strahlen auf das Gesicht der Tante zaubert, damit diese Sie selbst mit dem Satz »Was bist du für ein liebes, wohlerzogenes Kind!« in entzückte Genugtuung versetzen kann?

Sie waschen und bügeln für Ihre Kinder und legen die saubere Wäsche fein säuberlich gestapelt in den Schrank. Kurze Zeit später liegt der ganze Stapel verstreut im Zimmer umher, weil Ihr Sohn einen bestimmten Pullover herausgezogen hat. Sie räumen das Kinderzimmer auf, um tags darauf festzustellen, dass sich das gar nicht gelohnt hat, weil wieder alles herumliegt. Sie probieren ein neues Rezept aus und stellen beim Mittagessen fest, dass Ihr Kind ein langes Gesicht zieht, einzelne Zutaten aus dem Essen gabelt und sie als ungenießbar an den Tellerrand schiebt.

Wenn Erwachsene allzu viel Dankbarkeit erwarten und einfordern, stimmt möglicherweise etwas nicht mit ihrer Art zu schenken. Wenn ein Geschenk mit überschwänglichen Dankesbezeugungen honoriert werden muss, hat der Schenkende vermutlich wenig Freude am Schenken.

Ist Ihr Kind dann undankbar? Weiß es kleine Mitbringsel und Geschenke wirklich nicht zu schätzen? Bekommt es tatsächlich nicht mit, was Sie für Ihr Kind alles tun?

Eine andere Sprache

Eltern erwarten häufig von ihren Kindern, dass diese sich den Verhaltensweisen und Regeln der Erwachsenenwelt anpassen. Erwachsene wissen, dass es die Höflichkeit verlangt, Danke zu sagen, wenn man etwas geschenkt bekommt. Aber bedeutet ein höfliches Danke denn auch, dass man wirklich dankbar ist? Denn die Höflichkeit verlangt das Dankesagen, nicht die Ehrlichkeit. Und was ist wichtiger? Ein höfliches Danke oder ehrlich geäußerte Freude über ein mitgebrachtes Geschenk?

Ihr Kind teilt sich Ihnen mit, wenn es sich wirklich über etwas freut. Es zeigt seine Freude über eine Scheibe Wurst beim Metzger, indem es sie sofort genussvoll verzehrt. Und es freut sich über die Wachsmalkreide der Tante, wenn es damit gleich in sein Zimmer läuft und anfängt zu malen. Die Freude über das aufgeräumte Zimmer drückt es aus, indem es seine Spielsachen wieder auf dem Boden verteilt. Es signalisiert: »Mama hat aufgeräumt, damit ich wieder Platz zum Spielen habe«. Die Freude über saubere Wäsche drückt sich darin aus, dass Ihr Sohn seinen heiß geliebten Pulli sofort wieder anzieht.

Ihr Kind zeigt seine Dankbarkeit auf seine ganz eigene Art. Betrachten Sie es doch einmal von der anderen Seite und lernen Sie, die Signale Ihres Kindes besser zu verstehen.

Mögen Sie Heuchelei?

Freude oder Dankbarkeit dort zu äußern, wo sie nicht wirklich empfunden wird, ist Heuchelei. Wenn Sie an Ihre eigene Kindheit denken, stellen Sie vielleicht fest, wie oft Sie Dankbarkeit heucheln mussten, weil Sie wussten, dass das von Ihnen erwartet wurde. In Wirklichkeit waren Sie alles andere als erbaut von bestimmten Mitbringseln oder der Tatsache, dass eine Ihnen nahezu unbekannte alte, faltige und streng riechende Tante die Wange zum dankbaren Kuss hinhielt.

Erwarten Sie von Ihrem Kind Dankbarkeit, wenn es sie nicht wirklich empfindet? Oder ist es Ihnen nicht vielleicht doch lieber, wenn es seine Gefühle ehrlich äußert?

Es ist sehr wichtig, Ihr Kind zur Ehrlichkeit zu erziehen. Es sollte nicht heucheln, aber natürlich auch vermeiden, andere durch seine Offenheit zu verletzen.

Geschenke, die keine sind

Erwachsene schenken Kindern häufig etwas, ohne sich Gedanken darüber zu machen, was dem Kind eine wirkliche Freude bereiten würde. Letzteres erfordert ein wenig Mühe. Sie bringen dann nicht einfach etwas mit, weil es sich so gehört, sondern versetzen sich in die Gedanken- und Gefühlswelt des Kindes und suchen liebevoll etwas aus, von dem Sie hoffen, dass es den Geschmack trifft.

Sie erkundigen sich bei den Eltern nach einem heißen Wunsch und machen sich Gedanken, welches Geschenk dem jeweiligen Alter und Entwicklungsstand des Kindes entspricht. Wenn Sie so vorgehen, können Sie ziemlich sicher sein, dem Kind ein Freude zu bereiten. Tun Sie das nicht, liegen Sie möglicherweise daneben. Das kann passieren, ist aber auch nicht weiter schlimm. Doch dann sollten Sie auch keine Dankbarkeitsbezeugungen erwarten.

Erziehung zur Dankbarkeit – was bedeutet das?

Wenn Ihr Kind sich nicht so dankbar zeigt, wie Sie es erwarten oder erhoffen, wird Sie das vermutlich kränken. Wenn Sie sich beispielsweise viel Mühe mit dem Mittagessen gegeben haben, ohne dass das angemessen registriert wird, macht sich verständlicherweise Frust bei Ihnen breit. Sie sind enttäuscht, dass Ihre Bemühungen nicht anerkannt werden. Anstatt nun gekränkt zu reagieren, eventuell wütend zu werden oder Dankbarkeitsbezeugungen einzufordern, sollten Sie auf Ihre Gefühle aufmerksam machen. Sie sollten auch Ihr Kind darauf hinweisen, dass jemand anders vielleicht gekränkt ist, wenn er es eigentlich gut gemeint hat, aber nicht damit angekommen ist.

Machen Sie Ihr Kind häufig auf mögliche Gefühle der anderen Menschen aufmerksam, ohne ein höfliches Dankeschön einzufordern. Überlassen Sie ihm die Entscheidung und Verantwortung, wie es damit umgehen will. Damit erhöhen Sie die Chancen für ehrlich gemeinte und von Herzen kommende Dankbarkeit.

Feingefühl und das Gespür dafür, zwischen Ehrlichkeit und Kränkung zu unterscheiden, wecken Sie bei Kindern am besten, indem Sie ihm diese Fähigkeiten vorleben.

Egoistische Kinder

Es gibt natürlich Kinder, denen jegliche Form von Dankbarkeit fern ist. Solche Kinder sind egoistisch auf ihre Interessen bedacht. Sie wollen alles haben, aber nichts dafür tun. Die Dinge, die sie bekommen, sind für sie so selbstverständlich wie das tägliche Brot auf dem Tisch oder die saubere Wäsche im Schrank.

Ein egoistisches Kind ist das Ergebnis einer Erziehung, in der es kaum Grenzen gab und in der die Eltern dem Kind ein Vorbild für grenzenlose Bedürfnisbefriedigung gaben. Entweder aus materiellem Überfluss oder aus pädagogischer Unsicherheit heraus bringen solche Eltern ihren Kindern bei, dass alle Wünsche, Forderungen und Erwartungen sofort und bedingungslos erfüllt werden. Das Kind erfährt keine Grenzen und erhält nicht die für die Persönlichkeitsentwicklung notwendige Frustration. Undankbares Verhalten ist die logische Folge. Das Kind weiß den Wert nicht einzuschätzen und Dinge und andere Menschen nicht zu schätzen.

Wenn Ihr Kind Ihnen Geschenke macht

Kinder machen den Erwachsenen, von denen sie sich geliebt fühlen, gerne eine Freude. Sie pflücken Blumen am Wegesrand, malen Bilder, basteln und verschenken diese Basteleien anschließend liebend gerne. Wissen Sie den Wert eines solchen Geschenkes zu schätzen? Oder wandert das mühevoll gemalte Bild in den Altpapiercontainer, weil Sie sowieso nicht identifizieren können, was darauf dargestellt ist? Wenn Ihr Kind Ihre ehrliche Freude erfährt und wenn Sie z. B. eine Sammelmappe mit Bildern von Ihrem Kind anlegen, lehren Sie es ohne große Worte den Wert von Geschenken zu schätzen. Dafür wird es dankbar sein.

Mit Undankbarkeit umgehen

- Überdenken Sie zunächst Ihre eigene Haltung und Einstellung zur Dankbarkeit. Wie wurden Sie erzogen? War Dankbarkeit ein hoher Wert in Ihrer Familie? Was gehört für Sie zur Dankbarkeit dazu? Wie äußern und zeigen Sie Ihre Dankbarkeit? Ist es mit einem »Danke« getan, auch wenn dies vielleicht nicht ehrlich gemeint ist?
- Seien Sie ein Vorbild. Gehen Sie sorgsam mit den Geschenken Ihres Kindes um. Überlegen Sie, welchen Wert Sie ihnen beimessen. Heben Sie sie auf, sammeln Sie sie oder werfen Sie sie alsbald weg? Wie zeigen Sie Ihrem Kind Ihre Dankbarkeit?
- Verlangen Sie nicht von Ihrem Kind, dass es Dankbarkeit heuchelt. Fordern Sie sie auch nicht ein. Wenn Sie Ihrem Kind Druck machen, wird es erst recht Schwierigkeiten bekommen, Dankbarkeit zu empfinden. Weisen Sie Ihr Kind stattdessen auf die Empfindungen der Mitmenschen hin. Sagen Sie beispielsweise: »Ich glaube, deine Tante hat es mit dem Geschenk für dich wirklich gut gemeint und ist jetzt wahrscheinlich enttäuscht, deinen Geschmack damit nicht getroffen zu haben.«
- Sind Sie selbst gekränkt, sagen Sie das Ihrem Kind: »Es kränkt mich, dass du alles scheinbar selbstverständlich annimmst. Mich würde interessieren, wie du dich dabei fühlst.«
- Überlegen Sie, an welchen Stellen Sie Ihr Kind mehr in alltägliche Verrichtungen einbinden können. Sie sind weniger frustriert und auf die Dankbarkeit Ihres Kindes angewiesen, wenn Sie selbst nicht alles selbstverständlich für Ihr Kind tun. Wenn Ihr Kind sein Zimmer selbst aufräumen oder die saubere Wäsche selbst in den Schrank legen muss, lernt es den Wert dieser Tätigkeit leichter zu schätzen und kann sich dankbarer erweisen, wenn Sie ihm das auch einmal abnehmen.
- Überdenken Sie Ihre Erziehungshaltung. Setzen Sie genügend flexible Grenzen, oder kann Ihr Kind machen, was es will? Sind Sie konsequent, oder verhalten Sie sich einmal so und einmal so? Nehmen Sie sich ausreichend Zeit für Ihr Kind, um seine Signale und Gefühle wahrzunehmen und verstehen zu lernen?

Wenn Ihr Kind immer alles bekommt, was es haben will, lernt es den Wert von Dingen nicht richtig einzuschätzen und kann so auch keine Dankbarkeit dafür entwickeln.

Unkonzentriertheit

Die Unkonzentriertheit Ihres Kindes äußert sich in der mangelnden Fähigkeit stillzusitzen, nicht lange bei einer Sache zu bleiben, wenig aufnahmefähig für neue Informationen zu sein und neue Informationen unangemessen zu verarbeiten oder zu vergessen.

Ein gutes Mittel, um vorübergehende Unkonzentriertheit zu vertreiben, ist körperliche Bewegung. Lassen Sie Ihr Kind sich erst einmal austoben, wenn es aus der Schule kommt, bevor es sich wieder an seine Hausaufgaben setzen muss.

Wenn Sie von dem Lehrer Ihres Kindes darauf aufmerksam gemacht werden, werden Sie vermutlich erst einmal erschrocken sein. Ihnen selbst war das noch gar nicht aufgefallen. Jetzt beginnen Sie, Ihr Kind genauer zu beobachten, und stellen fest, dass es auch zu Hause unkonzentriert ist. Sie machen sich Gedanken und Sorgen und überlegen, wie Sie das Problem in den Griff bekommen können.

Vielleicht brauchte Sie der Lehrer aber auch gar nicht erst aufmerksam zu machen. Sie wissen schon länger, dass Ihr Kind unkonzentriert ist. Schließlich gibt es fast jeden Nachmittag bei den Hausaufgaben Ärger. Dabei ermahnen Sie Ihr Kind: »Sitz jetzt endlich still« und drohen: »Du bleibst jetzt sitzen, bis du deine Aufgaben fertig hast, sonst darfst du gleich nicht nach draußen«. Sie stellen fest, dass es nicht lange bei einem Spiel bleibt, sondern – kaum hat es etwas angefangen – schnell die Lust verliert und sich etwas Neuem zuwendet. Sie ermahnen wieder: »Jetzt bleib doch mal dabei« oder stehen kopfschüttelnd daneben: »Mensch, du kannst einem mit deiner Hibbelei vielleicht auf die Nerven gehen!«

Fast immer kommt es im Fall von Unkonzentriertheit eines Kindes in der Familie zu Streitereien, Ermahnungen, Drohungen und Strafen. Doch das sind keine geeigneten Mittel, dem Problem zu begegnen.

Warum Kinder unkonzentriert sind

Unkonzentriertheit ist fast immer die Folge von Überforderung. Diese Überforderung kann unterschiedliche Ursachen haben:

- Ihr Kind kommt in der Schule nicht mit, weil der Lernstoff zu schnell durchgenommen und individuelle Lernfähigkeiten zu wenig berücksichtigt werden.
- Der Druck, bestimmte Leistungen erbringen zu müssen, und die Angst zu versagen sind sehr groß.

- Es existiert zu wenig Freizeitausgleich, oder die Freizeit ist vollgestopft mit zusätzlichen Lernaktivitäten wie beispielsweise Musikunterricht, Ballett, Nachhilfe o. Ä.
- Ihr Kind ist übersättigt von Fernsehen, Video oder Computerspielen.
- Ihr Kind bekommt zu wenig Schlaf oder schläft schlecht.
- Ihr Kind fühlt sich durch persönliche, familiäre, soziale oder schulische Probleme belastet.

Die einzelnen Ursachen sind meist nicht isoliert zu betrachten, sondern greifen häufig ineinander. Wenn Ihr Kind beispielsweise abends zu lange fernsieht, bekommt es wahrscheinlich zu wenig Schlaf und ist am nächsten Tag unfähig, den Unterricht in der Schule zu verfolgen. Folglich begreift es den Stoff nicht und sitzt nachmittags verärgert über seinen Hausaufgaben. Es weiß, dass es schnell fertig werden muss, um rechtzeitig zum Fußball gehen zu können. Sein Verhalten löst Ihre verunsicherte oder auch verärgerte Reaktion hervor. Ihr Kind bekommt zusätzlichen Druck. Es gibt Streit und Auseinandersetzungen, die zu schlechter Stimmung in der Familie führen. Um sich davon abzulenken, schaut Ihr Kind wieder lange fern – ein Teufelskreis beginnt.

Unkonzentriertheit ist fast immer eine Folge von zu vielen Reizen, die nicht mehr verarbeitet werden können. Das reicht von zu vielem Fernsehen über familiäre Probleme bis zu einer zu großen Fülle von Lehrstoff in der Schule.

Nicht zu viel zumuten

Viele Erwachsene muten ihren Kindern ein höheres Maß an Konzentrationsfähigkeit zu, als diese zu leisten imstande sind. Die meisten Kinder sind dann konzentriert bei einer Sache, wenn sie sich wirklich für etwas interessieren. Schreib- und Rechenaufgaben aus der Schule gehören in der Regel nicht dazu. Das sind unliebsame Aufgaben, die die Erwachsenen von ihnen fordern.

Kinder im Alter von fünf bis sieben Jahren können sich nur rund 15 Minuten auf solch eine Aufgabe konzentrieren. 30 Minuten schaffen Kinder im Alter von sieben bis zehn Jahren und 40 Minuten Kinder von 10 bis 14 Jahren.

Daran können Sie leicht bemessen, was es für Ihr Kind bedeutet, vier bis sechsmal am Vormittag 45 Minuten in der Schule stillsitzen zu müssen. Es ist damit hoffnungslos überfordert. Gerät es dann an einen Lehrer, der dafür wenig Verständnis aufbringt, ist es kein Wunder, dass so viel Druck die Konzentrationsfähigkeit zusätzlich beeinträchtigt.

Sprechen Sie mit den Lehrern Ihres Kindes darüber, wie es sich in der Schule verhält. Vielleicht ist Ihr Kind nur zu Hause unkonzentriert. Versuchen Sie herauszufinden, warum.

Mit Unkonzentriertheit umgehen

- Beobachten Sie das Verhalten Ihres Kindes und versuchen Sie, herauszufinden, zu welcher Zeit und bei welchen Aufgaben es unkonzentriert ist und wann und wobei es in der Lage ist, ganz konzentriert zu arbeiten.
- Überdenken Sie mögliche Ursachen. Wovon könnte Ihr Kind überfordert sein? Sieht es zu viel fern? Spielt es zu viele Computerspiele? Wie viel Zeit am Tag steht ihm zum freien Spielen zur Verfügung und wie viel Zeit ist für fest stehende Aktivitäten wie z. B. Klavierunterricht oder das Helfen im Haushalt verplant? Hat Ihr Kind ausreichend Bewegung als Ausgleich für schulische Aktivitäten? Wie ist Ihre familiäre Situation? Leben Sie zufrieden und ausgeglichen miteinander, oder gibt es viel Streit, Auseinandersetzungen, Stress und zu wenig Zeit füreinander? Wie reagieren Sie auf die Unkonzentriertheit Ihres Kindes? Könnte es sein, dass das eine Möglichkeit ist, Ihre Aufmerksamkeit zu fesseln?
- Finden Sie heraus, bei welchen Gelegenheiten oder auf welchen Interessengebieten Ihr Kind sich konzentrierter verhält. Fördern Sie diese.
- Besprechen Sie gemeinsam mit dem Lehrer und Ihrem Kind das Problem. Vielleicht können Sie sich beispielsweise darauf einigen, dass nach 20 Minuten konzentriertem Unterricht die Schüler drei Minuten im Raum umhertoben dürfen.
- Manchmal gibt es für einen Mangel an Konzentrationsfähigkeit auch organische Ursachen. Das sollten Sie mit Ihrem Kinderarzt besprechen. Hüten Sie sich jedoch vor Ärzten, die allzu bereitwillig kleinen Kindern stimmungsverändernde (hier: beruhigende) Medikamente verschreiben. Diese verbessern die Konzentrationsfähigkeit allerdings keineswegs, sondern verstärken die Unkonzentriertheit und machen zudem noch abhängig.
- Sollte die mangelnde Konzentrationsfähigkeit Ihres Kindes sowohl in der Schule als auch in der Familie zu ernsthaften Problemen führen und den Charakter einer Verhaltensstörung annehmen, benötigen Sie professionelle therapeutische Hilfe.

Unordnung

Wenn es an das Aufräumen geht, stellt Ihr Kind seine Ohren auf Durchzug. Es scheint sich sehr zu Ihrem Leidwesen in einem Chaos aus Legosteinen, Plastikfiguren, Papierschnitzeln, Buntstiften, gebrauchten Kleidungsstücken und Essensresten äußerst wohl zu fühlen. Es ignoriert Ihre wiederholt geäußerte Bitte, sein Zimmer aufzuräumen oder vertröstet Sie mit einem »Ja, mache ich, aber jetzt nicht«. Sie geben ihm noch eine Chance und warten ab. Wenn schließlich auch dann nichts passiert, werden Sie wütend und laut. Sie schimpfen und drohen mit Konsequenzen und Strafen: »Dein Zimmer sieht aus wie ein Schweinestall. Wenn du nicht sofort aufräumst, kannst du dir den Besuch im Erlebnisbad am Wochenende abschminken.« Diesem Druck gibt Ihr Kind vielleicht kurzfristig nach. Es räumt auf, weil es sich schon auf den Besuch im Schwimmbad gefreut hat. Aber eine Woche später stehen Sie vor dem gleichen Problem. Sie fragen sich, wie Sie Ihr Kind dazu bekommen können, freiwillig und ohne Gezeter ein Minimum an Ordnung im Kinderzimmer herzustellen.

Ein Kind findet die Ordnung von Erwachsenen äußerst unpraktisch – es hat die Dinge lieber dort, wo es sie braucht.

Zwei Welten prallen aufeinander

Die Auseinandersetzungen, Streitigkeiten und Machtkämpfe in Ihrer Familie resultieren aus unterschiedlichen Vorstellungen von Ordnung. Für Sie hat jedes Ding seinen Platz. Sie wissen, dass es Ihnen leichter fällt, etwas wiederzufinden, wenn Sie es nach Gebrauch an seinen Platz zurückstellen. Die Tätigkeiten, die Sie begonnen haben, führen Sie auch zu Ende. Sie finden, dass ein aufgeräumtes Zimmer schöner aussieht.

Ganz anders Ihr Kind: Es findet Ihre erwachsene Ordnung unpraktisch. Es hat die Dinge lieber dort, wo es sie gerade braucht. Selten werden Vorhaben nach kurzer Zeit abgeschlossen. So kann es vorkommen, dass es tagelang an einem Bild malt, Wochen braucht, um die Lego-Burg fertig zu stellen und die Schuhe griffbereit liegen haben möchte, falls es an der Tür klingelt und die Freundin es nach draußen zum Rollschuhlaufen abholt. Das Fahrrad bleibt draußen stehen für den Fall, dass es wieder aufhört zu regnen, und die Kleidungsstücke bleiben im Zimmer verteilt, weil Ihr Kind noch nicht weiß, was es morgen anziehen soll. Auch die Unordnung im

Zimmer kann also System haben. Ihr Kind weiß mit Sicherheit genau, dass sein Lieblingsteddy zur Zeit unter dem Bett schläft und dass es den lilafarbenen Buntstift unter dem Kopfkissen findet.

So gesehen ist es Ansichtssache, welches Ausmaß an Ordnung jeder für notwendig erachtet und nach welchen Gesichtspunkten man Ordnung herstellt. Ihr Kind weiß, dass Sie andere Vorstellungen von Ordnung haben und ist ja manchmal auch bereit, sich Ihren Vorstellungen anzupassen. Sind Sie es auch?

Ordnungsvorstellungen sind absolut subjektiv und auch von der jeweiligen Tagesform abhängig. Wenn Sie zu den Ordnungsfanatikern gehören, versuchen Sie, die Dinge etwas lockerer zu sehen.

Wozu Ordnung gut ist

- Ordnung hat dort eine Funktion, wo sie hilft, sich Arbeit und Mühe zu sparen. Ordnung ist also praktisch. Wenn alles an seinem Platz ist, können Sie die Dinge leichter finden, und wenn sich jeder in Ihrer Familie an gewisse Ordnungsspielregeln hält, ersparen Sie sich nervenaufreibende Auseinandersetzungen.
- Ein ordentliches Zimmer sieht – auch wenn das wieder Ansichtssache ist – schöner aus. Jeder ist bemüht, sich seine Wohnung so herzurichten, dass sie ihm gefällt und er sich darin wohl fühlt. Sie können sich vielleicht besser entspannen, wenn die Arbeit Sie nicht aus allen Ecken anschaut.
- Ordnung hat auch etwas mit innerer Befindlichkeit zu tun. Wenn Sie gut drauf sind, können Sie schon eher etwas liegen lassen oder auf morgen verschieben. Bei schlechter Laune und Unwohlsein wächst das Bedürfnis, zumindest äußerlich alles in Ordnung zu haben. Das kann helfen, innere Unruhe im Zaum zu halten.

Wo man Ordnung lernt

Dass Ordnung sinnvoll ist, lernt Ihr Kind durch die Erfahrungen, die es im Laufe seines Lebens macht. Vorbilder dafür gibt es in der Familie, im Kindergarten und in der Schule. Je älter es wird, desto mehr strukturieren sich seine Gedanken. Die bisherigen Ordnungssysteme verändern sich oder werden durch neue ersetzt. Wenn Sie bereit sind, die Ordnung Ihres Kindes verstehen zu wollen und zu annehmbaren Kompromissen zu gelangen, werden Sie erstaunt sein, wenn Ihr Kind auf einmal anfängt, seine Sachen penibel zu ordnen. Vielleicht hat es bei einem Freund gesehen, dass dieser seine Steinesammlung in zwanzig Holzkästen aufbewahrt und

Mit Unordnung umgehen

- Vermeiden Sie Machtkämpfe, Drohungen, Beschimpfungen und Strafen. Die führen vielleicht dazu, dass Ihr Kind sich kurzfristig anpasst, aber nicht dazu, dass es sich verantwortlich um sein Zimmer kümmert.
- Versuchen Sie, seine Art von Ordnung zu verstehen, und üben Sie sich in Toleranz und Geduld. Überprüfen Sie, ob es zu Ihren Erziehungszielen gehört, dass Ihr Kind sich Ihren Vorstellungen anpasst.
- Tun Sie nichts für Ihr Kind, was es nicht selbst tun kann. Wenn Sie ihm immer alle Sachen hinterherräumen, brauchen Sie sich nicht zu wundern, dass es sich bald darauf verlässt. Sollten Sie dennoch etwas tun wollen, was eigentlich Ihr Kind selbst könnte, bitten Sie es um Erlaubnis: »Darf ich deine Schultasche in dein Zimmer tragen?« Damit machen Sie klar, dass es eigentlich seine Verantwortung ist, Sie aber so freundlich sind, ihm diese ausnahmsweise einmal abzunehmen.
- Anstatt wütend zu drohen: »Wenn du nicht sofort aufräumst, kommst du nicht mit ins Schwimmbad«, sagen Sie lieber: »Wir fahren ins Schwimmbad, sobald du mit dem Aufräumen fertig bist.«
- Besprechen Sie im Familienrat, welches Ausmaß an Ordnung Sie sich wünschen. Finden Sie einen Kompromiss. Sagen Sie z. B.: »Ich möchte einmal in der Woche in deinem Zimmer Staub wischen und saugen. Denkst du, dass es dir möglich ist, vorher aufzuräumen? Ich biete dir an, dass ich mich für den Rest der Woche nicht über die Unordnung im Kinderzimmer beklage.«
- Wenn Ihr Kind sich nicht an Vereinbarungen hält, kündigen Sie an, was Sie tun werden: »Morgen will ich dein Zimmer putzen. Ich werde alle Spielsachen, die auf dem Boden verstreut herumliegen, in eine Kiste packen und für eine Woche in den Keller stellen.« Halten Sie sich daran. Wenn Ihr Kind merkt, dass Sie es ernst meinen, setzt es sich beim nächsten Mal vielleicht früher in Bewegung.
- Führen Sie alle Maßnahmen mit einer inneren Haltung von Freundlichkeit, Achtung und Respekt durch. Auch Humor kann manche Klippe umschiffen.

Machen Sie sich nicht verrückt und lassen Sie das Kinderzimmer doch einmal, wie es ist. Sie werden staunen, wie ordentlich Ihre Kinder werden, wenn Besuch ins Haus steht, den sie beeindrucken wollen!

möchte das jetzt auch ausprobieren. Oder Ihr Sohn bekommt Besuch von einem Mädchen, in das er verliebt ist, und macht sein Zimmer plötzlich picobello sauber. Dann können Sie sicher sein, dass trotz aller Kämpfe um Ordnung und Sauberkeit einiges hängen geblieben ist und Ihr Kind weiß, dass eine erwachsene Ordnung durchaus Sinn machen kann.

Ihr Kind muss selbst die Erfahrung machen, dass ein unordentliches Zimmer störend sein kann. Es muss erfahren, dass die Gefahr, dass Sachen leichter kaputt gehen, größer ist, wenn diese verstreut auf dem Boden liegen. Und es muss erfahren, dass es gut ist, die mühevoll gebaute Lego-Burg vor kleineren Geschwistern in Sicherheit zu bringen. Es sollte auch erfahren, dass Sie seine Sachen nicht waschen können, wenn es sie nicht in die Schmutzwäsche gibt. Wenn Ihr Kind erlebt, dass es zu spät zur Schule kommt, weil es seine Socken nicht findet, ist die Wahrscheinlichkeit größer, dass es sie beim nächsten Mal gleich über den Stuhl hängt.

Das erfordert von Ihnen natürlich Geduld und konsequentes Handeln. Sitzen Sie nicht dem Trugschluss auf, Sie könnten das Problem mit einer einzigen Maßnahme aus der Welt schaffen. Stellen Sie sich darauf ein, dass Unordnung im Kinderzimmer herrscht, solange Ihr Kind zu Hause wohnt. Sie selbst können das mit einer veränderten Einstellung etwas leichter nehmen und sich eine Menge Ärger sparen, wenn Sie Ihrem Kind nicht alles hinterherräumen oder dauernd mit ihm schimpfen.

Machen Sie Ihr Kind früh auf spielerische Art und Weise mit der Uhr vertraut. Malen und basteln Sie mit ihm. Zeigen Sie ihm die Zeit an, wann es morgens in den Kindergarten geht und wann es wieder abgeholt wird.

Unpünktlichkeit

Pünktlichkeit ist keine Hexerei, sondern Ergebnis eines langen sozialen Lernprozesses. Bereits im Kleinkindalter lernt Ihr Kind, dass Erwachsene häufig auf etwas schauen, was sie Uhr nennen. Es steht eine im Wohnzimmer, in der Küche und im Schlafzimmer auf dem Nachttisch, und fast jeder trägt sie am Handgelenk. Kleine Kinder interessieren sich dafür, fangen an, Uhren zu malen oder welche zu basteln. Sie wünschen sich, auch eine am Handgelenk zu tragen, auch wenn sie diese noch nicht lesen können. Im Kindergarten wissen sie schon, dass Mama sie abholt, wenn beide Zeiger nach oben zeigen. Mit sechs bis acht Jahren lernen sie dann vollständig, die Uhr zu lesen.

Solange Ihr Kind noch klein ist, werden Sie es zu allen Aktivitäten begleiten bzw. dorthin bringen und wieder abholen. Ihr Kind braucht die Zeit nicht zu wissen, weil Sie darauf achten. Sobald Ihr Kind größer und selbstständiger wird, geht es allein in die Schule, zum Spielen nach draußen oder zu Freunden. Jetzt wissen Sie, dass es an der Zeit ist, gemeinsam mit ihm die Uhr zu lernen. Sobald es die Uhr lesen kann, geben Sie ihm eine Zeit mit, zu der es zu Hause sein sollte. Je größer Ihr Kind wird, desto eher können Sie erwarten, dass es pünktlich ist.

Wenn Ihr Kind zu spät kommt, sollten Sie es fragen, wie es zum Zuspätkommen kam. Vielleicht hat es eine plausible Erklärung. Außerdem lernt es auf diese Weise, sein Verhalten richtig einzuschätzen. Wenn es weiß, dass es so vertieft spielen und dabei die Zeit vergessen kann, lernt es schließlich auch, Verantwortung für sein Verhalten zu übernehmen.

Und wenn etwas passiert ist ...?

Kommt Ihr Kind nicht zu der vereinbarten Zeit nach Hause, sind Sie verständlicherweise nervös und haben Angst, dass etwas passiert sein könnte. Sie sind erleichtert, wenn es dann endlich auftaucht, aber auch verärgert, dass Sie sich Sorgen machen mussten. Vielleicht haben Sie überall herumtelefoniert, um ausfindig zu machen, wo Ihr Kind steckt, während dieses seelenruhig in Nachbars Garten mit der Katze spielt. Diese Sorge bei Unpünktlichkeit Ihres Kindes lässt auch dann nicht nach, wenn es bereits 15 oder 16 Jahre alt ist, anfängt, in die Disco zu gehen, oder die Abende mit Freunden anstatt zu Hause verbringt. Ihr Kind sollte wissen, dass Pünktlichkeit etwas mit Verlässlichkeit und Vertrauen zu tun hat. Es sollte lernen, sich in seine Mitmenschen hineinzufühlen, und ihm sollte daran gelegen sein, diese nicht in Sorge und Angst zu versetzen.

Warum Kinder unpünktlich sind

- Ihre Erwartungen an Ihr Kind sind seinem Alter entsprechend zu hoch oder nicht deutlich genug formuliert.
- Ihr Kind weiß nicht, dass Sie sich ernsthafte Sorgen machen und Ängste ausstehen, weil es nur Ihre Wut spürt, wenn es zu spät nach Hause kommt.
- Sie haben die zeitlichen Grenzen zu eng gesteckt, ohne die Bedürfnisse Ihres Kindes zu erfragen und ernst zu nehmen.
- Sie stecken die zeitlichen Grenzen willkürlich je nach Ihrer Stimmung.
- Sie sind ein schlechtes Vorbild, weil Sie selbst oft unpünktlich sind.

Kleinere Kinder sind spontan und kreativ und vergessen beim intensiven Spiel die Zeit. Sie schauen sich alles an, trödeln herum und lassen sich leicht von etwas Neuem ablenken oder für etwas Neues begeistern. Dabei gerät alles andere in den Hintergrund und verliert an Bedeutung. Ein kleines Kind muss erst ein Zeitgefühl entwickeln, bevor es sagen kann: »Jetzt wird es Zeit, nach Hause zu gehen; Mama macht sich bestimmt schon Sorgen«. Wenn Sie zu früh verlangen, dass Ihr Kind zu einer bestimmten Zeit zu Hause sein soll, ist es überfordert und wird von Ihrer heftigen Reaktion überrascht sein.

Hilfreich ist bei älteren Kindern auch die Anruf-Regel. Wenn sie noch länger bleiben möchten oder woanders hingehen, sollen sie kurz bei Ihnen anrufen und um Erlaubnis bitten, etwas später kommen zu dürfen.

Beweggründe deutlich machen

Ihr Kind wird auch überrascht sein, wenn Sie nicht deutlich genug formuliert haben, was Sie erwarten. Manchmal hat man als Eltern eine Vorstellung davon, was das Kind tun sollte, ohne diese konkret zu äußern. Man erwartet einfach, dass es Gedanken lesen und mitdenken kann.

Ihre Angst und Sorge kann möglicherweise beim Streit um die Unpünktlichkeit untergehen. Sicher, Sie sind dann wütend, aber woher soll Ihr Kind wissen, dass Ihre Schreierei ein Ausdruck Ihrer Angst ist, die sich in heftigster Wut entlädt?

Ihre Angst um Ihr Kind kann auch dazu führen, dass Sie die Zügel zu straff führen und es früher zu Hause sein soll, als in dem Alter angemessen. Es setzt sich dann mit Unpünktlichkeit zur Wehr und zeigt: »Wenn du meine Bedürfnisse nicht berücksichtigst, komme ich dir auch nicht entgegen«. In diesem Fall stecken Sie in einem Machtkampf zwischen elterlicher Autorität und den Autonomiebestrebungen Ihres Kindes.

Setzen Sie zeitliche Grenzen willkürlich und je nach Laune, ohne dass klare Regeln existieren, wann Ihr Kind bei welchen Gelegenheiten wie lange wegbleiben darf, braucht es sich nicht daran zu halten – kann es doch damit rechnen, dass auch Ihre Reaktion einmal so und einmal so ausfällt.

Ihr Kind schaut von Ihnen ab. Halten Sie sich selbst nicht an Vereinbarungen oder Versprechungen, erweisen Sie sich als nicht verlässlich. Kommen Sie häufiger zu spät, während Ihr Kind auf Sie wartet, machen Sie damit deutlich: »Es gab noch etwas Wichtigeres«. Sind Sie dann nicht in der Lage, sich bei Ihrem Kind für Ihr Zuspätkommen zu entschuldigen oder auf seine Gefühle einzugehen, lernt es, dass es die Gefühle anderer nicht berücksichtigen braucht. Dieses Verhalten, oft wiederholt, kann zu Gleichgültigkeit in der Beziehung führen.

Unsauberkeit

Als Ihr Kind noch sehr klein war, war es aus der Badewanne kaum herauszubekommen. Es vergnügte sich dort mit Schwimmentchen und Schiffchen und baute Türme aus Badeschaum. Es schrie, wenn Sie es aus der Wanne holen wollten.

Jetzt ist auf einmal alles anders. Nur unter Androhung körperlicher Gewalt lässt sich Ihr Sohn ins Bad jagen. Sie müssen daneben stehen bleiben, weil er sonst das Wasser laufen lässt und so tut, als ob er sich wäscht. Von regelmäßigem Zähneputzen ganz zu schweigen.

Sie stehen dieser neuen Entwicklung sicherlich etwas hilflos gegenüber und wissen nicht so recht, wie Sie damit umgehen sollen. Ins Bad prügeln ist eine Zumutung für alle Beteiligten, das Ganze so laufen zu lassen, ebenfalls. Sie fragen sich, womit Sie das verdient haben. Sie haben schon genug damit zu tun, das heruntergefallene Nutella-Brot vom Teppich zu entfernen, Krümel aus dem Bett zu fegen und den Kaugummi von den Schuhsohlen abzukratzen. Sie ärgern sich sowieso schon über die Fingerabdrücke im Treppenhaus und die Flecken auf dem gerade frisch angezogenen T-Shirt. Und jetzt sollen Sie sich noch mit einem Kind herumschlagen, das sich nicht waschen will?

> Wenn man den vielen Ratschlägen zur Hautreinigung und -pflege glaubt, sieht es so aus, als würde man innerhalb kürzester Zeit todkrank, wenn man sie nicht befolgt. Wie hat die Menschheit nur so lange ohne Seife und Lotionen überlebt?

Mögliche Ursachen

Eine Ablehnung jeglicher Hygienemaßnahmen erfolgt bei Kindern im Laufe ihrer Entwicklung aus heiterem Himmel, bei Jungen häufiger als bei Mädchen, meist einige Jahre vor der Pubertät.

Darüber, warum das so ist, lässt sich nur spekulieren. Das Phänomen ist wissenschaftlich auch noch nicht untersucht worden. Zu vermuten ist, dass dies etwas mit vorpubertären Autonomiebestrebungen zu tun hat. Ihr Kind macht deutlich, dass es ab jetzt über sich selbst bestimmen will und dass Sie es nicht anfassen sollen, wenn es nackt ist. Es möchte über seinen Körper bestimmen, ihn spüren und fühlen und diese Empfindungen nicht mit der Bürste »weggeschrubbt« bekommen. Die schmutzigen Füße vom Barfußlaufen auf dem Waldboden sind mit dem Erlebnis des Spürens des Laubes unter den Füßen eng verbunden.

Erwachsenen ist dieser »naturverbundene« Zugang zum eigenen Körper nicht selten im Laufe der Zeit verloren gegangen. Sand zwischen den Zehen können viele Erwachsene höchstens dann genießen, wenn sie barfuß am Strand laufen. Aber dann empfinden Sie ihn bald bereits wieder als unangenehm und verspüren das Bedürfnis, sich schleunigst wieder die Füße zu reinigen.

Machtkämpfe bringen auch in puncto Sauberkeit nichts. Lassen Sie sich also gar nicht erst darauf ein. Machen Sie Ihrem Kind stattdessen deutlich, welche Folgen es hat, sich nicht regelmäßig zu waschen.

Mit Unsauberkeit umgehen

- Vermeiden Sie Machtkämpfe. Je mehr Sie darauf drängen, dass Ihr Kind sich wäscht, desto trotziger wird es.
- Überprüfen Sie Ihre Sauberkeitsvorstellungen. Vielleicht sind sie überzogen. Das Schrubben der Wohnung mit Desinfektionsmitteln ist z. B. überflüssig. Tägliches Baden schadet der Haut eher.
- Gehen Sie die ganze Angelegenheit ein wenig humorvoller an. Ein Scherz an der richtigen Stelle trägt zur Entschärfung des Machtkampfes um das Waschen bei.
- Entziehen Sie Ihrem Kind nicht Ihre Zuneigung, wenn es sich nicht waschen will. Vermeiden Sie Kommentare wie »Komme mir bloß nicht zu nahe, du stinkst«. Sagen Sie stattdessen: »Ich mag mit dir ausgiebig schmusen, sobald du dich gewaschen hast.«
- Finden Sie einen Kompromiss. Wenn Sie möchten, dass Ihr Kind sich täglich duscht, Ihr Kind aber eine wöchentliche Reinigung für ausreichend hält, können Sie sich vielleicht auf ein Waschen zweimal in der Woche einigen.
- Setzen Sie klare Grenzen, wenn Ihre Belastbarkeit erreicht ist. Tun Sie dieses auf freundliche, aber bestimmte Art und Weise. Vermeiden Sie ein vorwurfsvolles »Wie du wieder aussiehst«. Äußerungen wie »Oben hui, unten pfui« sind kränkend und abwertend. Sie sind ein Angriff auf die Intimsphäre Ihres Kindes. Sagen Sie stattdessen: »Ich denke, heute ist mal eine Grundreinigung fällig. Ich lese dir etwas vor, sobald du gebadet hast.«
- Respektieren Sie die Grenzen Ihres Kindes. Ab einem bestimmten Alter, meist mit Beginn der Pubertät, möchte Ihr Kind beim Baden, Waschen oder Duschen alleine sein.

Möglicherweise signalisiert Ihr Kind Ihnen auch, dass Sie ihm viel zu penibel sind. Es möchte Ihnen auf diese Weise zeigen, dass man auf das Waschen seiner Meinung nach auch verzichten kann. Dieses Verhalten läuft meist auf einen Machtkampf zwischen Eltern und Kind hinaus.

Kinder brauchen keinen streifenfreien Glanzfußboden

Viele Hygienemaßnahmen, die Sie – angeregt durch die Werbung – für notwendig halten, spielen für Ihr Kind nicht die geringste Rolle. Es fühlt sich auch mit Flecken auf dem Teppich, Sand zwischen den Zehen und ungewaschenen Haaren wohl. Hinzu kommt, dass die Menschen unterschiedlich sind und jeder seine besonderen Verhaltensweisen, Eigenarten und Gewohnheiten hat. Wenn Sie dies akzeptieren können, ist Ihnen schon viel geholfen.

Übertriebene Hygiene nützt nicht nur nichts, sie kann sogar schaden – beispielsweise in Form von Allergien gegen Putz- und Waschmittel, die Haut und Atemwege reizen.

Mangelnde Hygiene?

Ein Argument, wenn Sie auf regelmäßiges Waschen Ihres Kindes großen Wert legen, ist die Hygiene. Sie glauben, Ihr Kind kann sich Krankheiten zuziehen, wenn es sich nicht regelmäßig wäscht. Das trifft mit Sicherheit auf das Zähneputzen zu. Mangelnde Zahnpflege zerstört die Zähne. Überzogene Hygienevorstellungen helfen jedoch nicht, Krankheiten zu verhindern, sondern schaden dem Immunsystem. Jedes Kind muss mit Keimen in Berührung kommen, um die Immunabwehr zu stabilisieren. Brechen Sie deshalb nicht gleich in Panik aus, wenn Ihr Kind sein auf den Boden gefallenes Bonbon wieder aufhebt und in den Mund steckt. Es schadet ihm auch nicht, ungewaschen ins Bett zu gehen. Anders ist das bei Keimen, die mit Nahrungsmitteln in Berührung kommen. Ein zwei Wochen alter Spüllappen, verschimmelte Nahrungsmittel im Kühlschrank oder auch ungesäuberte Hamsterkäfige und Fäkalien im Sandkasten sind schon eher mit Argusaugen zu betrachten. Die folgenden Maßnahmen stellen ein Minimum an Hygiene dar und müssen sein:

- Ihr Kind sollte sich vor dem Zubettgehen die Zähne putzen.
- Ihr Kind sollte sich nach dem Gang auf die Toilette und vor dem Essen die Hände waschen.
- Ihr Kind solllte mindestens einmal wöchentlich duschen.
- Ihr Kind sollte sich das Gesicht waschen, bevor es in die Schule geht.

Verhaltensstörungen erkennen und behandeln

Was sind Verhaltensstörungen?

Jedes Kind ist von Zeit zu Zeit »schwierig«. Das bedeutet, dass Schwierigkeiten bei der Kindererziehung auftreten können, mit denen die Eltern erst umzugehen lernen müssen. Hierzu gehören die im Kapitel »Mit Kindern leben – Probleme lösen« (Seite 122ff.) beschriebenen Probleme, die sich manchmal zu Verhaltensstörungen entwickeln können.

Von einer Verhaltensstörung spricht man dann, wenn Ihr Kind über einen längeren Zeitraum hinweg ein Verhalten zeigt, das Ihnen und Ihrer Umgebung ungewöhnlich vorkommt. Als Zeitraum wird in der wissenschaftlichen Literatur zu Verhaltensstörungen im Kindesalter von ca. drei Monaten bis zu mehreren Jahren angegeben. Prof. Dr. Stefan Schmidtchen, Leiter der Abteilung für Kinderpsychotherapie und Kinderdiagnostik am Psychologischen Institut der Universität Hamburg, bezeichnet als Verhaltensstörung »alle Arten psychischer oder psychisch-körperlicher Störungen [...], die auf Fehlfunktionen von Erlebens-, Denk- und Verhaltensweisen einer Person zurückgeführt werden können. Die Störungen werden von der Person selbst und / oder anderen Personen in ihrer Umgebung als negativ bewertet. Sie können auf gestörte seelische Prozesse in der Person sowie auf missliche Umwelteinflüsse zurückgeführt werden.«

Zwischen einer Verhaltensstörung und einer Verhaltensauffälligkeit muss unterschieden werden. Erstere können nur mit der Hilfe von Fachleuten behoben werden, Letztere sind meist vorübergehender Natur.

Nicht aus heiterem Himmel

Einer Verhaltensstörung geht in der Regel eine Verhaltensauffälligkeit voraus. Das bedeutet, dass diese noch nicht zu einem chronifizierten Prozess geworden ist. Verhaltensauffälligkeiten wie z. B. verstärktes Daumenlutschen, Ess-, Sauberkeits oder Schulprobleme sowie die meisten der oben beschriebenen Probleme sind häufig entwicklungsbedingt und vorübergehender Natur. Ihnen kann mit relativ einfachen Maßnahmen abgeholfen werden. Sie können sich jedoch zu einer Verhaltensstörung entwickeln, wenn ihnen mit nicht angemessenem Elternverhalten begegnet wird.

Einige Autoren ziehen daraus den Schluss, dass man erst ab dem fünften bis sechsten Lebensjahr (andere ab dem zehnten Lebensjahr) von einer Verhaltensstörung sprechen kann. Erst dann kann sich ein Verhalten verfestigt und eine ernst zu nehmende Störung entwickelt haben.

Bei der Beschreibung kindlicher Verhaltensstörungen soll sich im Folgenden auf diejenigen beschränkt werden, die als die in Familien am häufigsten vorkommenden bekannt sind und die Eltern, Erzieher und Lehrer vor große Herausforderungen stellt.

Ursachen von Verhaltensstörungen

- Körperliche, mit medizinischer Diagnostik festzustellende Krankheiten. Beispielsweise können Lern- und Leistungsstörungen aufgrund eines jahrelang nicht identifizierten Hörschadens entstehen.
- Störungen in der Denk- und Gedächtnisfähigkeit des Kindes. Wenn es z. B. aufgrund seiner genetischen Ausstattung mit schulischen Anforderungen überfordert ist.
- Störungen in der Bedürfnisbefriedigung. Das kann z. B. der Fall sein, wenn Eltern nicht in der Lage sind, auf die emotionalen kindlichen Bedürfnisse mit einfühlsamem Verständnis zu reagieren, oder die Grundbedürfnisse nach Nahrung unangemessen oder zu gering erfüllt werden.
- Störungen in der Entwicklung des Selbst und der Selbstverwirklichung; z. B. wenn Eltern nicht in der Lage sind, ihrem Kind Bestätigung, Anerkennung und Wertschätzung entgegenzubringen.
- Störungen in der Konfliktverarbeitung; z. B. wenn Konflikte in der Partnerschaft bestehen oder diese als Folge von schwierigen Lebensumständen auftreten und die Eltern nicht in der Lage sind, darauf dem Kind gegenüber angemessen zu reagieren.

Behandeln Sie Ihr Kind wie einen kleinen Erwachsenen. Sprechen Sie mit ihm, beziehen Sie es in Entscheidungen mit ein, fragen Sie es in kleinen Dingen um Rat und erklären Sie ihm, wenn es etwas falsch hat.

Ruf nach Hilfe

Wenn Ihr Kind Verhaltensauffälligkeiten zeigt, die sich bei andauerndem Auftreten zu einer Verhaltensstörung entwickeln können, ist es in vielen Fällen nicht einfach, diese auf eine einzelne auslösende Ursache zurückzuführen. Meist ist es ein ganzes Bündel von Ursachen, das engagierte Eltern mit professioneller Hilfe zu identifizieren lernen können.

Wichtig dabei ist, nicht nur das Verhalten des Kindes im Blick zu behalten, sondern auch das eigene Verhalten sowie die Einflüsse der Umgebung zu berücksichtigen. Für Ihr Kind ist die Verhaltensstörung ein Hilferuf und das an Sie gerichtete Signal: »Es stimmt etwas nicht, tut etwas und helft mir«.

Bettnässen

Vom Bettnässen spricht man dann, wenn Ihr Kind über das fünfte bis sechste Lebensjahr hinaus noch regelmäßig tagsüber und/oder nachts oder nach einem halben bis mehreren Jahren der Trockenheit plötzlich wieder einnässt.

Schließen Sie medizinische Ursachen wie Blasenentzündungen, Fehlbildungen der Harnwege oder Diabetes mellitus aus, bevor Sie seelische Auslöser für das Bettnässen in Betracht ziehen. Mit ärztlicher Hilfe kann Ihrem Kind bei Erkrankungen schnell geholfen werden.

Familiendramen

Wenn Ihr Kind das Alter überschritten hat, an dem Sie es als normal ansehen, dass es in die Hose oder ins Bett macht, werden Sie sich heftige Sorgen machen. Sie können sich nicht erklären, warum Ihr Kind immer noch oder schon wieder ins Bett macht. Sie stehen morgens auf mit innerer Unruhe und fragen sich, ob es wohl wieder passiert oder diese Nacht einmal gut gegangen ist. Sie treten mit innerer Anspannung an das Bett Ihres Kindes und sehen schon an seinem Gesicht, dass es wieder nicht geklappt hat. Dann sind Sie enttäuscht und reagieren womöglich ärgerlich. Vielleicht schimpfen Sie »Musste das schon wieder sein, ich habe dir gestern Abend gesagt, du sollst nicht so viel trinken« oder »Wenn du nicht bald damit aufhörst, machst du mich noch wahnsinnig«. Sie jagen Ihr Kind aus dem Bett und reißen voller Wut das Laken von der Matratze. Andere Familienmitglieder kommen womöglich dazu, um die Auseinandersetzung zu verfol-

Reaktion auf Krisen

Die medizinische Bezeichnung für Bettnässen lautet Enuresis nocturna. Man unterscheidet primäres und sekundäres Bettnässen. Beim primären Bettnässen ist das Kind noch nicht trocken gewesen und beim sekundären fängt es nach einiger Zeit der Trockenheit wieder an, einzunässen. Das sekundäre Bettnässen ist meist eine Reaktion des Kindes auf eine sich verändernde Lebenssituation und leichter behandelbar als das primäre Bettnässen. Die Ursachen für primäres Bettnässen können in Entwicklungsverzögerungen liegen, die entweder durch das Kind selbst bedingt oder als Reaktion auf Vorgänge in der Umgebung zu sehen sind.

gen oder gute Ratschläge zu erteilen. Vielleicht verziehen sie sich aber auch, weil sie nicht mehr hören können, was sich da morgens in aller Regelmäßigkeit abspielt. Wenn das passiert, sorgen Sie womöglich dafür, den Rest der Familie über die Details des nächtlichen Bettnässens zu informieren, in der Hoffnung, dass Ihr bettnässendes Kind das mitbekommt und aus Scham schließlich sein Verhalten einstellt. Vielleicht bekommen Sie auch noch Streit mit Ihrem Partner, weil Sie unterschiedliche Auffassungen davon haben, wie Sie auf das Problem reagieren. Mittlerweile glauben Sie, dass Ihr Kind das absichtlich macht, um Sie zu ärgern. Das verstärkt Ihre Wut. Sie schimpfen und strafen mit Hausarrest, Taschengeldentzug oder drohen, Ihr Kind beim nächsten Familienausflug zu Hause zu lassen, damit es zur Einsicht kommt. Das alles sind aus Verzweiflung, Ohnmacht, Hilflosigkeit, Angst und Sorge geborene Maßnahmen, die wenig Erfolg versprechend sind und das Symptom lediglich verstärken.

Auch wenn Sie sich ärgern: Versuchen Sie, Ihr Kind nicht bloßzustellen. Es schämt sich bereits genug und braucht nun vor allem Ihr Verständnis und Ihr Mitgefühl.

Wie fühlt sich Ihr Kind?

Ihr Kind weiß nicht, was mit ihm geschieht. Es hat keine Kontrolle darüber. Es ist furchtbar unglücklich, weil es natürlich erlebt, dass das nicht als normal angesehen wird und dass andere Kinder in seinem Alter nicht mehr ins Bett machen. Von Scham- und Schuldgefühlen geplagt, sinkt sein Selbstwertgefühl und Selbstvertrauen mit jedem erneuten Einnässen. Es ist enttäuscht, Sie enttäuschen zu müssen, und hat Angst vor Ihrer Reaktion und dem Verlust Ihrer Zuneigung. Seine Gefühle und sein Erleben wirken sich auf seine gesamte Lebenssituation negativ aus. In der Familie fühlt es sich nicht mehr angenommen. Es beginnt, sich zu isolieren. Es traut sich z. B. nicht, woanders zu übernachten. Noch schwieriger ist es, wenn es auch tagsüber einnässt. Die Angst, in peinliche Situationen zu geraten ist so groß, dass es am liebsten ganz zu Hause bleibt. Mit der Zeit können sich daraus schwer wiegende Kontakt-, aber auch Lern- und Leistungsstörungen entwickeln.

Und doch erreicht Ihr Kind etwas Wichtiges: Seine Störung ist zu einem zentralen Familienthema geworden. Es hat unbewusst und unbeabsichtigt ein kreatives Mittel entdeckt, sich der Aufmerksamkeit der Familie zu vergewissern. Die Gründe dafür sind in der Regel weder Ihrem Kind noch Ihnen bewusst.

Die Ursachen des Bettnässens

Beide Formen des Bettnässens, das primäre und das sekundäre Bettnässen, sind nicht als Krankheit, sondern als das Ihrem Kind zur Verfügung stehende Signal anzusehen, dass etwas nicht stimmt und aus dem Gleichgewicht geraten ist.

1. Medizinische Ursachen

In wenigen Fällen hat das Bettnässen medizinische Ursachen, die sich mit Medikamenten beheben lassen. Diese sind in der Regel durch eine medizinische Untersuchung beim Kinderarzt leicht auszumachen (z. B. Blasenentzündungen) und zu beheben. Nach einer mehrwöchigen Behandlung wird Ihr Kind nicht mehr einnässen.

2. Entwicklungsbedingte Ursache

Eine mögliche Ursache für primäres Bettnässen ist eine Entwicklungsverzögerung. In diesem Fall sind die Nervenzellen, die dem Gehirn signalisieren, dass die Blase voll ist, nicht stark genug entwickelt, um während des tiefen kindlichen Schlafs einen Harndrang anzukündigen. Das Kind macht ins Bett, obwohl es vielleicht schon vier oder fünf Jahre alt ist. Aus der Sorge der Eltern heraus kommt es dann zu Machtkämpfen in der Familie, die das Problem nur noch verschärfen und schließlich sogar chronisch werden lassen können.

In der Regel liegen für das Bettnässen eine Vielzahl von Faktoren vor, die nicht leicht zu beheben sind. Falls familiäre Konflikte eine Rolle spielen, sollten Sie sich möglichst schnell darum kümmern.

3. Familiäre Konflikte

Die andere Möglichkeit ist die, dass familiäre Probleme, zu Gewalt eskalierende Partnerschaftskonflikte und unangemessenes Erziehungsverhalten in der Zeit, in der Ihr Kind normalerweise sauber werden würde, zu inneren Konflikten beim Kind führt, auf die es mit dem Symptom Bettnässen antwortet. Primäres Bettnässen kann auch eine Folge sexuellen Missbrauchs sein.

4. Innere Konflikte

Das sekundäre Bettnässen nach einiger Zeit der Trockenheit ist meist Folge veränderter Lebensumstände, die Ihrem Kind innere psychische Konflikte bereiten. Zu diesen Lebensumständen gehören z. B. die folgenden:

- Orts- oder Wohnungswechsel, bei dem Ihr Kind die vertraute Umgebung verliert
- Trennung, Scheidung oder Tod, bei dem der Verlust der Eltern droht oder eingetreten ist
- Geburt eines Geschwisterchen, bei dem Ihr Kind subjektiv das Gefühl hat, dass ihm der Verlust Ihrer Zuneigung oder zumindest eines Teils davon droht
- Lang andauernde Konflikte in der elterlichen Partnerschaft, bei denen Ihr Kind Angst hat, dass Sie auseinander gehen und es möglicherweise allein lassen
- Vernachlässigung der elterlichen Pflichten und unangemessene Erziehungsmethoden, sodass die Bedürfnisse Ihres Kindes nicht ausreichend befriedigt werden
- Aggressionen und Gewalttätigkeiten in der Partnerschaft
- Aggressionen und Gewalttätigkeiten gegenüber den Kindern
- Sexueller Missbrauch

Alle beschriebenen Ursachen können ineinander greifen und Wechselwirkungen hervorrufen. Wie man allerdings ganz deutlich erkennen kann, handelt es sich bei allen möglichen Ursachen um drohende oder tatsächliche Verluste.

Manchmal verordnen Ärzte bettnässenden Kindern ein Medikament gegen Depressionen, das einem Drittel der Kinder auch vorübergehend hilft. Davon ist jedoch dringend abzuraten. Es hilft nicht auf Dauer und hat zudem erhebliche Nebenwirkungen.

Experten sprechen deshalb beim Bettnässen auch vom »Weinen der Blase«. Symbolisch gesehen fühlt sich Ihr Kind durch das Öffnen der Blase von unendlichem Druck befreit, wie es sonst nur das Weinen vermag. Es verbindet damit die Hoffnung und die Suche nach Trost. Wie enttäuscht wird es jedes Mal, wenn Sie darauf mit Beschimpfungen oder Drohungen antworten?

Behandlungsmethoden

Im Falle von Bettnässen sollte die erste Maßnahme der Gang zum Kinderarzt zwecks Ausschluss einer organischen Erkrankung sein. Er kann anhand der körperlichen Untersuchung sowie der Blut- und Urinproben eventuelle körperliche Erkrankungen feststellen.

Wenn diese ausgeschlossen sind, sollte eine genauere Anamnese erfolgen, bei der der Arzt nach den Symptomen fragt. Wann ist es zum ersten Mal aufgetreten? Wie häufig kommt es vor? Wie reagieren die Beteiligten

Mit Bettnässen umgehen

- Schimpfen, drohen und strafen Sie nicht, wenn Ihr Kind ins Bett macht. Stellen Sie lieber einfach fest: »Dein Bett ist ganz nass. Es muss sehr unangenehm für dich sein, die ganze Nacht darin gelegen zu haben.«
- Lassen Sie Ihr Kind sein Bettzeug selbst abziehen und in die Waschmaschine stecken. Das sollte keine Bestrafungsaktion werden, sondern eine logische Folge seines Verhaltens. Sagen Sie einfach: »Zieh bitte das Bett ab und steck die Wäsche in die Maschine«. Vielleicht möchten Sie ihm auch noch zeigen, wie die Waschmaschine funktioniert. So lernt es, die Verantwortung für sein Verhalten und die dadurch entstehenden Konsequenzen zu tragen.
- Legen Sie sauberes Bettzeug in seinen Schrank, sodass es sich nachts selbst versorgen kann.
- Enthalten Sie sich jeglichen abwertenden Kommentars, wenn Sie nasse Bettwäsche finden.
- Blamieren Sie Ihr Kind nicht vor anderen Kindern oder Erwachsenen. Halten Sie stattdessen zu ihm und vermitteln Sie ihm Ihr Vertrauen, dass Sie das Problem schon gemeinsam in den Griff kriegen.
- Widmen Sie Ihrem Kind ausreichend Zeit und Aufmerksamkeit. Wichtig dabei ist, dass es das Gefühl bekommt, gut aufgehoben und versorgt zu sein. Wenn Sie sich Zeit nehmen, ist auch die Chance größer, dass Sie eher bemerken, wenn Ihr Kind etwas bedrückt oder belastet. Dann können Sie darauf eingehen.
- Betreiben Sie ein wenig Ursachenforschung. Vielleicht gelingt es Ihnen, ein Gespräch mit Ihrem Partner zu führen, in dem Sie sich mitteilen, wie sich jeder in der Beziehung und mit den augenblicklichen Lebensumständen fühlt.
- Trauen Sie sich, Hilfe anzunehmen. Jeder, der schon einmal ehrlich Hilfe gesucht hat, weiß um die erleichternde und entlastende Funktion, sich jemandem mit seinen Problemen anzuvertrauen.
- Seien Sie geduldig. Ihr Kind hat eine Weile gebraucht, bis sich sein Symptom entwickelt hat. Die Gesundung braucht mindestens genauso lange.

Wenn Kinder Probleme haben, helfen in erster Linie das Verständnis und die Zuwendung der Familie. Sie geben ihnen Rückhalt und Sicherheit.

darauf? Welche belastenden Familiensituationen oder Veränderungen im Umfeld hat es gegeben? Wichtig hierbei ist wohl, dass das Kind im Mittelpunkt der Befragung steht und nicht über es hinweg geredet wird. Wenn der Arzt Näheres weiß, kann er Behandlungsvorschläge machen.

In der Regel ist ein Vorschlag, der die Familie einer Beratung oder psychotherapeutischen Behandlung zuführt, der sinnvollste. In der Beratung, die meist von Familien- und Lebensberatungsstellen kostenlos durchgeführt wird, kann auf das Problem in regelmäßig stattfindenden Gesprächen genauer eingegangen werden. Hier bekommen Sie dann auch konkrete Vorschläge, wie Sie damit umgehen können und was Sie besser vermeiden sollten. Eine Therapie geht etwas tiefer und dauert entsprechend länger. Hier können auch die Probleme, die zugrunde liegenden Konflikte und die damit einhergehenden Gefühle besprochen und behandelt werden.

Weit verbreitet ist das Verschreiben von Medikamenten, z. B. von Antidrepressiva. Dabei sollten Sie wissen, dass Medikamente ein durch seelische Störungen ausgelöstes Symptom nicht beheben können, sondern das Symptom lediglich kurzfristig vermindern helfen. Der zugrunde liegende Konflikt wird nicht behoben. Die Störung kann nach Absetzen des Medikaments wieder auftreten, oder anstelle des Bettnässens treten jetzt andere Symptome wie z. B. Stehlen, Nägelkauen, Haare ausreißen u. a. auf.

Jede Behandlungsmethode, die das Selbstvertrauen des Kindes stärkt, ist zu empfehlen. Ihr Kind fühlt sich als Versager und leidet darunter, seine Eltern enttäuschen zu müssen. Oft hilft nur geduldiges Abwarten.

Nächtliches Wecken, Klingelmatratzen, die beginnende Feuchtigkeit sofort anzeigen, oder ein Beckenbodentraining zur bewussteren Kontrolle des Wasserlassens mögen kurzfristig erfolgreich und entlastend sein, langfristig sind sie jedoch nur im Zusammenhang mit einer Beratung bzw. Therapie Erfolg versprechend.

Essstörungen

Zu den Essstörungen im Kindes- bzw. Jugendlichenalter zählen hauptsächlich die Magersucht (Anorexia nervosa) und die Ess-Brech-Sucht (Bulimie). Das krankhafte Übergewicht als Folge einer Fettsucht (Adipositas) kommt bei Kindern und Jugendlichen eher selten vor, sodass dies an dieser Stelle vernachlässigt werden kann.

Essstörungen sind nicht zu verwechseln mit ungesunder oder überreichlicher Ernährung. Essstörungen beinhalten eine gestörte Beziehung zur Nahrungsaufnahme, hinter der in der Regel massive seelische Konflikte stecken.

Wenn Ihr Kind unter einer Essstörung leidet, sieht es sich getrieben von einem inneren Zwang, das Essen in sich hineinzustopfen, sich zu erbrechen und / oder die Nahrungsaufnahme fast gänzlich zu verweigern. Aufgrund des inneren Zwangs geht man davon aus, dass die Essstörungen zu den Süchten zu zählen sind.

Fachleuten zufolge steht hinter einer Essstörung immer ein innerer Konflikt bzw. ein seelisches Problem. Der Druck ist dabei so groß, dass Essstörungen bereits dem Bereich der Süchte zuzuordnen sind. Fast immer spielt die Familiendynamik eine Rolle bei diesen Erkrankungen, die keine organische Ursache haben.

Magersucht

Das Vorhandensein einer Magersucht lässt sich anhand folgender Symptome diagnostizieren:

- Ihr Kind ist untergewichtig, mindestens 15 bis 25 Prozent unter dem Normalgewicht. Das Untergewicht ist selbst herbeigeführt und nicht auf andere Erkrankungen zurückzuführen.
- Es dreht sich alles um das Essen bzw. Nichtessen. Es berechnet zwanghaft seine Kalorien, kann stundenlang einkaufen und dabei die Inhaltsstoffe auf den Verpackungen studieren. Es investiert viel Zeit und Energie in die Zubereitung selbst ganz geringer Nahrungsmengen. Es wälzt Kochbücher, kocht für die Familie, isst aber selbst kaum etwas. Es gibt Erklärungen ab, warum es gerade jetzt keinen Appetit hat oder nimmt in Ihrem Beisein nur geringe Mengen zu sich, um sie hinterher wieder zu erbrechen.
- Es hat eine gestörte Körperwahrnehmung und hält sich für zu dick, obwohl ein massives Untergewicht offensichtlich ist.
- Es betreibt krampfhaft Sport, joggt täglich, macht Aerobic oder andere Sportarten, um noch mehr Kalorien zu verbrauchen.
- Es missbraucht Abführmittel und Appetitzügler.
- Die Menstruation bleibt infolge des gestörten Stoffwechsels aus.
- Der Körper behaart sich mit einem Flaum (Lanugo-Behaarung), um sich vor Unterkühlung zu schützen.
- Dazwischen wird Ihr Kind immer wieder von Heißhungeranfällen attackiert. Dann stopft es innerhalb kürzester Zeit wahllos alles in sich hinein, was es gerade finden kann, um sich anschließend durch Erbrechen wieder zu erleichtern. Dieses erlebt es als Niederlage und bestraft sich für

seinen Impulsdurchbruch mit erneuter Nahrungsverweigerung und Extremsport. Ess-Brech-Anfälle kennzeichnen den fließenden Übergang zu einer Bulimie.

Bei der Magersucht besteht keine Krankheitseinsicht. Ihr Kind wehrt alle Versuche, es zum Essen zu bewegen, ab. Ebenso leugnet es die Bedrohlichkeit. Es sagt, dass es ihm gut geht.

Die Folgen der Magersucht

Die körperlichen Folgeschäden reichen von extremem Untergewicht, Austrocknung des Körpers und langsamem Verhungern über psychotische Zustände (weil das Gehirn nicht mehr mit Nahrung versorgt wird) bis hin zum Tod. Aber auch die familiären und sozialen Folgen sind gravierend. Ihr Kind lebt familiär und sozial isoliert. Es hat keine Freunde mehr und findet keinen Partner. Sexualität findet meist nicht statt, da das Verhältnis zum eigenen Körper gestört ist.

Für Sie als Eltern ist es qualvoll, mit ansehen zu müssen, was passiert. Jahrelange Kämpfe um das Essen vergiften das Familienklima. Aus Aufforderungen wie »Du musst doch etwas essen« werden verzweifelte Drohungen: »Wenn du jetzt nicht isst, dann ...«. Sie bleiben in aller Regel erfolglos bzw. führen noch zu einer Verschlimmerung der Symptomatik. Je mehr Sie insistieren, desto mehr muss sich Ihr Kind über die Nahrungsverweigerung abgrenzen.

> Von Bulimie ist die Rede, wenn Kinder – meist heimlich – Unmengen an Nahrungsmitteln aufnehmen (in der Regel mit viel Flüssigkeit), um sie anschließend mittels Erbrechen wieder auszuscheiden. Dadurch wird das Normalgewicht gehalten.

Bulimie

Die Diagnostik der Bulimie ist für Außerstehende weitaus schwieriger, weil die körperlichen Symptome und Folgeschäden nicht so klar erkennbar sind wie bei der Magersucht. Die Übergänge von einer Magersucht zur Bulimie sind fließend. Das Vorhandensein einer Bulimie lässt sich am ehesten anhand der folgenden Symptome diagnostizieren:

- ☐ Bei einem Kind, das an Bulimie leidet, dreht sich – ähnlich wie bei der Magersucht – ebenfalls viel um das Essen. Es berechnet seine Kalorien, kauft gerne ein und studiert dabei die Inhaltsstoffe auf den Verpackungen. Es kocht auch gerne und scheint auf den ersten Blick normal zu essen, wenn andere dabei sind. Dann hat es aber Impulsdurchbrüche und lädt sich plötzlich den Teller voll. Dabei gibt es Erklärungen ab, warum es heute einen so großen Appetit hat. Kaum sind die Unmengen an Nahrung aufgegessen, geht es heimlich zur Toilette, steckt sich den Finger in den Hals und erbricht.

- Heißhungeranfälle wechseln sich ab mit der Durchführung zahlreicher Diäten. Damit hält es das Gewicht im Normalbereich.
- Die Einnahme von Appetitzüglern und Abführmitteln soll ebenfalls das Gewicht regulieren.
- Die Gier nach Nahrung wird verheimlicht, ebenso wie die Essanfälle. Sie wundern sich, warum die drei Dosen Würstchen, die Sie am Tag vorher gekauft haben, auf einmal verschwunden sind.
- Ihr Kind hortet Nahrungsmittel, versteckt sie in Schränken, unter der Matratze oder im Keller. Sie sollen für Notfälle Sicherheit geben, falls es die zwanghafte Gier überkommt, wenn gerade nichts im Haus ist – und natürlich, damit keiner merkt, wie viel es tatsächlich isst.
- Die Gedanken kreisen ständig um Essen und Gewicht. Nach Heißhungeranfällen und anschließendem Erbrechen treten heftige Scham- und Schuldgefühle auf. Das Bewusstsein für eine Erkrankung und damit der Leidensdruck ist bei Bulimikern größer als bei Magersüchtigen.

> Mit dem Einsetzen der Pubertät verändert sich bei Mädchen häufig die positive Selbsteinschätzung. Sie sind mit einem Frauenbild konfrontiert, das höchst widersprüchlich und meist nicht erstrebenswert ist.

Die Folgen der Bulimie

Folgen der Ess-Brech-Sucht sind Stoffwechselstörungen, Erkrankungen der Speiseröhre, des Magens und des Darms. Es kann zu entzündlichen Prozessen im gesamten Verdauungstrakt kommen, die ebenfalls chronisch werden können. Das Erbrechen führt zu Rötungen und Eintrocknungen im Mundbereich – ein sicheres Signal für Familienmitglieder.

Bulimikerinnen und Bulimiker leiden häufig unter chronischem Geldmangel. Die Finanzierung der Lebensmittel sowie der Appetitzügler und Abführmittel, die meist heimlich gekauft und gehortet werden, ist für Jugendliche schwierig. Dann stehlen sie Geld oder Nahrungsmittel oder verschulden sich bei Freunden.

Ursachen von Essstörungen

Essstörungen beginnen fast immer in der Pubertät. Sie wurzeln in frühen familiären Erfahrungen und werden als Versuch interpretiert, sich über die Störung eine eigene Identität, ein Selbstwertgefühl zu schaffen sowie die

Fähigkeit zu entwickeln, etwas zu bewirken. Das beinhaltet aber auch, dass die Entwicklung eines stabilen Selbstwertgefühls und einer Identität im familiären Kontext nicht möglich war.

Untersuchungen haben ergeben, dass essgestörte Mädchen und Jungen häufig aus sehr erfolgs- und leistungsorientierten Familien kommen. An sie werden hohe Erwartungen gestellt. Die Mütter sind meist überfürsorglich und überbehütend, die Kinder brav und angepasst. Sie haben in der Regel kaum gelernt, selbst etwas aktiv in die Hand zu nehmen. Mit Beginn der Pubertät sieht sich das Kind vor die Aufgabe gestellt, erwachsen zu werden, Verantwortung zu übernehmen und sich von den Eltern zu lösen – keine leichte Aufgabe für ein Kind, das gewohnt ist, dass die Eltern alles für es tun. Gleichzeitig erlebt das Kind die Überfürsorglichkeit der Eltern als Einschränkung und Einengung und setzt sich mithilfe der Essstörung dagegen zur Wehr. Es sagt: »Ich bestimme ab sofort selbst über meinen Körper. Ich bestimme, wie er auszusehen hat, wann ich was und wie viel esse, und deine Versuche, mir da hineinzureden, sind zwecklos.« Auf der anderen Seite ist es noch mit der Entwicklung zur sexuellen Reife überfordert. Es fühlt sich ausgeliefert und hat Angst.

> Fragen Sie sich, inwiefern Sie Ihre Tochter nach dem konventionellen Frauenbild erzogen haben. Durfte sie auch ganz individuelle, frauenspezifische Eigenschaften ausleben, die nicht auf ihre mögliche Rolle als Ehefrau und Mutter hin ausgerichtet waren?

Gesellschaftliche Ursachen

Das Frauenbild in unserer Gesellschaft trägt nicht unerheblich zur Häufung von Essstörungen bei. Nur wer schlank und schön ist, bekommt gesellschaftliche Anerkennung. Das zumindest suggeriert die Werbung.

Nur Mädchen mit einem gesunden Selbstwertgefühl können sich diesem krank machenden Schlankeitsideal entziehen. Die Chancen stehen jedoch schlecht, wenn Sie als Mutter sich selbst dauernd über Ihre Figur beklagen, zahlreiche Diäten machen oder Ihren Pfunden mit Abführmitteln oder Appetitzüglern zu Leibe rücken. Dann erfährt Ihre Tochter, dass sie sich nur dann für schön und wertvoll halten kann, wenn sie schlank wie ein Supermodel ist.

Behandlungsmöglichkeiten

Beide Formen der Essstörungen bedürfen einer lang andauernden therapeutischen Behandlung. Bei der Magersucht steht zunächst die rein medizinische Behandlung im Vordergrund. In der internistischen Abteilung eines Krankenhauses wird zunächst das Körpergewicht stabilisiert. Anschließend folgt eine mehrmonatige therapeutische Behandlung in einer psychosomatischen Fachklinik für Essstörungen, die bei erfolgreichem Verlauf und ausreichender Motivation in eine ambulante Psychotherapie münden kann. Adressen solcher Fachkliniken erhalten Sie im Krankenhaus oder bei Ihrem Hausarzt.

Wichtig bei der therapeutischen Behandlung ist, dass Sie sich dort, wo Ihr Kind es wünscht, in die Therapie einbeziehen lassen. Sie haben so eine größere Chance zu lernen, Ihr Kind loszulassen, und Ihr Kind kann lernen, sich zu lösen und selbstständig zu werden.

Gerade bei Essstörungen können auch Selbsthilfegruppen für die betroffenen Eltern sinnvoll sein. Viele Eltern wollen nicht begreifen, dass Ihr Kind krank ist und Hilfe benötigt.

Mit Essstörungen umgehen

- Verleugnen, verheimlichen, verdrängen oder verharmlosen Sie das Problem nicht. Essstörungen – egal welcher Art – sind keine Bagatellen, sondern ernst zu nehmende Probleme.
- Machen Sie Ihr Kind darauf aufmerksam, dass Sie wissen, was los ist, und versuchen Sie, es behutsam zu einer Behandlung zu bewegen. Wenn es nicht will, drängen Sie es nicht. Bieten Sie Unterstützung an, aber lassen Sie Ihr Kind selbst entscheiden. Das gilt natürlich nicht für den Fall, dass sein Leben durch zu großes Untergewicht in Gefahr ist.
- Drängen, drohen, schimpfen und klagen Sie nicht. Vermeiden Sie auch Kontrollgänge auf der Suche nach Nahrungsmitteln. Vermeiden Sie es, es zum Essen zu bewegen. Diese Versuche sind zwecklos und verschlimmern höchstens die Symptomatik.
- Informieren Sie sich bei einer Beratungsstelle über die Behandlungsmöglichkeiten. Besorgen Sie sich Fachliteratur.
- Wenn Sie entdeckt haben, dass Ihr Kind an einer Essstörung leidet, haben Sie schwere Jahre vor sich, in denen Sie viel Geduld, Kraft und Energie aufbringen müssen. Opfern Sie sich nicht auf. Sie brauchen selbst Hilfe und Unterstützung, um das alles durchzustehen. Die bekommen Sie auch in Beratungsstellen und Selbsthilfegruppen. Adressen können Sie der Tageszeitung entnehmen (Rubrik: Not- und Hilfsdienste).

Essstörungen vorbeugen

Gestatten Sie Ihrem Kind Freiheit und Autonomie. Nehmen Sie es so, wie es ist, und stellen Sie keine Forderungen, die es nicht freiwillig selbst erfüllen möchte. Betrachten Sie Ihr Kind als einen eigenständigen Menschen mit eigenem Willen, Gedanken und Gefühlen. Machen Sie keinen »Aufstand« ums Essen und zwingen Sie Ihr Kind nicht dazu, etwas Bestimmtes oder bestimmte Mengen zu essen. Essen sollte etwas Natürliches sein, das mit Freude und Befriedigung verbunden ist.

Es ist ein gewaltiger Unterschied, ob Kinder – vorwiegend Jungen – miteinander raufen oder sich ernsthaft Schaden zufügen. Das Balgen gehört zum Sozialisierungsprozess, in dem sie ihre Kräfte mit denen anderer messen können und auch lernen, Niederlagen einzustecken.

Gewalttätigkeiten

Gewalttätigkeiten unter Kindern und Jugendlichen nehmen zu. Es sind nicht nur Einzelfälle, die Schlagzeilen machen. Untersuchungen in Kindergärten zeigen auf, dass bereits fünf Prozent der drei- bis sechsjährigen Kinder aggressiv und gewalttätig sind. In manchen Kindergärten liegt die Quote bei 20 Prozent. 1993 registrierte die Statistik 1,2 Millionen Verletzungen durch gewalttätige Auseinandersetzungen. Trotzdem ist die Mehrzahl der Schüler gegen Gewalt. Das ergab eine große Repräsentativumfrage einer Bielefelder Forschungsgruppe. Zwei von drei Jugendlichen wünschten, dass Schüler so etwas nicht tun. Aber mehr als ein Drittel würde auch aus Angst niemals eingreifen, um einen gewalttätigen Streit zu schlichten. Die Untersuchung ergab zudem, dass an der Spitze von Gewalttätigkeiten nicht die körperliche, sondern die psychische Gewalt steht. Fast 40 Prozent der Schüler fühlen sich jeden Tag von Mitschülern beschimpft, 28 Prozent verspottet und ausgelacht.

Gewalt – was ist damit gemeint?

Unter Gewalt versteht man die Ausdrucksformen menschlicher Aggression, die andere Menschen schädigen.

- Physische Gewalt wie z. B. Schlagen, Treten, Kratzen, Beißen
- Psychische Gewalt wie z. B. Entwürdigung, Demütigung, Abwertung, Druckausübung, Erpressung
- Verbale Gewalt wie z. B. Beschimpfen und dabei entwürdigende, demütigende Worte benutzen

- Sexuelle Gewalt wie z. B. das Erzwingen intimer Körperkontakte und anderer Berührungen
- Diskriminierende Gewalt, bei der Minderheiten, bestimmte Bevölkerungsgruppen oder Frauen physisch, psychisch, verbal oder sexuell herabgewürdigt und erniedrigt werden

Gewalt ist männlich

Aggressive Übergriffe werden hauptsächlich von männlichen Kindern, Jugendlichen und Erwachsenen verübt. Der Grund hierfür liegt überwiegend in den Geschlechterrollen. Mädchen lernen, ihre aggressiven Impulse nach innen zu richten, während den Jungen dagegen beigebracht wird, sich zu wehren. Jungen dürfen keine Angst zeigen, weil sie dann auch heute noch als Angsthase oder Memme beschimpft werden. Ängste gehören jedoch zum menschlichen Dasein. Wenn Jungen nicht lernen, ihre Ängste auf eine konstruktive Art und Weise zu bewältigen, schlagen sie zu, um ihre Angst loszuwerden.

> Für Eltern ist es oft enttäuschend, festzustellen, dass ausgerechnet ihr Kind sich anderen gegenüber aggressiv und gewaltig verhält. Geben Sie nicht von vornherein Ihrem Kind die Schuld, sondern forschen Sie ausgiebig nach den Ursachen.

Familiäre Dynamik

Wenn Sie erleben, dass Ihr Kind sich zu Hause mit Geschwistern prügelt, sie beschimpft, kratzt, beißt oder bespuckt und deren Spielsachen zerstört, und wenn Sie erfahren, dass Ihr Kind im Kindergarten oder in der Schule sich anderen Kindern gegenüber ebenfalls gewalttätig und aggressiv verhält, werden Sie in den wenigsten Fällen bedacht, gelassen oder neutral sachlich reagieren.

Vermutlich werden Sie ebenfalls aggressiv werden. Sie werden dazwischengehen, schreien, Ihr Kind bestrafen und es auf sein Zimmer schicken, oder Sie werden selbst gewalttätig, indem Sie Ihrem Kind eine Ohrfeige verpassen oder den Po versohlen. Unter dieser Aggression versteckt, entdecken Sie vielleicht Ihre Ohnmachtsgefühle. Sie sind hilflos, wissen nicht, wie Sie die Aggression Ihres Kindes in den Griff bekommen und schon gar nicht, wie Sie verhindern sollen, dass es in der Schule auf Mitschüler losgeht.

Es ist Ihnen peinlich, wenn Sie vom Lehrer darauf angesprochen werden oder wenn Eltern anderer Kinder sich bei Ihnen über die Gewalttätigkeiten Ihres Kindes beschweren. Womöglich reagieren Sie darauf, indem

Sie Ihr Kind in Schutz nehmen und Ihrem Gegenüber sagen, er soll sich um seinen eigenen Kram kümmern. Vielleicht schleichen sich aber auch Schuldgefühle ein, ob Sie in der Erziehung etwas falsch gemacht haben, oder Sie haben eine Erklärung parat, dass es am Fernsehen liegt oder daran, dass Ihr Kind seinen Vater seit zwei Jahren nicht mehr gesehen hat.

Die unterschiedlichen Reaktionsweisen können auch auf die verschiedenen Familienmitglieder aufgeteilt sein. Vielleicht schlagen Geschwister zurück, Vater bestraft und Mutter hat Schuldgefühle. Oder die Geschwister sind hilflos, während Mutter und Vater sich gegenseitig die Schuld geben. Gewalttätige Kinder lösen eine Dynamik aus, die alle Beteiligten ins Rotieren bringt und die nicht leicht aufzulösen ist.

Überschießende Aggressionen von Kindern haben eine Ventilfunktion. Das Kind möchte darauf aufmerksam machen, dass es Probleme hat.

Wie kommt es zur Gewalttätigkeit?

Kinder werden aggressiv und gewalttätig, wenn vorangegangene Signale, dass etwas nicht stimmt, von den Eltern nicht wahrgenommen oder gehört werden. Überschießende Aggression ist ein Ventil Ihres Kindes, auf diese ihm zur Verfügung stehende Art und Weise auf seine Beschwerden aufmerksam zu machen. Diese Beschwerden können unterschiedlichster Natur sein:

- Sie können eine Folge von Vernachlässigung der elterlichen Pflichten und unangemessenen Erziehungsmethoden sein, sodass die Bedürfnisse Ihres Kindes nicht ausreichend befriedigt werden. Die Vernachlässigung der elterlichen Pflichten kann bis zu Aggressionen und Gewalttätigkeiten gegenüber den Kindern reichen.
- Sie können eine Folge von lang andauernden Konflikten in der Partnerschaft bis hin zu Aggressionen und Gewalttätigkeiten, Trennung und Scheidung sein. Ihr Kind hat Angst, dass Sie auseinander gehen und es allein lassen.
- Sie können eine Folge von sozialen Krisensituationen (finanzielle Belastungen, Arbeitslosigkeit, ungünstige Wohnverhältnisse u. Ä.) sein.
- Sie können eine Folge von sozialer Isolation und mangelnder Integration in Nachbarschaft oder Freundeskreis sein.

Meist schafft das Zusammenkommen verschiedener Faktoren einen günstigen Nährboden für die Entwicklung von Verhaltensstörungen. Verhaltensstörungen nehmen meist in der frühen Kindheit ganz harmlos ih-

Mit Gewalttätigkeiten umgehen

- Vermeiden Sie selbst einen aggressiven Umgang miteinander. Schimpfen, drohen, strafen oder schlagen Sie nicht. Das hilft in der Regel nicht weiter, sondern lässt bestehende Konflikte noch weiter eskalieren.
- Nehmen Sie sich Zeit und sprechen Sie mit Ihrem Kind. Fragen Sie es, wie es dazu gekommen ist, dass es sich geschlagen hat. Gehen Sie auf seine Gefühle ein. Fühlt es sich vielleicht allein gelassen, zu wenig berücksichtigt, ungerecht behandelt oder hat es Angst?
- Vermitteln Sie Ihrem Kind, dass Sie einen gewaltfreien Umgang miteinander bevorzugen und dass es wichtig ist, miteinander zu reden, anstatt sich zu schlagen.
- Setzen Sie klare Grenzen. Ihr Kind muss wissen, wie weit es gehen darf und wo es eine Grenze überschreitet. Schlägt es sich mit seinen Geschwistern, gehen Sie freundlich, aber bestimmt dazwischen. Ziehen Sie die Kampfhähne auseinander mit den Worten: »Ich will nicht, dass ihr so miteinander umgeht. Lasst uns gemeinsam überlegen, wie wir euren Streit beilegen können.«
- Erfahren Sie von anderen Eltern oder Lehrern, dass Ihr Kind in der Schule gewalttätig ist, fühlen Sie sich nicht gleich selbst angegriffen. Nutzen Sie die Gelegenheit zur Kooperation. Ihre Offenheit in einem Gespräch mit dem Lehrer kann diesem verstehen helfen, warum Ihr Kind sich so verhält. Wenn er z. B. weiß, dass Sie sich gerade getrennt haben, kann er besser auf Ihr Kind eingehen.
- Suchen Sie gemeinsam mit Ihrem Kind die Eltern des verletzten Kindes auf. Leiten Sie Ihr Kind an, sich für sein Verhalten zu entschuldigen und zu überlegen, wie es Wiedergutmachung leisten kann, z. B. indem es das andere Kind beim nächsten Mal vor den Übergriffen anderer schützt. Ihr Kind lernt so zu kooperieren.
- Wenn möglich, besprechen Sie sich mit Ihrem Partner und überlegen Sie gemeinsam, wie Sie die Familiensituation in Zukunft wieder entlasten können.
- Trauen Sie sich, Hilfe anzunehmen, wenn Sie sich mit der gesamten Situation überfordert fühlen.

Falls Ihr Kind Sie wiederholt selbst angreift und schlägt, können Sie versuchen, es in der Situation, in der es seine Aggressionen nicht mehr unter Kontrolle hat, fest in den Arm zu nehmen. So vermitteln Sie ihm, dass Sie sein Verhalten nicht dulden können, es aber weiterhin lieb haben.

ren Anfang. Innerhalb der Familie kann sich das beispielsweise so darstellen: Ihr Kind schreit möglicherweise viel, isst schlecht oder schläft ausgesprochen unruhig. Sie sind verunsichert und reagieren darauf mit den Ihnen zur Verfügung stehenden Mitteln. Dabei verstärken Sie unbewusst das Unruheverhalten. Aus dem Wunsch heraus, gute Eltern sein zu wollen, entstehen Zweifel, ob Sie alles richtig machen, und Schuldgefühle wegen zeitweisen unangemessenen Verhaltens. Die Folge davon ist noch mehr Unsicherheit.

Wenn Sie unsicher sind und nicht wissen, wohin Sie wollen, verhalten Sie sich einmal so und einmal so. Damit probieren Sie aus, ob eine Methode Erfolg versprechend ist. Ihr Kind braucht jedoch verlässliche Eltern, die sich auf eine Methode geeinigt haben. Es fühlt sich nicht verstanden und reagiert mit erneuter Unruhe auf Ihre Bemühungen. Es entstehen Aufmerksamkeitstörungen. Ihr Kind wird trotzig und folgt Ihnen nicht. Kommen dann noch andere der oben genannten Probleme hinzu, entstehen weitere Verunsicherungen. Das Ganze schaukelt sich im Laufe der Monate und Jahre so hoch, bis Ihr Kind sich nur noch dadurch zu helfen weiß, indem es schließlich zuschlägt.

Je weiter ein Kind im Stufenprozess des auffälligen Verhaltens fortgeschritten ist, desto schwieriger wird es, sein aggressives Verhalten zu stoppen und zu korrigieren.

Behandlungsmöglichkeiten

Wenn Ihr Kind über einen längeren Zeitraum hinweg Aggressionen zeigt, die in Gewalttätigkeiten gegenüber den Geschwistern oder anderen Kindern in Kindergarten oder Schule münden, brauchen Sie professionelle Hilfe. In der Elternberatung oder während einer länger andauernden Therapie können die auslösenden Ursachen genauer identifiziert und die entstandenen Konflikte ausführlich besprochen werden.

Zunächst wird Ihnen geholfen, Ihrem Kind mithilfe von klaren Regeln und Grenzen Sicherheit und Stabilität zu bieten. In einem weiteren Schritt können eventuell vorhandene Probleme in der Partnerschaft in einer Paartherapie oder ganz individuelle Probleme auf einer Seite in Einzelgesprächen aufgearbeitet werden.

Der Grundgedanke ist folgender: Wenn es Ihnen möglich ist, für Ihre Konflikte vernünftige Strategien und Lösungen zu finden, hat Ihr Kind es nicht mehr nötig, mit einem so massiven Signal wie der Gewalttätigkeit darauf aufmerksam zu machen, dass es leidet.

Hyperaktivität

Die Hyperaktivität bei Kindern (auch hyperkinetisches Syndrom genannt) bezeichnet einen Zustand, in dem Ihr Kind eine kurze Aufmerksamkeitsspanne und eine erhöhte Ablenkbarkeit aufweist. Es ist unruhig, kann sich schlecht konzentrieren, hat heftige Stimmungsschwankungen und wird leicht aggressiv. Die Aktivitäten sind überschießend. Dinge gehen deshalb häufiger zu Bruch, und die Verletzungsgefahr ist größer. Sein Verhalten führt zu Schwierigkeiten im Kindergarten oder in der Schule. Es fällt immer wieder auf, wird , ermahnt, bestraft, von anderen Kinder oder Mitschülern gehänselt, benutzt, ausgelacht oder gemieden. Hyperaktivität geht häufig mit Entwicklungsrückständen und Störungen des Sozialverhaltens einher (Aggressivität, Gewalttätigkeit).

Hyperaktivität geht über das normale Maß an Unkonzentriertheit, das Kinder über einen begrenzten Zeitraum hinweg in bestimmten Situationen aufweisen, hinaus. Die meisten Kinder bewegen sich gerne, zappeln herum, wenn sie stillsitzen sollen, oder lassen sich leicht ablenken. Bei der Hyperaktivität hat die »Zappeligkeit« über die Dauer von mindestens einem Jahr ein Ausmaß angenommen, das für die Familie zur Belastung wird. Dann erst wird der Hyperaktivität Krankheitswert beigemessen und ist behandlungsbedürftig. Als hyperkinetisch kann Ihr Kind erst dann angesehen werden, wenn es mindestens ein Jahr lang ein Bündel der folgenden Verhaltensweisen aufzeigt:

- Aufmerksamkeitsstörungen
- Impulsivität
- Motorische Unruhe
- Ausgeprägte Stimmungsschwankungen

In den USA wird für die Symptomatik der Hyperaktivität der Begriff »Attention Deficit Disorder« verwendet. Er bedeutet Aufmerksamkeitsdefizit. In den letzten Jahren ging man zunehmend auch in der Bundesrepublik dazu über, die Hyperaktivität als Aufmerksamkeitsdefizitstörung zu bezeichnen.

Mögliche Ursachen

Erklärungsversuche, wie sich Hyperaktivität bei Kindern entwickelt, gibt es viele. Eindeutig bewiesen sind die Zusammenhänge jedoch noch nicht. Zu den wichtigsten gehören die folgenden:

- Minimale cerebrale Dysfunktion (MCD) bezeichnet einen geringfügigen Hirnschaden, der im EEG feststellbar ist.

- Eine Entwicklungsverzögerung, die sich in verspäteten Entwicklungsschritten bemerkbar macht. Das Kind lernt z. B. spät sprechen oder bleibt in seinem Sprachverständnis hinter anderen zurück. Im Vergleich mit anderen gleichaltrigen Kindern fällt es auf.
- Stoffwechselstörung im Gehirn. Es gibt einen Mangel an bestimmten Nerventrägersubstanzen, die für die Weiterleitung von Reizen zwischen den Gehirnzellen verantwortlich sind.
- Reizüberflutung. Visuelle und akustische Reize durch Fernsehen, Video, Werbung, Walkman, Großstadtlärm u. a. führen zu zunehmender Unfähigkeit, Ruhe genießen zu können.
- Konflikte, die sich aus dem Zusammenleben mit der Familie und anderen Menschen in Kindergarten, Schule u. a. ergeben. Hyperaktivität ist dann ein Bewältigungsversuch Ihres Kindes, auf seine Schwierigkeiten mit der Familiensituation aufmerksam zu machen und innerhalb der Familie zu seinem Recht zu kommen.

Die letzten beiden Erklärungsansätze sind die wahrscheinlichsten. Denkbar ist natürlich auch ein Bündel von Ursachen, die sich gegenseitig bedingen und verstärken.

Beachten Sie bitte, dass die Unkonzentriertheit und Zappeligkeit über das normale Maß hinaus mindestens ein Jahr lang auftreten und soziale Folgen haben müssen, bevor man von behandlungsbedürftiger Hyperaktivität sprechen kann.

Die Rolle der Familie

Ein hyperaktives Kind stellt hohe Anforderungen an Sie. Sie sind verständlicherweise auch überreizt, genervt, aggressiv oder am Ende Ihrer Kraft. Vielleicht ermahnen, schreien oder drohen Sie: »Jetzt halt doch endlich mal still«, »Musst du alle naselang etwas Neues beginnen?« Die Auseinandersetzungen können sich zu einem handfesten (im wahrsten Sinne des Wortes) Streit mit Ihrem Kind oder Ihrem Partner entwickeln. Meist sind unterschiedliche Auffassungen darüber, wie mit dem Kind umzugehen ist, Auslöser für Auseinandersetzungen mit gegenseitigen Vorwürfen und Schuldzuweisungen. Sollte die Störung Ihres Kindes eine Folge schwelender oder offener familiärer Konflikte sein, sind partnerschaftliche Auseinandersetzungen vorprogrammiert.

Ihr Kind fordert Sie mit seinem Verhalten dazu heraus, sich ständig um es zu kümmern und nicht aus den Augen zu lassen. Möglicherweise gelingt es ihm dadurch, mehr von Ihnen zu bekommen als das anders möglich wäre. Die Krisen, die Sie als Familie im Laufe der Jahre durchleben

(Partnerschaftskonflikte, Arbeitslosigkeit, Berufs- und Wohnortwechsel, Krankheiten einzelner Familienmitglieder, Trennungen, Scheidungen u. a.) führen bei den einzelnen Familienmitgliedern zu den unterschiedlichsten Bewältigungsversuchen. Jeder hat je nach Temperament und Lebenserfahrung seine persönliche Art und Weise, mit der Krise umzugehen. So auch Ihr Kind! Es kann hyperaktiv werden, wenn vorhergehende Signale, dass es etwas braucht, von Ihnen nicht gehört oder nicht richtig interpretiert wurden. Es musste im Laufe der Zeit zu immer massiveren Mitteln greifen, um auf seine Schwierigkeiten aufmerksam zu machen. Welches diese Schwierigkeiten waren oder sind, lässt sich erst im Nachhinein erkunden.

Um diese genauer zu identifizieren, muss man ohnehin über einen längeren Zeitraum eine Reihe von Untersuchungen und Beobachtungen durchführen. Für Sie als Eltern steht dabei im Mittelpunkt, wie Sie mit Ihrem hyperaktiven Kind umgehen sollen. Deshalb ist es für Sie hilfreich, Ihr Kind und Ihre Reaktionsweisen genauer zu beobachten und Ihre Familiensituation zu reflektieren.

Eine definitiv auszumachende Ursache für Hyperaktivität konnte die Wissenschaft bis heute nicht finden. Es liegen inzwischen über 70 verschiedene Erklärungsmodelle vor.

Behandlungsmöglichkeiten

Eine Behandlung ist dann angezeigt, wenn die Hyperaktivität Ihres Kindes für Sie und Ihre Umgebung zur Belastung wird. Der erste Schritt ist der Gang zum Kinderarzt, der anhand einer Beschreibung des Verhaltens Ihres Kindes ermittelt, welche Diagnose infrage kommt. Mittels körperlicher Untersuchungen werden organische Erkrankungen wie MCD oder eine Stoffwechselstörung ausgeschlossen. Liegt ein organischer Befund vor, können Medikamente möglicherweise eine Besserung erreichen, und die Folgen können durch Lernförderprogramme gemildert werden.

Die Gabe von stimmungsverändernden Medikamenten sollte bei Kindern jedoch, wenn überhaupt, nur ganz vorsichtig und unter strengster ärztlicher Kontrolle erfolgen. Eine Verbesserung des Verhaltens tritt nach Gabe von Medikamenten zwar kurzfristig ein – Ihr Kind wird ruhiger –, führt aber nicht zu langfristigen Erfolgen, weil dadurch zugrunde liegende Probleme nicht gelöst werden. Außerdem haben Medikamente Nebenwirkungen, die ihrerseits zu einer Verschärfung des Problems führen können. Hinzu kommt die Gefahr einer Abhängigkeit von stimmungsverändernden Mitteln. Hilfreich können Medikamente kurzfristig sein, um den Teufelskreis zu durchbrechen. Gleichzeitig sollte eine psychotherapeutische Behandlung in einer psychologischen Familienberatungsstelle oder spezialisierten Kinderklinik erfolgen. Hier haben Sie die Möglichkeit, zugrunde liegende Probleme ohne Vorwürfe und Schuldzuweisungen zu identifizieren und zu besprechen. Sie lernen behutsam, wie Sie Ihre Familiensituation entlasten und mit dem Problem angemessen umgehen können.

Auch wenn es Auslöser für die Störung gibt, die sich Ihrer Einflussnahme entziehen, sollten Sie überprüfen, ob Ihr Kind in der letzten Zeit besonderen psychischen Belastungen (Umzug, familiären Konflikten u. a.) ausgesetzt war. Schuldgefühle Ihrerseits sind jedoch völlig unangebracht.

Mit Hyperaktivität umgehen

- Vermeiden Sie, auf die Hyperaktivität Ihres Kindes mit Beschimpfungen, Drohungen oder Strafen zu reagieren. Die helfen Ihrem Kind nicht, sondern tragen zur Verschärfung des Problems bei.
- Nehmen Sie sich Zeit, für Ihr Kind da zu sein. Beschäftigen Sie sich mit ihm, indem Sie miteinander spielen und auch toben.
- Schützen Sie Ihr Kind vor Überreizung. Schränken Sie den Fernseh- und Videokonsum ein und schaffen Sie durch einen geregelten Tagesablauf, beispielsweise gemeinsame Mahlzeiten und Rituale, tägliche Ruheinseln, indem Sie Ihrem Kind zuhören, ihm etwas vorlesen oder den Alltag besprechen.
- Suchen Sie konstruktiven Kontakt mit Erziehern und Lehrern. Das entlastet alle Beteiligten.
- Frische Luft, viel Bewegung und eine ausgewogene Ernährung sind ebenfalls wichtig im Umgang mit dem Problem.
- Wenn Sie sich im Alltag überfordert fühlen, holen Sie sich Unterstützung und Hilfe von Verwandten oder Freunden. Sorgen Sie auch für sich selbst.
- Teilen Sie mit Ihrem Partner Ihre Sorgen und Nöte nach dem Motto »Geteiltes Leid ist halbes Leid«.
- Schämen Sie sich nicht, sich fachliche Hilfe zu holen und offen über das Problem zu sprechen. Probleme mit Kindern zu haben ist normal. Es kommt darauf an, wie man damit umgeht.
- Adressen von Beratungsstellen oder Kliniken erhalten Sie bei Ihrem Kinderarzt oder über die Not- und Hilfsdienste in den Tageszeitungen. Mittlerweile gibt es auch zahlreiche gute und effektive Selbsthilfegruppen.

Kontaktstörungen

Fast alle Kinder durchleben im Verlauf ihres Größerwerdens Zeiten relativer Kontaktarmut. Sie halten sich dann lieber in ihrem Zimmer auf, möchten nicht nach draußen gehen, sprechen wenig und sind gegenüber den Kontaktangeboten von anderen zurückhaltend. Tritt dieses Verhalten plötzlich auf und verschwindet es nach einiger Zeit wieder, brauchen Sie sich keine Sorgen zu machen. Meist ist das die Folge eines bevorstehenden Entwicklungsschrittes, für den Ihr Kind seine gesamten, ihm zur Verfügung stehenden Energien sammelt. Zeigt sich dieses Verhalten jedoch relativ durchgängig über einen Zeitraum von mehreren Monaten oder Jahren hinweg, liegt vermutlich eine Verhaltensstörung vor.

Schulkinder sind mit Klassengemeinschaften konfrontiert, die durchaus Angst machen können. Da muss der eigene Platz erkämpft, da müssen Zurückweisungen ertragen und Frustrationen verdaut werden. Es ist wenig verwunderlich, dass sich Kinder daraus auch einmal zurückziehen wollen.

Sypmtome von Kontaktstörungen

- Ihr Kind geht nicht auf andere Kinder zu, fragt beispielsweise nicht, ob es mitspielen darf.
- Ihr Kind senkt den Kopf, wenn es etwas gefragt wird, und antwortet nicht frei heraus.
- Ihr Kind ist viel allein, andere Kinder kommen nicht zum Spielen.
- Ihr Kind äußert seine Bedürfnisse nicht frei heraus und kann seine Meinung nicht vertreten.
- Ihr Kind leidet unter Ängsten, möchte z. B. nicht alleine einschlafen, schreckt nachts hoch und traut sich nicht, etwas Neues auszuprobieren.

Mögliche Ursachen

Kontaktstörungen sind fast immer die Folge unbewältigter Ängste und mangelnden Selbstbewusstseins. Die Ursachen hierfür liegen in der Familie. Kontaktstörungen entwickeln sich vor folgendem Hintergrund:

- Mangelnder Kontakt zu den Eltern
- Mangelnde Zuwendung, Anerkennung und Wertschätzung
- Mangelnde Ermutigung sowie gleichzeitig mangelnde Stärkung des Selbstvertrauens
- Mangelnde Fähigkeit der Eltern, die Bedürfnisse und Gefühle des Kindes wahrzunehmen und angemessen darauf zu reagieren

Auslösende Faktoren

- Lang andauernde Partnerschaftskonflikte, die keiner konstruktiven Lösung zugeführt werden
- Verluste in der Familie (Trennung, Scheidung, Tod, häufiger Wohnort- und Schulwechsel)

Fast alle Kinder durchleben im Laufe ihrer Entwicklung eine Phase der Kontaktarmut. Das ist noch kein Grund zur Sorge. Erst wenn diese Phase länger anhält, sollten Sie aktiv werden und nach den Ursachen forschen.

Mit Kontaktstörungen umgehen

- Wenn Sie sich Sorgen machen um Ihr Kind, reflektieren Sie zunächst Ihr eigenes Erziehungsverhalten: Wie viel Zeit nehmen Sie sich, sich mit Ihrem Kind zu beschäftigen? Wie viel Liebe, Anerkennung und Wertschätzung bekommt es? Was tun Sie, um es zu ermuntern und sein Selbstvertrauen zu stärken? Wie reagieren Sie auf die Äußerungen seiner Bedürfnisse und Gefühle?
- Überdenken Sie Ihre Familiensituation: Welche Probleme machen Ihnen zu schaffen? Was haben Sie bisher versucht, um Ihre Probleme in den Griff zu kriegen? Wie erfolgreich waren Sie damit?
- Trauen Sie sich, zur Bewältigung Ihrer familiären Schwierigkeiten professionelle Hilfe in Anspruch zu nehmen.
- Ermuntern Sie Ihr Kind, über seine Ängste, Gefühle, Wünsche und Bedürfnisse zu sprechen. Vielleicht hatten Sie selbst in Ihrer Kindheit Kontaktprobleme. Erzählen Sie Ihrem Kind davon. Wenn Sie ihm berichten, mit wie viel innerer Sehnsucht Sie anderen Kindern hinterhergeschaut haben und wie sehr Sie sich gewünscht haben, dazuzugehören, bricht das vielleicht das Eis.
- Helfen Sie Ihrem Kind dabei, soziale Kontakte zu knüpfen. Sie können beispielsweise ein Nachbarskind einladen und mit beiden gemeinsam ein Spiel spielen.
- Seien Sie ein Vorbild: Sehen Sie Ihrem Kind in die Augen, wenn Sie mit ihm sprechen. Lächeln Sie es an, wenn Sie den Kontakt aufnehmen, nicken Sie zur Begrüßung anderer Menschen mit dem Kopf oder reichen Sie die Hand. Fragen Sie nach, wie es geht, und erzählen Sie etwas von sich. Bedenken Sie, dass Ihr Kind von Ihnen abschaut. Wenn Sie selbst mit gesenktem Kopf durch die Gegend gehen, lernt es, eine Kontaktaufnahme zu vermeiden.

- Gewalttätigkeiten in der Familie gegenüber dem Partner und/oder den Kindern
- Sexueller Missbrauch
- Soziale Probleme der Familie (finanzielle Nöte, Arbeitslosigkeit, schlechte Wohnverhältnisse, soziale Isolierung)

Die Belastung, die diese Probleme für Ihre Familie bedeuten, und die Unfähigkeit, damit konstruktiv umzugehen, wirken sich auf Ihr Kind aus. Es bekommt seine Bedürfnisse zwangsläufig nicht befriedigt. Die Folge ist, dass es mit einer Verhaltensstörung darauf aufmerksam machen muss, dass etwas nicht stimmt. Kontaktstörungen gehen auch häufig mit Lern- und Leistungsstörungen einher.

Kontaktprobleme können auch ein Hinweis darauf sein, dass dem Kind Gewalt angetan wurde – auch sexuelle Gewalt. Wenn Sie als Eltern einen Verdacht haben, müssen Sie dem unbedingt nachgehen.

Behandlungsmöglichkeiten

Zunächst ist eine körperliche Untersuchung beim Kinderarzt zum Ausschluss von organischen Erkrankungen nötig (z. B. Seh- und Hörschwächen, frühkindlicher Autismus).

Eine psychotherapeutische Behandlung unter Einbeziehung der Familie kann helfen, den Ursachen einer Kontaktstörung auf die Spur zu kommen und Sie bei der Bewältigung der Probleme zu begleiten.

Eine Behandlung von Kontaktstörungen mit Medikamenten (beispielsweise angstlösende oder stimmungsaufhellende) ist sinnlos und gefährlich. Der Griff zur Pille löst nicht die zugrunde liegenden Probleme. Stimmungsverändernde Medikamente haben beträchtliche Nebenwirkungen und können abhängig machen.

Lern-und Leistungsstörungen

Lern- und Leistungstörungen werden meist erst dann erkannt, wenn Ihr Kind zur Schule geht. Bei durchschnittlicher Intelligenz hat Ihr Kind Probleme, dem Unterricht zu folgen und den Stoff zu verarbeiten. Es ist unaufmerksam, kann sich Dinge schlecht merken, verweigert die Hausaufgaben, vergisst sie oder führt diese so durch, dass ersichtlich ist, dass es den Stoff nicht verstanden oder sich bei der Erstellung kaum Mühe gegeben hat. Im Unterricht verhält es sich still, träumt vor sich hin oder stört diesen, indem es mit seinem Tischnachbarn redet, auf dem Stuhl unruhig hin und her rutscht, den Clown spielt oder andere zu Dummheiten anstiftet. Seine Unaufmerksamkeit führt zu schlechten Noten und häufigen Misserfolgserlebnissen. Es tritt Angst auf, den Leistungsanforderungen nicht gewachsen zu sein, was möglicherweise zu Schulverweigerung und Schuleschwänzen führen kann.

In der Familie gerät es jetzt auch unter zunehmenden Druck. Ihre Unzufriedenheit mit seinen Leistungen führt zu Beschimpfungen (»Bist du dumm, oder was?«), Drohungen (»Wenn du nicht endlich anfängst, vernünftig zu lernen, darfst du demnächst gar nicht mehr nach draußen gehen!«) oder vermehrter Überwachung der Hausaufgaben (»Du bleibst hier sitzen, bis du alles vernünftig erledigt hast!«).

Seh- und Hörschwächen bei Kindern bleiben oft lange Zeit unerkannt. Das Kind selbst kann oder will sich nicht äußern, und Ihnen fällt nur an seinem Verhalten auf, dass möglicherweise etwas nicht stimmt.

Mögliche Ursachen

Lern- und Leistungsstörungen sind bei durchschnittlicher Intelligenz fast immer die Folge unbewältigter seelischer Probleme. Trotzdem ist es wichtig, genauer hinzuschauen und nach anderen Ursachen zu forschen.

Seh- und / oder Hörschädigung

Möglich ist, dass Ihr Kind schlecht sieht, und weil es vielleicht zu weit hinten sitzt, die Zeichen an der Tafel nicht erkennt. Wenn es schlecht hört, bekommt es ebenfalls große Teile des Unterrichtes nicht mit. Weil es sein eigenes Hör- und Sehvermögen schlecht einschätzen kann, greift es auf die ihm zur Verfügung stehenden Möglichkeiten zurück, auf seine Störung aufmerksam zu machen. Wird dieses nicht beachtet oder unangemessen beantwortet, schleichen sich mit der Zeit Verhaltensweisen ein, die es in der Schule zum »Problemkind« werden lassen.

Teilleistungsschwächen

Im Laufe der Jahre muss sich Ihr Kind eine Vielzahl von Fähigkeiten aneignen, die es in der Familie, im Kindergarten und in der Schule bestehen lassen. Die kindliche Entwicklung erfolgt jedoch nicht immer gleichmäßig. Es kann in Teilbereichen Fortschritte erzielen, während es in anderen Bereichen zunächst zurückbleibt. Wenn die Aufmerksamkeit der Erzieher, Lehrer und Eltern dann auf die noch vorhandenen Defizite gerichtet ist, ohne dass eine entsprechende Förderung in den jeweiligen lernschwachen Bereichen erfolgt, kann sich Ihr Kind schnell überfordert fühlen und mit Störungen in seinem Verhalten (Unruhe, Unkonzentriertheit u. a.) auf diese Überforderung aufmerksam machen.

Lese- und Rechtschreibschwäche

Falls Ihr Kind unter einer Lese- und Rechtschreibschwäche, bekannt unter dem Begriff »Legasthenie«, leidet, hat es mit dem Schreiben und Lesen insofern Probleme, als dass es bereits bekannte Buchstaben nicht wiedererkennt, Buchstabenfolgen nicht ordnen kann und beim Lesen deutlich mehr Fehler macht als Gleichaltrige. Woher diese Schwäche kommt, ist nicht erwiesen. Vermutet wird ein organischer Defekt, da die Symptome der an Legasthenie leidenden Kinder sich ähneln. Wird dieses nicht rechtzeitig erkannt und entsprechend gefördert, fällt es in seinen Leistungen zurück. Es fühlt sich unter Druck gesetzt, was häufig auch tatsächlich der Fall ist, zieht sich immer mehr zurück, wird depressiv oder antwortet mit weiteren Auffälligkeiten wie z. B. Hyperaktivität und vermehrter Aggression.

Überforderung in der Schule

Möglich ist auch, dass sich Ihr Kind in dem Schulzweig, in dem es sich befindet, nicht gut aufgehoben fühlt, weil die Anforderungen zu hoch sind. Dazu kann es beispielsweise kommen, wenn Sie den Ehrgeiz haben, Ihr Kind unbedingt das Abitur machen zu lassen, obwohl es selbst eine Lehre bevorzugen würde. Der Druck von zu Hause befähigt Ihr Kind über eine gewisse Zeit, sich Ihren Wünschen und Anforderungen anzupassen. Aber irgendwann wird ihm alles einfach zu viel und es verweigert sich. Fehleinschätzungen von Lehrern können auch zu Überforderungssituationen in der Schule führen.

> Viele Eltern kämen nie auf den Gedanken, dass ein auffälliges Verhalten ihres Kindes in der Schule auch durch eine Unterforderung verursacht sein könnte. Beobachten Sie Ihr Kind genau, um herauszufinden, was wirklich los ist.

Unterforderung in der Schule

Im Gegensatz dazu fühlen sich Kinder mit überdurchschnittlicher Intelligenz vom »normalen« Unterricht manchmal gelangweilt. Sie sind unterfordert. Die Klasse ist längst noch nicht so weit wie sie selbst. Sie machen durch Auffälligkeiten darauf aufmerksam, dass etwas nicht stimmt, und werden nicht selten verkannt.

Seelische Probleme

Lern- und Leistungsstörungen können als Folge unbewältigter Konflikte in Ihrer Familie und in der Umgebung entstehen. Partnerschaftskonflikte, Gewalt, sexueller Missbrauch, häufiger Wohnort- und Schulwechsel können dazu führen, dass Ihr Kind von Sorgen, Ängsten und Nöten geplagt ist, für die es aufgrund der familiären Schwierigkeiten kein Gehör findet. Es fühlt sich allein gelassen oder unverstanden. Von den Problemen ist es so eingenommen, dass es seine Aufmerksamkeit nicht auf die Schule richten kann. Es verfolgt den Unterricht nicht, bleibt in seinen Leistungen zurück, und ein unglückseliger Kreislauf beginnt. Die Lehrer werden aufmerksam, wenden sich an Sie. Sie verspüren das als Druck, den Sie möglicherweise in dem Wunsch, etwas zu verändern, an Ihr Kind weitergeben. Der Konflikt eskaliert.

Ein mangelndes Selbstwertgefühl, die Unfähigkeit, seine Bedürfnisse zu äußern und die Meinung zu sagen, können sowohl Ursache als auch Folge von Störungen im Umgang mit anderen Kindern oder Mitschülern sein. Ihr Kind kann so schnell zum Außenseiter werden, der von Mitschülern gehänselt, nicht ernst genommen oder sogar bedroht wird.

Von der Einnahme leistungssteigernder (d. h. konzentrationsfördernder) Medikamente kann auch in diesem Fall nur dringend abgeraten werden. Die Medikamente bekämpfen allenfalls die Symptome, nicht die Ursachen, und haben zudem erhebliche Nebenwirkungen.

Behandlungsmöglichkeiten

Um die Ursachen der Lern- und Leistungsstörungen identifizieren zu können, ist eine eingehende kinderärztliche und psychologische Untersuchung notwendig.

Der Arzt kann zunächst das Vorliegen einer Seh- und / oder Hörschwäche ausschließen. Bestätigt die Untersuchung die Diagnose, bekommt Ihr Kind eine Brille oder ein Hörgerät. Die Schwierigkeiten haben dann ein Ende, wenn parallel dazu etwas unternommen wird, um die bisher entstandenen Defizite auszugleichen (beispielsweise durch Nachhilfestunden, Schulzweigwechsel oder Rückstufung in eine niedrigere Klasse).

Teilleistungsschwächen, Legasthenie sowie eine Über- oder Unterforderung in der Schule können am besten mithilfe der Lehrer identifiziert werden, die dann eventuell an entsprechende Schulpsychologen weitervermitteln. Diese führen Tests durch, die Ergebnisse ermöglichen genauere Diagnosen. Im Gespräch mit Ihnen werden dann Vorschläge zur weiteren Vorgehensweise erarbeitet.

Lern- und Leistungsschwierigkeiten als Folge seelischer Probleme bedürfen auf jeden Fall einer psychotherapeutischen Behandlung der Familie, in der die familiären Konflikte identifiziert und so gut wie möglich aufgearbeitet werden können. Eine Therapie kann, vorausgesetzt, Sie sind bereit, sich darauf einzulassen, für Sie eine große Entlastung bedeuten. Sie haben jemanden, dem Sie sich mit allen Problemen anvertrauen können und der Ihnen Hilfen und Anregungen gibt, einen anderen, besseren Weg einzuschlagen.

Fragen Sie auch Ihr Kind, warum es seiner Meinung nach mit dem Lernen nicht so recht klappt. Seine Antwort kann sehr viel Aufschluss geben.

Mit Lern- und Leistungsschwäche umgehen

- Vermeiden Sie Schimpfen, Drohungen und Strafen, wenn Ihr Kind mit schlechten Noten nach Hause kommt. Ebenso wenig bringt es, Ihr Kind zum stundenlangen Pauken zu verdonnern, seine Freizeitaktivitäten kolossal einzuschränken oder es mit wochenlangem Hausarrest zu bestrafen. Freude am Lernen entsteht durch Motivation, Ermunterung, Ermutigung und Erfolge. Misserfolge verarbeitet Ihr Kind sowieso schon als persönliches Versagen. Aus diesem Grund sind eher tröstende Worte angebracht – mit konkreten Vorschlägen, etwas zu verändern.
- Sprechen Sie mit Ihrem Kind darüber, wie es sich in der Schule fühlt, was ihm Freude, Angst, Sorge oder Druck macht. Fragen Sie es, was es darüber denkt, wie es zu schlechten Noten gekommen ist.
- Suchen Sie das Gespräch mit Lehrern. Das kann helfen, herauszufinden, woran es mangelt und wie Ihrem Kind am besten geholfen werden kann.
- Nachhilfeunterricht ist dann sinnvoll, wenn Schwächen in Teilbereichen vorliegen, die Schule gewechselt wurde oder Ihr Kind längere Zeit krank war. Nachhilfe wird zur zusätzlichen Belastung, wenn sie zur Dauereinrichtung wird oder die Lernschwierigkeiten davon unbenommen bleiben.
- Überdenken Sie Ihre Familiensituation. Welchen Grund könnte Ihr Kind haben, sich unglücklich, ungeliebt, nicht ernst genommen oder vernachlässigt zu fühlen? Stellen Sie vielleicht zu hohe Anforderungen, machen Sie zu viel Druck?

Medikamente

Vor der Einnahme von Medikamenten, welche die Konzentrationsfähigkeit Ihres Kindes steigern oder es ruhig stellen sollen, sei ausdrücklich gewarnt. Die Medikamente bergen eine Suchtgefahr, habe erhebliche Nebenwirkungen und lösen das Problem nicht. Ihr Kind lernt nur den Griff zur Pille anstatt vernünftige Strategien zu entwickeln, mit seinen Problemen lösungsorientiert umzugehen. Manche Ärzte verschreiben Kindern stimmungsverändernde Medikamente ohne genauere Anamnese und Diagnose oder wenn sie selbst bei Hilfeersuchen des Patienten keine andere Lösung wissen. In dem Fall sollten Sie den Arzt wechseln und sich jemanden suchen, der sich Zeit für Ihr Problem nimmt, zugibt, wenn er nicht weiter weiß, und dann an andere Stellen vermittelt.

Stehlen

Wenn Sie entdecken, dass Ihr Kind etwas gestohlen hat, werden Sie vermutlich schockiert sein. Stehlen passt nicht in Ihre Wertvorstellungen von Ehrlichkeit und Anstand. Dementsprechend heftig reagieren Sie: Sie schimpfen, drohen oder ergreifen harte Maßnahmen wie Prügel oder Hausarrest. Diese sollen verhindern, dass Ihr Kind sich noch einmal an Sachen vergreift, die anderen gehören.

Stehlen hat für Kinder noch eine ganz andere Dimension als für Erwachsene. Oft ist es ein Racheakt oder eine Mutprobe.

Ist Stehlen normal?

Fast alle Kinder lassen im Laufe ihres Heranwachsens irgendwann einmal etwas »mitgehen«. Insofern ist Stehlen normal. Kinder stehlen Abziehbilder und Plastikfiguren von anderen Kindern, auch einmal Kaugummis oder Schokoriegel im Supermarkt. Sie probieren damit aus, ob sie auch auf andere Art und Weise als mit Geld an Dinge, die sie haben wollen, herankommen, oder wollen Mitschülern, die sie vielleicht einen Tag vorher beschimpft haben, eins auswischen, indem sie ihnen etwas wegnehmen, von dem sie wissen, dass den anderen viel daran liegt. Manchmal ist Stehlen auch eine von anderen oder von dem Kind selbst initiierte Mutprobe. Kinder stehlen schon ab und zu. Am häufigsten kommt das im sechsten bis siebten Lebensjahr und während der Pubertät vor.

Sie brauchen sich keine Sorgen zu machen, wenn dies von Zeit zu Zeit vorkommt. Das bedeutet allerdings nicht, dass Sie nicht eingreifen sollten. Wenn Sie allerdings feststellen, dass Ihr Kind häufig stiehlt, und wenn Sie bereits von anderen Menschen auf diese Auffälligkeit aufmerksam gemacht werden, hat Ihr Kind ein schwerer wiegendes Problem.

Machen Sie sich keine Sorgen, dass Ihr Kind für kleinere Arbeiten im Haushalt wie Rasenmähen o. Ä. Geld bekommt. Es ist bestimmt keine »Bestechung«, sondern dient dazu, Ihrem Kind beizubringen, mit selbst verdientem Geld zu wirtschaften.

Mögliche Ursachen

- Ihr Kind bekommt ein zu geringes Taschengeld, um sich Kleinigkeiten selbst kaufen zu können.
- Es kann mit seinem Geld nicht richtig umgehen.
- Es kann seine Wünsche und Bedürfnisse nicht auf angemessene Weise äußern und gegebenenfalls aufschieben.
- Es ist neidisch und eifersüchtig auf das, was andere haben, und fühlt sich selbst zu kurz gekommen.
- Es möchte dazugehören und stiehlt, weil seine Clique das von ihm erwartet und sie es ausstößt, wenn es nicht mitmacht.
- Es fühlt sich unbeliebt und ausgegrenzt und möchte sich beliebt machen, indem es beispielsweise die gestohlenen Sachen unter den Freundinnen oder Freunden verteilt.
- Es fühlt sich einsam, hat Langeweile und verschafft sich so die nötige Aufregung und Abwechslung.
- Es benutzt die gestohlenen Dinge zur Geldbeschaffung, um eine Sucht zu finanzieren.

Die Tatsache, dass Ihr Kind stiehlt und dabei möglicherweise sogar gezielt kriminelle Handlungen vornimmt, kann verschiedene Ursachen haben. Auch die folgenden gehören dazu:

- Häufige Verluste in der Familie (Trennung, Scheidung, Tod, häufiger Wohnort- und Schulwechsel)
- Heftige und lang andauernde Partnerschaftskonflikte der Eltern
- Soziale Probleme der Familie (finanzielle Nöte, Arbeitslosigkeit, schlechte Wohnverhältnisse, soziale Isolierung)
- Gewalt in der Partnerschaft
- Aggressionen, Schlagen des Kindes
- Sexueller Missbrauch
- Süchte

Mit Stehlen umgehen

- Schimpfen, drohen und strafen Sie nicht, wenn Sie entdecken, dass Ihr Kind stiehlt. Lassen Sie es wissen, dass Sie sein Stehlen bemerkt haben. Auf die Frage, warum es stiehlt, werden Sie wahrscheinlich keine Antwort bekommen, weil Ihrem Kind seine Beweggründe möglicherweise selbst gar nicht bewusst sein werden. Sie können es aber fragen, was es mit den Sachen anfangen wollte. Das gibt Ihnen eventuell Hinweise auf seine Motive und Aufschluss darüber, wie Sie damit umgehen sollen.
- Setzen Sie Grenzen und seien Sie konsequent. Ihr Kind sollte das Gestohlene wieder zurückbringen und sich für sein Verhalten entschuldigen. Das erfordert Mut. Begleiten Sie Ihr Kind dabei, wenn es das möchte, und sagen Sie ihm Ihre Unterstützung zu. Auf diese Weise lernt es, dass es zwar Fehler machen darf, dafür aber auch einstehen muss.
- Sagen Sie Ihrem Kind, wie ein Mensch sich fühlt, der bestohlen wurde, und welche Konsequenzen Stehlen für die Beziehung zweier Menschen hat (Enttäuschung, Misstrauen).
- Besprechen Sie mit Ihrem Kind seinen Umgang mit Geld. Fragen Sie es, was es mit seinem Geld macht, und überprüfen Sie, ob sein Taschengeld ausreicht. Machen Sie Vorschläge, wie es zu sehnlich erwünschten Dingen kommen kann, ohne dass es diese stehlen muss (beispielsweise eine Taschengeldaufbesserung durch Übernahme kleiner Sonderaufgaben im Haushalt wie Autowaschen, Sparen von Geldgeschenken, Nebenjob als Babysitter, Hundausführer und ähnliche Dinge).
- Lassen Sie zu Hause Ihr Geld nicht verlockend herumliegen.
- Überprüfen Sie Ihr Erziehungsverhalten. Nehmen Sie sich ausreichend Zeit für Ihr Kind? Wie gehen Sie auf seine Bedürfnisse, Wünsche und Gefühle ein? Wenn Sie spüren, dass da Defizite vorhanden sind, überlegen Sie sich, warum Sie sich so verhalten und was Sie daran ändern können.
- Wenn Sie sich von Familienproblemen stark belastet fühlen, sollten Sie sich trauen, professionelle Hilfe in Anspruch zu nehmen.

Manchmal finden Eltern sehr lange nicht heraus, dass ihr Kind stiehlt. Erst wenn sie Dinge im Kinderzimmer finden, die zu teuer sind, als dass ihr Kind sie sich selbst gekauft haben könnte, wissen sie Bescheid. Es kommt zum Krach, doch in erster Linie machen sich die Eltern Sorgen.

Behandlungsmöglichkeiten

Eine Psychotherapie unter Einbeziehung Ihrer Familie in einer betreffenden Beratungsstelle kann dabei helfen, die individuellen, familiären und sozialen Probleme zu identifizieren und diese anschließend in den Griff zu bekommen. Ihnen wird Hilfestellung im Umgang mit Ihrem stehlenden Kind gegeben. Wenn das Problem erst einmal offen auf dem Tisch liegt und Sie darüber sprechen können, ist meist schon sehr viel gewonnen. Ihr Kind fühlt sich dann berücksichtigt und ernst genommen und kann vielleicht das Symptom, das ihm zu dieser negativen Art von Aufmerksamkeit verhalf, leichter aufgeben.

Süchte

Mittel, von denen man süchtig werden kann, gibt es viele. Einige Drogen werden sogar noch verharmlost, obwohl sie potenziell Sucht auslösend sind – dazu gehören in erster Linie Alkohol und Zigaretten.

Alkohol ist die Droge Nummer eins in der Bundesrepublik Deutschland. Rund 40 000 Menschen sterben jedes Jahr an den direkten Folgen der Alkoholsucht. Unter den ca. zwei Millionen Alkoholabhängigen (die vermutlich sehr hohe Dunkelziffer nicht mitgerechnet) befinden sich ungefähr 250 000 Jugendliche.

Andere Drogen wie beispielsweise Haschisch, Heroin, Kokain, LSD oder Crack werden ebenfalls hauptsächlich von Jugendlichen und jungen Erwachsenen konsumiert. Hinzu kommt, dass diese Drogen in der Öffentlichkeit stärker diskutiert werden, als das bei Alkohol der Fall ist – Letzterer wird als Suchtgefahr oft eher verharmlost.

Ebenfalls sehr beunruhigend ist, dass mehr als ein Zehntel aller Schülerinnen und Schüler regelmäßig stimmungsverändernde Medikamente wie beispielsweise Beruhigungs-, Schlaf-, Aufputsch- und Schmerzmittel einnehmen. Ganz zu schweigen von der Nikotinsucht: Jeder dritte Jugendliche raucht regelmäßig. Die Suchtstoffe werden auch kombiniert eingenommen oder je nach Verfügbarkeit ausgetauscht.

Welches Mittel Ihr Kind einsetzt, ist relativ unerheblich. Entscheidend ist sein Suchtverhalten. Dieses ist geprägt von dem zwanghaften Drang, Alkohol, Medikamente, andere Drogen oder Essen zu sich nehmen zu müssen. Ist Ihr Kind bereits süchtig, ist sein Wille, die Einnahme der Mittel zu kontrollieren, eingeschränkt bzw. langfristig nicht steuerbar.

Für Sie als Eltern ist die Vorstellung, Ihr Kind könnte süchtig werden, eine Horrorvision. Wenn Ihr Kind bereits süchtig ist, wissen Sie, wovon die Rede ist. Ängste, Sorgen, Nöte, Trauer, Wut und Zorn sind Wegbegleiter über Jahre. Schamgefühle führen zur Verleugnung, Verharmlosung und Verheimlichung des Problems. Sie möchten nicht, dass davon etwas nach außen dringt. Zwischendurch taucht immer wieder die Hoffnung auf, dass Ihr Kind sich einsichtig zeigt und sich helfen lässt.

Fängt ein Jugendlicher an zu rauchen, will er es entweder anderen Jugendlichen gleich tun oder etwas Neues ausprobieren. Unterschätzen Sie als Eltern auch nicht Ihre Vorbildfunktion.

Sie sind bemüht, die schlimmen Folgen abzufangen und stehen doch immer wieder hilflos davor und denken: »Wie soll denn das bloß weitergehen?« und »Was kann ich denn nur tun?«. Schuldgefühle stellen sich ein: »Was habe ich bloß falsch gemacht?«, und auf die Frage »Wie konnte das passieren?« finden Sie keine zufriedenstellenden Antworten.

Suchtursachen

Die Ursachen von Sucht lassen sich nicht so einfach identifizieren. Und es gibt auch keine Patentrezepte, um Ihr Kind davor zu schützen. Süchtige kommen nicht nur, wie vielfach angenommen wird, aus sozial schwachen Familien, sondern sind in allen Gesellschaftsschichten zu finden. Auch wenn inzwischen Hinweise darauf vorliegen, dass genetische Dispositionen dazu führen können, dass ein Mensch süchtig wird, erklärt das noch lange nicht, warum ein Kind, das in einer Familie aufwuchs, in der es noch nie einen Süchtigen gab und in der Suchtmittel in Maßen genossen werden, plötzlich zur Flasche greift.

Inzwischen weiß man, dass Sucht vor dem Hintergrund ungünstiger sozialer und familiärer Bedingungen einen günstigen Nährboden findet. Wenn der Stoff dann noch leicht verfügbar ist und der Konsument oder die Konsumentin von seiner oder ihrer individuellen psychischen Situation her einen Ausweg aus inneren Konflikten sucht, ist eine größere Gefährdung gegeben. Je häufiger alle Bedingungen zusammenkommen, desto größer ist die Gefahr. Konkret heißt das, dass für die Entstehung einer Sucht folgende Bedingungen verantwortlich sein können:

- Der Stoff muss vorhanden und leicht verfügbar sein.
- Die Einnahme des Stoffes wird gesellschaftlich toleriert oder sogar gefördert (was beispielsweise bei Alkohol oder Zigaretten der Fall ist). Dabei ist Ihr Vorbild maßgeblich.

- Ihr Kind bewegt sich in Kreisen, in denen es üblich ist, Drogen zu konsumieren, und wo Anerkennung und Bestätigung über die Einnahme von Suchtmitteln erfolgen (es gehört z. B. dann dazu, wenn es einen »ordentlichen Stiefel« vertragen kann).
- Es herrschen ungünstige soziale Bedingungen (schlechte Wohnverhältnisse, finanzielle Probleme, Arbeitslosigkeit, soziale Isolation).
- Es bestehen familiäre Konflikte (Partnerschaftsprobleme, Trennungen, Scheidungen, Partnerwechsel, physische, psychische, verbale oder sexuelle Gewalt u. a.).
- Die Eltern legen ein ungünstiges Erziehungsverhalten an den Tag (zu enge oder gar keine Grenzen, mangelnde Liebe, Zuwendung, Bestätigung oder Anerkennung).
- Das Kind bzw. der Jugendliche ist aufgrund eines geringen Selbstwertgefühls unfähig, Frustrationen zu ertragen und innere Konflikte auf angemessene Weise zu lösen.

Vorbeugen können Sie nur, wenn Sie das Selbstvertrauen Ihres Kindes stärken. Es kann dann eher Nein sagen, auch wenn ein Gruppenzwang bestehen sollte.

Suchtmittel haben auch eine positive Wirkung

Sie wissen, wie schön und lustig eine Feier sein kann, wenn Sie einen Schwips haben, und wie angenehm müde Sie ins Bett sinken, wenn Sie einmal etwas mehr davon getrunken haben. Sie kennen die entspannende und beruhigende Wirkung einer Flasche Bier nach einem anstrengenden Arbeitstag, nach einem Streit mit dem Chef oder einer Auseinandersetzung in der Familie. Sie kennen sicherlich auch den Griff zur Schmerztablette, wenn Sie sich mit Kopfschmerzen herumplagen.

Drogen beseitigen innere Unruhe, Nervosität und Ängste. Sie stärken kurzfristig das Selbstwertgefühl. Plötzlich können wir selbstsicherer auftreten, werden mutiger und sagen dann schon eher einmal dem Partner, dem Freund, dem Arbeitskollegen oder gar dem Chef, was wir wirklich denken, möchten oder uns wünschen. Mithilfe von Drogen werden Probleme erträglicher. Für viele Menschen ist das Grund genug, Drogen regelmäßig zu sich zu nehmen.

Negative Folgen

Weitaus größer als die angenehmen Nebeneffekte sind allerdings die negativen Folgen des Drogenkonsums. Alkohol beispielsweise schädigt bei Dauerkonsum die Verdauungsorgane, die Blutgefäße, das Herz sowie die Nerven- und Gehirnzellen. Nikotin schädigt die Atmungsorgane und das Herz-Kreislauf-System und führt zudem zu Durchblutungsstörungen, Magenleiden und Krebserkrankungen. Stimmungsverändernde Medikamente schädigen Nieren und Leber. Aufputschmittel rufen ebenfalls Herz-Kreislauf-Probleme hervor und führen zu Nierenschäden sowie zu Erkrankungen des Nervensystems. Heroin macht am schnellsten süchtig, führt zu körperlichem und seelischem Verfall und begünstigst durch schmutzige Spritzbestecke Infektionen und Aids.

Ihr Kind beginnt sehr früh damit, die Verhaltensmuster seiner Umgebung zu übernehmen. Wenn es für Ihr Kind ein normaler Anblick ist, Vater oder Mutter mit der Bierflasche oder dem Glas Wein in der Hand zu sehen, wird es sich der Gefährlichkeit dieser Droge kaum bewusst werden.

Bis auf Cannabis (Hasch), das »nur« psychisch abhängig macht und zu Realitäts- und Interessenverlust führt, können alle anderen Suchtmittel seelisch und körperlich abhängig machen. Das bedeutet, dass nicht nur ein unkontrollierbares Verlangen (psychische Abhängigkeit) nach dem Suchtmittel vorhanden ist, sondern dass sich der Körper mit Entzugserscheinungen gegen einen Entzug der Droge zur Wehr setzen muss (physische Abhängigkeit).

Die psychischen, sozialen und familiären Folgen der Abhängigkeit sind erheblich. Persönlichkeitsveränderungen (aggressive Verhaltensweisen, moralisch-ethischer Abbau), Realitätsverlust, Interessenlosigkeit, Stimmungsschwankungen und Depressionen wirken sich auf die sozialen

Ist Vorbeugung möglich?

Vorbeugend (präventiv) sind Sie dann tätig, wenn Sie Ihrem Kind ausreichend Liebe, Zuwendung, Anerkennung und Bestätigung geben, wenn Sie sein Selbstvertrauen stärken und ihm helfen, seine Probleme zu lösen. Dazu gehört, dass Sie sich Zeit nehmen, ihm zuhören, es ernst nehmen und ihm Wege aufzeigen, wie es seine Konflikte konstruktiv bewältigen kann. Wenn Ihr Kind in der Familie die Erfahrung macht, dass es aus sich selbst heraus etwas bewegen kann und dabei ernst genommen wird, braucht es keinen Griff zur Droge, um sich die Veränderung von außen zuzuführen.

Beziehungen und familiären Bindungen negativ aus. Es kommt zu Beziehungs-, Lern- und Leistungsstörungen, zu Schulabbrüchen, Arbeitsplatzverlusten, finanziellen Problemen und Isolation.

Umgang mit Suchtmitteln – wie ist es richtig?

Es ist nicht hilfreich, Ihrem Kind den Umgang mit Suchtmitteln zu verbieten, zumal beispielsweise Alkohol als Suchtmittel Nummer eins heute überall präsent ist, vom Kiosk über die Disko bis zum eigenen Elternhaus. Zudem hat Verbotenes einen noch größeren Reiz für Kinder und Jugendliche. Sie konsumieren die Droge dann heimlich und entziehen sich damit Ihrer Kontrolle. Darüber hinaus löst ein solches Verbot erhebliche Frustrationen aus, die ebenfalls wenig hilfreich sind.

Sucht ist der Versuch, einer bedrückenden Realität zu entfliehen, Probleme zu vergessen und unbeschwert zu leben. Je größer das Bedürfnis ist, sich Linderung zu verschaffen, desto größer ist die Gefahr, in Abhängigkeit zu geraten.

Auch hier kommt es auf das richtige Maß an. Ein maßvoller Umgang mit Alkohol erlaubt es, seine positiven Seiten zu genießen. Und was ist, wenn Ihr Kind dabei einmal über die Stränge schlägt? Weil Alkohol eine gesellschaftlich tolerierte Droge ist, gehört ein Rausch hin und wieder für viele dazu. Auch bei kritischer Betrachtung bleibt Ihnen gar nichts anderes übrig, als Ihrem Kind die negativen Wirkungen des Alkohols zuzumuten und darauf zu hoffen, dass es seine Lehren daraus zieht. Es spürt dann, dass Alkohol nicht immer hält, was er verspricht.

Bei der Einnahme von illegalen Drogen sieht das natürlich ganz anders aus. Bei Heroin gibt es keine Kompromisse. Es macht innerhalb kürzester Zeit abhängig. Die Einnahme illegaler Drogen entzieht sich meist elterlicher Kontrolle, und nicht selten merken Eltern erst dann etwas, wenn bereits eine Abhängigkeit vorliegt. In der Regel sind Jugendliche dann nicht mehr für Aufklärung, Hinweise und Argumente zugänglich.

Je früher Sie also beginnen, Ihr Kind ohne Vorwürfe, Ermahnungen, Schimpfen oder Strafen sowohl über die positiven und negativen Wirkungen als auch über die kurz- und langfristigen Folgen der Einnahme von Suchtmitteln aufzuklären, desto besser.

Warnsignale

Bevor Ihr Kind zu Suchtmitteln greift, sendet es in der Regel einige andere Signale aus, die darauf hinweisen, dass etwas nicht stimmt und dass es Ihrer Unterstützung und Hilfe bedarf:

- Die Schulleistungen Ihres Kindes schwanken und gehen schließlich rapide bergab. Ihr Kind muss das Schuljahr wiederholen oder bricht die Schule ab.
- Zu Hause und in der Schule kommt es vermehrt zu Spannungen, Konflikten und Aggressionen.
- Ihr Kind erzählt kaum noch etwas. Auf Ihre Fragen reagiert es widerwillig oder ablehnend, und Sie haben das Gefühl, Ihr Kind nicht richtig erreichen zu können.
- Sie wissen nicht, was Ihr Kind in seiner Freizeit tut. Es wechselt den Freundeskreis und ist viel mit Menschen zusammen, die Sie nicht kennen. Die Freunde kommen nicht zu Ihnen nach Hause.
- Es vernachlässigt plötzlich viel geliebte Interessen und gammelt am liebsten nur herum.

Treten diese Verhaltensweisen ein, bedeutet das nicht zwangsläufig, dass Ihr Kind bereits abhängig ist. Sie treten mehr oder weniger ausgeprägt auch in der Pubertät auf und sind dann Bestandteil eines ganz normalen Ablösungsprozesses vom Elternhaus. Die oben genannten Verhaltensweisen sollten jedoch Anlass sein, das wohlwollende Gespräch zu suchen, um im Kontakt mit Ihrem Kind weitere Gefährdungen zu erkennen und rechtzeitig eingreifen zu können.

Drogensucht ist ein Problem, das die Hilfsmöglichkeiten der meisten Eltern übersteigt. Scheuen Sie sich nicht, professionelle Hilfe in Anspruch zu nehmen.

Weitere Warnsignale

- Ihr Kind hat Geld zur Verfügung, von dem Sie nicht wissen, woher es das hat. Sie finden Dinge in seinem Zimmer, die nicht ihm gehören. Es erfindet Ausreden.
- Ihr Kind hält sich nicht an Regeln und kommt beispielsweise nach Hause, wann es ihm passt.
- Ihr Kind telefoniert viel, mitunter heimlich.
- Sie finden leere Flaschen, Tablettenpäckchen oder Spritzutensilien im Mülleimer, die nicht von Ihnen stammen.
- Sie bemerken Veränderungen in der Konzentrationsfähigkeit Ihres Kindes. Ihr Kind spricht manchmal verwaschen, sein Blick ist trübe. Es schläft schlecht oder ausgesprochen viel, ist unruhig, fahrig und rastlos. Das Zittern der Hände sowie ständiger Schweiß im Gesicht sind die Merkmale von Entzugserscheinungen.

Mit Süchten umgehen

- Die Chance, Ihrem Kind zu helfen, von der Droge wegzukommen, ist um so größer, je eher Sie seine Schwierigkeiten bemerken und durch konsequentes Handeln etwas dagegen unternehmen. Einen ungünstigen Verlauf nimmt eine Drogenkarriere dann, wenn Sie zu spät eingreifen oder Ihr Kind fallen lassen.
- Sprechen Sie mit Ihrem Kind zunächst über Ihre persönlichen Wahrnehmungen. Vermeiden Sie dabei wenn möglich Vorwürfe, Schuldzuweisungen oder Drohungen. Teilen Sie vielmehr Ihre Sorge mit und bieten Sie Hilfe an.
- Wenn Sie auf diesem Wege nicht weiterkommen, sollten Sie sich nach außen wenden. Gespräche mit Lehrern, Kontaktpersonen Ihres Kindes, den Eltern der Kinder, mit denen Ihres verkehrt, machen das Problem offen. Das erfordert Mut, ist aber eine unabdingbare Voraussetzung dafür, ihm überhaupt helfen zu können. Vielleicht gibt es an der Schule einen Vertrauens- oder Beratungslehrer. In größeren Städten gibt es Beauftragte für Suchtprävention, die auf Hilfsmöglichkeiten hinweisen können.
- Eine Elternberatung in einer Suchtberatungsstelle kann Ihnen dabei helfen, Unterstützung und Hilfe zu erfahren, wie Sie selbst mit dem Problem konstruktiv umgehen können. Auch Selbsthilfegruppen von Eltern drogenabhängiger Kinder können äußerst hilfreich sein. Adresse erfahren Sie bei der Institution der »Deutschen Hauptstelle gegen Suchtgefahren«.
- Unterrichten Sie Ihr Kind über alle Schritte, die Sie gehen. Es bekommt dann das notwendige Gefühl, dass Sie sich kümmern und einsetzen. Wenn Sie dieses hinter seinem Rücken tun, zerstört das sein Vertrauen, dass Sie es gut mit ihm meinen.
- Haben Ihre Unternehmungen Ihr Kind motiviert, in die Beratungsstelle mitzugehen, sind die Voraussetzungen günstig, durch regelmäßig stattfindende Gespräche die Situation zu entlasten, Absprachen zu treffen (z. B. über Ausgangsregelungen, Aufenthaltsorte), tiefer liegende Probleme zu identifizieren und nach Lösungen und weiteren Hilfsmöglichkeiten zu suchen.

Um einen Therapeuten zu finden, der zu Ihnen und Ihrem Kind passt, sollten Sie sich zunächst an Ihren Hausarzt wenden. Er kann Ihnen bestimmt weiterhelfen.

Produktion: Medienprojekte, München
Covergestaltung: Jarzina Kommunikations-Design, Köln
Umschlagfoto: Mauritus Images, Mittenwald

013

ISBN 3-8112-2652-5

5 4 3 2 1

www.gondrom-verlag.de